José M.ª Sainz de Vicuña Ancín

EL PLAN DE MARKETING EN LA PRÁCTICA

5.ª Edición revisada
y
actualizada

ESIC
EDITORIAL

Madrid 2000

Primera edición: Octubre 1995
Segunda edición: Noviembre 1996
Tercera edición: Mayo 1997
Cuarta edición: Julio 1999
Quinta edición: Enero 2000

Avda. de Valdenigrales, s/n. 28223 Pozuelo de Alarcón (Madrid)
Tels.: 91 352 77 16 - 91 352 80 64

ISBN: 84-7356-222-4
Depósito legal: M. 2.960 - 2000
Diseño Portada: Carla Esteban
Fotocomposición: ANORMI, S.L. - Doña Mencía, 39 - 28011 Madrid
Imprime: Gráficas Dehon - La Morera, 23-25 - 28850 Torrejón de Ardoz (Madrid)

ÍNDICE

SEGUNDA PARTE:

PRESENTACION DE LAS FASES DE ELABORACION DEL PLAN DE MARKETING «PASO A PASO»

TERCERA PARTE:

APLICACIÓN DEL PLAN DE MARKETING A OTROS SECTORES DE ACTIVIDAD

Prólogo

Constituye para mí un grato placer la ocasión que se me brinda de prologar la obra que sobre el modo de elaborar el plan de marketing en la empresa ha escrito el gran profesional y amigo José M.ª Sainz de Vicuña.

El marketing ha constituido la materia de multitud de obras impresas que lo han abordado desde múltiples facetas, aunque la mayoría de las veces lo hayan hecho desde una perspectiva excesivamente teórica, lógica por otra parte si tenemos en cuenta que la mayoría de los autores han sido profesores de universidad y su público objetivo no era otro que aquél del que ellos forman parte.

Cuando las publicaciones han incluido la exposición de casos concretos lo han hecho desde el análisis de los resultados más que desde la metodología aplicada a la elaboración de los planes. Y en todo caso los ejemplos utilizados se referían con gran frecuencia a empresas muy alejadas de nuestro entorno más próximo y casi siempre a empresas de gran tamaño.

Lo que yo aprecio en esta obra de José María es que se detiene un poco en la teoría, lo mínimo imprescindible, para entrar de inmediato en la sistemática de elaboración del plan de marketing, poniendo a disposición de empresas y profesionales una herramienta de carácter eminente práctico.

Los ejemplos utilizados resultan tan próximos y asequibles, y el desarrollo de la metodología tan pormenorizado, que a partir de la lectura del libro será posible elaborar un plan de marketing por parte de los profesionales de cualquier empresa.

Creo que todo mensaje de marketing hace referencia, como se afirma en el libro, al consumidor y al cliente, y a este respecto quiero recalcar la vigencia de una idea que hay que mantener grabada a fuego en el alma de la empresa, el consumidor siempre tiene razón. Y este axioma resulta tan indiscutible, que sigue siendo válido aun en el caso de que se pudiera demostrar que el consumidor está objetivamente equivocado.

En la misma línea del párrafo anterior conviene tener claro que cuando en la empresa las cosas no resultan como se desea, la culpa es siempre interna, porque el destinatario de la actividad que se realiza ha encontrado otro suministrador que satisface de modo más adecuado sus necesidades, y, por tanto, quien tiene que cambiar es la empresa y no el antiguo cliente.

A dar respuesta satisfactoria a estos dos postulados contribuye el marketing y espero que la obra que hoy tiene en sus manos le ayude a desarrollar con éxito su actividad y su empresa.

ANTONIO CANCELO
Ex presidente del grupo EROSKI y
Presidente de Mondragón Corporación
Cooperativa (MCC)

Presentación

A lo largo de las dos últimas décadas han visto la luz un buen número de obras y artículos que han abordado el estudio del marketing desde diferentes prismas. Muchos de estos libros –la mayor parte traducciones de autores anglosajones– se han centrado en aspectos del marketing mix pero sin orquestarlos de forma coherente en un plan. Incluso han empezado a aparecer recientemente otros que tratan de la planificación de marketing, pero están planteados desde una perspectiva muy teórica o general. También se han escrito excelentes artículos que han profundizado sobre aspectos muy concretos del marketing, pero que tampoco son capaces de cubrir la laguna existente en España sobre esta materia: Existen muchos libros de marketing para aprender, pero muy pocos que muestren "los frutos de lo que se enseña". Pues bien, esta obra que Ud. tiene en sus manos pretende "predicar con el ejemplo".

Esta es, sin duda, la razón que me ha impulsado a la redacción de "El plan de marketing en la práctica". *La motivación era evidente: ofrecer a los profesionales de cualquier organización que sientan la necesidad de realizar un plan de marketing –así como a los estudiantes avanzados de marketing– un instrumento de trabajo práctico, útil y eficaz que les conduzca, paso a paso, a través de las diferentes etapas en la elaboración de un plan de marketing.*

No se trata de un libro de teoría –ya que ésta necesita saberse de antemano, o siempre tendrá Ud. la oportunidad de hacerlo posteriormente, utilizando la bibliografía que ofrece el libro–. Al contrario, su fuerza reside en haber incorporado la metodología propia del plan de marketing a casos concretos –tan reales como la vida misma– referidos a empresas pertenecientes a diversos sectores de actividad: industria, servicios, productores de bienes de consumo, organizaciones públicas, etc. De esta manera, el rigor, la coherencia y la proximidad de los casos examinados –pertenecientes a la realidad de nuestro entorno– garantizan una lectura amena y didáctica.

Pues bien, parece ser que nuestra pretensión era certera cuando nos encontramos ante la quinta edición en tan solo cuatro años. Pero, en estos pocos años se han dado avances importantes en esta disciplina, que no los podemos eludir aunque no sea objeto de este libro profundizar en los mismos. Por ello, hemos revisado y ampliado la obra con el deseo de aportarle más valor.

El libro sigue estructurado en tres partes. La **primera** *supone una introducción o preparación del tema –dentro de la naturaleza práctica del libro, es sin lugar a dudas la parte más teórica–; la* **segunda** *parte avanza a través de la explicación práctica de las fases que componen la elaboración del plan (para ello se sigue el caso real de una empresa productora de un bien de consumo con el que todos estamos familiarizados por formar parte de nuestra cultura mediterránea: el vino); finalizando en una* **tercera** *parte meramente ilustrativa en la que se aplica esta metodología a otros sectores de actividad (frente al prejuicio latente que afirma que el marketing no es tan relevante cuando no se trata de mercados de consumo). En definitiva, una obra que, sin abandonar el "qué", nos introduce literalmente, paso a paso, en el "cómo" de las etapas o fases de todo plan de marketing.*

Las principales **modificaciones** *introducidas se centran en la primera y segunda parte. En efecto,* **en la primera** *se da una visión más contemporánea de lo que el marketing como función empresarial y como disciplina está representando en este final de siglo. Entre las muchas novedades que se citan destaca el marketing de fidelización (capítulo 1), que nos ha obligado a revisar* **la segunda** *parte para introducir directrices que le ayuden a definir objetivos (capítulo 6), elaborar estrategias (capítulo 7) y desarrollar planes de acción (capítulo 8) coherentes con este nuevo tipo de marketing.*

Además, hemos sustituido un caso que ha sido muy utilizado en las aulas de varias universidades españolas, Pixto, por otro más reciente sobre la prestigiosa empresa de máquinas de coser ALFA (capítulo 3). Al tratarse de un plan puesto en marcha en 1998, se podrá comprobar cómo la evolución del marketing como técnica de gestión y del nuevo entorno en el que actúa están dejando su huella en los planes de acción que se citan en este interesante nuevo plan de marketing que le ofrecemos.

Cuando usted termine de leer este libro estará capacitado para elaborar un plan de marketing. Su metodología es el reflejo de mis veinticinco años de experiencia profesional (en los que he ejercido como director de marketing, consultor de marketing de numerosas empresas y profesor de marketing de la ESTE–Universidad de Deusto, así como de otra docena de Universidades y Escuelas de Gestión españolas), que me han permitido elaborar varias decenas de planes de marketing a lo largo de estos años, e impartir cursos y conferencias sobre planificación de marketing en innumerables foros de prácticamente toda nuestra geografía.

En la concepción de todo libro, como en todo proyecto que nace o que se relanza, siempre es recomendable que exista una declaración de buenos propósitos. Este libro no es una excepción, y en su elaboración he procurado, página a página, poner mi ilusión y mis conocimientos al servicio de una lectura ágil, amena y práctica, con ejemplos de actualidad. Es como una especie de planificación, donde se trata de dejar claro dónde quiere ir el autor con el libro (habrá quedado claro que mi primer y último objetivo es ayudarle a hacer un plan de marketing, para lo cual le ofrezco mi experiencia). El "cómo" hacerlo –es decir, la estrategia elegida– y la forma en que finalmente se ha plasmado –esto es, la acción– espero no desmerezcan de tan buenos propósitos. Deseo, por tanto, que el libro le sirva, que le sea de utilidad, como ya le ha sido a miles de empresarios, directivos, profesores de universidad y estudiantes de marketing.

José M.ª Sainz de Vicuña Ancín
Noviembre 1999

OPINIONES DE PROFESIONALES SOBRE EL LIBRO

"La obra de José M.ª Sainz de Vicuña consigue articular el discurso teórico con la aplicación eminentemente práctica. Se obtiene así un instrumento equilibrado que resulta tremendamente útil tanto para las empresas como para los estudiantes. Resulta enriquecedor por otra parte encontrar las aplicaciones a ámbitos empresariales tan diversos. El desarrollo del tema de forma estructurada, detallada y amena hace de este libro una referencia básica. Mis felicitaciones al autor."

JOSÉ LUIS LARREA JIMÉNEZ DE VICUÑA
(Presidente de IBERMÁTICA, S.A.,
Ex-Consejero de Economía y Hacienda del Gobierno Vasco)

"Esta obra ofrece una visión integrada, sistemática y sintetizada de los conceptos básicos sobre marketing y su aplicación para cualquier sector de actividad y tamaño de empresa.

La claridad de los conceptos: **ventaja competitiva-competencias esenciales, etc.,** y la simplicidad del método convierten al manual en un verdadero **vademécum**, de obligada referencia para los directivos que asuman sobrevivir en la batalla competitiva del mercado.

Esperamos que la herramienta que aquí se presenta incite a su uso a una gran parte de los directivos."

JESÚS EGIA
(Subdirector General del Grupo BODEGAS Y BEBIDAS, S.A,
y Ex-Consejero-Delegado de GAS DE EUSKADI, S.A.)

"Resulta gratificante desde la empresa encontrar un documento tan clarificador y preciso como el elaborado por José M.ª Sainz de Vicuña.

Son este tipo de trabajos los que permiten a los gestores de las empresas acceder de forma sencilla y con un método científico a la planificación y al marketing. Quiero expresar al autor mi más sincera felicitación por este soberbio trabajo, a la vez que le animo a seguir investigando para que nos sorprenda pronto con una nueva creación que sea tan útil como creo que va a resultar este libro que ahora publica."

JESÚS HUGUET MOROS
Gerente Comercial de KOIFER, S.A.

"A lo largo de mi trayectoria profesional, independientemente de lo que la propia profesión me ha enseñado, me he ido enriqueciendo, y de alguna manera reciclando, a través de la asistencia a seminarios y de la lectura de infinidad de publicaciones.

En este terreno de las publicaciones, la mayor parte de ellas se basan en teorías sobre el mundo del marketing y en algunas de ellas, obviamente, se hace referencia a aspectos puntuales obtenidos de trabajos reales de algunas compañías.

En este contexto, siempre había echado en falta una publicación que sintetizara esos aspectos teóricos a los que antes hacía mención, complementándolos con el análisis de casos prácticos, concretos y reales, próximos a la actualidad de diferentes mercados y sectores.

Por fin, he encontrado ya esa publicación. "El plan de marketing en la práctica" responde a esa necesidad y lo hace de una manera absolutamente atractiva e interesante, lo cual hace que sea leída con gran avidez. Dicha publicación, escrita por un experto conocedor del mundo del marketing, recoge perfectamente ambas facetas, la teórica y la práctica, haciéndolo además con toda profundidad y, al mismo tiempo, con el lenguaje más adecuado y ameno.

Por ello, me permito recomendar fervientemente su lectura no solamente a aquellas personas que cursan en estos momentos estudios sobre el mundo del marketing, sino también a aquellas otras que están ya trabajando en el mismo, con la completa seguridad de que les resultará un documento muy interesante y, sobre todo, tremendamente útil y eficaz."

JUAN JOSÉ SAMPEDRO
(Director de Marketing Estratégico de
FAGOR ELECTRODOMÉSTICOS, S.Coop.Ltda.)

"En su libro, José M.ª Sainz de Vicuña presenta de forma estructurada, rigurosa y amena una magnífica guía para la elaboración de un plan de marketing mediante el uso de muy diversos y numerosos ejemplos, fruto de su dilatada experiencia. El resultado de todo ello es un instrumento de trabajo útil y muy eficaz para que el estudiante universitario pueda desarrollar una capacidad cualificada en la planificación comercial, así como una mayor destreza en la gestión empresarial moderna".

VICTOR URCELAY YARZA
(Decano de la ESTE-Universidad de Deusto)

"El libro cuenta entre sus virtudes:

- Además de la sistematicidad y rigor que presenta, la amplia variedad de disciplinas y técnicas que se enmarcan en torno al concepto de marketing.
- La de encajar muy claramente los instrumentos de planificación de marketing de cualquier empresa, dentro del proceso planificador general.
- Y la de explicar cuál es el valor añadido de una herramienta que, siendo tan necesaria para el desarrollo de la empresa, es sin embargo poco empleada por nuestros empresarios.

Integra, a fin de cuentas, sistematicidad y valor científico con practicidad, ofreciendo herramientas útiles al lector.

Los ejemplos de casos reales tomados de distintos segmentos de actividad hacen del libro una buena guía para la elaboración de los planes de marketing".

AGUSTÍN AMASORRAIN LINAZASORO
(Director Gerente de ORONA, S.Coop.Ltda.)

"El libro, por lo que he visto en su anterior edición —la cuarta–, no sólo sigue siendo muy didáctico, sistemático y orientado a la práctica, sino que también es actual porque recoge en él las nuevas orientaciones y tendencias del marketing e introduce nuevos casos prácticos".

MIGUEL SANTESMASES MESTRE
(Catedrático de Comercialización e Investigación
de Mercados de la Universidad de Alcalá de Henares)

AGRADECIMIENTOS

Mi más sincero y cordial agradecimiento:

A las **empresas y personas** que con su amabilidad y generosidad han permitido la publicación de sus respectivos planes de marketing:

- PLAN DE MARKETING DE GUIPÚZCOA (D. Guillermo Echenique, Diputado de Economía de la Diputación Foral de Gipuzkoa).

- A la dirección de ALFA y, en especial, a las personas de su equipo comercial.

- CENTRALAIR (D. Jesús María Lazcano, Director General).

- LKS CONSULTORES.

- "ARDOA" (Al Director General y al Consejo de Administración de la empresa, que se mantiene en el anonimato),

...y a aquellas empresas y personas que a lo largo de mi carrera profesional han confiado en mí para elaborar sus planes de marketing (Centralair, Papelera Tolosana-Papel "Galgo", Caja Rural de Navarra, Lealde, Kide, Jiménez Miguel-Zapatillas "Victoria", Niessen, Orona, Publis, Lascaray-"Lea", Caja General de Granada, Bilore "Minidós", "Kaiku", Orbinox, Diputación Foral de Gipuzkoa, Ikerlan, LKS Consultores, Zubiola, Kendu-Latz, Doiki, Egurko-Ortza, Postensa, Labein, Coopaman, Instituto Aragonés de Fomento, Naturgas, Iparlat, Alfa, Gas de Euskadi, San Viator y MCC entre otros). De todos ellos aprendí muchas de las ideas que hoy les presento. Muchas gracias.

A **mi mujer, Pilar, y a mis hijas, Leire y Olga,** por su comprensión y apoyo incondicional, y por el sacrificio realizado durante tantos fines de semana y vacaciones que he necesitado utilizar para poner en orden estas ideas y hacer posible este libro.

PRIMERA PARTE:

PRESENTACIÓN GENERAL

"La tradición, en nuestro caso la historia pasada, ha de ser como el bastón en el que se apoya el caminante.
Sin embargo, no es sensato vivir pendiente de un bastón, sino del camino que se ha de recorrer."

Antonio Gala

CAPÍTULO 1

MARKETING Y PLANIFICACIÓN

"La experiencia acumulada ha demostrado a Zyman (vicepresidente y director mundial de marketing de Coca Cola) *que la verdadera fórmula secreta de Coca Cola y su éxito está en el puro marketing".*

(*Actualidad Económica,* 1 de mayo de 1995, pág. 23)

1.1. ¿QUÉ ES EL MARKETING?

El siglo XX ha sido testigo de cómo el lenguaje empresarial se ha ido nutriendo de una serie de términos de tipo técnico –provenientes en su mayoría de la cultura anglosajona y japonesa– que han encontrado un asentamiento progresivo incluso en el habla coloquial. *Cash flow, know how, kaizen, input, marketing mix, holding, joint venture,...* son algunas de estas palabras que, si bien se refieren normalmente a realidades que ya conocíamos, son capaces de concentrar en un sólo término conceptos y principios empresariales de difícil, compleja o prolija definición en nuestro idioma.

El marketing es, no cabe duda, uno de esos términos "mágicos" de los que los empresarios y gentes de empresa en general echan mano casi constantemente. Sin embargo, la complejidad y amplitud de este término puede llegar a confundir incluso a los más directamente afectados por él. Efectivamente, podríamos encontrar tantas definiciones de marketing como autores lo han retratado, pero en todas ellas se aprecia un elemento aglutinador, un máximo común denominador que las identifica por igual: **hablar de marketing es hablar del consumidor/usuario/cliente como receptor y, por tanto, como punto de referencia básico de la actividad empresarial** (Los clientes son las personas que le compran a Ud. Los consumidores o usuarios son las personas que consumen o usan los productos o servicios de su empresa. A veces el cliente es también el consumidor o usuario).

Esta afirmación nos ayudará a superar ese "tic" nervioso, que conduce a asociar el marketing de manera exclusiva con otra idea de vital importancia para el buen funcionamiento de las empresas: ventas. La venta puede ser la guinda de nuestra tarta, pero no olvidemos que si no confeccionamos esa tarta pensando en el gusto del consumidor/usuario/cliente, nadie probará un solo bocado. No pensemos que si el consumidor no se queda satisfecho no pasa nada, que no correrá la voz entre sus amigos, ya que investigaciones recientes están demostrando que los consumidores insatisfechos dan a conocer su insatisfacción a 10 personas de su entorno en "asuntos leves" (transacciones inferiores a 20.000 pesetas) y a 16 en "asuntos graves", mientras que los consumidores satisfechos sólo lo comunican a 5 si se trata de un "asunto menor" y a 8 en "asuntos importantes". Y todo ello sin contar con que el caso puede llegar a los medios de comunicación y magnificarse el problema, como le ocurrió a Benetton.

"Rebelión contra Benetton", era el titular de la revista *Actualidad Económica* de 6 de febrero de 1995. "Un centenar de comerciantes de Benetton se reunieron en Alemania para plantear acciones judiciales contra el grupo textil que controlan los hermanos Benetton. La polémica se centra, por un lado en las campañas de publicidad de Benetton. Su agresividad está espantando a su clientela... Pero también están en juego temas de más enjundia relacionados con su estrategia comercial (exigiendo condiciones leoninas como, por ejemplo, amueblar las tiendas con empresas vinculadas al grupo italiano, la fijación obligatoria de precios mediante etiquetas que incorporan las prendas, la obligación de recibir la mercancía inicial que envía a su discreción Benetton, y la exigencia de incrementar las compras un 15 ó 20 por ciento al año. En caso contrario, Benetton amenaza con autorizar nuevas tiendas en la misma zona de influencia de ese comercio)... En España se ha creado una asociación de afectados por la empresa italiana... unidos en su malestar contra la firma» –concluía la citada fuente–.

El objetivo del marketing deberá orientarse, por tanto, hacia la satisfacción de las necesidades del cliente, consumidor o usuario –mejor que la competencia–, produciendo beneficios para la empresa. El conocimiento del cliente y/o consumidor, su vivencia, son las claves que alimentan la vida de la empresa, y el grado en el que ésta vuelque sus recursos para identificar esas necesidades marcará la orientación estratégica a seguir.

En otras palabras, marketing es una orientación empresarial que reconoce que el éxito de una empresa es sostenible si se organiza para satisfacer las necesidades actuales y futuras de los clientes, consumidores o usuarios de forma más eficaz que sus competidores.

Ahora bien, aunque siempre se ha hecho énfasis en la satisfacción del cliente como función específica del marketing, éste no se debe quedar ahí, sino que debe buscar la fidelización del mismo. Tal como muestra el gráfico 1, la satisfacción es un estadio necesario pero no suficiente en el proceso de fidelización del cliente. Y esta fidelización es lo que ayudará a la empresa a obtener los objetivos de rentabilidad deseados.

Gráfico 1
DE LA SATISFACCIÓN A LA RENTABILIDAD PASANDO POR LA FIDELIDAD DEL CLIENTE

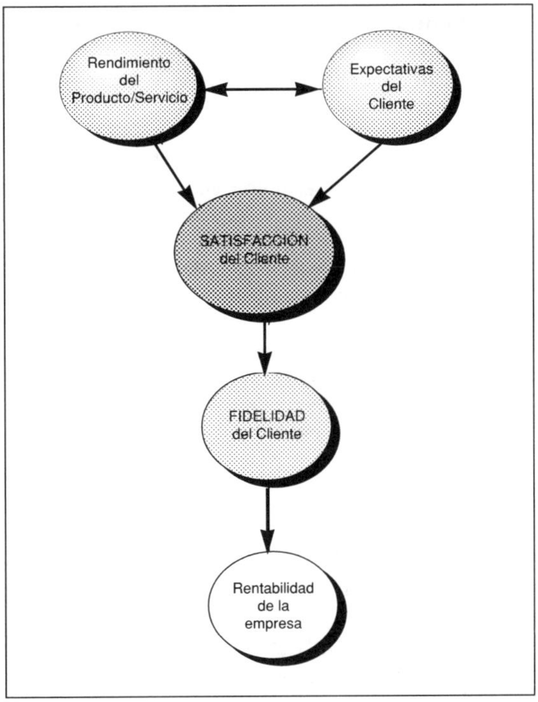

Fuente: Bradley, F. (1995), p. 284

1.2. PAPEL DEL MARKETING EN LAS ORGANIZACIONES HOY

1.2.1. De la mentalidad de producción a la mentalidad de marketing

Un aspecto muy notable y que interesa significar aquí es el de la confrontación que existe entre la mentalidad de marketing y la mentalidad de producción a la hora de enfocar idénticas problemáticas. Hemos de significar que la mentalidad de producción, vigente a lo largo de una buena parte de la historia, está dando paso en las empresas definitivamente a la mentalidad de marketing.

Sin embargo, este proceso de cambio, esta metamorfosis de la cultura empresarial, sigue sus pasos a un ritmo que si bien es progresivo, resulta inevitablemente lento.

El cuadro nº 1 presenta algunos ejemplos aclaratorios de las diferencias entre ambas orientaciones.

Cuadro nº 1
MENTALIDAD DE MARKETING VS. MENTALIDAD DE PRODUCCIÓN

Problemáticas	Mentalidad de Marketing	Mentalidad de Producción
Actitud hacia los clientes	Las necesidades del cliente determinan los planes empresariales.	Deben estar contentos de que existamos.
Producto	Se fabrica lo que puede venderse.	Se vende lo que se fabrica.
Papel del Marketing	Determinar las necesidades del cliente y cómo satisfacerlas (a priori).	Si se usa, determinar la reacción del cliente (a posteriori).
Interés en la innovación	Localizar nuevas oportunidades.	Tecnología y reducción de costes.
Publicidad	Beneficios que satisfagan las necesidades.	Rasgos del producto y calidad.

1.2.2. La orientación al cliente como elemento central de la mentalidad de marketing

Como hemos señalado, existe un importante confusionismo sobre el papel del marketing en las organizaciones. Máxime cuando hemos podido leer recientemente que empresas que se han caracterizado por ser grandes usuarias del marketing han reducido, en los últimos tiempos, sus departamentos de marketing.

Ante este fenómeno, la pregunta que cabe hacerse es ¿qué está pasando con esta función de dirección?, o lo que es lo mismo, ¿qué papel debe jugar hoy en día en las organizaciones?.

Como el gráfico 2 ilustra, el marketing ha podido ser considerado como una función más sin ningún papel especial en la orientación de la organización al cliente (figura A). O, lo que es peor, ha podido interpretarse que era el centro neurálgico de la misma y que, en consecuencia, debía dominar a las otras funciones (figura B).

Sin embargo, hoy en día, las organizaciones tienen mucho más claro que no es la función de marketing la que debe dominar y controlar al resto, sino el cliente (figura C) y que el marketing es esa función de la empresa que, como hemos señalado anteriormente, tiene como misión entender al cliente y lograr que toda la organización esté orientada hacia el mismo. De ahí su papel visagra entre el cliente y el resto de funciones de la misma (figura D).

Gráfico 2
VISIONES ALTERNATIVAS DE MARKETING EN LAS ORGANIZACIONES

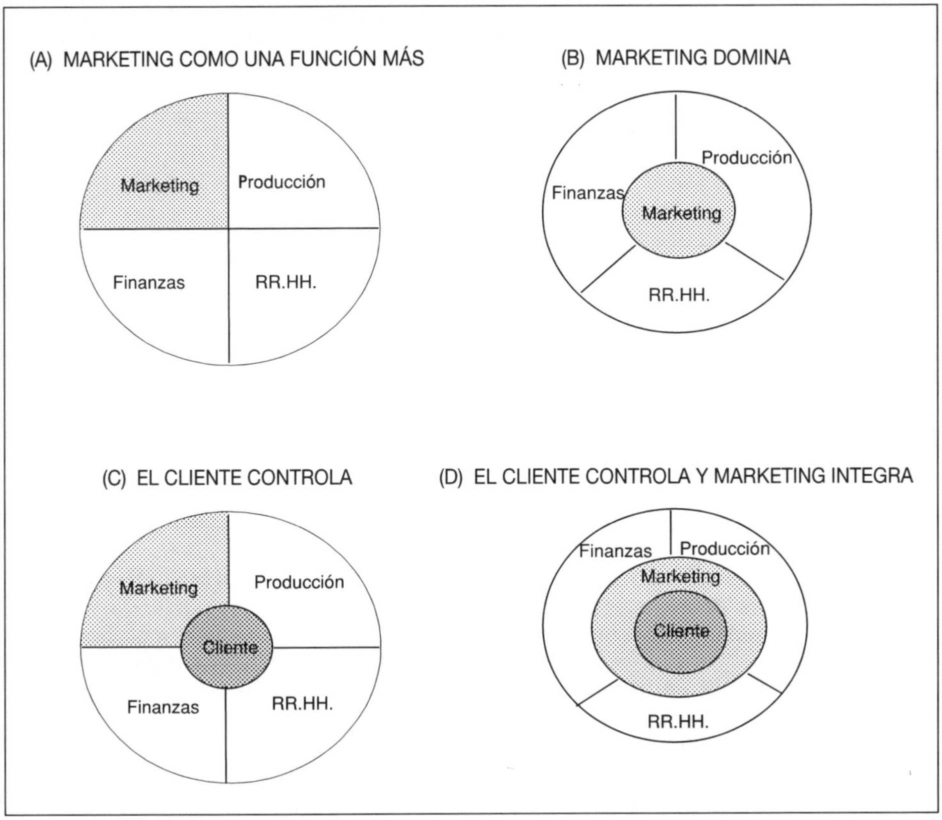

Fuente: Kotler y Armstrong (1994) en Bradley, F. (1995), pág. 59.

Con esta visión de la función del marketing en las organizaciones, lo importante no es la dimensión del departamento de marketing ni el estatus de su responsable, ya que, parafraseando a J.J. Lambin, *"hoy en día, el marketing es demasiado importante para reducirlo sólo al departamento de marketing".*

En otras palabras, una organización puede tener una auténtica mentalidad de marketing y, sin embargo, carecer de un departamento de marketing. Y, al contrario, muchas organizaciones tienen importantes departamentos de marketing y no están haciendo marketing. Así podemos verlo en la siguiente afirmación que realizaba el presidente de IBM–Bélgica en 1993:

"Cuando tienes una tasa de crecimiento del 15 al 20% es muy fácil motivar a la gente; todo se considera normal y no importan los errores. Esto nos cegó: estábamos pasando un período de opulencia que **nos llevó a desarrollar productos que no tenían ninguna relación con lo que el mercado necesitaba.** Ahora tenemos que partir de lo que nuestros consumidores esperan de nosotros... Durante los dos últimos años, nos hemos estado concentrando tanto en el marketing como en el servicio; no pueden ser separados y uno tiende a compensar al otro».

Esta triste experiencia de un líder mundial como IBM, representativa del comportamiento de otras muchas importantes organizaciones, multinacionales o no, líderes o no en sus respectivos mercados, nos enseña que, contrariamente a lo que muchos creen, *"la filosofía de marketing no consiste en manejar con habilidad al cliente para que haga lo que conviene a la empresa, sino (en todo caso) manejar hábilmente a la empresa para que haga lo que le conviene al cliente" (Sánchez Guzmán, 1997).*

"En 1993, *Fortune* refiriéndose a compañías como IBM, General Motors y Sears, que en los años ochenta eran consideradas «gigantes o titanes», pasaron a ser definidas por esta revista como «dinosaurios». «Se habían vuelto complacientes y arrogantes por lo que se negaron a cambiar cuando, por el contrario, eran conscientes de que se estaban produciendo cambios importantes en sus negocios. Pensar que eres grande y el mejor es el principio del fin». De ello se hizo eco el gurú de la reingeniería M. Hammer a su paso por Madrid en abril de 1998 quien sentenció: **«las compañías que sobrevivan serán aquellas que cuenten con** empleados efectivos trabajando en equipo, gestores que actúen como dueños del proceso y **una cultura de empresa centrada en el cliente** y la responsabilidad individual». Y advirtió a los numerosos directivos que le escuchaban: «el cliente paga todos nuestros salarios... (por lo que) el cliente es lo primero».

En este contexto conviene recordar la tradicional diferencia de enfoque en las empresas entre los departamentos de marketing y de ventas. Ventas intenta empujar al cliente a comprar lo que tiene la empresa. Marketing, por el contrario, trata de que la organización desarrolle una oferta realmente valiosa para el cliente, buscando crear una relación –beneficiosa para ambas partes– duradera entre la organización y los clientes.

• Un ejemplo reciente de trabajar con esta mentalidad lo constituye Nutrexpa, que obtuvo en la década de los noventa unos ingresos adicionales de más de mil millones de pesetas, por preguntar a los consumidores cuál era la causa del descenso de ventas de Cola Cao en verano (un 20% todos los años). En esta investigación se constató –en contra de lo que se opinaba en la empresa: que el producto se disolvía muy mal en leche fría– que el problema principal era que en verano el desayuno era informal: no lo preparaba la madre sino el niño, y sin hora fija. Por lo que había que dar al niño algo con lo que satisfaciera su necesidad de divertirse mientras se preparaba el desayuno. Para ello, Nutrexpa creó la baticao en 1993, la cocktailcao en 1994 y la maracao en 1999.

1.2.3. De la orientación al consumidor final a la orientación al cliente

Se habrá podido comprobar que en el epígrafe anterior hemos dicho que es la orientación al cliente (y no sólo la orientación al consumidor final) el elemento central de la mentalidad de marketing. Quizás más de uno haya pensado que estábamos diciendo lo mismo aunque con nombres distintos ya que para él cliente y consumidor final son la misma cosa.

Aunque ello sea así en muchos casos (en todas aquellas organizaciones y mercados en los que el canal de comercialización utilizado sea la venta directa, por ejemplo en mercados industriales y de servicios a empresas), sin embargo hay otros muchos en los que los clientes no son los consumidores o usuarios finales, por lo que una organización con auténtica mentalidad de marketing no puede cometer la miopía de pensar en satisfacer y fidelizar sólo al consumidor final sino también al cliente-distribuidor.

De ahí que, una evolución menos perceptible del marketing, pero no por ello menos profunda, haya sido el pasar de ocuparse casi exclusivamente del consumidor final (revísense las definiciones de marketing formuladas hasta hace muy pocos años) a tener una auténtica orientación al cliente (ya sea éste cliente distribuidor o consumidor final). Es en este contexto en el que surge con fuerza el concepto *trade marketing.*

Este nuevo tipo de marketing, surgido en la década de los noventa, con la finalidad de integrar y satisfacer las necesidades y expectativas del cliente distribuidor en los planes de actuación de los fabricantes tiene sobre todo sentido en mercados en los que la tasa de concentración de los distribuidores es alta, dominen estos la relación (porque la tasa de concentración de los fabricantes es, por el contrario, baja) o no (porque tanto fabricantes como distribuidores tienen altas tasas de concentración).

Por el contrario, cuando la concentración de la distribución es escasa (véase el cuadro nº 2) no es tan necesario el *trade marketing* teniendo el fabricante mayor libertad para adoptar orientaciones al cliente-distribuidor más débiles. Éste podría ser el caso si la empresa decidiera seguir una estrategia *pull* o una estrategia de marketing directo, saltándose a la distribución si así lo considera oportuno.

Por tanto, cuando la empresa sigue una orientación integral al cliente, el marketing que necesita hacer es más completo y diferente al marketing que convencionalmente realizaban las empresas pensando sólo en el consumidor final. De ahí que ahora, al marketing que siempre han estado haciendo estas organizaciones, se le denomine *consumer marketing* para contraponerlo al *trade marketing*.

Cuadro nº 2

ESTRUCTURA DE MERCADO Y RELACIONES FABRICANTE-DISTRIBUIDOR

	Tasa de concentración entre fabricantes	
Tasa de concentración entre distribuidores	**Baja**	**Alta**
Baja	Independencia relativa (1)	Dominio fabricante (2)
Alta	Dominio distribuidor (3)	Independencia mutua (4)

Fuente: Lambin en Generalitat Valenciana (1995).

Oracle, multinacional que factura más de 1,2 billones de pesetas en *software*, ha implantado un modelo de gestión por competencias que establece como principal competencia de la organización «el enfoque al cliente» y como dos de las seis competencias individuales «la visión estratégica» y «la capacidad de planificar y organizar», según el periódico *Cinco Días* (23 de abril de 1999).

1.2.4. De la orientación al cliente a la orientación al mercado

Sin perjuicio de la importancia de los restantes factores, el elemento central de esta cultura de marketing es el énfasis en el cliente. Ahora bien, conviene señalar que esta orientación al cliente es sólo parte de la orientación al mercado.

En efecto, la orientación al mercado es una filosofía empresarial total que incluye a todos los que participan en el mismo: no sólo a los diferentes tipos de clientes con los que se relaciona la empresa, sino también a la competencia, así como a aquellos otros agentes relevantes de su entorno (véase el grafico 3).

Pero para que toda la organización, y no sólo "la gente de marketing", esté orientada al cliente hace falta que la dirección general propicie una auténtica coordinación interfuncional (quinto y último elemento de la orientación al mercado).

Gráfico 3
COMPONENTES DE LA ORIENTACIÓN AL MERCADO

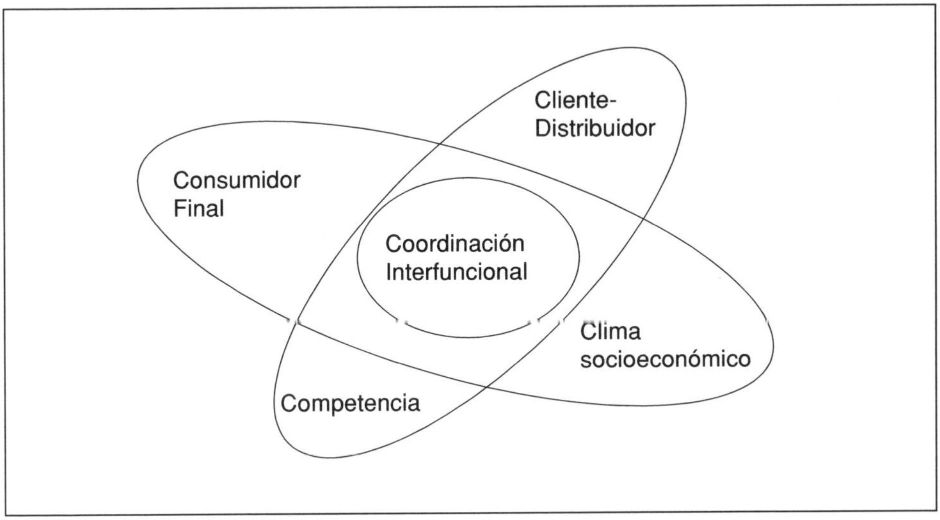

Fuente: Lambin en Generalitat Valenciana (1995).

Como quiera que a lo largo de estas páginas nos referiremos siempre al concepto general del marketing –aunque el enfoque recuerde en muchos casos su vertiente estratégica– finalizaremos este epígrafe con la siguiente descripción de la aportación del marketing a las organizaciones:

Marketing es un proceso responsable orientado a identificar, anticipar y satisfacer las necesidades del cliente, con la finalidad de fidelizarlo, de forma que la organización pueda obtener sus objetivos estratégicos.

1.3. EVOLUCIÓN DEL MARKETING

1.3.1. Del marketing operativo al marketing estratégico

A lo largo del tiempo, el marketing ha cambiado radicalmente para adaptarse al comportamiento del cliente. En los primeros tiempos de exceso de demanda, el planteamiento era pasivo: la empresa se centraba en el producto y en sus preocupaciones internas (perspectiva *de dentro a dentro*), no en las expectativas de los clientes. Es un modelo ya anticuado para los países industrializados.

A medida que el cliente aumentaba sus exigencias, el marketing operativo asumía como prioridad la construcción de una organización comercial eficiente, con el fin de controlar la demanda y lograr la fidelidad del cliente. Esta perspectiva *de dentro a fuera* sólo puede dar buenos resultados si los errores estratégicos derivados de la insuficiente atención prestada a las necesidades del cliente se ven compensados por una alta tasa de crecimiento del mercado.

De acuerdo con Lambin, en la actualidad, con mercados maduros y clientes informados y exigentes, se hace necesario dotar al marketing de una dimensión estratégica. Las estrategias de cartera y de segmentación y posicionamiento se convierten en cuestiones clave; la competencia se intensifica y la innovación tecnológica se acelera. Ya no es posible ofrecer productos que no guarden relación con lo que el mercado necesita, sino que resulta imprescindible actuar en función de lo que los consumidores esperan de la empresa, con una perspectiva *de fuera hacia dentro*.

El grado de orientación al mercado es hoy, precisamente, lo que determina el resultado económico y competitivo de la empresa, su éxito o su fracaso.

En esta nueva situación, al igual que la empresa en su conjunto requiere una dirección estratégica global, la función de marketing ha de contar también con una dirección de marketing estratégico que refuerce la orientación de la empresa hacia el mercado.

El marketing estratégico, según Munuera y Rodríguez (1998), es el proceso que, mediante las funciones de análisis, planificación, organización, ejecución y control, persigue el conocimiento de las necesidades de los clientes y la estimación del potencial de la empresa y de la competencia (*orientación al mercado*), para alcanzar una ventaja competitiva sostenible en el tiempo y defendible frente a los competidores.

Para estos autores, la dirección de marketing estratégico comparte con la dirección estratégica global de la empresa este objetivo de lograr una ventaja competitiva, así como las funciones propias de toda dirección. La diferencia radica en su ámbito de actuación más restringido (tipos de sectores, líneas de productos y segmentos de mercado) y en la forma de perseguir este objetivo. Así, mientras que la dirección estratégica lo hace valiéndose de todos los recursos disponibles en la empresa, el trabajo de la dirección de marketing estratégico se limita a los recursos de marketing.

Esta consideración práctica del marketing estratégico como parte integrante de la dirección estratégica del negocio determina que ambas actividades deban estar fuertemente interrelacionadas. La dirección general debe ocuparse de la coordinación interfuncional, para orientar la empresa hacia el mercado lo más eficazmente posible. La dirección de marketing estratégico, por su parte, debe encargarse de transmitir al conjunto de la organización la necesidad de adoptar esta orientación, para lo cual cuenta con su mayor conocimiento del medio al que se enfrenta la empresa: el mercado.

Para hacer efectiva esta orientación al mercado, el marketing estratégico debe perseguir los siguientes objetivos prioritarios:

- Detectar nuevos segmentos o nichos con crecimiento potencial para desarrollar nuevos conceptos de producto.
- Ampliar la oferta de productos, si así lo quiere el mercado.
- Encontrar una ventaja competitiva sostenible.
- Diseñar la estrategia de marketing adecuada.

Para realizar esta tarea, el marketing debe hacer del análisis la técnica de gestión más importante, con el fin de poder seleccionar opciones estratégicas sólidas en las que basar unos programas de marketing operativo más eficientes. Se trata no sólo de seguir la marcha del mercado, sino de anticiparse también a las cambiantes necesidades del cliente y adecuar la oferta a sus expectativas.

Como vemos, el marketing presenta dos caras o vertientes tan complementarias como diferentes. De una parte nos encontramos con el denominado **marketing estratégico**, cuya actuación cubre el medio-largo plazo, y se orienta a satisfacer las necesidades del cliente que constituyen oportunidades económicas atractivas para la empresa. Podría asociarse con lo que es la mente de la empresa.

Por otro lado diferenciamos el **marketing operativo**, más agresivo y visible por corresponderse con la acción de la gestión de marketing y operar en plazos de tiempo más cortos. Su eficacia, sin embargo, dependerá de la calidad de las elecciones estratégicas fijadas previamente. Viene a ser el brazo comercial de la empresa en su contribución al logro de objetivos.

Swatch, Niessen, Nutrexpa, Papelera Tolosana (Galgo), Eroski, Pascual, Fagor, El Corte Inglés, Danobat y el grupo Bilbao (propietario de las enseñas Fosco y Zapatodos) son algunos ejemplos de empresas que están aplicando el marketing estratégico además del operativo.

Así, los fabricantes suizos de relojes vieron cómo el empeoramiento de la situación económica de principios de los ochenta produjo un instantáneo parón en las ventas de relojes de calidad, coincidiendo con la irrupción en el mercado de relojes baratos procedentes de Japón y Hong Kong. Tras analizar detenidamente lo que estaba sucediendo en el mercado y conocer de manera más precisa y objetiva cuáles eran las expectativas de los usuarios, estos fabricantes modificaron su estrategia de marketing para colmar una necesidad insatisfecha de los consumidores. Los relojes digitales orientales eran de bajo precio –lo que constituía su principal punto fuerte–, pero tenían una estética poco cuidada. Este punto débil ofrecía una gran oportunidad que no había que dejar escapar.

Para ello, su nueva estrategia de marketing consistiría en, además de continuar con la estrategia de penetración en el mercado mundial de relojes de lujo (producto con el que los suizos, con el 8% de los relojes de pulsera que se vendían en el mundo, copaban el 98% del mercado), iniciar una estrategia de desarrollo de nuevos productos aprovechando la buena imagen que siempre han tenido los relojes suizos.

Estos nuevos relojes, dirigidos a competir con los relojes orientales, contaban con diseños innovadores que rompían con la imagen triste de los relojes baratos. Y apoyaron su lanzamiento con una agresiva campaña publicitaria, creando una nueva categoría de productos dentro de un mercado demasiado homogéneo. Para ello hubo que crear una nueva marca: Swatch.

Como el presidente de Swatch declarara posteriormente, el éxito de esta experiencia consistió en que tuvieron la capacidad de detectar las necesidades latentes del mercado y pusieran a la venta algo que respondía perfectamente a dichas necesidades, aunque el público ni siquiera fue consciente de ello.

El gráfico 4 –adaptación de Lambin (1991)– ilustra sinópticamente las diferencias más notables entre el marketing estratégico y el operativo.

Podríamos resumir afirmando que **el marketing estratégico** es más trascendente en cuanto que marca el rumbo, afianzándolo o cambiándolo **(se ocupa de *lo que hay que hacer*).** Mientras que **el marketing operativo** es más urgente ya que, sobre un rumbo ya trazado, trata de cumplir con los objetivos fijados **(se preocupa de *hacer bien lo que hay que hacer*).** Este importante énfasis en el marketing estratégico no sólo obedece a las razones expuestas sino que, en el caso de aquellos fabricantes que han perdido peso en la cadena de valor como consecuencia del mayor protagonismo de las denominadas grandes superficies, se está convirtiendo en el principal "reducto" del fabricante en cuanto al tipo de marketing que pueden hacer.

Gráfico 4

MARKETING ESTRATÉGICO VERSUS MARKETING OPERATIVO

BRAZO COMERCIAL DE LA EMPRESA	MENTE DE LA EMPRESA
MARKETING OPERATIVO	MARKETING ESTRATÉGICO
– Conquistar mercados existentes. – Alcanzando cuotas de mercado prefijadas. – Gestionando producto, punto de venta, precio y promoción. – Ciñéndonos al presupuesto de marketing.	– Detecta necesidades y servicios a cubrir. – Identificando productos y mercados, y analizando el atractivo del mercado (Ciclo de vida y ventas potenciales). – Descubriendo las ventajas competitivas. – Haciendo previsiones globales.
CORTO-MEDIO	**MEDIO-LARGO**

La velocidad de los cambios del entorno hace que el marketing estratégico deba:

- Buscar estrategias sólidas.
- Crear un sistema de vigilancia del entorno.
- Buscar la capacidad de adaptación al cambio.
- Renovar los productos-mercados.

En efecto, estos grandes detallistas están en la práctica tomando las decisiones de marketing operativo (desarrollo de productos, marca propia, plataformas de distribución, campañas publicitarias y promocionales, etc.) que hasta hace muy poco eran competencia exclusiva de los fabricantes. De ahí que, si estos no se ocupan de hacer marketing estratégico, en la práctica han dejado de hacer marketing y se han convertido en unos meros subcontratistas de la gran distribución.

El marketing estratégico es la esencia del plan de marketing estratégico (PME), mientras que el marketing operativo tiene mejor reflejo en el plan anual de marketing (PAM), aunque también se ocupe de él en menor medida.

De ahí que, la dirección de marketing maneje dos herramientas básicas de planificación: el plan de marketing estratégico (a medio-largo plazo) y su concreción práctica en el plan anual de marketing (que se ocupa del marketing operativo). El primero conviene definirlo conjuntamente con los otros miembros del consejo de dirección de la empresa, mientras que el segundo puede ser elaborado en el seno del departamento de marketing sin el concurso del resto del equipo directivo.

Por ejemplo, en el plan de marketing estratégico (al que, en este libro, denominamos plan de marketing "a secas" con el fin de no confundirlo con el plan estratégico) se adoptan decisiones estratégicas como la definición de la cartera de productos con los que vamos a contar, la estrategia de segmentación y posicionamiento que vamos a seguir y aquellos aspectos de las estrategias de productos, precios, distribución o de comunicación que son de tal trascendencia para la empresa como para que los aborde el departamento de marketing en solitario (como los expuestos a título de ejemplo en la segunda columna del cuadro nº 3).

Por su parte, en el plan anual de marketing se trata de concretar las directrices estratégicas anteriores decidiendo, ya en concreto, asuntos a poner en marcha en el próximo ejercicio como los citados a modo de ejemplo en la última columna del cuadro nº 3 (por ejemplo, la incorporación de determinados productos a nuestro catálogo o la contratación de una determinada agencia para que elabore una campaña de publicidad).

Los planes de marketing que expondremos en los diferentes capítulos de este libro, así como la explicación de cómo elaborarlos, son auténticos planes de marketing estratégicos, aunque no nos refiramos a ellos de esta forma por la razón arriba expuesta. No obstante, el proceso de elaboración de un PAM es similar al que describiremos para el PME. Las diferencias más notables están en la naturaleza y alcance del mismo. En efecto:

- El análisis de la situación suele ser muy escueto dado que todavía sigue siendo válido el que se ha hecho en el PME o, en todo caso, pretende actualizar algunas tendencias y datos de evolución ya recogidos en el PME.

- El diagnóstico de la situación, excepto que ésta, de partida, haya cambiado radicalmente (en cuyo caso es necesario actualizar el

Cuadro nº 3
EL MARKETING MIX COMO ELEMENTO PUENTE ENTRE EL MARKETING ESTRATÉGICO Y EL OPERATIVO

Decisiones de Marketing Mix que forman parte del:	Marketing Estratégico (⇨ PME)	Marketing Operativo (⇨ PAM)
PRODUCTO	– Modificación de la gama.	– Eliminar algún producto. – Lanzar un producto nuevo.
	– Decisiones sobre marcas.	– Lanzamiento de una nueva marca.
	– Racionalización de productos.	– Eliminar modelos/referencias.
PRECIO	– Precios máximos. – Precios de penetración.	– Modificar los P.V.P. y la escala de descuentos.
	– Modificar condiciones de venta.	– Fijar los términos de la venta.
DISTRIBUCIÓN	– Tipo de distribución (intensiva, selectiva o exclusiva). – Estrategia multicanales.	– Entrar en la cadena x.
	– Mayor cobertura de distribución.	– Entrar en todos los puntos de venta de la cadena x.
FUERZA DE VENTAS	– Montar delegaciones con su correspondiente estructura comercial. – Modificar el sistema retributivo.	– Contratar un nuevo vendedor para la zona y – Implantar la retribución variable en todos los comerciales.
COMUNICACIÓN	– Decidir la estrategia de comunicación: Públicos-Objetivo (P.O.), medios y mensajes.	– Campaña de marketing directo a determinado P.O. – Campaña de publicidad en medios generales al consumidor final.
	– Decisión de cambio de Agencia.	– Seleccionar la Agencia.

PME antes de concretar el PAM), con pequeños matices sigue siendo válido por lo que, a lo sumo, se limitará a matizar el DAFO anterior.

- La primera etapa en la que realmente se empezará a aportar algo relmente nuevo será en la definición de los objetivos anuales de marketing. En este punto, a partir de los objetivos de marketing definidos en el PME para el siguiente trienio, se deberá hacer el correspondiente despliegue de objetivos, concretando los objetivos globales, por zonas, por canales y segmentos de mercado, por marcas y clientes principales, o por cualquier otro concepto que parezca relevante para el citado despliegue de la gestión.

- En la siguiente etapa, elección de la estrategia de marketing, poco aportará el PAM respecto al PME ya que, como el análisis y diagnóstico de la situación siguen siendo válidos al igual que ocurre con los objetivos globales de marketing (en caso contrario se hubiera abordado la actualización del PME, como hemos señalado anteriormente), también lo serán las estrategias seleccionadas. En todo caso, sólo se necesitará modificar algunos aspectos de la estrategia funcional (marketing mix).

- Es en la etapa siguiente, definición de los planes de acción, donde verdaderamente hay que profundizar en el PAM respecto a lo esbozado en el PME. Ésta es la razón de ser del PAM, así como una mayor concreción del presupuesto anual de marketing.

1.3.2. Del marketing transaccional al marketing relacional

Indudablemente, uno de los cambios más notorios producido en los últimos años es el énfasis creciente en la creación de relaciones a largo plazo con los clientes, que sean beneficiosas para ambas partes, mediante la búsqueda de valor para el cliente.

Entre las consecuencias de este enfoque para la gestión de marketing de las organizaciones están las siguientes:

- La necesidad de profundizar todavía más, si cabe, en las necesidades, deseos, demandas y expectativas de los clientes individuales.

- La obligación de intentar satisfacerlas a través de la construcción de relaciones personales, acercándonos a los mismos de manera más regular, más directa y más individualizada (de ahí el auge del marketing directo).

- La conveniencia de concebir los productos y servicios como algo que tiene valor para alguien: gestión del valor percibido del cliente.
- La búsqueda de valor para el cliente implica la creación de relaciones a largo plazo con los clientes, que sean beneficiosas para ambas partes.
- La conveniencia de superar el tradicional marketing de transacciones, pasando al marketing de relaciones: marketing relacional.

Cuadro nº 4
MARKETING TRANSACCIONAL VERSUS MARKETING RELACIONAL

Criterio	Marketing transaccional	Marketing relacional
MARKETING MIX	• Tradicional 4P´s.	• 4P´s + servicio con punto de vista del cliente.
ENFOQUE	• Mercado genérico.	• Base de clientes.
OBJETIVO	• Venta puntual.	• Venta continuada.
FACTORES CLAVE	• Economías de escala. • Participación de mercado. • Resultados por producto.	• Economías de mercado y de alcance, JIT. • Lealtad del cliente. • Resultados por cliente.
CALIDAD	• Técnica/Interna.	• Percibida por el cliente, considerando procesos y relación.
SENSIBILIDAD AL PRECIO	• Muy alta.	• Baja (diferencia de la relación).
COSTES DE CAMBIO	• Bajos.	• Altos (vínculos establecidos).
PRODUCTO/ SERVICIO	• Diversificación/Extensión de líneas de producto.	• Servicios adicionales al cliente. Ventas complementarias al cliente.
COMUNICACIÓN	• Publicidad general.	• Marketing directo.

Fuente: Alet, J. (1997).

El marketing que se ocupa de todo lo anteriormente citado es el denominado **marketing relacional**, que podría ser definido como la herramienta que nos deberá ayudar a construir la confianza necesaria a largo plazo en nuestra empresa como para recomendarla a sus amigos y conocidos.

Ello se conseguirá mediante el mantenimiento de una buena estrategia de relación con nuestra clientela que, además, pasa por la promesa y el compromiso de proporcionarle un valor percibido superior al de nuestros competidores. Para ello, tendrá que gestionar y/o preocuparse de aspectos como los que se recogen en la última columna del cuadro nº 4.

1.3.3. Del marketing externo al marketing interno

Con el fin de no ser excesivamente prolijos, nos limitaremos a enunciar otros desarrollos recientes que han caracterizado el marketing de finales del siglo XX. Nos estamos refiriendo a aspectos como:

- La preocupación por las relaciones a largo plazo de una organización con otras (gestión de redes).

- La necesidad de abordar mercados globales o multipaíses con clientes multiculturales a los que se dirigen fabricantes multinacionales, con mercados internacionales, con marcas internacionales y distribuidores internacionales (internacionalización o mundialización de la gestión de marketing).

- La utilización de las nuevas tecnologías que, entre otras cosas, han generado una explosión de datos para ser utilizados en la toma de decisiones de marketing o las enormes posibilidades que teóricamente permiten las tecnologías de la información y de las telecomunicaciones en cuanto a nuevas formas de hacer marketing.

Pero, sin lugar a dudas, una aportación muy importante del marketing a las organizaciones es la utilización de la mentalidad de marketing, así como de las principales herramientas que proporciona, para abordar aspectos de la gestión interna que nunca se pensó que pudieran ser abordados mediante esta disciplina.

Nos referimos concretamente a la utilización del denominado **marketing interno** (en contraposición al marketing externo, esto es, al realizado con los clientes externos: el consumidor final y la distribución) de cara a satisfacer y fidelizar a los empleados de una organización, como clientes internos de la misma.

El análisis y entendimiento de los deseos, demandas y expectativas de los clientes internos de una organización es, en estos casos, como no podía ser de otra manera, el punto de partida de la gestión de marketing interno.

La búsqueda y tratamiento de forma diferenciada de los eventuales segmentos de clientes internos será, igual que en el marketing externo, la base sobre la que pivotarán las correspondientes estrategias de segmentación y posicionamiento que la organización tendrá que diseñar como parte fundamental de la estrategia de marketing.

En base a los objetivos de satisfacción, motivación, involucración y fidelización propuestos, se diseñará la correspondiente estrategia funcional (marketing mix) donde la estrategia de comunicación interna será el punto neurálgico de la misma.

Estas y otras estrategias de marketing interno serán traducidas a acciones concretas en el correspondiente plan de acciones, con un planteamiento similar al que veremos en el capítulo 8 en el caso más general del marketing externo.

1.3.4. Del marketing como función independiente al marketing como proceso

Varias de las evoluciones expuestas hablan por sí solas de la tendencia del marketing como proceso, cuestionándose el papel tradicional del marketing como función independiente orientada a la satisfacción del consumidor final.

En este contexto, cobran especial significado afirmaciones expuestas recientemente por señalados profesionales de la gestión como que *"la necesidad del marketing nunca ha sido mayor en las organizaciones"*.

Ahora bien, como ya hemos señalado, esto no está teniendo como consecuencia unos departamentos de marketing más grandes o más poderosos sino que, por el contrario, está provocando la reducción de los mismos.

Quizás esté ocurriendo que, como ya señalara Peter Drucker en 1954, *"el marketing no es un departamento; es la empresa en su conjunto vista desde el punto de vista del cliente"*. Desde esta concepción, no es de extrañar que este prestigioso *gurú* de la gestión empresarial señalara que *"dado que el papel de la empresa es crear clientes, sus dos únicas funciones esenciales son el marketing y la innovación"*.

Una manifestación clara de lo que acabamos de señalar lo constituye el hecho de que "banderas" esgrimidas por los adalides de la calidad total (orientación al cliente, creación de valor para el cliente o satisfacción del mismo) deben ser competencia de todas las personas que trabajan en la organización y no sólo de las adscritas a departamentos de marketing.

En otras palabras, quizás estemos presenciando la anunciada llegada del marketing como proceso, esto es, como forma de dirigir la empresa en su conjunto.

"El marketing que triunfa actualmente afecta a todas las funciones de la empresa, incluido el departamento de marketing, que tiene todavía un papel diferenciado en aspectos tales como la comunicación con el cliente y la investigación y análisis del mercado, y un papel compartido en áreas tales como el desarrollo de nuevos productos, la fijación de precios o la definición de la estrategia competitiva" (Barwise, P., 1995).

1.4. ¿MERECE LA PENA PLANIFICAR?

A la hora de definir el proceso de planificación –como parte de las funciones que configuran el rol del directivo de empresa– podemos identificar una serie de matices en los que los expertos se han mostrado coincidentes. Autores como Hausler o Ansoff se refieren a la planificación en términos perfectamente válidos como: *una previsión de los futuros campos de acción..., una búsqueda de metas de futuro para la movilización de recursos..., una preparación metódica para la acción que incluye el desarrollo de estrategias..., una definición de objetivos y selección de estrategias... o una apropiada asignación de los recursos disponibles.*

Sin embargo, y aún a riesgo de resultar simplistas, vamos a apostar por el planteamiento de Newman, que reza: ***"planificar es decidir hoy lo que se hará en el futuro"***. Nosotros podríamos añadir un matiz más a esta magnífica definición y completarla de la siguiente forma: *"La planificación es* ***el importante reto*** *que supone decidir hoy...".* Cualquiera puede planificar; pero sólo una mente abierta, previsora, imaginativa y sagaz podrá hacerlo correctamente. La planificación es un ejercicio de análisis y reflexión en el que intervienen múltiples factores, no sólo económicos, sino también de índole social, política, ambiental, etc., que deben tenerse muy presentes.

En efecto, existen poderosas razones que nos inducen a afirmar que no sólo merece la pena planificar, sino que es totalmente necesario que las empresas, en momentos de tanta incertidumbre y cambio como los actuales, planifiquen sus actividades y no se conviertan en "barcos a la deriva". No obstante, existen algunos razonamientos por los que el directivo puede mostrarse reacio a toda planificación. Baste mencionar aquí los tres siguientes:

1. **Las "sorpresas"** *que pueden tener lugar durante el proceso de planificación* y que difícilmente pueden ser previstas con suficiente precisión por el planificador, a saber: huelgas que paralizan la producción, cambios sociales bruscos, niveles récord de inflación y de paro, incremento de las tasas de interés, escasez y encarecimiento de las materias primas básicas, inestabilidad política, guerras, etc. Como estas "sorpresas" son difíciles de prever, la planificación se ha adaptado a la incertidumbre:

- El método de los escenarios, por ejemplo, constituye una manera interesante de preparar la empresa ante distintos acontecimientos posibles y de integrar la incertidumbre dentro del propio plan, que es único.
- La elaboración de planes de contingencia. En este caso, la puesta en marcha del plan de contingencia está condicionada a la aparición de acontecimientos inciertos o contingencias (en el capítulo 9 se verá un ejemplo de aplicación).

El empresario, con o sin planificación, se ha visto obligado a gestionar la empresa en condiciones de incertidumbre, a convivir con la inestabilidad, ya que es algo normal o habitual, algo con lo que hay que contar a la hora de tomar decisiones. Entonces, ¿por qué no hacer de la incertidumbre un aliado?, ¿por qué permitir que se convierta en un enemigo?. Si éste es el medio en el que nos tenemos que mover, vamos a hacerlo con soltura, sin temores y conscientes de las ventajas de la previsión y de la planificación (por ejemplo, la previsión incrementa nuestra sensibilidad y nuestra vigilancia, y en consecuencia nuestra capacidad de reacción –objetivo éste que se alcanza incluso aunque el plan no se lleve a cabo–).

2. **La utilización,** generalmente no intencionada, *de las previsiones financieras de los planes como instrumentos de control* diarios de la dirección; los informes anuales, semestrales, cuatrimestrales y mensuales que se emiten, se comparan, quiérase o no, con las metas fijadas en los planes.

A estos señores conviene recordarles que uno de los mayores beneficios de la planificación es que ayuda a llevar a cabo una vigilancia más sistemática del entorno, no un control total sobre el mismo. Y que, en consecuencia, lo que les preocupa no es lo más importante del proceso de planificación.

Las funciones o beneficios de los sistemas de planificación son:

- Formalizar el proceso de decisión estratégica, de forma que la empresa cuente con un "foro" en el que se adopten este tipo de decisiones, y permitir una gestión más rigurosa y menos basada en improvisaciones.
- Llevar a cabo una vigilancia más sistemática del entorno, y aumentar la capacidad de reacción de la empresa frente a los cambios imprevistos.
- Contar con un "fondo" de estudios, previsiones, análisis y experiencias que servirán al directivo para adoptar decisiones puntuales al margen del proceso de planificación.
- Coordinar el proceso de decisión de la empresa, facilitar los arbitrajes en caso de conflictos o incompatibiliadades, y permitir el seguimiento de las acciones emprendidas.
- Permitir la participación del personal en las decisiones empresariales.
- Facilitar la comunicación entre los miembros del equipo directivo, así como un lenguaje estratégico común. El plan expresa la filosofía de la dirección de la empresa y pone de manifiento una visión conjunta del futuro en el seno del equipo directivo.
- Constituir un instrumento de implementación de las decisiones adoptadas, ya que el plan se convierte en una vía muy eficaz de comunicación al resto del personal de la empresa y un soporte a su movilización.
- Justificar o hacer más inteligibles las decisiones adoptadas, y exponer el discurso estratégico oficial de la empresa tanto en el interior (ante el personal, los sindicatos, los accionistas...) como en el exterior (ante los medios de comunicación, el mercado financiero, las Administraciones Públicas, etc.) de la misma.
- Constituir un instrumento de ejercicio de poder por parte de la Dirección. La participación en un proceso de planificación de esta naturaleza permite el dominio de las reglas de juego, el conocimiento de la información, y la capacidad de juzgar en consecuencia.

3. **La rigidez del plan:** *"un plan pone a la empresa dentro de un corsé, cuando lo que se necesita es todo lo contrario".* Esta argumentación supone olvidarse del principio básico de la planificación, esto es, que un plan se concibe para aumentar la capacidad de reacción, gracias a una interpretación rápida de lo que suponen los cambios producidos, y que desde el inicio de su confección se sabe que deberá ser revisado periódicamente.

Por ello, a pesar de estas tres razones, si se tiene la firme creencia de que existe más de un futuro y de que, mediante la planificación, la empresa se forja hoy de alguna manera su propio futuro, la respuesta parece clara: **efectivamente, merece la pena planificar**. La capacidad de respuesta a situaciones como las descritas no se improvisa. Esta tajante afirmación no sólo se sustenta en el hecho de que las empresas punteras de los mercados mundiales practiquen la planificación, sino también –y a pesar de las razones arriba esgrimidas– en que **lo importante de la planificación no es el plan en sí, sino el proceso de planificación**. Éste conduce al equipo planificador a una reflexión estratégica, y ésta a un conocimiento mucho más exhaustivo de la propia realidad de la empresa, de sus potencialidades y debilidades, de sus competidores, de su entorno y de sus clientes.

"Estrategia y planificación priman sobre el día a día en los consejeros delegados", era el titular del periódico económico *Cinco Días* del 3 de febrero de 1999, que añadía: "los máximos ejecutivos de las empresas europeas dedican cada día más tiempo a desarrollar la visión y planificación de la empresa, a definir la estrategia, a potenciar la cultura corporativa y tener una relación estrecha con sus clientes más relevantes".

A pesar de esta apabullante evidencia, siempre habrá quien piense que la planificación puede constituir un freno a la iniciativa, a la decisión "genial", o quien crea que con el plan de gestión anual es suficiente, o que no es posible predecir el futuro, o que la planificación exige mucho tiempo y dedicación.

De acuerdo con que el futuro no siempre es predecible, pero la rapidez y el riesgo de la innovación tecnológica o de entornos competitivos inestables obliga a anticiparse a los cambios (la capacidad de adaptación no se improvisa). En efecto, el tiempo dedicado a la preparación del plan puede resultar largo, pero se trata sin duda de un tiempo rentable, que acabará facilitando la labor de la dirección en la selección de objetivos, en la coordinación de los departamentos y sus gentes, en la delegación de autoridad y responsabilidad, etc.

La buena planificación produce planes flexibles y dinámicos, adaptables constantemente a las circunstancias, pero respetando los objetivos y misiones últimas de la empresa.

Podría ocurrir que los detalles del plan quedaran obsoletos tan pronto como éste se terminara de escribir. Sin embargo, siempre podemos pensar que el proceso que ayudó a realizar dicho plan no lo estará, y que resultará de gran utilidad para la empresa. Por este motivo es conveniente que se lleven a cabo de forma periódica revisiones de los planes, y que la alta dirección se centre más en los supuestos y tendencias que éstos apunten, que en las promesas financieras del mismo.

La planificación ha ocupado, junto con las funciones de organización, dirección, coordinación y control, un lugar preponderante entre las funciones que debe desempeñar la dirección.

En los años setenta se produjeron ciertos acontecimientos imprevistos (ej. la crisis del '73) que ponen en cuestión esta función, al asestarse un duro golpe a la credibilidad de las previsiones a largo plazo. Es entonces cuando surgen los detractores de la planificación (que esgrimen argumentos como los expuestos más arriba), que conviven con los defensores de la misma (con argumentos como los citados a lo largo de éste y otros capítulos de este libro).

Pero, si se observa con detenimiento esta polémica y sus consecuencias –y éste no es el lugar más adecuado para hacerlo– se verá que lo que realmente entra en crisis no es la planificación en sí, sino el sistema de planificación a largo plazo (P.L.P.) que se había implantado en Occidente en los años cincuenta, apareciendo en su lugar, a mediados de los sesenta, la planificación estratégica.

Sin embargo, y como cualquier otro instrumento en manos del hombre, un uso imperfecto o mal dirigido de esta herramienta puede dar lugar a una sensación de fracaso. Esta "disfunción" de la planificación puede atender a razones de diversa índole:

- Cuando las personas clave de la empresa no están totalmente implicadas en el proceso.

- Cuando las ambiciones y expectativas son demasiado elevadas.

- Cuando los supuestos no se revisan con la periodicidad, premura y atención suficientes.

- Cuando no existe (o es reducido) el seguimiento y control de los resultados de la planificación.

- Cuando ésta se convierte en una rutina (en una tarea más dentro del proceso de gestión) o en un juego intelectual "para la galería".

- Cuando se concede una excesiva atención (en tiempo y recursos) a algún aspecto de la planificación (frecuentemente a la elaboración de objetivos), o cuando no se le dedica el tiempo, la participación y los recursos adecuados.

- Otras razones.

La realidad española nos demuestra que el porcentaje de las empresas que planifican su estrategia a largo plazo es todavía escaso, a pesar de haber zonas como el País Vasco donde el 62,4% de las empresas mayores de 50 empleados dice utilizar esta herramienta.

A modo de reflexión, e insistiendo una vez más en la idea de que el entorno económico es cada vez más complejo y turbulento, podemos plantearnos ahora las siguientes cuestiones: ¿Serán conscientes de las amenazas y de las pérdidas de oportunidades que tienen que soportar por no planificar? ¿Habrán comprendido que un motivo primordial por el que han perdido liderazgo, incluso en sus propios mercados, es por falta de planificación estratégica? ¿O es que no encuentran aplicables a su dimensión empresarial los sistemas de planificación más conocidos?.

A lo largo de estas páginas, trataremos de demostrar que el sistema de planificación de marketing que proponemos puede responder de una forma útil y eficaz a estos interrogantes, como ya se ha demostrado en un buen número de empresas (incluidas las Pymes) que lo han puesto en marcha: el 40% de las empresas vascas dicen estar utilizándola.

Todas estas apreciaciones nos han servido para atacar con mayor convicción el punto al que queremos llegar: **¿por qué planificar en marketing?** Si la respuesta de la empresa a las necesidades que plantea el mercado es precisamente la satisfacción de esas mismas necesidades, la puesta en práctica de esta idea se traducirá en un sistemático proceso de planificación de marketing consistente en la aplicación planificada de los recursos con los que éste cuenta para alcanzar los objetivos definidos.

La planificación de marketing, realizada de una forma sistemática, proporciona ventajas notables.

McDonald (1994) nos recuerda que los beneficios del plan de marketing son:

- *Mejor coordinación de las actividades.*
- *Identifica los cambios y desarrollos que se pueden esperar.*
- *Aumenta la predisposición y preparación de la empresa para el cambio.*
- *Minimiza las respuestas no racionales a los eventos inesperados.*
- *Reduce los conflictos sobre el destino y los objetivos de la empresa.*

- *Mejora la comunicación.*

- *Obliga a la dirección de la empresa a pensar, de forma sistemática, en el futuro.*

- *Los recursos disponibles se pueden ajustar mejor a las oportunidades.*

- *El plan proporciona un marco general útil para la revisión continuada de las actividades.*

- *Un enfoque sistemático de la formación de las estrategias conduce a niveles más altos de rentabilidad sobre la inversión.*

No es exagerado pensar que los buenos o malos resultados que obtenga la empresa al final de cada ejercicio serán, en buena medida, un reflejo de la correcta o incorrecta planificación de marketing.

Pero añadiremos aún un último apunte a favor de la planificación de marketing. Para ello nos apoyaremos en las palabras de Stapleton (1992), cuya reproducción exacta es, *per se*, el mejor de los argumentos:

"Pocas empresas se gastarían varios millones de pesetas en la compra de un buen equipo productivo sin haber realizado previamente una completa investigación sobre su justificación, las alternativas disponibles y la rentabilidad esperada sobre dicha inversión.

Sin embargo, cada año, la gran mayoría de las empresas asignan una parte significativa de sus ingresos a las actividades de marketing, sin haber estimado el valor o la rentabilidad esperada sobre tal inversión.

*Mediante la **planificación de marketing** la empresa debe asegurarse de que los costes de marketing dan una rentabilidad equivalente y de que están sujetos a los mismos criterios y controles que el resto de las inversiones que se hagan en la empresa".*

Concluimos este capítulo introductorio con el anexo 1, tomado de McDonald (1994), que le puede servir para diagnosticar la necesidad de poner en marcha en su empresa un plan de marketing.

ANEXO 1:
SÍNTOMAS DE LA FALTA DE PLANIFICACIÓN DE MARKETING

Marque una "x", para cada una de las declaraciones que aparecen en la siguiente tabla, en la casilla que mejor describe la realidad de su empresa:

Declaraciones	Fundamentalmente cierta	Fundamentalmente no cierta
1. Estamos perdiendo oportunidades para generar beneficios.		
2. Nuestra planificación a largo plazo no es más que un montón de números sin sentido.		
3. Si se analizan desde un punto de vista objetivo y racional, nuestros objetivos de marketing son ilógicos.		
4. Nos hace falta información de marketing que sea útil y práctica.		
5. Los directivos se sienten frustrados por los conflictos y la rivalidad que existe entre los distintos departamentos o funciones.		
6. Se está produciendo una creciente proliferación de productos y/o mercados.		
7. Gran parte de nuestros gastos en comunicación se desperdician.		
8. En la empresa existe una gran confusión respecto a los precios.		
9. Nos estamos haciendo cada vez más vulnerables a los cambios que se producen en nuestro entorno.		
10. No estamos controlando la empresa sino que, por el contrario, las fuerzas del entorno nos están controlando a nosotros.		

Completada la tabla, una, con una línea recta, desde la "x" de la declaración 1 a la "x" de la declaración 2, y así sucesivamente hasta la 10.

Comprobará que acaba de trazar un perfil de la planificación de marketing de su empresa:

- Si la línea de perfil tiende a situarse en la parte derecha de la escala, parece que su empresa no tiene muchos de los problemas que provoca la ausencia de plan de marketing. En otras palabras, su empresa lo está haciendo bastante bien.

- Si, por el contrario, su perfil tiende a situarse en la parte izquierda de la escala, Ud. debería considerar seriamente la necesidad de hacer un plan de marketing o de revisar los actuales procesos de planificación de marketing, prestando especial atención a los problemas que desea superar.

CAPÍTULO 2

EL PLAN DE MARKETING DENTRO DEL PROCESO DE PLANIFICACIÓN GLOBAL

«Espera lo mejor,
pero prepárate para lo peor»

Proverbio inglés

2.1. El proceso de planificación global.

2.2. El proceso de planificación comercial y de marketing.

2.3. Plan de marketing estratégico versus plan estratégico.

2.4. Relevancia del plan de marketing para la Pyme.

Anexo 2: Interrelación entre planificación estratégica y de marketing.

2.1. EL PROCESO DE PLANIFICACIÓN GLOBAL

A pesar de su pretendida sencillez, el lenguaje que empleamos normalmente al hablar de planificación empresarial puede conducir cuando menos a la confusión, incluso para aquellos que lo utilizan a diario. La afinidad de los términos que manejamos (plan estratégico, plan de marketing, plan de marketing estratégico, plan de ventas, plan de gestión, estrategia de marketing, marketing estratégico, etc.) no debe inducirnos de ningún modo a mantener una actitud perezosa que se resuma en: *"¡Qué más da! Al fin y al cabo son conceptos que significan prácticamente lo mismo"*.

Muy al contrario, lo que pretenderemos a lo largo de este capítulo –vista ya la importancia de practicar una planificación formal (escrita)– es situar la posición en la que se enmarca el plan de marketing dentro del proceso de planificación global de la empresa, y demostrar que, siendo un arma comercial y de marketing determinante como lo es para la gran empresa, en las Pymes puede convertirse asimismo en un buen sustitutivo de la planificación estratégica.

Efectivamente, la dimensión, la estructura, el tipo de producto o servicio ofertado, las características propias de cada mercado concreto, la cultura o filosofía, etc., son factores que nos hacen comprender la enorme diversidad de perfiles empresariales que conviven en el, ya de por sí, complejo universo económico. Por esta razón, resultaría muy poco práctico pensar en un único instrumento de planificación empresarial que fuera válido para todos los casos.

La gran multinacional jamás podrá gestionarse a partir de planes a corto plazo para cada una de sus filiales, divisiones y áreas funcionales, de la misma manera que entenderíamos desmesurado que una "pequeña empresa de provincias" planteara sus pasos o decisiones a partir de un proceso de planificación global completo. Y no nos olvidamos de que, de los casi dos millones y medio de empresas existentes en España la casi totalidad (el 97,6%) son como la empresa citada. En efecto, el 56,2% no tiene asalariados, el 25,3% de 1 a 2, el 9,1% entre 3 y 5, el 4% de 6 a 9, el 3% entre 10 y 19, y sólo el 2,4% de las empresas españolas tiene más de 20 empleados.

No obstante, y en aras de una mejor identificación del proceso de planificación aconsejable a los diferentes tamaños de empresa, adaptaremos un modelo que, sin ser como ya hemos señalado el único, sí pasa por ser bastante universal (corresponde a *Gilmore y Brandenburg,* y data de 1962). El gráfico 5.1 lo presenta y este autor se ha tomado la libertad de adaptarlo –desde su experiencia– a cada tamaño o dimensión de empresa (gráficos 5.2 y 5.3).

Gráfico 5.1
PROCESO DE PLANIFICACIÓN EN LA EMPRESA DE TAMAÑO MUY GRANDE

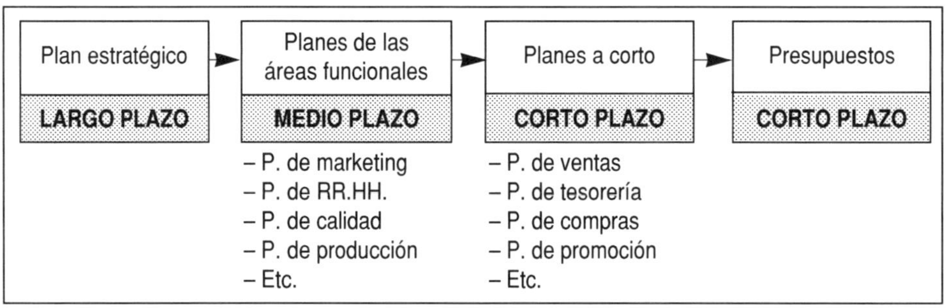

Gráfico 5.2
PROCESO DE PLANIFICACIÓN EN LA EMPRESA DE TAMAÑO MEDIO

Gráfico 5.3
PROCESO DE PLANIFICACIÓN EN LA PEQUEÑA EMPRESA

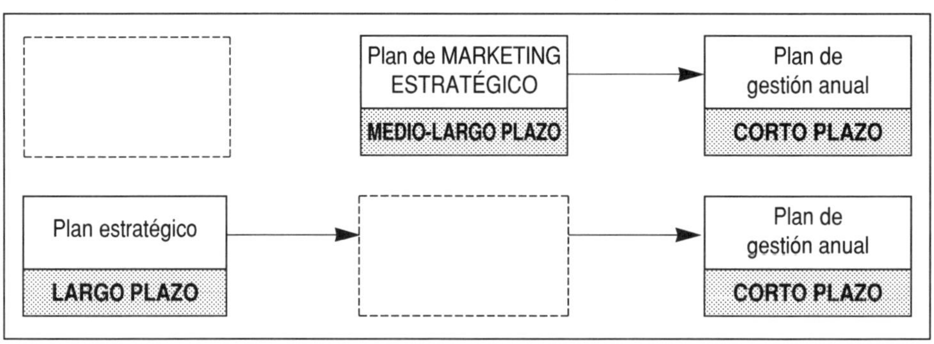

Como se puede ver en el citado gráfico 5.1, es lógico que la empresa de tamaño grande adopte todos los planes que se contemplan en un proceso global clásico (es decir, "de libro"). Esto, en una empresa como *Imperial Chemical Industries* (ICI), con decenas de empresas participadas, con más de media docena de divisiones y con divisiones de más de 15.000 empleados, por ejemplo, podría implicar la realización de varias decenas de planes, si se aplicara estrictamente todo el proceso de planificación global que sugiere el gráfico 5.1.

Pero no es menos lógico pensar que eso o algo similar (es decir, la necesidad de hacer un plan estratégico, más siete planes a medio plazo para otras tantas áreas funcionales, que a su vez necesitan hacer –como mínimo– media docena de planes por área, entre planes a corto y presupuestos...) es materialmente imposible para la Pyme que, como se acaba de ver, constituye la casi totalidad de las empresas.

Por eso, proponemos que la empresa de tamaño medio adopte un proceso como el que sugerimos en el gráfico 5.2, que lo sustente sobre los tres pilares básicos de la planificación (el plan estratégico, el plan de marketing estratégico, y el plan de gestión anual), y que cuando lo requiera aborde puntualmente el plan funcional que necesite.

Pero, incluso lo propuesto para la empresa de tamaño medio puede ser excesivo para la empresa realmente pequeña. Por ello, nuestra propuesta es que a lo sumo elabore dos tipos de planes (gráfico 5.3):

- **Primera opción:** realizar sólo el plan estratégico (cada tres o cuatro años) y el plan de gestión anual (por supuesto, anualmente).

- **Segunda opción:** sustituir el plan estratégico por el plan de marketing estratégico (que será necesario abordar cada dos o tres años) y complementarlo con el plan de gestión anual (a realizar anualmente).

Estos gráficos nos permiten extraer otras conclusiones que analizaremos con mayor profundidad posteriormente. Sin embargo, y como adelanto, señalaremos que el plan de marketing estratégico, por su naturaleza, puede efectivamente constituir un buen sucedáneo de la planificación estratégica para la Pyme y que, en cualquier caso, es un elemento puente entre la planificación estratégica y los planes a corto plazo o el plan de gestión anual, ya que traduce los objetivos corporativos en objetivos de producto-mercado (esto es, objetivos de marketing), que a su vez se convertirán en objetivos de facturación a corto (es decir, cuotas de ventas por zonas, clientes, etc.).

Como en cualquier proceso, forma parte esencial de su naturaleza el hecho de que exista una interrelación muy estrecha entre las diferentes fases de los distintos planes, así como que requiera la involucración e integración de los diferentes elementos que en él actúan.

El gráfico 6 pretende ilustrar dicha interrelación, aunque en el anexo 2 se profundiza en la misma. Por ejemplo, en él reflejamos que los objetivos de marketing deben estar supeditados a los objetivos corporativos y a la estrategia corporativa (camino elegido para alcanzarlos). De la misma forma que los objetivos de comunicación estarán en consonancia con los objetivos y estrategias de marketing.

Gráfico 6
INTERRELACIÓN ENTRE LAS DIFERENTES ETAPAS DE LOS DISTINTOS TIPOS DE PLANES

Otra lectura del gráfico 6, que suele producir cierto confusionismo, es la siguiente: lo que para una dirección es estrategia para otra puede ser objetivo. Por ejemplo, para conseguir el objetivo corporativo de alcanzar una tasa de rentabilidad sobre la inversión, a largo plazo, del quince por ciento la empresa ha decidido seguir una estrategia corporativa de crecimiento, que se traduce en que debemos duplicar las ventas en tres años. Pues bien, esta estrategia corporativa será el objetivo de marketing en el plan de marketing que elabore la dirección de marketing.

En otras palabras, el plan estratégico es el "plan maestro" del proceso global de planificación, del que surgen directrices para elaborar el resto de planes. Además, contempla las decisiones y las grandes orientaciones que permitirán a la empresa modificar, mejorar o asentar su posición en relación con la competencia. El gráfico 7 explica su proceso de elaboración.

Gráfico 7
PROCESO DE PLANIFICACIÓN ESTRATÉGICA

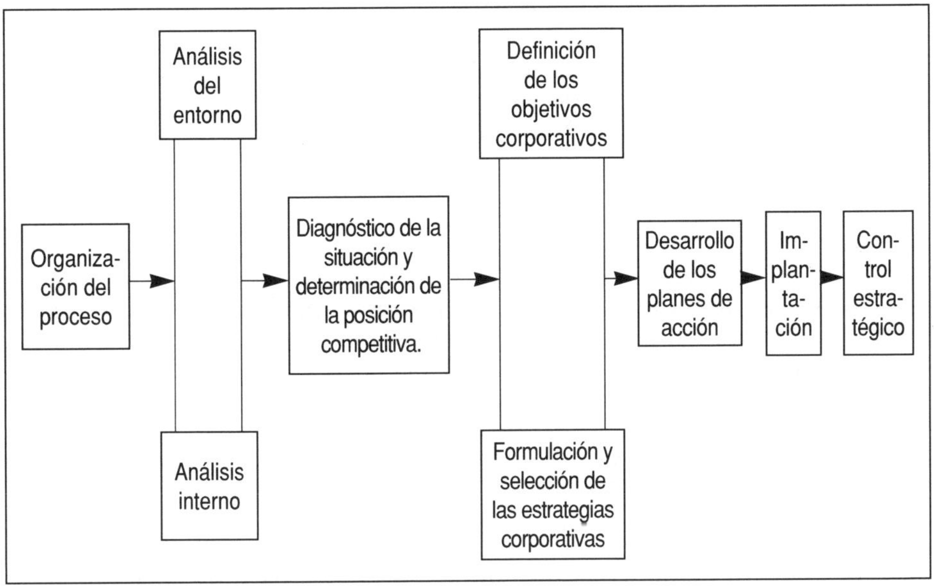

Fuente: Adaptación de Bueno Campos (1987).

Tenemos pues ante nosotros –y valga el símil cinematográfico– el guión principal de la película. La labor del equipo gestor será, a partir de ahora, saber dirigirla correctamente; eligiendo los mejores actores y actrices, los mejores escenarios, los especialistas, la decoración, los efectos especiales, etc. Todos los "subguiones" que se preparen a nivel funcional deberán estar supeditados al guión principal. Lo contrario significaría –amén de un claro síntoma de disfunción en la comunicación interna de la empresa– que los esfuerzos realizados no apuntan a una misma dirección, con lo que la planificación no tendría sentido alguno.

Con esta reflexión queremos significar que los principios de cohesión, supeditación y comunicación de los planes funcionales con respecto al plan estratégico, deberán ser respetados si lo que pretendemos es garantizar la consecución de nuestros objetivos. Aunque sean los planes de las áreas funcionales los que consigan los resultados inmediatos en una empresa, lo fundamental es realizar una buena elección de la **misión, visión, definición del negocio** y de las **estrategias competitivas de la empresa**, que es la esencia del plan estratégico. Recordemos el dicho: *"Más vale hacer mal lo que se debe hacer que hacer bien lo que no se debe hacer".*

Retomaremos el símil cinemátográfico para finalizar este epígrafe recordando las palabras de uno de los más reconocidos maestros de la historia del cine, Alfred Hitchcock, quien en cierta ocasión afirmara: *"Sin duda alguna, lo más importante de una película es el guión. Puede ocurrir que de un buen guión salga una mala película, pero jamás veremos una buena película que haya partido de un mal guión".*

2.2. EL PROCESO DE PLANIFICACION COMERCIAL Y DE MARKETING

De la misma manera que consideramos el plan estratégico como el punto de partida del proceso de planificación global, el plan de marketing estratégico es la pieza clave del proceso de planificación comercial. El gráfico 8 presenta el proceso de planificación comercial, y en él se puede observar cómo el plan de marketing desempeña el papel de pieza maestra del mismo, al tiempo que está supeditado a las directrices que surjan del plan estratégico.

En efecto, el plan general de marketing da pautas de actuación para que los directores de producto elaboren sus planes anuales de marketing para sus líneas respectivas (cuando exista homogeneidad de productos y la dimensión de la empresa sea pequeña sólo existirá el plan de marketing. No un plan general de marketing y varios planes anuales de marketing –tantos como directores de producto–).

En cualquier caso, con las directrices que surjan del plan de marketing el departamento de ventas elaborará el plan de ventas (pudiendo aparecer varios tipos de planes de ventas si la empresa abarca mercados geográficos muy distintos o grupos de clientes muy heterogéneos). Por su parte el responsable de comunicación confeccionará el plan de comunicación, que tendrá presentes las recomendaciones que surjan del plan de marketing, al tiempo que considera los planteamien-

Gráfico 8
PROCESO DE PLANIFICACIÓN COMERCIAL

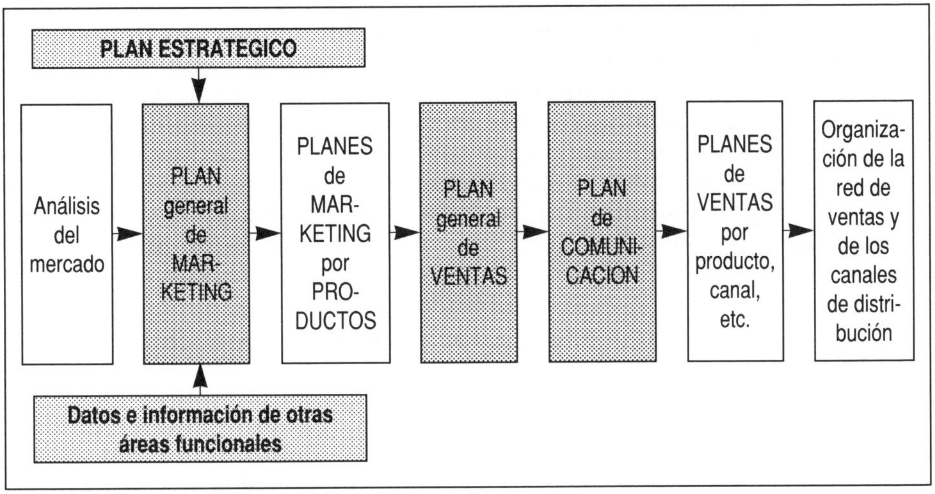

tos del plan de ventas para saber qué zonas o grupos de clientes necesitan más apoyo promocional o publicitario que otras.

A la consideración de pieza maestra del proceso de planificación comercial se le une el riesgo comercial o de marketing, existente en todas las decisiones de esta área de la empresa, para justificar todavía más si cabe la necesidad del plan de marketing.

En efecto, la existencia de riesgo comercial resulta una realidad insoslayable para toda empresa mercantil. Es imposible eliminar este riesgo, pero no lo es reducirlo. En este sentido, el marketing aporta una mentalidad (tener al cliente/consumidor presente en el momento de tomar cualquier decisión de marketing) y una forma de actuar (investigar los mercados, realizar pruebas previamente y enmarcar las acciones en planes formales de marketing) que coadyuvan a aminorar ese riesgo. De ahí que el plan de marketing deba ser considerado como uno de los instrumentos más válidos con los que cuenta el responsable de marketing, no sólo para combatir el riesgo comercial inherente a la mayor parte de las decisiones que tiene que tomar, sino también para aprovechar las oportunidades que le ofrezca el mercado en el que actúa.

Asimismo, el plan de marketing supone la introducción de un instrumento de control para las actividades de esta área funcional de la empresa. La filosofía del plan de marketing, como indicaba Stapleton, es efectivamente que todos y cada uno de los instrumentos del marketing, que normalmente constituyen una inversión en tiempo, energía y dinero, demuestren una compensación que pueda ser sometida a valoración, al igual que el resto de las inversiones que realiza la empresa.

En el gráfico 9 se expone el proceso de elaboración del plan de marketing estratégico. Si se compara con el gráfico 7, en el que mostrábamos el proceso de elaboración del plan estratégico, se comprobará que aunque se haya hecho una presentación aparentemente diferente, ambos procesos de confección son metodológica y conceptualmente idénticos. El resultado, no obstante, es netamente diferente, como lo es el alcance y contenido de todas y cada una de las etapas de ambos planes:

Gráfico 9
ESQUEMA BÁSICO DEL PLAN DE MARKETING ESTRATÉGICO

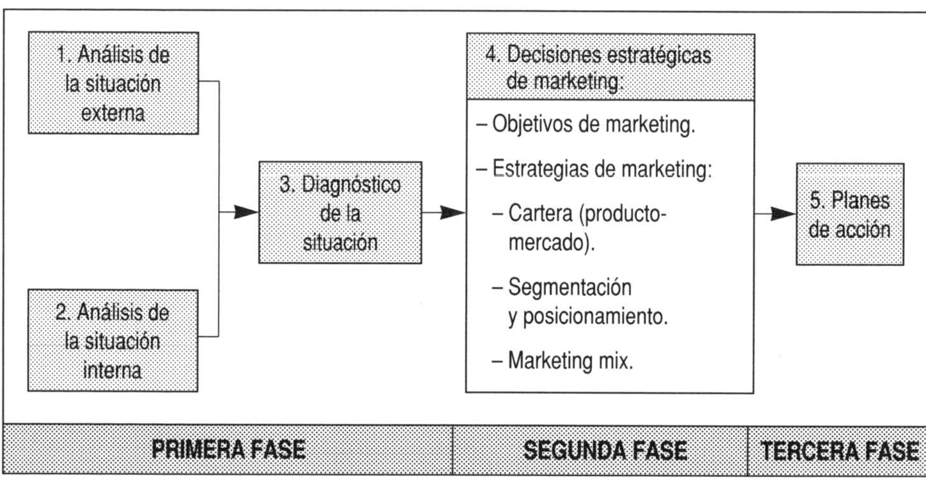

- El horizonte temporal del plan estratégico puede ser mayor que el del plan de marketing estratégico.

- Mientras el plan estratégico se centra en aquellos aspectos que comprometen directamente el futuro de la empresa, el plan de marketing se ocupa de las competencias del área de marketing.

- En el orden operativo, el diagnóstico de la situación hecho en el marco de la planificación estratégica profundiza más en el análisis del entorno y del sector en el que se desenvuelve la empresa, mientras que el plan de marketing se detiene mucho más en el análisis del mercado; los objetivos y estrategias corporativas no coinciden con los de marketing; y, finalmente, aunque en ambos casos se habla de planes de acción, en cada caso se contemplan campos de actuación muy diferentes (los departamentos o áreas funcionales de la empresa, en el plan estratégico versus las funciones de marketing, en el plan de marketing).

Repasando el gráfico 8 se podrá comprobar que el plan de ventas es un subproducto del proceso de planificación comercial. Y si, al mismo tiempo, se observa el gráfico 10 se verá que el plan (también denominado programa) de ventas es el punto de partida del plan de gestión anual. Así se puede comprobar, de otra forma, cómo la planificación comercial hace de puente entre la planificación estratégica y el plan de gestión anual o los planes a corto, como dijimos anteriormente.

Con la presentación del plan de gestión anual cerramos el proceso de planificación global y terminamos de exponer –aunque con profundidad diferente, por razones obvias– las tres piezas que, a juicio de este autor, son básicas en la planificación de una Pyme: el plan estratégico, el plan de marketing estratégico y el plan de gestión anual.

La sistemática que ilustra el citado gráfico fue elaborada por LKS Consultores, cuando era división empresarial de Caja Laboral –que es quien

Gráfico 10
PASOS EN LA ELABORACIÓN DEL PLAN DE GESTIÓN ANUAL

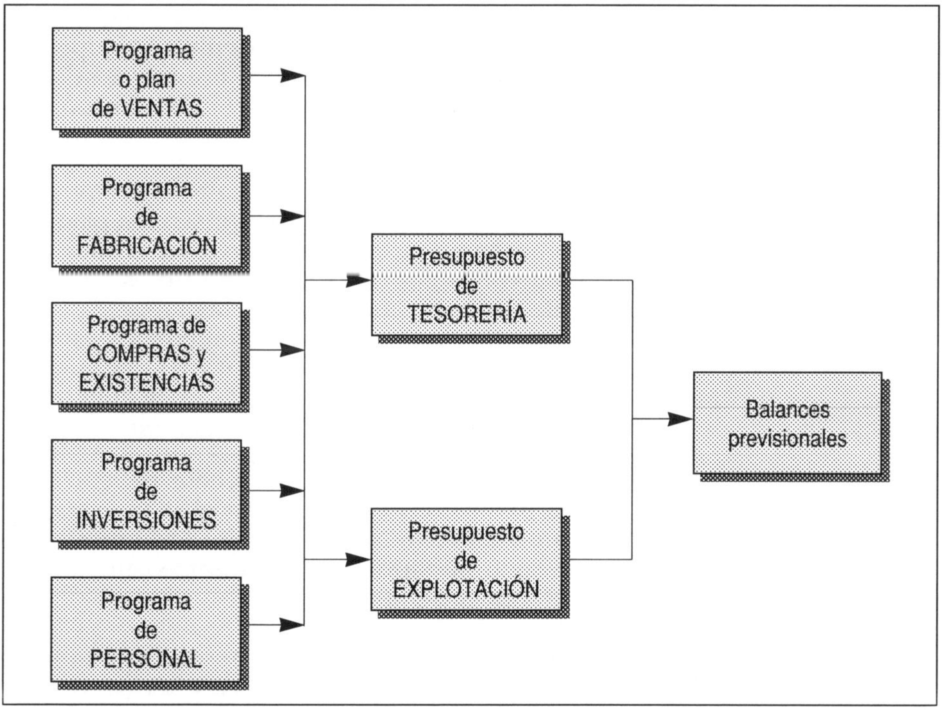

publicó por primera vez en 1988 el manual titulado "Plan de gestión anual de la empresa"–. En 1992 se realizó una segunda edición del mismo con el título "Manual para la elaboración del plan de gestión de las Pymes".

2.3. PLAN DE MARKETING ESTRATÉGICO VERSUS PLAN ESTRATÉGICO

La importancia de la función de marketing –y, por ende, del plan de marketing estratégico– dentro del proceso de planificación de una empresa, es enorme. Si ésta es fiel al concepto de marketing (primer elemento citado para reducir el riesgo comercial), sólo fabricará aquellos productos que pueda vender, porque existe una demanda para ellos. De esta manera, hasta que el responsable de marketing no tenga una idea clara de qué productos se pueden vender, el departamento de producción no podrá hacer sus propios planes de fabricación o, cuando menos, desconocerá el equipo material y humano que va a necesitar. Asimismo, el departamento financiero no podrá concluir sus estudios sobre la financiación necesaria, ni el departamento de recursos humanos podrá aconsejar sobre la disponibilidad de personas en todas las categorías o poner en marcha sus planes de formación, etc.

Suele decirse, por ello, que el responsable de la función de marketing debe llevar el liderazgo en el proceso de planificación, aunque sólo sea en un sentido cronológico. Es él quien especifica la estrategia ideal de producto-mercado para la empresa que, en definitiva, supone un aspecto clave de la estrategia empresarial. Pero, como ya se ha apuntado anteriormente, ambos planes son distintos y cumplen papeles diferentes en la empresa.

El gráfico 11 pretende ilustrar la relación existente entre la estrategia corporativa y la estrategia de marketing y el gráfico 12 entre sendos planes. Se observará que, en estos gráficos, se ha puesto a distinto nivel la línea de separación entre la estrategia corporativa y la de marketing. Esto es así porque la citada separación no suele ser la misma en todas las empresas, ya que depende del reparto de competencias que en cada empresa se haya hecho entre dirección general (responsable último del nivel 1, que siempre formará parte de la estrategia corporativa) y la dirección de marketing (responsable siempre de los niveles 3 y 4 de la estrategia de marketing).

No obstante, en empresas multinegocio, la estrategia de cartera puede estar definida en ambos planes. En ese caso, en el plan estratégico se definirá la cartera de **negocios** más idónea para la empresa y en el plan de marketing estratégico la cartera de **productos** más conveniente para cada unidad de negocio de la misma.

De ahí que se pueda concluir que la estrategia de marketing se inicia en el punto que la ha dejado la estrategia corporativa (normal-

Gráfico 11
TIPOS DE ESTRATEGIAS

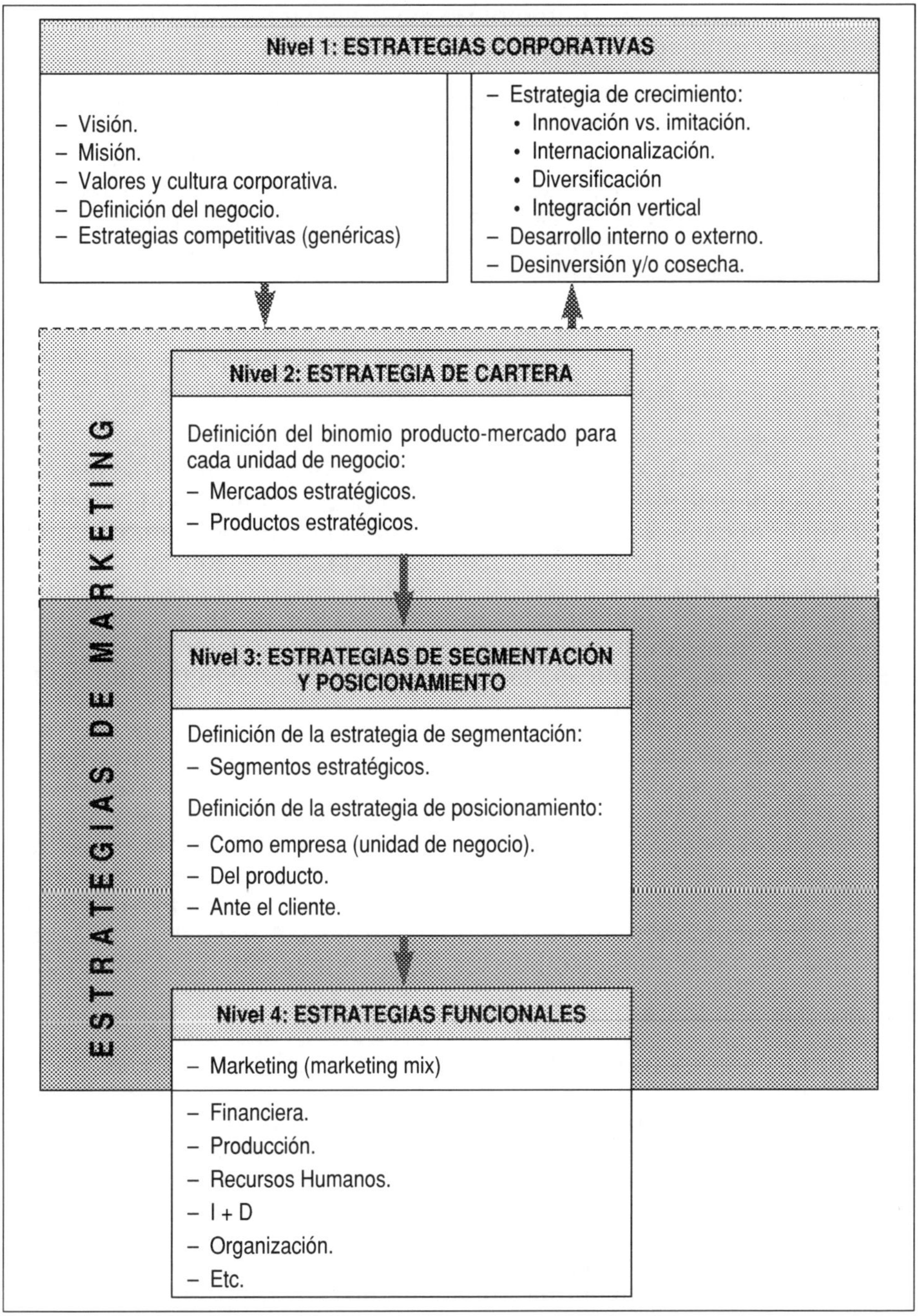

mente en el nivel 2, aunque no tenga el responsable de marketing competencia plena sobre el mismo), y que en consecuencia esta estrategia –la de cartera– se contemple o pueda aparecer tanto en planes estratégicos como en planes de marketing.

También cabe hacer otra lectura: en aquellos casos en los que la empresa no tiene un plan estratégico formal y se embarca a hacer un plan de marketing estratégico, éste puede suplir bastante bien gran parte del contenido del primero. De ahí que digamos que el plan de marketing estratégico es un buen sustitutivo de la planificación estratégica, sobre todo en las Pymes, en las que –como ya se ha expuesto– no es posible abordar todo el proceso de planificación global.

Por contra, donde exista un plan estratégico o esté bien definida la estrategia corporativa, la formulación de la estrategia de marketing estará supeditada a la estrategia corporativa establecida por la alta dirección.

Pero, una vez dentro de los límites marcados por la estrategia corporativa, el director de marketing deberá gozar de una gran libertad en lo referente al camino a seguir para obtener la correspondiente ventaja competitiva y desmarcarse de la competencia. Su misión consistirá en descubrir el modo más eficaz de combinar los recursos disponibles para realizar sus metas. Los planes de acción de marketing serán entonces las piezas en las que pivotará su actuación, que tendrá que garantizar la consecución de los objetivos de marketing y, por ende, los objetivos corporativos.

Por tanto, el responsable de confeccionar el plan de marketing deberá preocuparse de traducir los objetivos corporativos a objetivos de marketing para, posteriormente, desplegar las correspondientes estrategias y acciones de marketing que conviertan en realidad los objetivos fijados. Éste deberá ser presentado a la alta dirección para recabar la aprobación correspondiente. Una vez aprobado el plan, el director de marketing será el responsable de su ejecución, y corresponsable con la alta dirección de los resultados que de él se obtengan.

2.4. RELEVANCIA DEL PLAN DE MARKETING PARA LA PYME

Aunque, a nivel teórico, el proceso de planificación de la Pyme deba ser el mismo que el utilizado por la gran empresa (véase el gráfico 5.1), sabemos que en la práctica éste se simplifica enormemente sin que ello signifique una pérdida importante en la toma de decisiones.

Además, mientras que en teoría los planes deben ser revisados periódicamente modificándolos anualmente (ya que dada la rapidez con que cambia el entorno cualquier plan cuyo horizonte sea superior a un año tiene el riesgo de haberse quedado obsoleto), su puesta en práctica suele ser bastante difícil.

Por ello, para una empresa no muy diversificada y organizada funcionalmente (es decir, para la Pyme española), es suficiente con que se sigan cualquiera de los procesos de planificación recomendados en los gráficos 5.2 ó 5.3.

Estos procesos suponen, además, una ventaja añadida: la rapidez con la que se establece la conexión entre la planificación estratégica, los presupuestos y la gestión cotidiana (a diferencia de lo que ocurre en las empresas que siguen el proceso descrito en el gráfico 5.1).

En definitiva, lo que se está proponiendo aquí para la Pyme es que todos los directivos con responsabilidad, como mínimo a nivel departamental, participen activamente en la elaboración de los planes a medio y largo plazo de la empresa, y que se asigne un tiempo concreto a la planificación ("lo importante"), evitando emplear todo el tiempo en ir apagando fuegos ("lo urgente").

Por todo lo expuesto a lo largo de este capítulo, en aquellas empresas que carezcan de planificación estratégica, teniendo en cuenta los puntos comunes entre la estrategia de marketing y la estrategia corporativa (gráfico 11), y dado el papel que desempeña el marketing en la planificación estratégica (gráfico 12), podemos concluir que: **EL PLAN DE MARKETING ESTRATÉGICO PUEDE CONSTITUIR UN BUEN SUSTITUTIVO DE LA PLANIFICACIÓN ESTRATÉGICA** (tal como se propone en la primera opción del gráfico 5.3).

Esta propuesta, que hemos venido defendiendo desde 1980, coincide con la que Walker, Boyd y Larréché han hecho en 1996:

- Estos autores señalan al área de marketing qué ámbitos de planificación deben sustituir en caso de que la estructura funcional de la empresa no incluya los tres niveles posibles: planes globales o corporativos, planes de negocios, y planes de marketing.

- En este caso, la secuencia lógica es que, en un primer paso, el área de marketing incluya en su ámbito de planificación los aspectos que, en principio, pertenecen al plan de negocio o que, por lo menos, participe activamente en su elaboración, conjuntamente con los demás directivos de la organizacion.

- En un segundo paso, si no existen los tres niveles, el área de marketing deberá estimular y participar en la elaboración de los planes globales o corporativos sin sustituir por completo a los altos

Gráfico 12
RELACIÓN ENTRE EL PLAN ESTRATÉGICO Y EL PLAN DE MARKETING

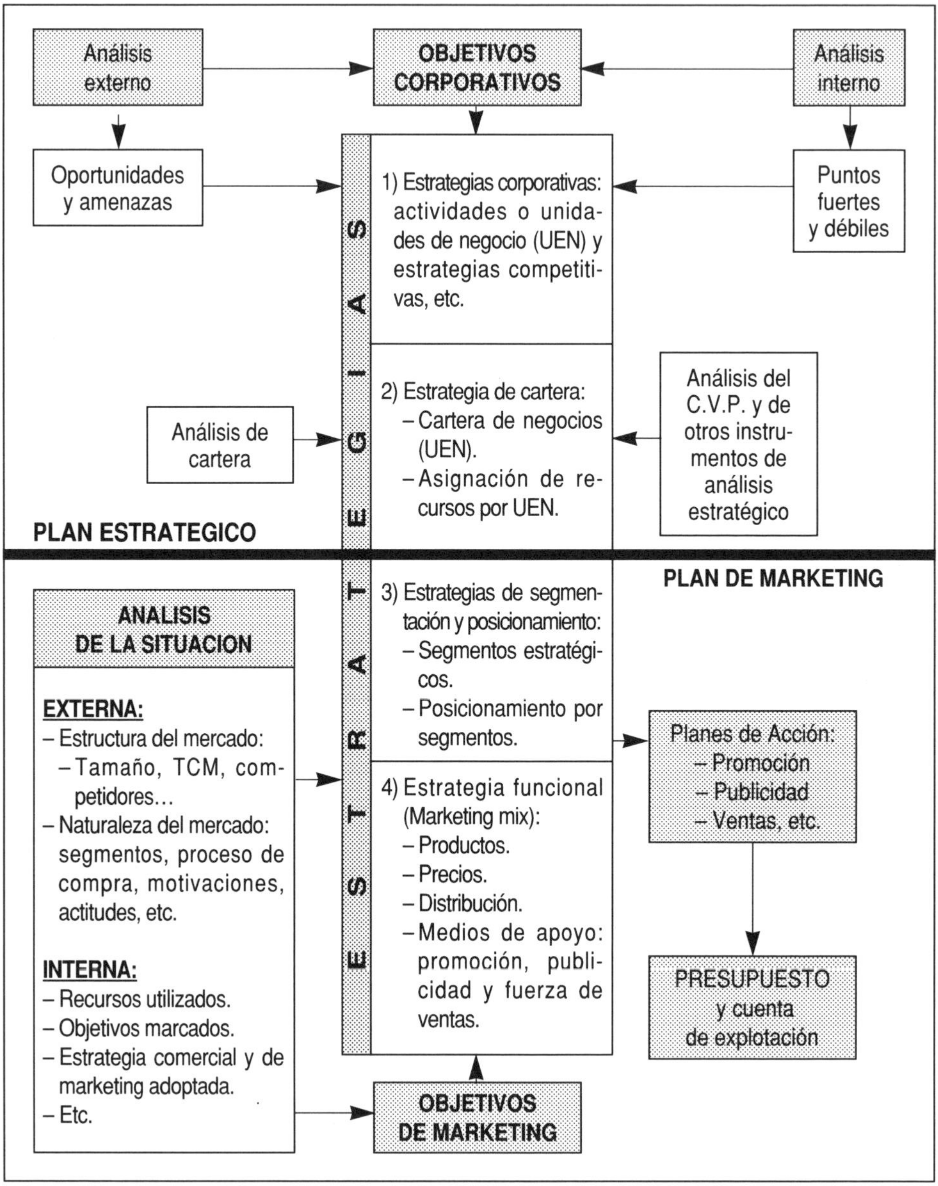

niveles de dirección en el desarrollo de los mismos. En efecto, un plan global o corporativo debe reflejar los puntos de vista e intereses de todas las áreas de la empresa, no sólo los de marketing (*What's new on in marketing,* junio 1998, pág. 27).

El anexo 2 profundiza en la diferencia entre la planificación estratégica (que se puede hacer a nivel global/corporativo o de negocio) y la de marketing, sobre todo en el caso de empresas grandes o diversificadas en las que se suelen dar tres niveles de planificación: el global o corporativo, el de los negocios, y el funcional.

"Los posibles problemas que, a nivel práctico, pudiesen existir entre planificación estratégica y planificación de marketing se sitúan entre estas dos situaciones extremas posibles:

- En las empresas en las que existe una sólida unidad de planificación estratégica, la planificación de marketing se convierte en un ejercicio casi exclusivamente operativo, ya que los objetivos y estrategias de la organización vienen determinados de antemano.

- **En las empresas en las que la planificación estratégica es débil o inexistente, la planificación de marketing se ve en la obligación de sustituirla y adquiere una dimensión especialmente estratégica, además de operativa"** (*What's new on in marketing,* junio 1998, pág. 25).

ANEXO 2:
INTERRELACIÓN ENTRE PLANIFICACIÓN ESTRATÉGICA Y DE MARKETING

DIMENSIONES CLAVE DE TODA ESTRATEGIA EMPRESARIAL	PLANES GLOBALES O CORPORATIVOS	PLANES DE NEGOCIOS	PLANES DE MARKETING
Ámbito	**Ámbito:** todo el conjunto empresarial. **Incluye:** • las estrategias de desarrollo y crecimiento, • de expansión y diversificación, • de compras, • política de inversión, • y similares.	**Ámbito:** las actividades de las diferentes UEN. **Incluye:** • estrategia de desarrollo para el negocio, • desarrollo de nuevos mercados, • desarrollo de nuevos productos, • y similares.	**Ámbito:** mercados o segmentos específicos. **Incluye:** • definición de los mercados objetivo, • amplitud de las líneas productos/servicios, • marcas, • extensión o eliminación de líneas, • distribución, • comunicación, • y similares,
Metas y objetivos	• Crecimiento de la facturación global, • rentabilidad, • beneficios por acción, • y similares.	• Crecimiento de las ventas de la UEN, • rentabilidad de la UEN, • *cash-flow,* • y similares.	• Ventas, • participación de mercado, • márgenes de contribución (productos, marcas, etc.), • satisfacción de los clientes, • y similares.
Asignación de recursos	Entre los negocios y entre las áreas funcionales comunes.	Entre las diferentes funciones de la UEN.	Entre las diferentes actividades de marketing (mercados, segmentos, marcas, etc.).
Ventaja competitiva sostenible	Se genera mediante una mejor gestión de los recursos de la empresa o la búsqueda de sinergias entre las diferentes UEN.	Se genera mediante el desarrollo de eficaces estrategias competitivias, competencias básicas, fortalezas de las UEN, etc.	Se genera mediante un posicionamiento eficaz de los productos y marcas, ventajas competitivas en alguno de los componentes del marketing mix, siempre relacionados con productos, servicios, marcas, mercados o segmentos específicos.
Sinergia	Se genera entre recursos, tecnologías o competencias básicas compartidas entre las diferentes UEN.	Se genera entre recursos y competencias de su UEN: imagen, fortaleza de las marcas y similares.	Se genera entre los recursos, competencias y actividades de marketing compartidos por dos o más productos-mercados.

Fuente: Elaboración propia a partir de Walker, O.C., Boyd, H.W., Larréche, J.C. (1996).

CAPÍTULO 3

EL PLAN DE MARKETING

«El pesimista se queja del viento;
el optimista espera que cambie;
el realista ajusta las velas»

William George Ward

3.1. ¿Qué es un plan de marketing?

3.2. Las ventajas de un plan de marketing.

3.3. Algunas consideraciones generales.

3.4. Fases y etapas en la elaboración de un plan de marketing.

3.1. ¿QUÉ ES UN PLAN DE MARKETING?

Como viene siendo habitual en las ciencias empresariales, podríamos encontrar casi tantas definiciones de lo que es un plan de marketing como autores se han referido a él. Sin embargo, de todas las que conocemos consideraremos únicamente aquella que refleja con mayor claridad las tres características principales de todo plan de marketing:

> "El **plan de marketing** es un documento escrito en el que, de una forma sistemática y estructurada, y previos los correspondientes análisis y estudios, se definen los objetivos a conseguir en un periodo de tiempo determinado, así como se detallan los programas y medios de acción que son precisos para alcanzar los objetivos enunciados en el plazo previsto" (Sanz de la Tajada, L.A., 1974).

Fijemos nuestra atención ahora en los puntos que identifican las características fundamentales que todo plan de marketing debe reunir:

1. *Es un documento escrito.*
2. *Tiene un contenido sistematizado y estructurado.*
3. *Define claramente los campos de responsabilidad y establece procedimientos de control.*

- La primera idea que extraemos de la definición expuesta –aunque aparentemente pueda parecer una nimiedad– es que **el plan de marketing es un documento escrito**, esto es, que posee una presencia física –un soporte material– que recoge todos sus contenidos desde un punto de vista formal. No es necesario detenerse en la evidencia de que el contenido es en este caso, como en otros muchos, más importante que el continente; pero sí debemos recordar que para que un plan de marketing pueda ser presentado, analizado, sancionado y puesto en práctica por los correspondientes órganos ejecutivos, es preciso fijarlo a través de un medio físico.

- Un segundo rasgo característico de un verdadero plan de marketing es su **contenido sistematizado y estructurado** (acorde con el estudio sistemático y estructurado de los problemas comerciales que el marketing requiere). En efecto, el plan de marketing:

  - *Precisa la realización de ciertos análisis y estudios,* dado que deberá describir la situación del pasado y del presente para, basándose en ella y como consecuencia del análisis dinámico del mercado, deducir las oportunidades y problemas que se le puedan presentar a la empresa (este punto deberá ser analizado conjuntamente con las fortalezas y debilidades de la empresa y, si es posible, con las fortalezas y debilidades de la competencia).

  - *Indica los objetivos de marketing* que la empresa se fija para un determinado periodo de tiempo, tanto desde el punto de vista cualitativo como cuantitativo.

  - *Desarrolla las estrategias a seguir,* esto es, cualquier cauce de acción que desde el punto de vista de disposición o dosificación de medios se juzga razonable y posible de aplicar para alcanzar los objetivos de marketing especificados en el plan.

  - *Se detallan los medios de acción* que, siendo consecuentes con la estrategia elegida, habrán de emplearse para conseguir los objetivos propuestos en el plazo previsto. Ello implica la especificación de un plan de acciones detallado sobre productos, precios, publicidad, promoción, ventas, distribución, etc.

  - *Traduce los objetivos y planes de acción en términos de costes y resultados.* Por tanto, habrá una cuenta de explotación previsional en la que se detallarán los ingresos esperados, los gastos programados y, por descontado, el beneficio o margen de contribución previsto, según los casos.

- El tercer rasgo significativo del plan de marketing es que **define claramente los campos de responsabilidad y establece procedimientos de control**. Ello implicará la cuantificación previa de los objetivos a alcanzar; la información, comparación y explicación de las desviaciones que se vayan produciendo y, en último término, la adopción de medidas correctivas que palíen las desviaciones observadas.

A estas tres características del plan de marketing –y de sus posibles variantes: *plan general de marketing, plan de marketing estratégico, plan de marketing para una línea de productos, plan anual de marketing y plan de marketing por mercados (por ejemplo, plan de marketing internacional)*– cabría añadir una última que resulta como consecuencia de su adopción y que ya fue mencionada en el capítulo anterior: **el plan de marketing constituye un seguro contra el riesgo comercial, inherente a la mayor parte de las decisiones comerciales y de marketing.**

3.2. LAS VENTAJAS DE UN PLAN DE MARKETING

Afortunadamente para el marketing, y para su introducción progresiva en las empresas españolas como instrumento de gestión, la cultura empresarial está evolucionando y sacudiéndose el polvo –todavía queda más de una capa de la mentalidad de producción–. Sin embargo, el carácter aparentemente opinable de los contenidos que abarca el marketing continúa provocando no pocos conflictos entre los responsables del área de marketing y los responsables de otros departamentos, e incluso con la alta dirección.

Evidentemente, el marketing no es una ciencia exacta, aunque su planteamiento esté basado en gran parte en datos y números. Frente a sus opositores históricos, que lo consideran poco científico, cabría no obstante recordar que durante varias décadas el "olfatímetro" –la intuición– ha sido el encargado de tomar muchas decisiones, a menudo algo temerarias. Por contra, el plan de marketing no sólo facilita un conocimiento completo de los hechos sino que, gracias al estudio previo del mercado, concede prioridad a los hechos objetivos.

Partiendo de esta premisa, consideraremos una serie de ventajas adicionales que todo plan de marketing conlleva. Estas son principalmente.

a. Asegura la toma de decisiones comerciales y de marketing con un enfoque sistemático, acorde con los principios del marketing.

b. Obliga a plasmar un programa de acciones coherentes con el rumbo marcado para la actividad comercial y de marketing.

c. Faculta la ejecución de las acciones comerciales y de marketing, eliminando de esta forma el confusionismo y las falsas interpretaciones respecto a lo que hay que hacer, permitiendo indirectamente la máxima cooperación entre aquellos departamentos de la empresa que se ven involucrados (se favorece la descentralización tanto a nivel corporativo como de marketing).

d. Al haber fijado objetivos y metas comerciales y de marketing concretas, la empresa cuenta con los elementos necesarios para llevar a cabo el debido seguimiento de su actividad comercial, y para medir el progreso de la organización en el campo comercial y de marketing. La adopción de un plan de marketing asegura a la empresa una expansión rentable y sin sobresaltos.

e. Dado que –al igual que ocurre con el resto de los planes– el plan de marketing se debería actualizar anualmente añadiendo un año más al anterior periodo de planificación ("planificación rodante"), la empresa contará con un historial de las políticas y planes de marketing adoptados, aún en el caso de que se dé gran rotación entre el personal cualificado del departamento de marketing. Esto garantiza a su vez una línea común de pensamiento y de actuación de un año para otro, adaptándola a los continuos cambios que se vayan produciendo en el mercado.

f. En el caso de que la empresa cuente con planes de rango mayor (planes estratégicos), el plan de marketing constituirá un elemento puente entre la planificación corporativa y el programa de ventas del plan de gestión anual:

- Convirtiendo los objetivos corporativos en objetivos de producto-mercado (objetivos de marketing), concretándolos posteriormente en objetivos de ventas por zonas, vendedor, producto y periodo de tiempo (despliegue de objetivos).

- Programando y presupuestando los medios necesarios para alcanzar tales metas a corto, medio y largo plazo.

- Estableciendo un calendario de acciones de marketing subordinadas a la estrategia corporativa.

Si, por el contrario, la firma careciese de planificación estratégica, el plan de marketing estratégico salvará satisfactoriamente el vacío dejado por ésta y ofrecerá a la alta dirección recomendaciones estratégicas que, asimiladas rápidamente por el órgano ejecutivo máximo de la empresa, le ayude a tomar decisiones oportunas que afectarán también a las otras áreas empresariales.

3.3. ALGUNAS CONSIDERACIONES GENERALES

Antes de entrar en el análisis detallado de las diversas etapas del plan de marketing, expondremos sucintamente algunos puntos relativos a la organización necesaria para su realización. Quizá, la primera idea que debamos apuntar sea que la elaboración de todo plan de marketing supone un proceso laborioso, participativo, reflexivo y estructurado en etapas. Ello presupone que entre las fases que lo componen existe una estrecha interrelación, y que las personas involucradas en dicho proceso mantendrán un intercambio de información continuo y recíproco (véase el gráfico 13). La comunicación, como trataremos de explicar más adelante, desempeña un papel fundamental en este proceso.

Quizá, el mejor método para exponer algunas consideraciones de carácter general sea plantearnos previamente algunas preguntas, por ejemplo: ¿quién prepara el plan de marketing?, ¿quién lo sanciona?, ¿cuándo confeccionarlo?, ¿en qué se diferencia de otros planes comerciales?

El encargado de liderar el proceso de elaboración del plan de marketing, o en su caso de confeccionarlo, será lógicamente distinto de acuerdo con el tamaño de la empresa y su organización interna. Mientras en una empresa muy pequeña esta persona puede ser el gerente (que será quien mantenga sin delegar esta función), lo normal será que en la Pyme se encargue de ello el director comercial o de marketing (cualquiera de los dos supuestos suele ser habitual en este tipo de empresas), y que en una gran empresa exista un director de producto o equivalente encargado de la realización del plan para su línea de productos y un director de marketing responsable de la preparación del plan general de marketing.

Ello no impide que, dada su importancia, sea todo un equipo de planificación –normalmente el comité de dirección– el que lleve a cabo el proceso de reflexión, y que, como resultado, se facilite al director de marketing la confección del plan. Son tantas las ventajas que reporta la elaboración de un plan de marketing tras un proceso de reflexión –normalmente conducido por un consultor externo–, que a nadie extraña que se haya convertido en la fórmula de trabajo más habitual (sobre todo cuando se trata de elaborar el plan de marketing estratégico y, además, es el primer plan de marketing que realiza esa empresa). Sin embargo, es menos necesario cuando se trata de redactar el plan anual de marketing.

En cuanto al órgano sancionador, al igual que en el caso anterior, dependerá del tipo de empresa, aunque lo normal es que sea la gerencia o la dirección general quien, individual o conjuntamente con el resto del comité de dirección, estudie y sancione la propuesta hecha por el responsable de su preparación. En casos extremos (cuando la trascendencia de las inversiones requeridas por los objetivos de marketing lo justifique o cuando se trata de imprimir un nuevo rumbo a la empresa), podría ser sancionado por el consejo de administración.

Gráfico 13
PROCESO DE ELABORACIÓN DEL PLAN DE MARKETING

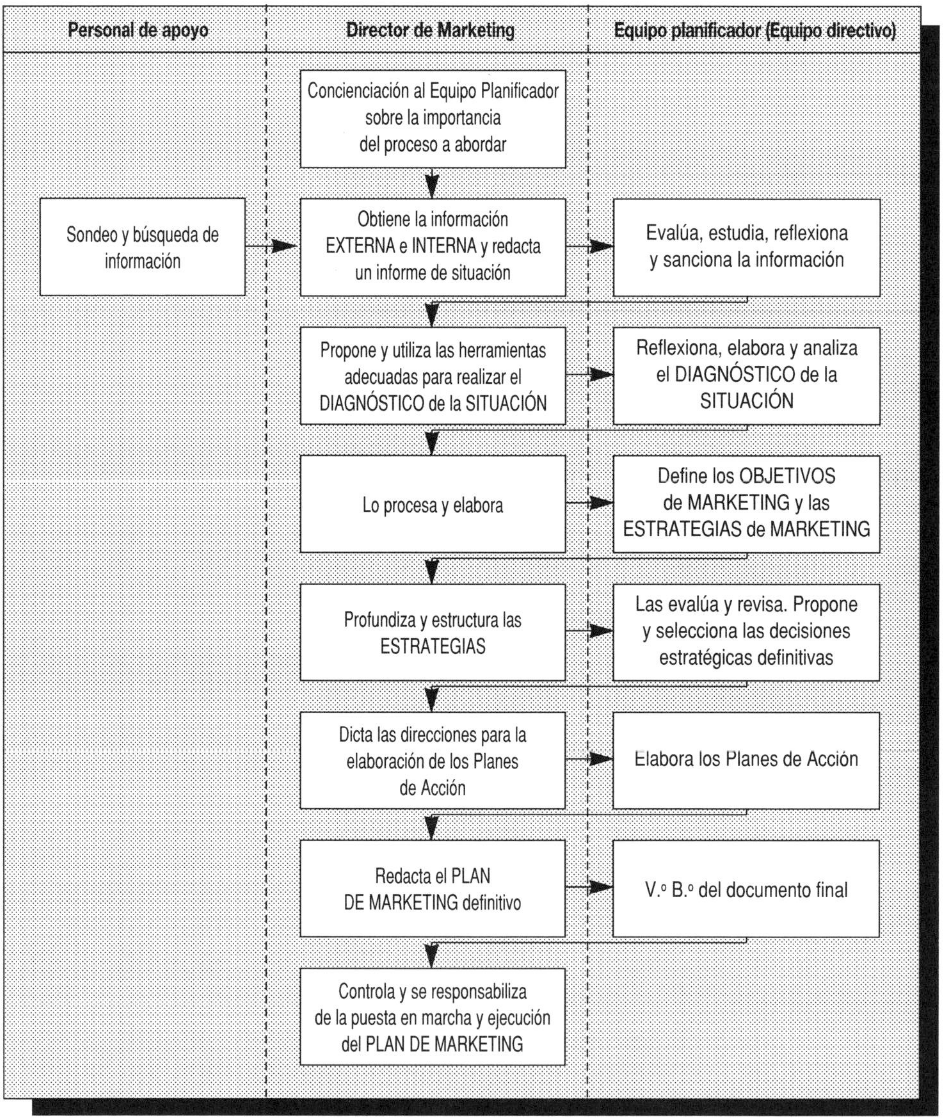

Ello hace que, si se pretende que el plan de marketing sea puesto en marcha el primero de enero de cada ejercicio, haya que confeccionarlo para finales de noviembre, dejando diciembre para la presentación y circulación del mismo entre los directivos y mandos intermedios que deban conocer los términos del mismo y que no hayan intervenido en su confección.

Según lo aquí expuesto, el plan de marketing estratégico no es sólo un plan de actuación sobre algún elemento del marketing mix (publicidad, promoción,...), ni es tampoco un conjunto de acciones de marketing o comerciales, ni un plan de ventas. Como todos los anteriores es un plan escrito, con un contenido concreto y con varias partes claramente diferenciadas (las diferentes fases y etapas que en el epígrafe siguiente expondremos), que forma parte de la planificación empresarial y que, como el resto de los planes, supone un instrumento de seguimiento y control al servicio del departamento comercial y de marketing y, por ende, de la dirección general.

Se diferencia del resto de los planes comerciales en que es un plan de actuación coherente que engloba a toda la estrategia de marketing y, por ende, a todos los elementos del marketing mix y que presenta el beneficio o el margen de contribución que obtendría la empresa en su conjunto o para la línea de productos considerada en el plazo de tiempo fijado, si se ponen en marcha todas y cada una de las acciones y medios en él presupuestados.

3.4. FASES Y ETAPAS EN LA ELABORACION DE UN PLAN DE MARKETING

Aunque en su forma (número de etapas) los planes de marketing pueden presentar variaciones de acuerdo con los criterios de cada autor, lo cierto es que en el fondo (la esencia) todos coincidimos en distinguir:

Primera Fase: *ANALISIS Y DIAGNÓSTICO DE LA SITUACIÓN*

1.ª Etapa: Análisis de la situación.
2.ª Etapa: Diagnóstico de la situación.

Segunda Fase: *DECISIONES ESTRATÉGICAS DE MARKETING*

3.ª Etapa: Formulación de los objetivos de marketing a alcanzar.
4.ª Etapa: Elaboración y elección de las estrategias de marketing a seguir.

Tercera Fase: DECISIONES OPERATIVAS DE MARKETING

5.ª Etapa: Acciones o planes de acción.
6.ª Etapa: Determinación del presupuesto de marketing y de la cuenta de explotación previsional.

Dado que el objetivo perseguido por este libro es el de ofrecer al lector un instrumento de trabajo práctico y útil –aunque para ello se dedicará un especial esfuerzo en la segunda y tercera parte del mismo–, nos serviremos de un caso real para ilustrar con mayor rigor las etapas a través de las que avanza el plan de marketing. El ejemplo que vamos a aplicar –lógicamente de forma resumida– es el de Comercialización ALFA, una de las más de doce empresas que forman parte de la Corporación ALFALAN, S.A. y que comercializa las prestigiosas máquinas de coser Alfa, a la que en 1998 se le preparó el siguiente plan de marketing.

• Primera fase: Análisis y diagnóstico de la situación

A modo introductorio debemos advertir que, aunque ALFA es la empresa líder del mercado español de máquinas de coser, tiene una facturación de unos 2.000 millones de pesetas, por lo que es totalmente representativa de la Pyme española.

3.4.1 Análisis de la situación

Esta primera etapa supondrá, en cualquier caso, un estudio riguroso y exhaustivo **tanto de la situación externa de la empresa** (económica, social, política, etc.) **como de la interna**. En el primer caso, nos centraremos principalmente en el análisis del mercado, esto es, de la estructura (cuota de mercado de los diferentes competidores: global, por segmentos, canales y marcas), la naturaleza (aspectos cualitativos y cuantitativos de la demanda: diferentes segmentos existentes, su perfil y características definitorias, su sistema de valores, actitudes, motivaciones e inhibiciones, comportamiento y proceso de compra, etc.), y evolución y tendencias (tanto de su estructura como de su naturaleza).

A. Análisis de la situación externa

a. *Análisis del mercado*

La máquina de coser es un producto que está en la etapa de madurez dentro del ciclo de vida, sujeta a los siguientes factores de mercado:

- La reestructuración producida en el sector de la máquina de coser en la década de los ochenta.

- La caída de los precios de las máquinas de coser por la importación del producto desde países con claras ventajas competitivas en costes.

- El incremento de la competencia: aparición de fabricantes extracomunitarios que compiten con políticas de precios agresivas.

Junto con ello, conviene resaltar los siguientes hechos significativos:

- Notables cambios en los canales de distribución: Las grandes superficies ocupan el lugar de la tienda tradicional.

- Cambios importantes de los hábitos en los hogares españoles y, concretamente, en los hábitos de las amas de casa así como en las pautas de compra y consumo: la tarea de coser como actividad doméstica se considera actualmente secundaria y no imprescindible tanto para la mujer que no cose o cose poco, como para la que confiesa que le gusta coser.

- Ante la costura nos encontramos con dos grandes tipos de actitudes y conductas:

  • La mujer que cose y confecciona, vivenciándolo como algo satisfactorio. Realiza las tareas domésticas por razones económicas y/o por la gratificación que le supone la coherencia con su rol tradicional.

    El perfil psicográfico de esta mujer es la de una mujer de unos 45-50 años, casada, con 3-4 hijos, de clase media, hogareña, preocupada por las cosas del hogar y por un estilo de vida clásico.

  • La mujer que lo vivencia como poco moderno. Confecciona escasamente y tiene la actividad reparadora como tarea secundaria del hogar. Esta actitud corresponde a dos tipos de mujer: la mujer madura y clásica y la joven de actitud moderna (ver cuadro nº 5).

Según las estimaciones del director comercial, la dimensión de este mercado en 1998 podía rondar las 105.000 unidades. Esta cifra se reparte entre los tres grandes tipos de máquinas: domésticas, artesanales e industriales. Este plan de marketing se centra en las domésticas, que son las que absorben la mayor parte del mercado.

Cuadro nº 5

PERFIL DE LOS SEGMENTOS DE AMAS DE CASA MENOS PROCLIVES A USAR LA MÁQUINA DE COSER

	Mujer clásica	Mujer moderna
Edad	36-50 años	25-35 años
Estado Civil	Casada	Casada
Hijos	2-4	1-2
Estilo de vida	Clásico. Hogareña y preocupada por las cosas del hogar.	Profesión liberal, trabajo fuera de casa, actividades sociales.
Actitud	Poco interés hacia la innovación y reposición de máquinas. El cambio se produce cuando la máquina ya no sirve.	Considera la actividad de coser poco adecuada al estilo de vida actual. Podría tender más hacia las nuevas máquinas muy avanzadas tecnológicamente, por las ventajas y comodidades que presentan una vez que se conoce su funcionamiento.

Dentro de las domésticas, se dan las siguientes gamas:

- *Gama baja:* máquinas con un precio de venta al público (PVP) de 30.000 a 45.000 pesetas. Son las máquinas que menos opciones ofrecen al usuario, pero que cuentan con todo lo necesario para una perfecta actividad de costura a máquina a niveles no profesionales.

- *Gama media:* máquinas con un PVP que oscila entre las 45.000 y las 90.000 pesetas. La diferencia que presentan respecto a las máquinas de gama baja es el mayor número de opciones que ofrecen para conseguir unos resultados más rápidos y sofisticados.

- *Gama alta:* máquinas con un PVP de 90.000 a 500.000 pesetas. Se trata de aparatos que no parecen tener límites en su oferta de opciones de cara a facilitar la labor de costura.

b. *Estructura del mercado*

El mercado total de máquinas de coser tiene la estructura siguiente:

- Actualmente la gama baja (incluyendo la mini) copa el 63% del mercado. Otro 30% está representado por ventas de máquinas de gama media. El resto son ventas de máquinas de gama alta. En esta clasificación no se han tenido en cuenta ni las máquinas artesanales ni las industriales.

- La evolución previsible para los próximos años, según los responsables comerciales de la empresa, no difiere sustancialmente de la estructura actual, si bien consideran que la gama baja tendrá cada vez un mayor peso relativo, en detrimento de la gama media.

- La hipótesis más pesimista augura un 75% de cuota de mercado para la gama baja, un 20% para la media, y el 5% restante para la alta.

c. *Competencia*

Existen en nuestro mercado varias marcas cuyas denominaciones y participaciones exponemos en el cuadro nº 6.

Cuadro nº 6

ESTRUCTURA DE MERCADO POR COMPETIDORES

Empresa/Marca	Unidades vendidas	Cuota de mercado (% s/unidades)
ALFA	40.000	38,10
SINGER	22.000	20,95
WERTHEIM	10.000	9,52
SIGMA	9.000	8,57
REFREY	5.000	4,76
BROTHER	7.000	6,67
PFAFF	4.000	3,81
BERNINA	1.500	1,43
OTROS	6.500	6,19
TOTAL	105.000	100,00

El cuadro nº 7 presenta una radiografía de los principales competidores de Alfa.

Cuadro nº 7
RADIOGRAFÍA DE COMPETIDORES

Conceptos	Singer	Sigma	Wertheim	Refrey	Brother	Alfa
Producto/ gama	Completa y amplia	Intermedia	Intermedia	Artesanal e Industrial	Amplia	Amplia y completa
Precio	Posición buena	Regular	Bueno (descuentos)	N.D.	Bueno	Bueno
Calidad	Muy buena	Intermedia	Muchas oscilaciones	Buena	Buena	Excelente
Estructura	Cada vez menor	Reducida	Reducida	Reducida	Importante	De importante dimensión
Canales de distribución	• Ivarte • Profesionales	• Profesionales • Tiendas de electrodomésticos	• Profesionales • Tiendas de electrodomésticos	Profesionales	Profesionales	• Tiendas Alfa • Distribuidores

B. Análisis de la situación interna

El **segundo** de los análisis es el de la situación interna de la empresa, desde el punto de vista comercial y de marketing.

En él se trata de profundizar en la estrategia de marketing, así como en la adecuación de los medios a los objetivos fijados. Por ello, se hará un repaso lo más pormenorizado posible de la estrategia de productos, precios, distribución y ventas, y comunicación seguida por nuestra empresa para, posteriormente, identificar las fortalezas y debilidades que tenemos. Potenciando las primeras y corrigiendo las segundas seremos capaces de definir una estrategia que nos permita aprovechar las oportunidades del mercado, basándonos en la ventaja competitiva más relevante.

La evolución de las ventas de las distintas gamas de máquinas de coser queda recogida en el cuadro nº 8.

La política de distribución seguida por Alfa es la de combinar la venta directa con tiendas propias y la utilización de cualquier otro detallista relevante. Esta estrategia multicanales se concreta en lo siguiente:

- *Tiendas Alfa:* dispone de 64 tiendas entre propias y alquiladas en las que el negocio es propio o cedido. Tienen buena imagen de marca y da sensación de contar con una amplia distribución.

- *Venta directa:* se hace a través de equipos de venta y comisionistas. Se cuenta con una débil posición competitiva y se tienen dificultades para contar con equipos competitivos.
- *Pequeño comercio:* integra tanto la venta a través de distribuidores como de profesionales. Es uno de los canales más fuertes para Alfa.
- *Grandes superficies:* a pesar de su importante atractivo, se tiene una escasa presencia en cadenas como El Corte Inglés, Pryca, Eroski y Superdiplo.

Cuadro nº 8

EVOLUCIÓN DE LAS VENTAS DE ALFA POR TIPOS DE MÁQUINAS

Tipos de máquinas	Evolución en ventas
Mini	• Comenzó a formar parte de la oferta de la compañía en 1995. Desde entonces se observa una fuerte tendencia ascendente de este tipo de máquina tanto en términos unitarios como en términos de facturación.
Gama Baja	• En 1995 se produjo un fuerte aumento de la demanda hacia la máquina de gama baja. Las ventas de este tipo de máquinas presentan una clara tendencia creciente.
Gama Media	• Tanto en unidades vendidas como en pesetas, se apreció un descenso en las ventas.
Gama Alta	• Expectativa de tendencia ascendente.
Artesanal	• Las ventas se mantienen a niveles muy bajos y, de forma lenta pero constante, presentan una tendencia descendente.
Industrial	• Similar tendencia a la de las artesanales, salvo peculiaridades zonales.

La estructura comercial de Alfa es la que recoge el cuadro nº 9.

Cuadro nº 9

ESTRUCTURA COMERCIAL DE ALFA

	Año 1997
TIENDAS ALQUILER	36
TIENDAS PROPIEDAD	28
TOTAL TIENDAS	64
ALMACENES ALQUILER	8
ALMACENES PROPIEDAD	8
TOTAL ALMACENES	16
TOTAL LOCALES	80

En cuanto a la política de comunicación, la empresa ha atravesado distintas fases en concordancia con las distintas etapas del ciclo de vida de este producto. Hace varias décadas, cuando el mercado estaba en fuerte expansión, Alfa fue uno de los grandes anunciantes españoles. En esta época es cuando consiguió hacerse con la excelente notoriedad e imagen de marca que hoy todavía disfruta entre las personas mayores y la distribución.

Pasada esa fase, desde mediados de los setenta hasta la fecha, se inicia una nueva etapa marcada por una tendencia descendente del mercado en la que, en todo caso, Alfa se limita a hacer una comunicación de mantenimiento. El instrumento más utilizado en estos años es la promoción, PLV, campañas de radio y revistas especializadas, así como la publicidad directa a la distribución.

- Fruto de esta política de marketing, y a pesar de la negativa evolución del mercado español, las ventas de Alfa evolucionan de la siguiente manera:

  - Desde mediados de la década de los setenta y durante los ochenta, Alfa vive una marcada tendencia descendente en sus ventas, pasando de las 129.000 unidades en 1976 a las 33.000 de 1989 (ver cuadro nº 10), sobre todo por la caída de las exportaciones por causas ajenas a la acción comercial.

Cuadro nº 10

EVOLUCIÓN DE LAS VENTAS DE ALFA (en unidades)

Año	Total	Exportación
1976	129.000	60.000
1980	70.000	18.000
1985	45.000	1.500
1989	33.000	1.500
1990	42.000	1.500
1991	42.000	2.000
1992	45.000	1.500
1993	37.000	1.000
1994	37.000	700
1995	40.000	500
1996	35.000	500
1997	40.000	900

  - La crisis de los noventa volvió a producir una caída notable en la facturación, como se observa en los años 93 y 94. El precio medio de venta a principios de esta década era de 56.000 pesetas/ máquina.

  - En 1997 se produce cierta recuperación de las ventas de Alfa, aunque el precio medio rondaba sólo las 45.000 pesetas.

Hasta la fecha, Alfa nunca ha realizado una **planificación formal** de esta naturaleza. Al entrar la empresa en esta nueva fase de baja rentabilidad, al presidente de la corporación le surge la necesidad de poner en marcha un plan a medio-largo plazo para determinar con claridad el camino a seguir en el futuro, así como para establecer unos mecanismos de control que permitan alcanzar los objetivos fijados con perspectivas de éxito.

3.4.2. Diagnóstico de la situación

En esta segunda etapa deberemos establecer un inventario de las **oportunidades y amenazas** (deducidas del análisis externo de la siguiente forma: si el factor al que nos referimos es favorable a la empresa para la consecución de sus objetivos éste será una oportunidad, en caso contrario será una amenaza), así como de los **puntos fuertes y débiles** (extraídos del análisis de la situación interna con el siguiente criterio: si el punto en cuestión es favorable a la empresa para la consecución de sus objetivos será un punto fuerte, en caso contrario será un punto débil).

El gráfico 14 expone las conclusiones del diagnóstico de la situación, obtenidas mediante el correspondiente análisis DAFO.

Gráfico 14
ANÁLISIS DAFO DE ALFA

AMENAZAS	OPORTUNIDADES
• Coser se considera una actividad doméstica secundaria. • Incorporación de la mujer al mundo laboral. • Los establecimientos de costura no forman parte del hábito de "ir de compras". • Fuerte competencia externa (Japón, Corea del Sur, Brasil...). • Su competencia se introduce en fuertes cadenas de distribución.	• Hábito de realizar la compra en las grandes superficies por parte de nuestro público objetivo. • Predisposición de determinados canales a vender máquinas de coser. • Segmento rural y de las amas de casa tradicionales. • Posible vuelta de los valores tradicionales de la mujer. • Inclusión de la costura entre los trabajos manuales de los centros de educación.
• Líder del sector de máquinas de coser en el mercado español. • Amplia red de tiendas, distribuidores y representantes. • Amplia experiencia en el sector. • Notoriedad e imagen de marca. • Buena posición en cuanto a servicio técnico y facilidades de financiación	• Las tiendas propias no constituyen una opción de «ir de compras». • Pérdida de ventas en el canal de tiendas. • Escasa importancia relativa en otros canales. • Costes de estructura muy altos.
PUNTOS FUERTES	PUNTOS DÉBILES

• **Segunda fase: Decisiones estratégias de marketing**

3.4.3. Objetivos de marketing

Una vez concluido el diagnóstico de la situación, y antes de formular la estrategia de marketing, debemos formular nuestros objetivos. En caso contrario difícilmente podremos saber si la estrategia que estamos adoptando es la correcta: si no sabemos dónde vamos, mal podemos saber si el camino que estamos siguiendo es el adecuado.

Los objetivos de marketing deben estar supeditados a los objetivos corporativos. De ahí que lo primero que retomemos en el caso Alfa sean los objetivos corporativos: conseguir una mayor rentabilidad, sin merma del servicio ofrecido al cliente.

El énfasis en rentabilidad en lugar de crecimiento obedece a la etapa del ciclo de vida en que se encuentra este producto en el mercado español y a la necesidad de adecuar la organización comercial de la empresa a los niveles de venta de los años venideros.

Este objetivo pasa por actuar sobre los canales de venta, analizando su rentabilidad, buscando canales alternativos emergentes, así como por realizar el correspondiente esfuerzo en la contención de gastos.

Una directriz estratégica fundamental en este caso fue que la consecución del citado objetivo de rentabilidad se produjera sin merma de la calidad de servicio que Alfa acostumbraba a ofrecer a su clientela.

Por razones obvias, en este caso se omiten los objetivos concretos de rentabilidad y, por ende, los niveles de facturación necesarios para la consecución de dichos objetivos. Ello significará que el lector deberá suplir la ausencia de estos datos con las aportaciones que se encontrará en los otros planes de marketing expuestos en capítulos sucesivos.

3.4.4. Estrategias de marketing

La estrategia de marketing define las guías a seguir para colocarse ventajosamente frente a la competencia, aprovechando las oportunidades del mercado al tiempo que se consiguen los objetivos de marketing fijados. Como se explicará posteriormente, debe concretar tanto la estrategia de cartera (es decir, a qué mercados nos vamos a dirigir y con qué productos), como las estrategias de segmentación y posicionamiento (esto es, a qué segmentos de esos mercados elegidos y cómo nos vamos a posicionar en ellos) y la estrategia funcional (el marketing mix). Todo ello es lo que desarrollamos a continuación con el caso Alfa.

Estrategia de cartera

La estrategia de cartera más conveniente para Alfa, a la luz del diagnóstico de la situación realizado y del objetivo de marketing fijado, consiste en:

- Estrategia de penetración en el mercado español con las máquinas de coser domésticas de gama baja, media y alta.
- Estrategia de desarrollo de nuevos mercados, que pasa por incrementar nuestra posición en la máquina industrial, abordando un mercado casi inexplotado por Alfa, como es el de las fábricas textiles.

Estrategias de segmentación y posicionamiento

Los segmentos estratégicos prioritarios para Alfa, dado su atractivo tanto por lo que aportan hoy como por el potencial de desarrollo futuro, los constituyen el pequeño comercio y la venta directa.

Otros segmentos estratégicos, no tan prioritarios para Alfa, serán sus tiendas propias y las grandes superficies.

El posicionamiento de Alfa debe ser generar en su público objetivo (los segmentos de clientes citados, así como el público final) una imagen de marca que se articule en torno a las siguientes ideas:

- Alfa es la empresa líder en el sector de las máquinas de coser.
- Alfa ofrece máquinas de coser con una relación precio/ calidad excelente.
- La calidad de servicio de Alfa es muy superior a la de sus competidores.

Estrategia funcional

La estrategia funcional va a ser distinta para cada uno de los segmentos estratégicos. En los cuadros 11, 12, 13 y 14 se exponen las estrategias de productos, precios, distribución y comunicación decididas para el pequeño comercio, el canal de venta directa, las grandes superficies y las tiendas propias, respectivamente.

Cuadro nº 11
ESTRATEGIA FUNCIONAL PARA EL PEQUEÑO COMERCIO

Estrategia de productos	Estrategia de precios	Estrategia de distribución	Estrategia de comunicación-fidelización
• Buscar la exclusividad del producto/marca Alfa en los distribuidores, o • Crear una segunda marca para el canal de los profesionales separando al promotor actual del que atiende a este canal. Para ello, contar con suficientes modelos.	• Fijar un tipo de descuento máximo a nivel nacional. • Establecer rápeles por consumo o por consecución de objetivos.	• Mayor apoyo a los distribuidores y profesionales por parte de los promotores. • Tener en cuenta que la incorporación de cadenas de compra puede ser negativa para mantener un descuento medio del 25%.	• Ampliar la comunicación enviando circulares y material publicitario directamente al distribuidor. • Fidelizar a los distribuidores-profesionales actuales y tratar de recuperar los perdidos.

Cuadro nº 12
ESTRATEGIA FUNCIONAL PARA EL CANAL DE VENTA DIRECTA

Estrategia de distribución	Estrategia de precios	Estrategia de comunicación-fidelización
• Los equipos y comisionistas se potenciarán en las zonas en las que no esté suficientemente representada Alfa a través de distribuidores y allí donde haya buen potencial de compra. • El funcionamiento de este canal estará en manos de un promotor que dependerá de muchos pequeños colaboradores y que estará en continua búsqueda de nuevos puntos de venta. • Mantener supervisión directa de las visitas y resultados obtenidos por los promotores.	• Fijar los gastos de los equipos de venta mediante condiciones similares a las establecidas para los profesionales. • Valorar, permanentemente, los riesgos de incremento de impagados y de trabajos administrativos por atención a este personal.	• Celebrar en cada zona reuniones para comentar la labor realizada y marcar objetivos a corto plazo. • Potenciar la vinculación del colaborar del pueblo a través de una mayor y mejor comunicación: aplicar programas de fidelización. • Cuidar la formación y profesionalidad de los agentes y equipos.

Cuadro nº 13
ESTRATEGIA FUNCIONAL PARA LAS GRANDES SUPERFICIES (GS)

Estrategia de productos	Estrategia de precios	Estrategia de distribución	Estrategia de comunicación
• Estudiar el lanzamiento de una segunda marca: producto sencillo y barato que no necesite promotora para venderlo.	• Llegar a negociaciones más satisfactorias con las GS para reducir el descuento concedido y mantener la presencia de demostradoras en fechas concretas y campañas concertadas. • Buscar la rentabilidad por centros, negociando con su central de compras.	• Introducción en nuevas GS: Alcampo, Continente, etc. • Entrega de máquinas de coser a Grandes Superficies desde Eibar.	• Mayor presencia en catálogos. • Negociar a nivel nacional la implantación de espacios personalizados Alfa en las GS en que Alfa tenga ya demostradora y se trate de una zona de fuerte potencial de ventas. Diseñar algún tipo de stand fijo.

Cuadro nº 14
ESTRATEGIA FUNCIONAL PARA LAS TIENDAS ALFA

Estrategia para la mejora de la rentabilidad de las tiendas	Estrategia de productos	Estrategia de comunicación-fidelización	Estrategia de distribución
• Tender hacia la variabilidad de los costes. • Tender hacia la cesión del negocio. • Analizar constantemente las tiendas. • Distribuir adecuadamente las funciones y tareas. • Eliminar tiendas en localidades poco estratégicas con baja rentabilidad.	• En las tiendas propias, con negocio propio, rentabilizar el negocio de venta de repuestos y accesorios.	• Analizar la posibilidad de convertir algunas tiendas (las mejor ubicadas) en tiendas-academias dentro de la estrategia de fidelización y de mejora del servicio al cliente que la empresa abordará.	• Las tiendas ubicadas en núcleos urbanos pequeños o en zonas rurales deberán atender a los pueblos de la comarca.

• Tercera fase: Decisiones operativas de marketing

3.4.5. Planes de acción

En esta etapa se trata de decidir las acciones de marketing que concretan la estrategia de marketing en su nivel más concreto, esto es, el marketing mix. No obstante, en nuestro caso aparecerán algunas otras acciones dada la peculiaridad del caso.

Cuadro nº 15

PLAN DE ACCIONES DE PRODUCTOS

Acciones	Responsable	Plazo
• Fijar objetivos para las máquinas de coser industriales.	Director General	4.º trim. '98
• Estudio de mercado para ver la evolución futura del mix de ventas.	Director General	Jun. '98

Cuadro nº 16

PLAN DE ACCIONES DE PRECIOS

Acciones	Responsable	Plazo
• Analizar la idoneidad y adecuación de los precios. • Definir una nueva política de precios: calidad/precio.	Director General	Continuo

Cuadro nº 17

PLAN DE ACCIONES DE DISTRIBUCIÓN

Acciones	Responsable	Plazo
• Definir estrategias concretas para colectividades y empresas relevantes.	Director General	Sept. '98
• Estudiar el cambio de la distribución gegráfica actual. • Tomar decisión al respecto.	Director General	1999
• Tender hacia la logística integral: Comenzar a dar los primeros pasos con el fin de ofrecer a los clientes la máxima calidad con una estructura de costes lo más reducida posible: – Mejorar las relaciones a largo plazo con los proveedores en aspectos como la calidad y el precio de los productos comprados.	Director General	Continuo

Cuadro nº 17

PLAN DE ACCIONES DE DISTRIBUCIÓN (continuación)

Acciones	Responsable	Plazo
– Reducir los stocks de productos. – Mejorar el nivel de servicio al cliente como consecuencia de la aminoración de roturas de stocks, la reducción del tiempo de servicio y la mayor fiabilidad en los plazos de entrega.	Director General	Continuo
• Estudiar canales emergentes: – Venta Directa: por correo, por teléfono, venta domiciliaria, automática, por televisión.... – Centros Comerciales. – Tiendas tradicionales. – Grandes/Medianas superficies especializadas. – Grandes Almacenes e Hipers. – Franquicia. – Entidades financieras.	Director General y Director Comercial	1999

Cuadro nº 18

PLAN DE ACCIONES DE FIDELIZACIÓN

Acciones	Responsable	Plazo
• Conseguir la fidelidad de los clientes: – Entender al cliente: – Investigar y/o analizar la clientela actual. – Medir la satisfacción del cliente. – Analizar el valor de los clientes por segmentos. – Diagnosticar la situación.	Director Regional	Dic. 1998
– Adoptar un programa de mejora continua: – Elegir una estrategia de fidelización: ofensiva, defensiva, de relación, etc. – Definir planes de acción. – Definir un proceso de seguimiento y control.	Director General y Director Comercial	2.º trim. '99

Cuadro nº 19

PLAN DE ACCIONES GENERALES PARA LA MEJORA DE LA GESTIÓN COMERCIAL

Acciones	Responsable	Plazo
• Utilizar los índices potenciales de venta de cada zona para: – Fijar cuotas de venta. – Fijar objetivos de facturación. – Decidir dónde destinar recursos. – Reasignar la red de ventas y/o las zonas comerciales. – Priorizar las actuaciones en las distintas zonas.	Director General	Sept. 1998

Cuadro nº 19

PLAN DE ACCIONES GENERALES PARA LA MEJORA DE LA GESTIÓN COMERCIAL (continuación)

Acciones	Responsable	Plazo
• Fijar unas directrices generales en cuanto a canales preferentes en función del: – Atractivo del canal por lo que aporta. – Atractivo del canal por el potencial de desarrollo futuro.	Director General	Sept. '98
• Tender hacia la estructura de la red comercial del año 2005: Definir un plan de actuación.	Director General y Director Regional	1999
• Mejora continua de los equipos comerciales:		
– Homogeneizar los métodos de trabajo en el proceso de venta: – Contar con mismo método de venta. – Contar con mismo método de negociación. – Contar con misma forma de organizarse.	Directores Regionales	Dic. '98
– Generar motivación y compromiso en resultados: definir herramientas y/o sistemas.	Director General	Permanente
– Practicar el intercambio frecuente de experiencias en grupo y el benchmarking interno: – Establecer métodos/instrumentos de intercambio de experiencias y periodicidad de los intercambios.	Director General y Directores Regionales	Permanente
– Formar a los nuevos comerciales que se integren y evaluarlos periódicamente fijando objetivos de mejora: – Diseñar un plan de formación: metodología, material, etc.	Directores Regionales	Permanente
• Elaborar un cuadro de mando comercial:		
– Definir los indicadores de evolución de las distintas variables de marketing y ratios de diversa índole, de modo que se cuente con información sobre: – Consecución de objetivos de marketing. – Penetración de mercado. – Cobertura de distribución. – Cartera de pedidos. – Rendimiento de la distribución física. – Coste de ventas. – Coste de comunicación externa. – Control de gastos comerciales. – Desviación de los objetivos de facturación.	Director General	Junio '98

Cuadro nº 20

PLAN DE ACCIONES GENERALES PARA LA MEJORA DE LA GESTIÓN ADMINISTRATIVO-COMERCIAL

Acciones	Responsable	Plazo
• Tender hacia una política única de gestión administrativo-contable: – Estudiar la posibilidad de su centralización. – Articular una auditoría interna ágil.	Director General	1999
• Negociación conjunta de Alfa para reducir gastos generales: – Definir partidas a negociar y canales de negociación. – Desarrollar la negociación.	Director General	Permanente

Cuadro nº 21

PLAN DE ACTUACIÓN PARA LA MEJORA DE LA GESTIÓN DE LAS TIENDAS PROPIAS

Canal	Estrategias/Acciones	Responsable	Plazo
Tienda propia y Tienda alquilada	Profundizar en el análisis realizado del punto de venta y definir –en su caso– acciones a abordar.	Director Regional	Continuo
	Consolidar la tienda y convertirla en tienda representativa de la empresa.		
	Vender la tienda-almacén y montar un nuevo local que funcione como tienda y oficina, centralizando la administración en Eibar.		
	Vender/ceder la tienda a los actuales regentes y que sean ellos también quienes gestionen el servicio posventa.		
	Potenciarla para que venda más: renovarla, dar mayor apoyo al personal.		
	Recortar el personal.		
	Subcontratar el SAT y el reparto de máquinas.		
	Cerrar la tienda cuando comience a dar resultados negativos.		

Cuadro nº 22

PLAN DE ACTUACIÓN PARA LA MEJORA DE LA GESTIÓN DEL CANAL PEQUEÑO COMERCIO

Canal	Estrategias/Acciones	Responsable	Plazo
Pequeño comercio	Consolidar la relación con los actuales distribuidores.	Director Regional	Continuo
	Seleccionar las grandes cadenas de electrodomésticos en las que irrumpir.		
	Controlar los precios: que se respete el PVP.		
	Cambiar el promotor.		
	Profundizar en el análisis realizado de los puntos de venta y definir –en su caso– acciones a abordar.		
Venta directa	Eliminar el/los equipo/s de venta.	Director Regional	Continuo
	Montar un/unos equipos de venta.		

Cuadro nº 23

PLAN DE ACTUACIÓN PARA LA MEJORA DE LA GESTIÓN DEL CANAL DE LAS GRANDES SUPERFICIES

Canal	Estrategias/Acciones	Responsable	Plazo
Grandes Superficies	Negociar el tema de las demostradoras.	Director Regional	Continuo
	Potenciar y consolidar la relación con las Grandes Superficies X e Y.		
	Tener presencia en todas las tiendas que la Gran Superficie X tiene en la zona.		
	Profundizar en el análisis realizado de los puntos de venta y definir –en su caso– acciones a abordar.		
	Controlar los precios: que se respete el PVP.		
	Fijar la política general a seguir en toda la red nacional.		

* **Evolución posterior**

Aunque todavía es pronto para analizar los resultados producidos en la empresa por este plan de marketing, lo cierto es que la situación actual de la empresa es, para la dirección, muy satisfactoria. En palabras del director general:

«Gracias al plan de marketing, puesto en marcha en 1998, y a las medidas tomadas por la empresa, la realidad actual no puede ser más brillante. En efecto:

- *La rentabilidad de la empresa es satisfactoria.*
- *Las ventas han superado las 50.000 unidades.*
- *La imagen de marca ha salido reforzada".*

Animado por esta evolución, el equipo directivo se ha planteado un nuevo reto: impulsar las máquinas de coser de alta tecnología para satisfacer mejor las demandas, deseos y expectativas del segmento de mercado formado por las mujeres modernas (véase el cuadro nº 5).

SEGUNDA PARTE:

PRESENTACIÓN DE LAS FASES DE ELABORACIÓN DEL PLAN DE MARKETING «PASO A PASO»

"Mirad, en la vida no hay soluciones, sino fuerzas en marcha. Es preciso crearlas, y las soluciones vienen."

Antoine de Saint-Exupéry

Esta segunda parte consta de cinco capítulos dedicados a presentar "paso a paso" las cinco fases principales de la elaboración de un plan de marketing.

Para ello se ha elegido un caso real que por expreso deseo del consejo de administración de la empresa se presentará con un nombre ficticio: ARDOA.

Ardoa es una empresa navarra dedicada a la producción y comercialización de vino. El 88% de sus ventas lo representa el vino con denominación de origen (D.O.) Navarra y el 12% restante el vino de D.O. Rioja. El 70% de sus ventas al mercado español se concentra en Madrid, Cataluña y Levante, exportando el 27% de su producción. Elabora sus caldos en dos bodegas, ubicadas en Navarra y La Rioja.

Dado que la empresa ha preferido mantenerse en el anonimato, evitaremos cualquier referencia a la situación actual de la empresa, para la que nos hemos inventado marcas también ficticias.

A pesar de estas reservas, el plan de marketing que este autor elaboró en el último trimestre de 1990 permite el objetivo deseado: ilustrar la aplicación de la metodología de elaboración de un plan de marketing a una empresa pequeña (su facturación en 1989 fue de 375 millones de pesetas).

A lo largo de esta obra se comprobará la obsesión del autor por demostrar que el plan de marketing no es un instrumento válido sólo para empresas grandes y multinacionales. Por ello, tanto este caso como los otros que se exponen en la tercera parte del libro, son casos de aplicación a Pymes nacionales (a pesar de que podía haber elegido casos de empresas más grandes, líderes en sus respectivos sectores de actividad).

Finalmente, se ha elegido un caso de producto de consumo con el que cualquier persona está familiarizado, para que ningún lector tenga dificultad para seguir la exposición, por no conocer el producto.

CAPÍTULO 4

PRIMERA ETAPA: ANÁLISIS DE LA SITUACIÓN

«La más larga caminata comienza con un paso»

Proverbio hindú

4.1. Marco en el que se desarrolla el análisis de la situación.

4.2. Análisis externo.

4.3. Análisis interno.

4.4. Análisis de la situación en ARDOA.

4.5. Los sistemas de información.

Anexo 3: Técnicas para la recopilación de la información.

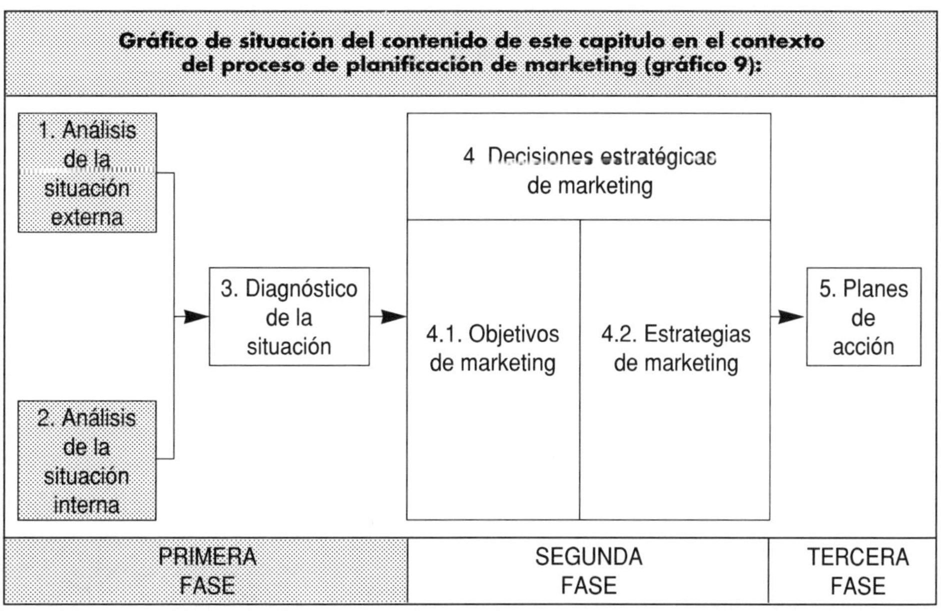

Gráfico de situación del contenido de este capítulo en el contexto del proceso de planificación de marketing (gráfico 9):

4.1. MARCO EN EL QUE SE DESARROLLA EL ANÁLISIS DE LA SITUACIÓN

Las cuatro primeras etapas de todo plan de marketing *(análisis de la situación interna y externa, diagnóstico de la situación, fijación de objetivos de marketing y elección de la estrategia de marketing)* están sometidas a una interrelación tan estrecha que resultaría inútil contemplarlas fuera de una visión de conjunto. En efecto, no puede existir una estrategia sin unos objetivos previamente trazados, ni éstos pueden ser fijados a través del desconocimiento de las oportunidades y amenazas del mercado o de aquellos puntos en los que nos mostramos más fuertes o débiles, ni podremos descubrir éstos al margen de un estudio riguroso y analítico de las circunstancias internas y externas que nos acompañan (véase el gráfico 15).

Las diferentes etapas que configuran el plan de marketing se asemejan de algún modo a un puzzle en el que nosotros creamos las piezas. Cada una de ellas representa una realidad y posee una función específica, pero necesita integrarse con otras piezas para adquirir todo el sentido y, de este modo, poder establecerse una visión de conjunto. Llegados a este punto cabría preguntarnos: ¿cómo podemos estar seguros de que esta pieza encajará, que es una pieza válida, que tiene la forma adecuada? La respuesta a esta incógnita, dentro de una pretendida sencillez, sólo puede tener un origen: los sistemas de información existentes a tal efecto.

El **análisis de la situación**, tanto en su vertiente interna como externa, requiere de un acopio de información tan amplio como riguroso, que servirá de base para poder establecer un posterior diagnóstico. Así, dividiremos esta primera etapa de análisis de la situación en dos campos: el exterior a la empresa o **análisis externo** y el que se centra en la propia realidad empresarial o **análisis interno**.

Con el objeto de facilitar el análisis podemos contar con una serie de fuentes de información a las que es posible acceder con mayor o menor grado de dificultad, y que analizaremos al final del capítulo.

Gráfico 15

ANÁLISIS PREVIOS A LA FORMULACIÓN DE LA ESTRATEGIA DE MARKETING

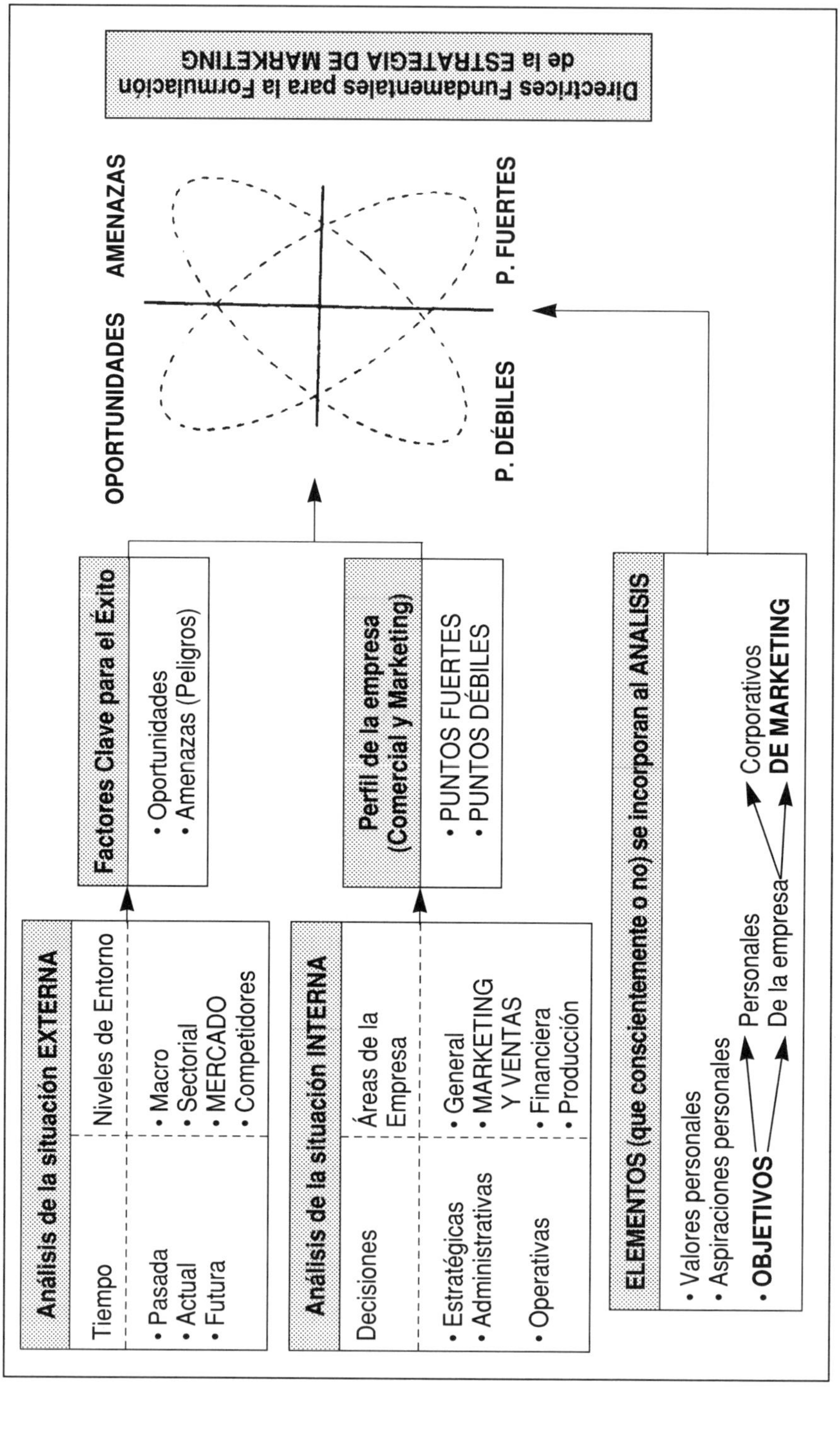

4.2. ANÁLISIS EXTERNO

El primer punto de referencia, a la hora de analizar la situación externa, es el marcado por aquellos elementos no controlables que determinan el entorno. Es necesario contemplarlo antes de analizar el mercado porque nos da una idea bastante buena del marco en el que se va a desenvolver dicho mercado.

Analizar el entorno, en el contexto de un plan de marketing, es poco más que hacer un breve repaso al consabido cuadro macroeconómico que el Gobierno presenta para los tres próximos años (con datos de la evolución del PIB, del consumo privado, de la inversión, del índice de precios al consumo, etc.) y una serie de variables generales de interés, que serán distintas en cada caso. Por ejemplo, un importante fabricante de electrodomésticos contemplaba en la década de los noventa, en su plan de marketing para el mercado español, los aspectos siguientes (se incluye este ejemplo porque en gran medida es relevante para nuestro caso, Ardoa):

- Número de hogares españoles: 11 millones, de los cuales aproximadamente el 55% son matrimonios con a lo sumo un hijo.
- Población española: 40 millones de personas.
- Pirámide de población:
  - El 43% tiene menos de 25 años
  - El 57% tiene más de 26 años.
- Progresiva disminución del número de matrimonios y nacimientos.
- Una estructura económica como la que recoge el cuadro nº 24.
- La estructura de la población ocupada, expresada en porcentajes para el mismo período: 55% en el sector servicios, 24% en la industria, 12% en la agricultura, y un 9% en la construcción.
- Evolución de las viviendas construidas (cuadro nº 25).
- Evolución previsible de las variables macroeconómicas (cuadro nº 26)

Cuadro nº 24
ESTRUCTURA ECONÓMICA ESPAÑOLA (expresada en miles)

Conceptos	Año anterior	Año actual	Año siguiente
Población activa	14.819	15.019	15.157
Población ocupada	12.258	12.578	12.677
Población en paro	2.561	2.441	2.480
% de paro sobre la población activa	17,3	16,3	16,4

Cuadro nº 25
EJEMPLO DE EVOLUCIÓN DE LA OFERTA
(en miles de unidades)

Viviendas de promoción privada:	Año anterior	Año actual	Año siguiente
Visados de proyectos	388	275	234
Obras iniciadas	272	224	206
Obras terminadas	224	271	275
Viviendas de promoción pública:			
Obras iniciadas	12	13	27
Obras terminadas	13	10	14

Cuadro nº 26
EJEMPLO DE EVOLUCIÓN MACROECONÓMICA (%)

Concepto	Año + 1	Año + 2
PIB a precios de mercado	2,4	3,0
Consumado privado	3,0	3,2
Consumo público	4,4	3,5
Formación bruta de capital	1,6	3,2
Exportación de bienes y servicios	8,4	7,9
Importación de bienes y servicios	9,4	8,0
Crecimiento salarios-trabajador	8,5	6,5
IPC	5,5	5,0
Déficit público	3,5	3,0

Normalmente este análisis del entorno no suele ir más allá de lo expuesto, aunque en algunos casos suele ser relevante hacer un breve repaso al modelo de las fuerzas competitivas de Porter para **conocer el grado de competitividad del sector** en el que nos movemos, a saber: rivalidad entre competidores, poder de negociación de los clientes y de los proveedores, la amenaza de productos sustitutivos y de nuevos entrantes, y la dificultad de salida del sector en el que estamos. El conocimiento de la realidad actual y futura de estas fuerzas resulta clave para que la empresa pueda, de una forma ventajosa y sostenida, definir y seguir su estrategia competitiva.

Pero, el elemento más relevante del análisis externo es el que se refiere al mercado sobre el que se está actuando. El **análisis del mercado** ha de tener en cuenta aquellos aspectos que se relacionan con la:

A. Naturaleza del mercado:

- Situación y evolución de los segmentos de mercado (cuadro nº 27).
- Tipología y perfil de los segmentos existentes en el mercado: necesidades satisfechas e insatisfechas, escala de valores, etc. (cuadro nº 28).
- Competidores por segmentos y sus participaciones de mercado (cuadro nº 31).
- Cambios producidos en la demanda.

Cuadro nº 27

EJEMPLO DE SEGMENTOS DE CLIENTES PARA UNA EMPRESA QUE COMERCIALIZA SISTEMAS DE VERIFICACIÓN Y CONTROL

Segmentos de clientes	Valores considerados
Empresas grandes con ISO 9000	1. Atención al cliente (proximidad). 2. Precio. 3. Servicio.
PYMES que tienen la ISO 9000	1. Atención al cliente (proximidad). 2. Precio. 3. Solución técnica adecuada.
PYMES sin ISO 9000	1. Atención al cliente (proximidad). 2. Precio. 3. Servicio.

- **Unidad de Toma de Decisión (UTD).** En el marketing industrial este elemento tiene especial importancia. Muchas de las Pymes industriales son a su vez proveedoras de otras empresas. El proceso de compra de un bien industrial difiere sustancialmente de la compra de un artículo de consumo. La definición de las personas que intervienen en el proceso de compra, sus roles y motivaciones de compra serán básicos a la hora de definir un plan de marketing para una Pyme industrial.
- Comportamiento de compra de los diferentes miembros de la UTD: motivaciones, criterios de elección de sus proveedores, escala de valores, etc. (cuadro nº 28).

B. Estructura del mercado:

- Situación del mercado relevante: tamaño de la oferta, productores, tipos de productos ofertados, marcas, participaciones de mercado, segmentos elegidos, etc. (cuadro nº 29).
- Competidores: número, perfil, importancia relativa, estrategia seguida, etc. (cuadro nº 30).

Cuadro nº 28

EJEMPLO DE ANÁLISIS DE LA UTD DE DETERMINADOS SEGMENTOS DE CLIENTES DE UNA EMPRESA QUE COMERCIALIZA SISTEMAS DE VERIFICACIÓN Y CONTROL

Segmentos: Empresas grandes con ISO 9000 y PYMES con o sin ISO 9000				
Miembros de la UTD	**Papel desempeñado**	**% Compra nueva**	**% Recompra**	**Motivaciones**
Técnico de métodos de control	Prescriptor y usuario. También participa en la decisión: define la parrilla de proveedores.	70	40	Atención al cliente (proximidad) y solución técnica adecuada.
Responsable de compras	Actúa de filtro: ajusta el precio y ejecuta la compra.	5	5	Precio y atención al cliente (proximidad).
Técnico de producción	Usuario final.	5	35	Solución técnica adecuada, imagen y servicio.
Jefe de métodos	Toma la decisión de a quien se compra.	20	20	Atención al cliente (proximidad), solución técnica adecuada y precio.

Cuadro nº 29
ANÁLISIS GLOBAL DE LA SITUACIÓN (1999)

Unidad de Negocio	Dimensión del Mercado			Estructura del Mercado (en %)					Observaciones		
	Tamaño (Mill. Ptas.)	Tasa de Crecimiento Anual (en ptas.)	N.º de Competidores	Líder	2.º	3.º	4.º	Liresa	Ventas de Liresa (Mill. Ptas.)	Margen (%)	Inversión Publicitaria (total marcas líderes)
Jabón de Tocador	28.000	–3% (En volumen)	47	25	15	13	5	3	840	40	60 Mill. Ptas.
Gel	6.500	(+ 10% en vol.) (+45% en ptas.)	35	14	8	8	8	–	–	65	98 Mill. Ptas.
Champú	10.500	+48%	73	8	–	–	–	–	–	70	243 Mill. Ptas.
Desodorante	11.000	+ 35%	18	28	7	5	4	–	–	52,5	184 Mill. Ptas.
Total	56.000	–	–	–	–	–	–	–	–	–	–

Cuadro nº 30

ANÁLISIS DE LA COMPETENCIA DE NUESTRA EMPRESA

Concepto	Nuestra empresa	Competidor 1	Competidor 2
1. Perfil general: • Dimensión. • Clientes preferentes. • Líneas de productos. • Ámbito geográfico. • Estrategias generales. • Otras características relevantes.			
2. Marketing-comercial: • Equipos. • Estrategias. • Producto. • Comunicación. • Canal de distribución. • Logística. • Imagen. • Calidad subjetiva.			

- Nuevos entrantes.
- Productos sustitutivos.
- Evolución del sector en el que se enmarca el mercado relevante.
- Canales de distribución existentes: importancia y evolución de los mismos.

En este análisis del mercado, los **hitos que no pueden faltar** para que el análisis sea completo y profundo (ya que comportan una serie de implicaciones estratégicas que serán de suma importancia en la cuarta etapa del plan de marketing) son los que presenta el gráfico 16.

Para el análisis de mercado, y como complemento a las fuentes de información externa que nos facilitan un conocimiento más exhaustivo del mismo, contamos con una serie de **instrumentos de análisis estratégico** que nos ayudarán a perfilar dicho mercado con mayor exactitud. Le recordamos que los más representativos son: el ciclo de

Gráfico 16
ANÁLISIS DEL MERCADO E IMPLICACIONES ESTRATÉGICAS

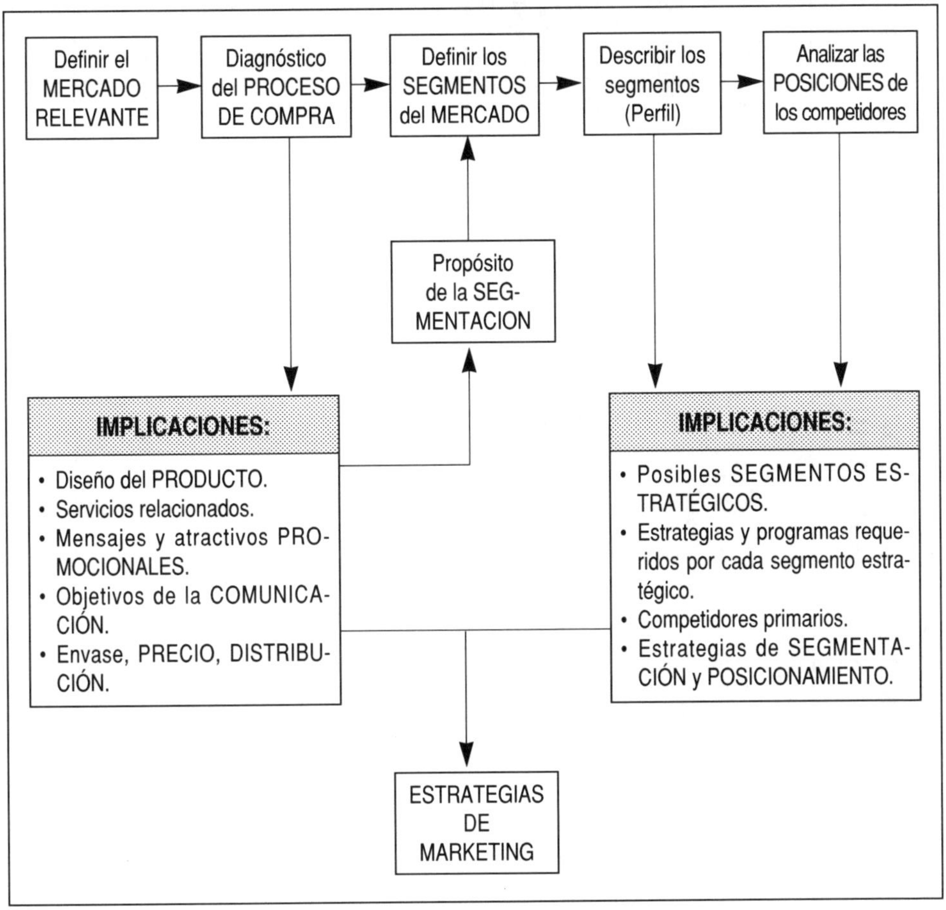

vida del producto (C.V.P.), la curva de experiencia, las matrices de análisis de la cartera de productos, o las constataciones empíricas del "proyecto PIMS".

A la hora de **delimitar el mercado relevante** (punto de partida obligado para que el análisis del mercado sea correcto), el enfoque de marketing sugiere que es más eficaz para la empresa definir su campo de actividad en relación con la función, necesidad satisfecha, o beneficios ofrecidos por el producto, que en relación con el producto tangible que comercializamos para satisfacer esa necesidad. Es de esta manera como lo percibe el comprador, tanto si se trata de un consumidor como de un cliente organizacional. Esta noción de producto-mercado se apoya en las consideraciones siguientes:

Cuadro nº 31

CUADRO SINÓPTICO PARA LOS ANÁLISIS PREVIOS PARA LA DEFINICIÓN DE LAS ESTRATEGIAS DE SEGMENTACIÓN Y POSICIONAMIENTO

Segmentos de mercado	Importancia relativa en el mercado (%)	Escala de valores de los segmentos	Importancia relativa de los segmentos en la facturación de la empresa	Competidor principal en cada segmento		Nuestra empresa		Nuestra empresa vs. Competidor principal	
				Puntos Fuertes (PF)	Puntos Débiles (PD)	Puntos Fuertes (PF)	Puntos Débiles (PD)	Ventajas competitivas	Desventajas competitivas
SEGMENTO 1		1 Precio (50%) 2 Servicio (30%) 3 Calidad (20%)							
SEGMENTO 2									
SEGMENTO 3									
Total	**100**	–	**100**	–	–	–	–	–	–

- Todo producto se corresponde para el usuario con un *servicio o una función de base,* que se puede ligar a una necesidad genérica. Además también le servirá para adoptar determinadas decisiones de crecimiento. Así, Coca Cola utilizó este vector para explotar nuevas oportunidades de negocio al modificar su mercado relevante redefiniéndolo como "bebidas no alcohólicas" en vez de "refrescos de cola".

- La función de base puede ser producida de varias maneras por el productor, ya sea con *tecnologías diferentes,* ya sea por la combinación de características técnicas o de medios organizacionales diferentes. Estas diferencias en los procesos de producción de la función o del servicio buscado dan a los productos unos atributos distintos, los cuales aportan a los usuarios *ventajas diferentes.*

- Algunos *grupos de compradores,* individuos u organizaciones, buscan ventajas específicas y otorgan por ello sus preferencias a los productos que constituyen conjuntos de atributos conformes a sus expectativas. Este vector es uno de los más utilizados en esta etapa de globalización de los mercados para detectar nuevas oportunidades de crecimiento redefiniendo el ámbito geográfico del grupo de clientes a los que ha decidido dirigirse la empresa. McDonald's, Telefónica, Endesa, BBV e Irizar son algunos de los múltiples ejemplos de empresas que han redefinido su mercado relevante a partir de esta dimensión.

Son estos principios los que a veces deberán guiar al responsable de marketing a dividir el mercado total en varios **productos-mercados**. Según Lambin (1991), esta partición se lleva a cabo habitualmente en dos etapas. La primera, llamada **macrosegmentación**, se apoya principalmente en las tres dimensiones que intervienen en la división productos-mercados: el servicio o la función base aportada por el producto; las tecnologías existentes, susceptibles de producir la función base buscada, y los diferentes grupos de compradores que forman parte del mercado total.

La segunda etapa, llamada **microsegmentación**, analiza en el interior de cada producto-mercado la variedad de las ventajas buscadas por los compradores potenciales y constituye, sobre esta base, segmentos que reagrupan consumidores u organizaciones que tengan las mismas expectativas.

En el gráfico 17 se pueden observar las tres posibles **formas de delimitar el mercado relevante**: *producto-mercado* (UEN), *mercado,* e *industria.* En un plan de marketing, la última –por otra parte la más clásica y sobre la que más estadísticas publican los organismos oficiales–

Gráfico 17
FORMAS DE DELIMITAR EL MERCADO RELEVANTE

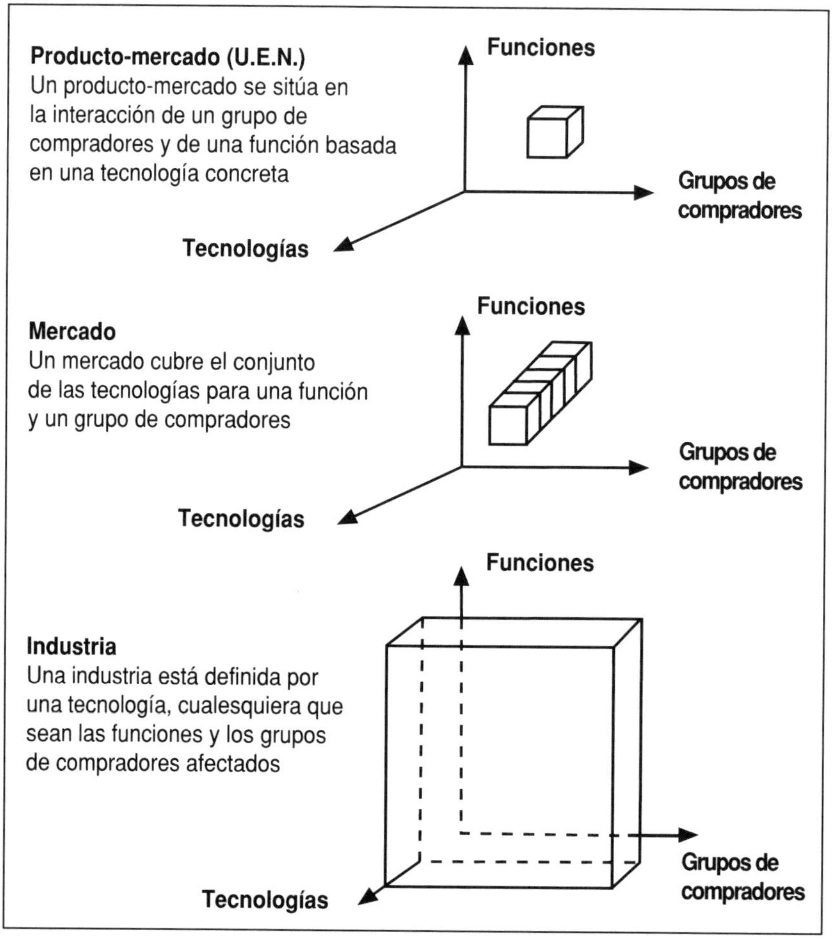

Fuente: Adaptación de Abell (1980) en Lambin (1991).

es inadecuada. De las otras dos, habrá que analizar cada caso para saber a qué nivel hacer el plan de marketing. Dentro de los ejemplos que se verán en este libro, Ardoa y Centralair contemplan el plan de marketing tomando como mercado relevante todo el mercado en el que actúan estas empresas, mientras que LKS lo hace sólo para una UEN (Consultoría), ya que la otra UEN (Ingeniería) es un negocio totalmente distinto desde estas tres variables, y por tanto requiere un plan distinto.

De acuerdo con esta concepción, un **mercado** cubriría el conjunto de las tecnologías para una función y un grupo de compradores, mientras que un producto-mercado se situaría en la intersección de un grupo de compradores y de una función basada en una tecnología concreta. Una **industria**, sin embargo, está definida por una tecnología, cualesquiera que sean las funciones y los grupos de compradores afectados.

Aunque la noción de industria es la más clásica es también la menos satisfactoria para un planteamiento de marketing porque se apoya en una característica de la oferta, lo que no favorece la necesaria orientación al mercado. Esta definición, además, puede englobar funciones y grupos de consumidores muy variados entre los que no exista relación alguna.

Piénsese, por ejemplo, en el sector de fabricantes de vidrio. Estos compiten en mercados tan diferentes como el lácteo, el de refrescos, el del vino, el de recipientes para productos medicinales, etc. Centrándonos en el lácteo, es más lógico –desde el punto de vista de marketing– pensar que yo (por ejemplo Vidrala, fabricante de envases de vidrio) compito con fabricantes de envases de cartón como Tetrapak (empresa líder en envases de cartón tipo brik) y con fabricantes de envases de plástico y metálicos, que mirar sólo a otros fabricantes del mismo sector. Si así lo hiciera podría llegar a la conclusión de que soy el líder del mercado, cuando probablemente mi participación en el mercado de envases para productos lácteos no llegue en estos momentos al uno por ciento. Las repercusiones de este grave error en mis planteamientos estratégicos pueden ser de antología del disparate.

Como se ha podido comprobar con el ejemplo citado, la noción de mercado está muy próxima al concepto de necesidad genérica y, por ello, pone el acento en el carácter sustituible de las diferentes tecnologías para una misma función. Una innovación tecnológica puede trastornar los hábitos de consumo y reemplazar completamente las soluciones tecnológicas dominantes en cada momento, como les ocurrió en los años setenta a los fabricantes de envases de vidrio para el sector lácteo.

Dado que el enfoque del marketing –como concluimos anteriormente– se dirige más hacia la función o servicio derivado del producto que al producto mismo, resultará más interesante identificar el mercado relevante en su vertiente de mercado y, de un modo especial, desde el enfoque de **producto-mercado**. Parece evidente que si definimos el mercado relevante en relación con la función realizada para un grupo determinado de compradores, la empresa se ajustará a la realidad de la demanda y de las necesidades del mercado con mayor precisión.

Asimismo, esta división puede servir de base a la organización del departamento de marketing de la empresa y principalmente a la organización por directores de producto. La dificultad de esta definición reside a menudo en las posibilidades de medida. Dado que, generalmente, las estadísticas oficiales no están disponibles sobre esta base, la empresa se ve obligada a crear o a comprar las informaciones necesarias para evaluar la importancia de los diferentes productos-mercados.

No nos detendremos, en estos momentos, a explicar el resto de puntos a analizar en esta primera etapa del plan de marketing por dos razones:

- En primer lugar, porque son los aspectos que más se ilustran en cualquier manual de marketing.
- Y en segundo lugar, porque los casos que se van a ir exponiendo a lo largo del libro van a ir ilustrando unos u otros aspectos del mismo, habiendo huido de hacerlo de forma íntegra en cada caso para no hacer excesivamente largo y prolijo el libro (No se olvide que en un plan de marketing esta etapa puede llegar a contener entre 25 y 50 folios, esto es, aproximadamente la mitad de la extensión del informe final del plan de marketing).

4.3. ANÁLISIS INTERNO

Si con el análisis de la situación externa lo que se trata es de ayudar a descubrir las oportunidades y amenazas que nos presenta el mercado en el que nos desenvolvemos, este segundo tipo de análisis de la situación pretende ayudar a detectar las debilidades y potencialidades de la empresa, desde el punto de vista comercial y de marketing.

Para ello, haremos un profundo "examen de conciencia" de lo que estamos haciendo y de si lo que estamos haciendo es lo que debemos hacer (es decir, si hemos tomado las decisiones estratégicas de marketing más adecuadas), así como si lo que debemos hacer lo estamos haciendo correctamente (esto es, si somos eficientes en la puesta en marcha de los planes de acción contemplados para implementar estas decisiones).

Concretamente, el análisis interno incluirá aspectos como los siguientes:

- *¿Qué **objetivos de marketing** nos hemos marcado? ¿Son los que deben ser o debiéramos habernos marcado otros? ¿Los hemos alcanzado (cuadro nº32)?*
- *¿Qué **estrategia de marketing** tenemos?: ¿A qué mercados nos dirigimos y con qué productos (**estrategia de cartera**)? ¿Hemos elegido bien el segmento estratégico (**estrategia de segmentación**)? ¿Es correcto el posicionamiento buscado, dado el segmento estratégico al que nos dirigimos (**estrategia de posicionamiento**)? ¿Lo hemos conseguido? ¿Cuál es nuestra estrategia funcional (**marketing mix**)?*

- *¿Los **recursos** humanos y materiales que hemos desplegado para alcanzar estos objetivos son los adecuados?*

- *Análisis pormenorizado de la **estrategia de productos**: amplitud y profundidad de la gama, política de marcas, envases, diseños, presentaciones, calidad, materiales, etc.*

- *Análisis de la **estrategia de precios**: ¿es adecuada la estrategia elegida dadas la etapa del C.V.P., la estrategia seguida por los competidores, los objetivos de rentabilidad sobre ventas que tenemos, la imagen que queremos proyectar, etc.? ¿Están bien definidas las tarifas de precios y las escalas de descuentos?*

- *¿La **estrategia de distribución** es la más adecuada para la evolución y tendencias de los canales de distribución o se ha quedado obsoleta? ¿Estamos presentes en aquellos canales más vendedores? ¿Con qué participación de mercado: numérica y ponderada? ¿Mantenemos unas buenas relaciones con los distribuidores? ¿Los tenemos fidelizados?, etc.*

- *¿Qué **estrategia de comunicación** interna y externa seguimos? ¿Hay coherencia y orquestación entre los diferentes medios de comunicación que utilizamos? ¿Nos dirigimos a los públicos-objetivo adecuados y con los medios más indicados (publicidad, marketing directo, relaciones públicas, publicidad directa, esponsorización, patrocinio, mecenazgo, promoción,...)?¿El comportamiento corporativo sustenta correctamente la imagen externa proyectada (cuadro nº33) o hay que modificar la estrategia de comunicación interna?, etc.*

- *¿Y la **estrategia de ventas**?: ¿Contamos con la estructura comercial adecuada? ¿Son eficientes nuestros comerciales? ¿Tenemos una estrategia clara y definida en cuanto a: tratamiento a dar a clientes A, B y C, la forma más adecuada de llegar al cliente (delegaciones, distribuidores, mayoristas, minoristas...), remuneración de vendedores y comisionistas, formación del personal comercial, o seguimiento y control de su actuación?*

Estos y otros aspectos son los que deberemos analizar en esta parte del análisis de la situación.

Veamos ahora, de una forma ilustrativa, la aplicación práctica de estos y otros fundamentos del análisis de la situación iniciando la presentación del plan de marketing de una empresa. Y para este fin, nos centraremos en un caso real de empresa productora de un bien de consumo: ARDOA, dedicada a la producción de vino (blanco, rosado y tinto), con denominaciones de origen (D.O.) Navarra y Rioja, y que trabaja tanto el canal de hostelería como el de la alimentación.

- En esta primera etapa de análisis de la situación obtenemos información que nos permitirá posicionarnos favorable o desfavorablemente en cuanto al entorno y al mercado al que nos dirigimos, así como si lo que estamos haciendo para ser competitivos en él es lo más indicado. Por las razones aducidas, seremos exquisitamente selectivos.

Cuadro nº 32
DISTRIBUCIÓN DE INGRESOS POR SEGMENTOS

Productos	Segmento 1		Segmento 2		Segmento 3		Total	
	Importe	%	Importe	%	Importe	%	Importe	%
Totales								100

Cuadro nº 33
EJEMPLO DE AUTOEVALUACIÓN DE LA IMAGEN PERCIBIDA

Concepto	Imagen
Precio	En general, imagen de caros.
Calidad	Imagen de calidad reconocida, incluso de *demasiada* calidad.
Servicio	Bueno.
Plazo de entrega	Se suelen incumplir los plazos, pero se considera que no es crítico. Se supedita el plazo a alcanzar un producto de calidad.
Servicio post-venta	No existe en el sector. Nosotros, de forma innovadora, lo estamos empezando a ofertar. Es un elemento que nos diferencia de la competencia.
Relaciones comerciales	Se mantienen unas relaciones excepcionales, que trascienden del ámbito profesional.

4.4. ANÁLISIS DE LA SITUACIÓN EN ARDOA

¿Cuáles son los datos e informaciones que, desde el punto de vista del plan de marketing, tienen un interés primordial en este caso concreto? Serán sin duda aquellos que de una forma global nos permitan detectar las oportunidades y amenazas, así como los puntos fuertes y débiles que deberemos seleccionar en la segunda etapa.

Esta etapa tiene por tanto como finalidad sentar las bases o cimientos del edificio que vamos a construir (el plan de marketing), y más concretamente ser de utilidad al equipo de planificación para hacer un buen diagnóstico de la situación (en la segunda etapa). No es regodearse en el análisis porque sí. El análisis, si no sirve para algo (y en el plan de marketing debe sernos útil para hacer un buen diagnóstico sobre el que basamentar la estrategia de marketing), habrá hecho que sea cierto el dicho "a la parálisis por el análisis".

Vamos a entresacar los aspectos más relevantes de este caso, siguiendo los criterios preestablecidos.

4.4.1. Análisis de la situación *externa*

4.4.1.1. Análisis de la estructura del mercado (LA OFERTA)

La **producción de vino** de la última campaña ha sido un 30% superior a la del año anterior, aunque la capacidad de producción de España es todavía mayor. No obstante, el problema es que hay un claro desequilibrio entre producción y demanda de vino:

- A nivel mundial el excedente está en torno al 12% de la producción.
- En Europa gira en torno al 31%, según la Oficina Internacional del Vino, siendo España el tercer productor de vino a nivel europeo, tras Italia y Francia.
- La producción de los vinos con D.O. ha crecido ligeramente, ya que el consumo de este tipo de vinos avanza anualmente en una proporción muy parecida a la que disminuye el consumo de vinos de mesa (cuadros 34 y 35).
- En general, la calidad de los vinos de la última cosecha ha sido buena, y para las D.O. "Navarra" y "Rioja" ha sido calificada de gran calidad.
- ARDOA se encuentra en un mercado muy atomizado (tipo de **estructura de mercado**) por una grandísima oferta (más de

20.000 marcas y unas 4.000 empresas), lo cual supone una enorme competencia y una dificultad añadida a la hora de la diferenciación de sus productos (debido a la confusión que crea el elevado número de marcas comercializadas).

Cuadro nº 34
ESTRUCTURA DE LAS VENTAS DE VINO EN ESPAÑA EN 1990

Tipos de formato	Mercado total (%)	Canal de alimentación (55%)	Canal de hostelería (45%)
Cartón	31	55,6	2
Vino con D.O.	31	22,2	42
Vino sin D.O.	19	8,9	31
Litro recuperable	12	5,6	20
Vidrio no retornable	6	7,7	3
Botellines	1	0	2
Dimensión del mercado (millones de litros)	820	450	370
Tendencia	–4% anual	–6% anual	–1% anual

Cuadro nº 35
ESTRUCTURA DE LAS VENTAS EN EL CANAL HIPERMERCADO

Tipos de formato	% de mercado
Cartón	45
Vino con D.O.	37
Vino sin D.O.	12
Litro no retornable	6
Dimensión del mercado (millones de litros)	140
Tendencia	–5% anual

Los **productores** pueden agruparse en tres grandes grupos: el cosechero-almacenista (explotaciones familiares que cultivan y elaboran el vino con escasos recursos tecnológicos y comerciales), las cooperativas vinícolas (responsables del 50% de la producción de vino y de menos del 5% de la comercialización final), y las grandes bodegas (menos de 30 empresas comercializan el 80% de las ventas al consumidor final). Entre estas últimas cabe citar:

- Bodegas y Bebidas (antigua Savin), empresa líder con una participación del 14%.
- La siguiente posee casi la mitad: Berberana, con el 7,7%.
- El resto de las empresas importantes del sector tienen una participación que oscila entre el 2 y el 7% (por ej.: AGE, 6,5%; CVNE, 5%; Vitivinícola, 4,9%; Bodegas Franco-Españolas, 4,5%; Faustino Martínez, 4,2%; Paternina, 3,2%; La Rioja Alta, 3%; López de Heredia, 2,3%; y Marqués de Riscal, el 2%).

En el "submercado" de vinos de D.O. Navarra, nuestra empresa ocupa el cuarto puesto con un 5,5% de cuota de mercado, siendo las más importantes: Vinícola Navarra (35,6%), Señorío de Sarriá (28,1%), y Julián Chivite (10,4%).

- En el mercado total del vino, los **canales** de hostelería y alimentación tienen la estructura que representa el cuadro nº 34. En vinos de D.O. (también denominados V.C.P.R.), que se distribuyen mayoritariamente a través de hostelería (en la proporción de 2 a 1), el canal de hostelería tiene una tendencia creciente, aunque menor que lo que decrece el de alimentación. Por esos años, dentro del canal de alimentación, la tienda tradicional absorbía el 32% de las ventas, 36% el canal supermercado, un 17% los hipermercados (cuadro nº 35), y el 15% restante los autoservicios.

- Los principales **competidores directos** de ARDOA, dentro de su D.O., tienen una dimensión considerablemente mayor, son más antiguos y poseen un mayor arraigo y notoriedad. Sus inversiones son superiores incluso en el campo publicitario. En conjunto, nos hallamos en desventaja competitiva con ellos.

4.4.1.2. Análisis de la naturaleza del mercado (LA DEMANDA)

El **consumo interior** de vino y mosto ha disminuido en el último año un 7,6% respecto del año anterior, a excepción de los vinos con D.O., que han subido ligeramente.

Las razones de este descenso hay que buscarlas en:

- La reducción de la población rural.
- El rechazo del vino entre la población más joven.
- La modificación de los hábitos alimentarios.
- Los altos márgenes del "segmento comercio y restauración".
- La imagen sectorial de fraudes y abusos.
- La falta de información al consumidor.
- Las campañas antialcohol.
- La fortaleza de los **productos sustitutivos** (cerveza, zumos, agua mineral, "tragos largos", etc.).

Esta disminución del consumo de vino ha incidido en la subida de sus precios mucho más que el de otras bebidas sustitutivas (cervezas, refrescos, zumos, etc.).

Los vinos con D.O., que sólo suponen un 17% del total de vinos producidos en España, todavía no son claramente reconocidos por **el consumidor final,** que tiene una gran incultura al respecto: los consumidores no perciben aún de forma clara en alguna D.O. la diferencia entre vinos de mesa y vinos con D.O.

La D.O. con mayor **participación en el mercado** nacional es la de "Rioja", con un 37%. La D.O. "Navarra", en la que se encuentra ARDOA, es la cuarta en el ránking con una cuota de mercado del 6,5%, siendo también importantes "Valdepeñas" (16%), "Penedés" (8,3%), "Jumilla" (6%), y "Mancha" (5,4%).

Como la oferta del mercado del vino es muy amplia, la **fidelidad de marca** es muy escasa (se trata además de una fidelidad temporal).

Los **criterios** de los consumidores **a la hora de comprar** vino son por orden de importancia: el precio (sobre todo para las mujeres), la zona de origen, la marca, el sabor y la suavidad, el año de cosecha y su color y transparencia, con ligeras modificaciones según segmentos.

El consumidor se fija más en el nombre de la marca que en el de la bodega. Lo que le suena y lo que pide es la marca.

Los españoles con menos ingresos son los que más beben. Aunque, el consumo de vinos de calidad, con D.O., aumenta con el nivel de renta.

El consumo per cápita del vino aumenta cuanto más al norte de España nos movamos, siendo todavía mayor en ámbitos rurales que urbanos. El bebedor de vino sigue siendo en su mayoría hombres.

En el hogar se está dispuesto a pagar más por un vino que antes. Se tiende a considerar la calidad, especialmente en comidas de carácter "más especial". Sin embargo, el vino consumido en el hogar también ha disminuido, sin duda inducido por el aumento de precios. El vino tinto joven es el que más dicen conocer los consumidores y es el que mejor se adapta a todas las situaciones.

En el caso de **los restaurantes**, la categoría de la comida condiciona igualmente la calidad del vino a elegir. El cliente, a la hora de seleccionar un vino se guía principalmente por la notoriedad de la marca, el precio, las añadas y el criterio del restaurante.

Los **criterios que sigue el restaurador en la selección del vino** son: los gustos del cliente, su propio criterio, la seriedad en la distribución (regular y rápida, capacitada para negociar precios) y cierta flexibilidad en las condiciones económicas en cuanto al pago.

En bares y cafeterías existe una tendencia a beber menos vino y más cerveza (sobre todo por parte de los jóvenes), y el nivel de exigencia al producto es inferior.

Una forma de **segmentar** este mercado es la siguiente:

- "Bebedores de vino de mesa". Es el segmento más importante, y tiene el siguiente **perfil**: hombres de edad media y alta, con niveles de renta media y media-baja, que viven preferentemente en hábitat rurales o en núcleos de población pequeños.

- "Bebedores de vino de calidad". Personas de edad media y media-alta, con niveles de renta media-alta y alta, que viven preferentemente en núcleos urbanos.

- "Bebedores de vinos espumosos". Muchos de ellos también pertenecen al segmento anterior. Su perfil es: personas de edad media y media-alta, con niveles de renta media-alta y alta, que viven en su mayoría en núcleos urbanos, preferentemente en las "zonas Nielsen" AMB, Área 1 y Área 2.

- "Segmento de no-bebedores", donde predominan sobre todo las mujeres y los jóvenes, en su mayoría del sur de España

(Andalucía, sur de Levante, Canarias, ...), que son zonas de consumo de cerveza.

El **proceso de compra** es distinto también según el tipo de vino de que se trate:

- Así, *en vinos de cierta calidad*, el marido actúa como prescriptor de consumo de la unidad familiar, ya que en el 30% de los casos es quien decide y compra; en un 24% de los casos fija las directrices y otro miembro de la familia compra; en el 18% de las situaciones el marido compra directamente de la bodega; y en el 6% el marido compra por correo o teléfono a bodegas, clubs de vino, etc.

- Mientras que, *en vinos de baja calidad*, el poder de decisión de otros miembros de la familia es mucho más relevante.

Como ya se ha indicado, los **factores de compra** en vinos de cierta calidad son: el precio (un 45% lo consideran el factor más importante), la zona de procedencia o D.O (muy importante para el 33%) y la marca (importante para el 31%).

La **imagen de los vinos** con D.O. Navarra, entre los que se encuentran la mayor parte de las marcas de ARDOA, es la siguiente:

- **Para los consumidores**, el vino con D.O. "Navarra" es desconocido en la mayor parte de España, y donde es conocido se considera como vino más representativo el tinto (un 54% frente al 45% del rosado). Los vinos navarros son considerados en general como muy ácidos, fuertes y con una elevada graduación de alcohol. Se les considera faltos de promoción publicitaria y de renovación estética. El recuerdo de las campañas de vinos con D.O. "Navarra" es mínimo (3% de las personas entrevistadas). Las bodegas pertenecientes a esta D.O., no obstante, sí tienen una imagen cercana a la ideal (pequeñas, familiares, con producción limitada y cuidada, con historia...)

- **Entre los hosteleros**, hablar de vinos con D.O. "Navarra" es hablar de vino rosado. Consideran esta denominación de origen como muy regular, con unos precios y una presentación muy competitivos, aunque se comenta su escasa promoción, una distribución sólo regular y su condición de vino áspero y excesivamente ácido.

- **En general**, la creencia es que **el vino por excelencia** es el de Rioja en cualquiera de sus variantes ya que, normalmente, se le presupone una calidad de antemano. En rosados, los consumidores dirigen sus preferencias también hacia el Rioja, aunque los rosados con D.O. "Navarra" son los preferidos por los hosteleros. En blancos, la supremacía de los riojas se comparte con los vinos catalanes y gallegos.

Gráfico 18
MAPA DE POSICIONAMIENTO

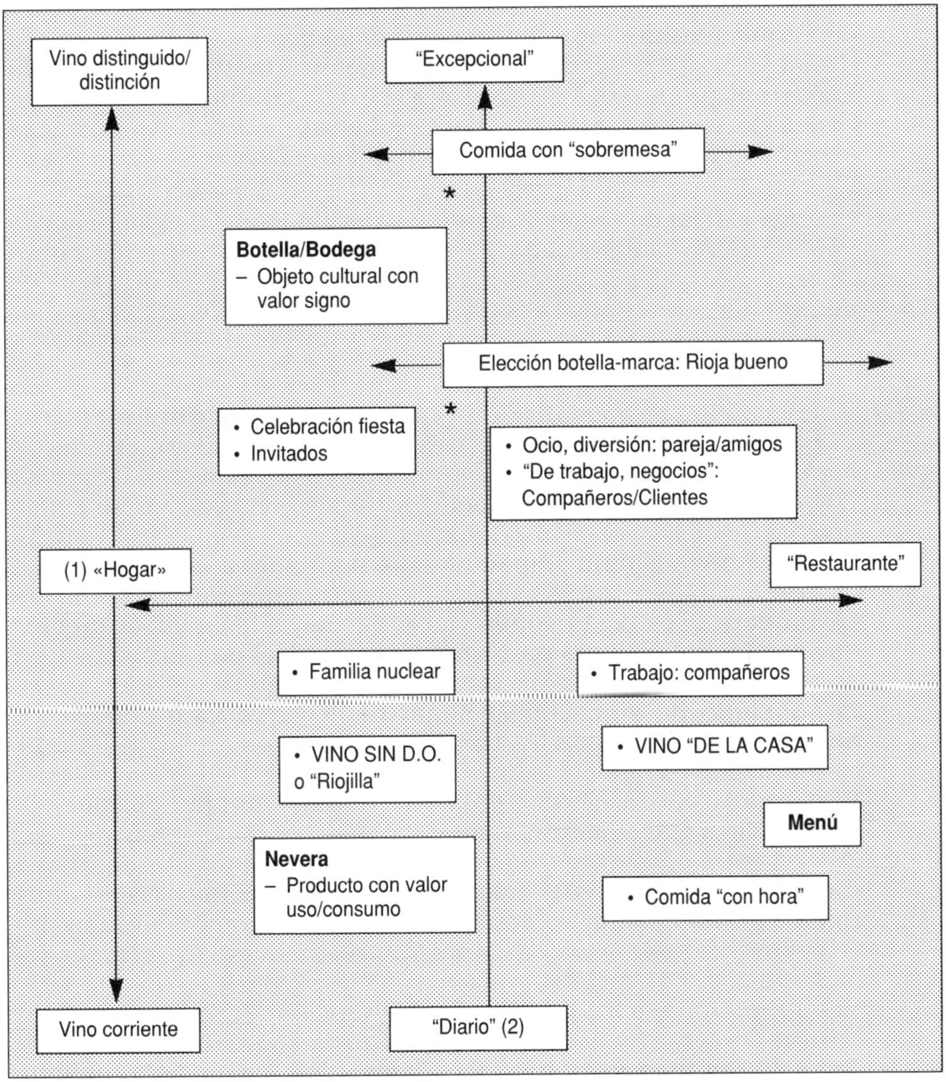

Interpretación: Eje (1) ESPACIAL: De la casa al restaurante. Eje (2) TEMPORAL: De lo diario a lo excepcional.

El gráfico 18 presenta el mapa de posicionamiento de los diferentes tipos de vinos existentes en el mercado español, así como la tipología resultante.

El sistema de venta: La fuerza de ventas es más importante que los vendedores externos (autónomos y empresas distribuidoras), aunque es a los representantes de las bodegas y a las empresas distribuidoras a quienes se compra la mayor parte del vino:

- Los consumidores afirman estar satisfechos en general con los distintos canales de distribución. Ninguno de ellos aporta mala imagen al producto. Prefieren realizar sus compras en los almacenes de vino y menos en las tiendas de licores y vinacotecas (especialmente por la diferencia en los precios).

- Destaca la falta de preparación de los distribuidores de vino. Esta es una situación generalizada. En muchos casos saben poco sobre vinos en general, y sobre las características destacables de los vinos que venden. Debería haber una mayor especialización en vino.

4.4.1.3. En cuanto a la **evolución y tendencias (o dinámica)** del mercado lo más resaltable, además de lo expuesto, es:

a. En lo referente al mercado *del vino:*

- Se prevé una disminución en el incremento del precio del vino.

- La tendencia es a consumir vinos de mayor calidad, a medida que aumenta la cultura gastronómica y el nivel de renta.

- El consumo de vinos en el hogar parece que va a ser menos importante que el de la hostelería.

- El rosado está en cierta forma "de moda", aunque el vino por excelencia sigue siendo el tinto.

- Cada vez son más apreciados los vinos ligeros, afrutados y aromáticos y, en cualquier caso, poco ácidos.

b. En lo referente a los canales de distribución:

- Se vislumbraban cambios en la cadena de valor: acortamiento de la cadena, concentración de la distribución, y mayor poder de negociación de determinados detallistas (grandes cadenas de hipermercados, supermercados y tiendas de descuento).

- Más adelante, Roland Berger (1994) lo definiría con gran tino al señalar que *"los cambios que se están produciendo en la cadena alimentaria están provocando una mayor transferencia de valor al consumidor"*, provocando consecuencias importantes:

- Los detallistas cada día aportan más parte del valor por el que paga el consumidor (marcas propias de la distribución más baratas que las del fabricante, plataformas de distribución, servicios proporcionados por el detallista en el punto de venta, garantía e imagen del detallista, etc.).

- Esta dinámica está produciendo la aportación de una mayor cantidad de valor al consumidor por parte de la cadena alimentaria (mayor variedad de productos, mejoras en la calidad de los mismos, mayor información al consumidor, mejores envases, horarios ampliados para hacer la compra, mejor servicio en el punto de venta, etc.).

- Se está redefiniendo el papel de los componentes de la cadena, con una ganancia en el peso específico de los detallistas: éstos están "usurpando" determinadas tareas del marketing del fabricante (desarrollo de productos-propios-de-la-distribución, marcas propias, "compra" de capacidad productiva, trade marketing creciente y logística propia desde sus plataformas de distribución).

4.4.2. Análisis de la situación interna de ARDOA:

Del análisis de la **evolución de las ventas** de los tres últimos años se deduce:

- Que Ardoa ha visto reducir sus ventas, en 1989, en un 28% (siendo la previsión para 1990 un descenso del 5% sobre el año anterior). Este descenso fue todavía mayor en el mercado interior (35%).

- La importancia relativa de las exportaciones sobre el total de ventas ha ido aumentando, pasando del 19 al 24%, pero ha sido más por la disminución de las ventas en el mercado interior que por el crecimiento de las exportaciones. El retroceso de 1989 ha sido en gran parte debido a que, con las marcas Único y Campiña, Ardoa redujo sus ventas en un 50%, en una proporción alarmante con respecto a la ligera reducción experimentada en España por los vinos populares. Algo similar a lo que nos ha ocurrido con la marca Ágrada en la que se ha producido una reducción del 35% respecto al año anterior.

La **estructura de nuestras ventas** en pesetas es la siguiente: 88% de vinos de D.O. Navarra, y 12% de Rioja, concentrándose nuestras ventas en Madrid, Cataluña y Levante. En estas zonas, que suponen el 48% del consumo de vino en España, Ardoa vende el 70% de su facturación. Por el contrario, en zonas como Cornisa Cantábrica, Cataluña y Baleares, que consumen el 70% del vino de D.O. Navarra, nosotros sólo vendemos el 36%.

Ese 88% de las ventas de D.O. Navarra se distribuye, por marcas, según el cuadro nº 36.

Cuadro nº 36
ESTRUCTURA DE VENTAS DE D.O. NAVARRA, POR MARCAS

Tipos de vino	Campiña (65%)	Único (13%)	Agrada (10%)	Total Navarra
Tinto	51%	51%	31%	49%
Rosado	35%	36%	53%	37%
Blanco	14%	13%	16%	14%
Total	100%	100%	100%	100%

Por su parte, el 22% restante de D.O. Rioja corresponde a las marcas que recoge el cuadro nº 37.

Cuadro nº 37
ESTRUCTURA DE VENTAS DE D.O. RIOJA, POR MARCAS

Tipos de vino	Hidalgo	Rioja Cierzo	Total Rioja
Tinto	84%	77%	85%
Rosado	10%	12%	9%
Blanco	6%	11%	6%
Total	100%	100%	100%

ARDOA depende en exceso de los vinos del "segmento bajo" (P.V.P. hasta 175 pesetas): 70% de nuestras ventas en ptas. y 86% de las mismas en unidades. En el "segmento medio" (P.V.P. de 175 a 265 ptas.) obtenemos el 21% de nuestra facturación en ptas. y el 16% en unidades, repartiéndose el resto entre el "segmento medio-alto" (P.V.P. de 300 a 350 ptas.), los crianzas, reservas y grandes reservas (con P.V.P. de 350 ptas. en adelante).

Cuadro nº 38
PRINCIPALES MARCAS DE ARDOA

Marcas	En % s/total de cajas vendidas en 1989
Campiña	64
Único	12
Ágrada	10
Hidalgo	3
Rioja Cierzo	3
Resto	8
Total	100

Vendemos un 80% al canal de hostelería y un 20% al de alimentación, a pesar de que ambos canales tienen una importancia similar en el mercado.

Vendemos nuestras marcas de mayor consumo (Campiña, Único y Ágrada) con un margen escaso.

Tenemos marcas de D.O. Rioja de buena calidad, pero con bajas ventas.

Para el canal de hostelería, nuestras marcas tienen la imagen siguiente: "Ágrada" tiene buena calidad, pero una marca poco promocionada; "Campiña" no destaca por nada; "Príncipe de Eraña" tiene una calidad aceptable; "Rioja Cierzo" tiene una calidad inferior a otros vinos de su "segmento"; y el resto son prácticamente desconocidos.

En general, la **calidad** de nuestros vinos es aceptable, no destacando ni en lo positivo ni en lo negativo, pero se opina que tenemos demasiados vinos iguales en cuanto a precios y características, en todos los "segmentos".

Carecemos de una política de **distribución** seria, y la red de distribución actual se ha mostrado totalmente deficiente: contamos con un mínimo de dos distribuidores por provincia, con líneas de productos diferentes, que hace que las marcas asignadas al primer distribuidor (Ágrada, Campiña, Rioja Cierzo, y Príncipe de Eraña) supongan el 80% de las ventas de Ardoa (el segundo distribuidor se encarga de Único, Laya e Hidalgo).

En Madrid, que supone el 37% de nuestras ventas, contamos con una delegación. Y en regiones de importante consumo (Galicia, Asturias y Andalucía) apenas tenemos distribuidores o su número es claramente escaso (como en el País Vasco, Navarra y La Rioja) dado el potencial de estas zonas. Además, los distribuidores no están apenas en contacto con la bodega y su departamento comercial, carecen de apoyo por parte de personal especializado de Ardoa, que junto con la coexistencia de dos líneas de productos paralelos han deteriorado de forma importante la relación con Ardoa.

Nuestra inversión en **comunicación** ha sido escasa, contando con competidores directos con fuertes inversiones anuales, a pesar de contar con marcas más conocidas. Sólo se ha hecho algo de publicidad de Ágrada en revistas de gastronomía. De ahí que la **imagen** que el consumidor tiene de nuestras bodegas es:

- Ardoa cuenta con dos bodegas desconocidas y su nombre no les suena, salvo raras excepciones.

- El nombre de Ardoa genera rechazo y suena a "fábrica" de vino de zonas de producción masiva (La Mancha o Valdepeñas) en vez de a una bodega ubicada en una zona vitivinícola importante de España (Navarra y Rioja).

La política promocional seguida ha sido escasa e inadecuada.

El caso que acabamos de estudiar -y que por razones de espacio nos hemos visto obligados a sintetizar- es un ejemplo válido de análisis de la situación del que podemos extraer algunas conclusiones:

- La primera, y quizá más importante, es que cualquier análisis o estudio que llevemos a cabo dentro del plan de marketing de nuestra empresa deberá estar perfectamente estructurado, ser completo y absolutamente riguroso. Hay que tener en cuenta el hecho de que la información no viene a comer a nuestra mano, sino que somos nosotros quienes debemos salir en su busca, bien por nuestros propios medios, bien a través de un agente externo contratado por la empresa.

- Otro aspecto sobre el que debemos insistir es que esta etapa de análisis es únicamente el instrumento necesario para el diagnóstico de la situación. El momento de llegar a ciertas conclusiones es posterior al propio análisis.

- Por último, podemos afirmar que un análisis en el que, en una primera lectura, se ha detectado una mayor presencia de amenazas y puntos débiles que de oportunidades y puntos fuertes no tiene por qué interpretarse como un análisis negativo. El hecho de haber localizado aquellos "problemas" que afectarán más directamente a nuestros intereses comerciales o de marketing puede ser considerado como un primer paso hacia el éxito.

Hasta el momento hemos podido observar el papel decisivo que desempeña la información en todo este proceso. El siguiente epígrafe tiene como finalidad, precisamente, detenernos en este aspecto prioritario del análisis para ahondar con más calma en su naturaleza, técnicas, riesgos y fuentes.

4.5. LOS SISTEMAS DE INFORMACIÓN

Iniciaremos este breve recorrido partiendo de una premisa que podríamos denominar como "innegociable" dentro de cualquier sistema de información. "La suma de datos, por sí misma, no constituye información". Ningún periodista redactaría una noticia empleando únicamente para ello una serie de datos sueltos. Los datos necesitan formar parte de un sistema para llegar a conformar una información. De la interpretación de una serie de datos, encuadrados dentro de un sistema, se obtiene el resultado final, esto es, la información. La empresa debe perseguir sistemáticamente aquella información relevante para la marcha del negocio, filtrándola y análizándola (los grandes volúmenes no presuponen mejor información), y facilitando a cada directivo el acceso rápido a la información relevante con vistas a sus tomas de decisión. La información debe representar, por tanto, una invitación hacia la reflexión.

Pero la información puede presentarse en ocasiones como un arma de doble filo. Nos estamos refiriendo a los denominados "**riesgos del sistema de información**", que se manifiestan cuando las fuentes de información no son fiables, cuando la información captada por miembros de la empresa es filtrada por éstos o cuando poseedores externos de información la transmiten en función de sus intereses (distribuidores, proveedores, competidores, etc.). En tal caso los datos pueden estar "deteriorados" y, en consecuencia, nos encontraremos ante una información fallida.

Puede ocurrir, por el contrario, que partiendo de datos correctos, las fases de filtraje y análisis desfiguren sus consecuencias lógicas.

Este fenómeno aparece cuando los operantes en estas fases tienen sus propios intereses que les llevan, consciente o inconscientemente, a delimitar de forma muy subjetiva lo relevante y lo accesorio. Además puede darse la circunstancia de que los directivos sean víctimas de una escasa mentalidad analítica o estratégica para deducir orientaciones de futuro. En otros casos, el peso específico de una persona (gerente, propietario u otro miembro directivo) puede inutilizar el análisis de la información al tomar decisiones, a pesar de los datos disponibles.

Ya hemos señalado como factor añadido de la información el hecho de que, en la mayoría de los casos, su consecución y su calidad dependerá de nuestra capacidad –¿habilidad?– para hacernos con ella. Ahora bien, existen dentro del marketing moderno una serie de **técnicas** estandarizadas **para el acopio de información**, con el valor añadido que supone obtenerla de forma directa, sin la amenaza que representa la intervención de un posible elemento "distorsionador". Las **técnicas cualitativas** están basadas en un guión abierto, y las personas objeto de la investigación se seleccionan en función de características y atributos personales. Las **técnicas cuantitativas** se basan en un cuestionario estructurado o semiestructurado, y las personas objeto de la investigación forman parte de una muestra representativa de la población o del fenómeno a investigar.

Las **técnicas cualitativas** de uso más común para reunir información son fundamentalmente dos: la *dinámica de grupos* y las *entrevistas en profundidad.* La primera proporciona un conocimiento y una comprensión profunda de las necesidades, motivaciones, actitudes, deseos y comportamientos reales del ciudadano. A través de ella podemos determinar los sistemas de valor, los atributos, la imagen y los significados conscientes o inconscientes que se asocian al fenómeno por investigar. Lo que diferencia a la dinámica de grupos de las entrevistas en profundidad es fundamentalmente la interacción que se produce en cada uno de los individuos respecto del grupo. En cuanto a las entrevistas en profundidad, tratan de encontrar las razones de las actitudes, los deseos y las preferencias de las personas. Están basadas en las técnicas del psicoanálisis, y el propósito del entrevistador es ganar la confianza de la persona a entrevistar con el fin de que ésta exprese sus reacciones sin inhibiciones. El interés no se centra tanto en opiniones o juicios como en sentimientos, emociones y percepciones.

En lo que se refiere a las **técnicas cuantitativas**, haremos referencia a tres tipos o fórmulas de trabajo: *las entrevistas personales, los sondeos telefónicos y las encuestas por correo.* Estos tres modos de actuación ofrecen, separadamente, una serie de ventajas e inconvenientes al usuario que es preciso señalar. En el caso de *la entrevista personal,* la muestra queda perfectamente definida y el contacto con el entrevistado es personal. *La encuesta* puede ser de mayor contenido y dificultad que en el resto de técnicas cuantitativas y es común que se apoye aportando materiales gráficos y muestras de productos. Sin embargo, su coste es elevado, así como su laboriosidad y prolongación en el tiempo, y corremos el riesgo de que el encuestador pueda influir en las respuestas. *El sondeo telefónico* tiene un coste inferior, es un proceso rápido y de fácil supervisión en el que el entrevistado está perfectamente localizado, pero es sólo representativo de la población que dispone de aparato telefónico y presenta además el inconveniente de que no existe un contacto visual, por lo que pueden provocarse actitudes de difícil valoración. En cuanto a *la encuesta por correo* tiene a su favor factores como el coste, su ubicuidad, la no influencia del entrevistador en las contestaciones y el valor que el anonimato aporta a la sinceridad de las respuestas. Sin embargo, la experiencia ha demostrado que el índice de las mismas disminuye con esta técnica, quedando además la duda de la representatividad (no se sabe quién es el que contesta o si éste ha sido influenciado por otra/s personas).

Como ya indicamos en el comienzo de este capítulo, existen otras vías de acceso a la información a las que denominamos **"fuentes de información"**, que pueden contribuir decisivamente en la configuración del análisis general de la situación. Se trata, en algunos casos, de información que parte de la actividad de la propia empresa y, en otros, de información que no ha sido elaborada para nosotros y que debemos recopilar por vez primera o que está disponible en algún sitio pero a la que hay que saber acceder.

Algunos **ejemplos de fuentes de información externa** serían:

- *Fuentes* ***primarias*** *(por compilación):*

  Observación y experimentación.
  Estimaciones de expertos.
  Sondeos y entrevistas.
  Estudios de mercado.
  Estudios de motivaciones.
  Test a ciegas.
  El vendedor.
  Ferias y exposiciones.
  Estudios de oferta (competencia).
  Quejas y sugerencias de consumidores y usuarios.
  Proveedores.
  La distribución.

El anexo 3 presenta un cuadro sinóptico de los pros y contras de muchas de las técnicas de recopilación de información comentadas en este apartado.

- *Fuentes **secundarias** (disponibles si se sabe acceder a ellas):*

  Bibliotecas y archivos públicos.
  Asociaciones de empresas.
  Organismos públicos.
  Administraciones públicas.
  Anuarios estadísticos.
  Memorias anuales de la competencia.
  Revistas especializadas y del sector y periódicos económicos.
  Euroventanillas.
  Centros de Documentación Europea, etc.

En cuanto a las **fuentes de información interna**, señalaremos como las más representativas:

Series históricas de ventas y beneficios.
Análisis de éxitos y fracasos en el lanzamiento de nuevos productos.
Evolución de nuestra clientela (nuevos clientes, clientes perdidos, concentración de ventas por clientes).
Comportamiento y eficacia de nuestra red de ventas (ratios indicativos y cuadro de mando comercial).
Opiniones y comentarios de personas clave en la empresa.
Archivos de la empresa, de su agencia publicitaria, sus filiales, sus delegaciones, etc.
Encuestas y sondeos internos.
Entrevistas en profundidad.
Los vendedores y distribuidores de nuestros productos.
Las unidades de I + D.
Quejas y sugerencias de consumidores y usuarios o de nuestros proveedores.
El marketing directo (*mailings*, telemarketing, cupones respuesta, etc.).
Otras.

Con este último punto queremos salir al paso de los comentarios que normalmente se escuchan cuando uno tiene que abordar su primer plan de marketing: "Es que, para mi producto, no hay información..." Está claro que no existe la misma cantidad y calidad de información para todos los productos-mercados. Pero no es menos cierto que en ocasiones no se dispone de información porque no se sabe hacer uso de estas fuentes, muchas de las cuales tienen coste cero para la empresa, o por lo menos muy bajo.

ANEXO 3: TÉCNICAS PARA LA RECOPILACIÓN DE LA INFORMACIÓN

Técnica	Puntos fuertes	Puntos débiles
Estudio de despacho	Puede producir resultados controlables con un coste relativamente bajo.	Es posible que la información no posea suficientes detalles; pueden surgir problemas con su interpretación. Es posible que la información no esté actualizada.
Registros de ventas de la empresa	De muy fácil acceso.	Es posible que no estén organizados de tal forma que se puedan interpretar con facilidad. Principalmente datos históricos.
Registros contables de la empresa	De muy fácil acceso.	Es posible que no sea fácil reelaborarlos en la forma requerida. Principalmente datos históricos.
Informe del personal de ventas	De fácil acceso, información reciente sobre clientes.	Es posible que sea difícil transformar una información que es narrativa en una información cuantitativa. Registros inadecuados.
Periódicos, revistas, etcétera	Relativamente fáciles de obtener (bibliotecas, etcétera).	La información no es exactamente la que se necesita (por ejemplo, demasiado general).
Asociaciones empresariales	Tienen un buen conocimiento de su sector de actividad.	La calidad de la información y el grado de cooperación de las asociaciones empresariales es variable.
Oficinas del gobierno y/o de Institutos de estadística	Gran volumen de información, relativamente fácil de obtener.	Es necesario conocer los sistemas que utiliza el gobierno. La información puede estar oculta bajo una gran cantidad de información inútil.
Investigaciones externas (Estudios de mercado)	Basadas en el entorno competitivo; se obtiene información actualizada. Suficientemente fiables para la toma de decisiones.	Pueden ser costosas y requerir mucho tiempo; las muestras deben calcularse con mucha precisión; pueden ser difíciles de organizar.
Entrevistas personales	Los entrevistadores aseguran que las preguntas se interpreten correctamente; se pueden anotar las reacciones.	Exigen mucho tiempo. Pueden sobrecargarse de preguntas. Un diseño deficiente puede provocar resultados equivocados. Costosas. Se necesitan entrevistadores con suficiente formación.
Cuestionarios por correo	Se alcanza una gran audiencia; bajo coste relativo.	No se obtienen respuestas a tiempo (o ninguna). Puede ser que respondan las personas equivocadas. Pueden inducir a interpretaciones equivocadas.

ANEXO 3:
TÉCNICAS PARA LA RECOPILACIÓN DE LA INFORMACIÓN (continuación)

Técnica	Puntos fuertes	Puntos débiles
Entrevistas telefónicas	Respuesta instantánea; bajo coste relativo. No exige mucho tiempo del cliente/consumidor.	Deben ser muy cortas; puede ser que no se incluyan aspectos importantes. Es posible que la persona que dé la información no sea lo suficientemente precisa y cuidadosa.
Entrevistas en profundidad	Pueden generar información sobre las percepciones y sensaciones que tienen los clientes respecto a los productos y servicios.	Se necesitan entrevistadores con una formación muy profesional. Los resultados pueden ser difíciles de cuantificar.
Experimentación	Puede mostrar las reacciones "reales" de los clientes bajo condiciones de prueba (controladas).	Puede ser muy costosa. La muestra de clientes debe seleccionarse con mucho cuidado.
Paneles de detallistas	Buena información cuantitativa sobre el movimiento de los stocks en el punto de venta.	No explica las razones de por qué se produce el movimiento de los stocks.
Paneles de clientes/ consumidores	Ayudan a establecer el comportamiento de compra y de consumo durante un determinado período.	Debe motivarse a los clientes/consumidores para que lleven el registro de sus actividades, etc.
Uso de consultores externos especializados en investigación de mercados	No exigen mucho tiempo por parte del personal de la empresa. Pueden producir resultados de fácil interpretación y uso.	Pueden ser costosos. ¿Cómo se elige al consultor adecuado?

Fuente: McDonald (1994).

CAPÍTULO 5

SEGUNDA ETAPA: DIAGNÓSTICO DE LA SITUACIÓN

«Cuando veas un gigante, examina antes la posición del sol; no vaya a ser la sombra de un pigmeo»

Novalia

5.1. Herramientas más usuales para el diagnóstico.

5.2. Análisis DAFO.

5.3. Matriz de posición competitiva.

Anexo 4: Amenazas para la industria alimentaria.

Anexo 5: Oportunidades producidas por los cambios en la cadena de valor alimentaria.

Gráfico de situación del contenido de este capítulo en el contexto del proceso de planificación de marketing (gráfico 9):

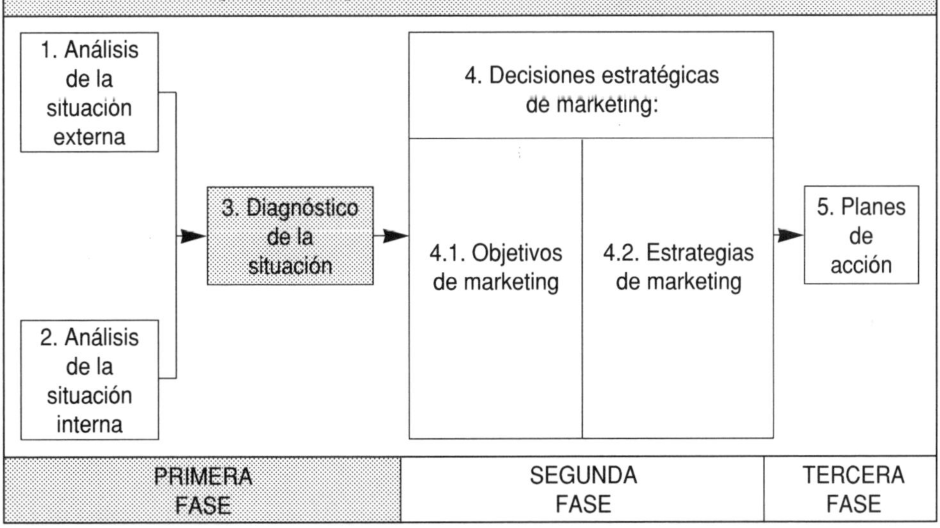

5.1. HERRAMIENTAS MÁS USUALES PARA EL DIAGNÓSTICO

Dentro de la metodología que estamos siguiendo, el diagnóstico de la situación es la segunda etapa a considerar a la hora de hacer un plan de marketing. El diagnóstico, cualquiera que sea la disciplina humana a la que hagamos referencia, es siempre la consecuencia de un análisis previo –un análisis que siempre debe ser lo más profundo y riguroso posible– a partir del cual puedan extraerse unas conclusiones y definir una estrategia concreta. El doctor estudiará todos los síntomas que presenta el enfermo y encargará los correspondientes análisis antes de dictaminar su enfermedad y planificar su recuperación, así como el arquitecto estudiará la orografía del terreno, su composición, el entorno natural y los gustos de su cliente antes de dibujar los planos y construir el edificio.

En todo plan de marketing el diagnóstico es, por tanto, consecuencia de un análisis previo –del que ya hemos dado cuenta– y a la vez una síntesis del mismo a partir de la cual seremos capaces de identificar las oportunidades y amenazas que presenta el entorno y con el que descubriremos aquellos puntos en los que nuestro negocio se muestra fuerte o débil respecto de los competidores. No supone un avance en cuanto al acopio de información se refiere, pero es de suma utilidad en la medida en que habremos identificado y definido los puntos que marcarán nuestra estrategia.

Para establecer el diagnóstico de la situación, el marketing emplea dos instrumentos principalmente:

- El **DAFO** (**D**ebilidades, **A**menazas, **F**ortalezas y **O**portunidades) o **SWOT** (**S**trengths, **W**eaknesses, **O**pportunities & **T**hreats), que nos ofrecerá los factores clave para el éxito y el perfil de la empresa que deberemos tener en cuenta para seleccionar la estrategia de marketing más adecuada para alcanzar las metas propuestas.

- La **Matriz de Posición Competitiva**, que reflejará nuestra posición competitiva a partir de dos variables: el atractivo del mercado (bajo, medio, alto) y la posición del producto ante los competidores (baja, media, alta).

Aunque ambos instrumentos son válidos, es recomendable que al menos el DAFO sea empleado siempre en el diagnóstico de la situación del plan de marketing.

5.2. ANÁLISIS DAFO

Conviene, antes de nada, definir –desde el punto de vista de la gestión empresarial– los conceptos de oportunidad, amenaza, fortaleza y debilidad, ya que por ser unos conceptos muy coloquiales suelen utilizarse incorrectamente.

- **Oportunidades** son aquellos factores externos a la propia empresa (es decir, no controlables), que favorecen o pueden favorecer el cumplimiento de las metas y objetivos que nos propongamos. Por lógica, consideraremos como **amenazas** aquellos factores externos a la empresa (y, por tanto, también no controlables) que perjudican o pueden perjudicar el cumplimiento de esas mismas metas y objetivos trazados.

Ambos conceptos son la consecuencia y la síntesis del análisis externo realizado en la primera etapa del plan de marketing (véase el gráfico 19) y reflejan una situación observada –no controlable– que marca el atractivo o desinterés que tiene para nosotros el mercado en el que nos movemos.

Gráfico 19
ESQUEMA GENERAL DE LA ETAPA DE DIAGNÓSTICO DE LA SITUACIÓN

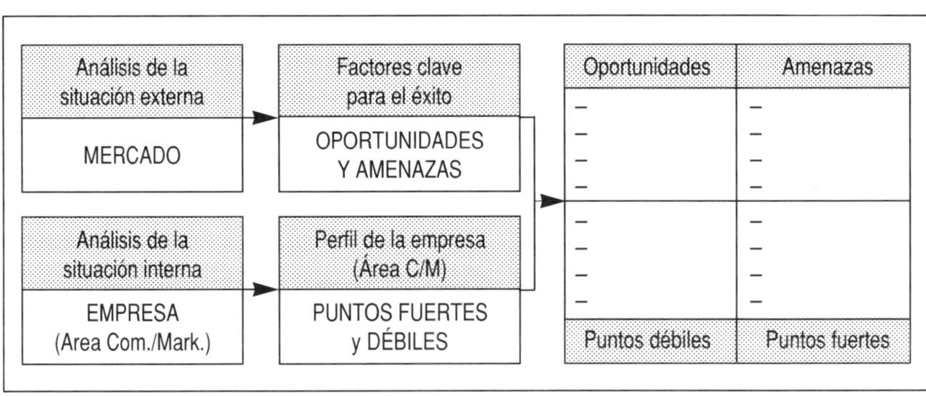

Suele decirse que en la vida hay muchas oportunidades disfrazadas de problemas. Deberemos desarrollar nuestro instinto para dar con las verdaderas oportunidades, desenmascarándolas si es necesario. Merece la pena intentarlo porque luego deberemos decidir a partir de esas oportunidades.

• **Fortalezas** (o puntos fuertes) son los factores internos propios de la empresa que favorecen o pueden favorecer el cumplimiento de nuestros objetivos. Por contra, consideramos como **debilidades** (o puntos débiles) a los factores internos que perjudican o pueden perjudicar el cumplimiento de nuestros objetivos.

Ambos conceptos son la consecuencia y la síntesis del análisis interno realizado en la primera etapa del plan de marketing y reflejan una situación observada –necesariamente controlable dado que es la situación de nuestra propia empresa–, que marca una posición de ventaja o desventaja ante nuestros competidores.

Estos conceptos son comunes a otros tipos de planes (por ejemplo, en la planificación estratégica se utilizan con la misma acepción), con la particularidad de que, cuando se están aplicando en la planificación de marketing, se trata de detectar *sólo* aquellas oportunidades y amenazas que son relevantes desde el punto de vista del marketing, así como *sólo* aquellas fortalezas y debilidades de marketing o comerciales que tiene nuestra empresa. El resto de oportunidades y amenazas, fortalezas y debilidades serán irrelevantes (lo cual no quiere decir que no sea importante tenerlas en consideración en otros foros, por ejemplo la planificación estratégica) a la hora de hacer el plan de marketing.

Es obvio que de lo que se trata es de utilizar nuestros puntos fuertes para aprovechar las oportunidades del mercado, de la misma manera que para reducir o eliminar las amenazas que éste presenta es conveniente eliminar o, al menos corregir en lo que podamos, nuestros puntos débiles.

Ni que decir tiene que lo ideal es detectar ventajas y desventajas competitivas, ya que éstas son de mayor utilidad para definir la estrategia de marketing que los puntos fuertes y débiles. Ahora bien, todo responsable de marketing será consciente de que no suele ser difícil encontrar desventajas competitivas, mientras que es más raro dar con ventajas competitivas reales y auténticas.

Las ventajas (o desventajas) competitivas hay que relacionarlas con el ***valor percibido*** por los clientes respecto a la empresa. Ese valor percibido puede ser definido como el posicionamiento del cliente en torno a la utilidad del producto basado en la percepción de lo que se recibe y se da (véase el gráfico 20). No estamos hablando de una calidad objetiva y medible, sino que constituye un nivel de abstracción más allá de algún atributo del producto.

Para la creación de ese valor nos formularemos una serie de preguntas: ¿Qué quieren nuestros clientes? ¿Cuánto están dispuestos a pagar? ¿ Cómo creamos ese valor? ¿Nos pueden igualar los competidores? Parece evidente que la respuesta viene marcada por la necesidad –casi obligación– de estar muy próximo al cliente y ello exige, en primer lugar, entender lo que éste quiere y transmitir después ese mensaje a toda nuestra organización para transformar esa información en valor consistente para el cliente. Resulta, pues, esencial perseguir sistemáticamente la excelencia en las actividades clave de **generación de valor**:

- ***Valor de producto:*** calidad, innovación, ecología, salubridad, envase, formatos u otras características funcionales del producto.
- ***Valor económico o de precio:*** precio del producto, oferta–promociones o condiciones de pago, que pueden producir al cliente el correspondiente ahorro de dinero.
- ***Valor de servicio:*** gama, información, comodidad, disponibilidad del producto, rapidez, trato, profesionalidad, etc.
- ***Valor de identificación:*** imagen, asociaciones, marca, confianza, relaciones u otros aspectos psicológicos relevantes.

Gráfico 20
CONCEPTO DE VALOR PERCIBIDO

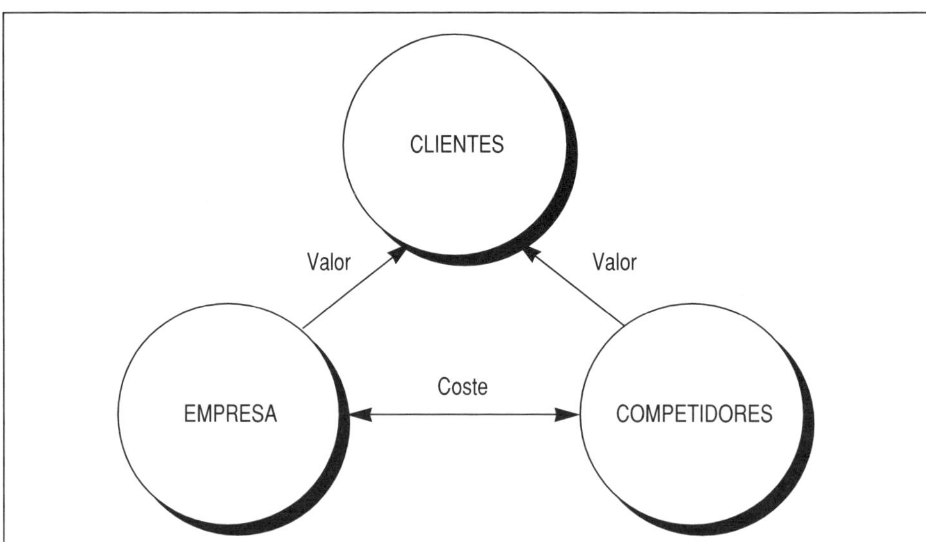

Como se puede observar, cuando hablamos de valor para el cliente estamos hablando de:

- *Percepciones:* el cliente tiene que percibir el beneficio que va a obtener con nuestro producto o servicio.
- *Varias dimensiones:* características funcionales a las que nos hemos referido como valor de producto; valor económico o de precio; y valor psicológico, relacionado con lo que hemos llamado valor de servicio y valor de identificación.
- *Siempre en relación con los competidores.*

Por ello, las ventajas competitivas se relacionan con el valor percibido por los clientes en relación a la empresa y se consiguen:

- Cuando el cliente atribuye a sus productos un valor percibido superior para igual precio.
- Cuando la empresa tiene un precio (percibido o real) inferior para igual valor percibido.

Si eso es así, para detectar las ventajas competitivas de una empresa debemos:

1.º Identificar sus puntos fuertes (PF) y débiles (PD).

2.º Deducir cuáles son los PF y PD de su competencia.

3.º Estudiar la escala de valores del segmento(s) estratégico(s) –y de la unidad de toma de decisión (UTD), si el cliente es una organización, como ocurre en los mercados industriales–. Ello supone, conocer sus necesidades –en su dimensión "valor de producto", "valor de precio", "valor de servicio" y "valor de identificación"– e identificar las tres más importantes.

4.º Analizar qué ventajas y desventajas competitivas tiene la empresa.

Así, la empresa tendrá una ***ventaja competitiva*** cuando en alguno de sus PF es mejor que sus competidores y, además, el cliente/consumidor/usuario lo valora. O, como se ha señalado anteriormente, cuando el cliente atribuye a los productos de la empresa un valor superior para igual precio o un precio inferior para igual valor percibido.

Estas ventajas competitivas son las que garantizan nuestra clientela. Y los clientes son los únicos que, al final, proporcionan seguridad a la empresa, por lo que deberemos buscar siempre nuestras ventajas competitivas. Será la garantía de que podremos vencer a la competencia. Si no, nuestros planes constituirán una ilusión inútil.

Por el contrario, cuando en algo que valora el cliente/consumidor/usuario la empresa tiene un PD y, además, está peor que sus competidores, nos encontramos con una ***desventaja competitiva***.

La diferencia entre una empresa ganadora y otra perdedora la marca su capacidad de crear ventajas competitivas reales, de mantenerlas y de transformarlas llegado el momento: la obtención de **ventajas competitivas sostenibles en el tiempo y defendibles frente a la competencia**. Para ello tenemos que lograr satisfacer las necesidades existentes/conocidas y latentes mejor que la competencia, mediante el desarrollo de atributos o competencias únicas que sean duraderas y no copiables por la competencia. Siendo conscientes de que a la competencia, en general, le va a resultar más fácil igualarnos o superarnos en aspectos relacionados con la calidad de producto o de precio que en los valores más subjetivos/psicológicos: valor de servicio o de identificación.

Lo realmente difícil será, por tanto, detectar las ventajas competitivas o factores de éxito relevantes y analizar nuestra capacidad para desarrollar dichas ventajas, identificar qué factores competitivos son los más importantes, los que nos llevarán a plantear vías de desarrollo estratégico, y cuáles son secundarios, y ser conscientes de la inestabilidad de las ventajas competitivas a lo largo del tiempo (hay que establecer un sistema de vigilancia estratégica).

Constituirá por tanto un error definir esas ventajas en función de consideraciones internas, generalmente referidas al pasado y basadas en juicios de valor de los directivos. De la misma manera, calificaríamos como error la sustitución del pensamiento estratégico por una determinación mecanicista de las ventajas competitivas, por ejemplo, considerar como ventajas en un mercado las que manifiesta el líder. Lo importante es mantener y acomodar las ventajas competitivas ante los cambios del entorno.

Hemos definido hasta ahora los cuatro conceptos clave de esta etapa: oportunidades, amenazas, fortalezas y debilidades, descubriendo su interrelación y su posible concreción en ventajas o desventajas competitivas. Nuestro siguiente paso será llevar a la práctica esta forma de hacer el diagnóstico –a partir de la sistemática DAFO (SWOT)–, siguiendo el ejemplo elegido para nuestra ilustración: Ardoa.

5.3. APLICACIÓN DEL ANÁLISIS DAFO A ARDOA

Como se podrá comprobar, el análisis DAFO consiste básicamente en la localización e identificación de las oportunidades, amenazas, fortalezas y debilidades de la empresa, valorándolas a partir de su posibilidad y de su importancia, con el fin de utilizar aquellas que resultan más prioritarias. Es, por así decirlo, un instrumento de selección de aquellos aspectos realmente importantes sobre los que centraremos la actuación estratégica de la empresa.

La posibilidad se refiere a que la oportunidad, amenaza, fortaleza o debilidad se manifieste con total seguridad (valor 3), muy posiblemente (valor 2), posiblemente (valor 1) o raramente (valor 0). La otra variable reflejada, la importancia, tiene que ver con la impresión subjetiva sobre las consecuencias para el cumplimiento de los objetivos. La valoración se establece como sigue: si asegura o casi asegura su cumplimento (valor 3), si incide muy favorablemente (valor 2), si incide favorablemente (valor 1) o si su relevancia es prácticamente nula (valor 0).

Con el objetivo de identificarnos y seguir con mayor detenimiento el caso de Ardoa, ilustraremos a continuación esta forma de aplicar el DAFO partiendo de este ejemplo concreto y de su experiencia. En una primera fase listaremos aquellas oportunidades, amenazas, fortalezas y debilidades observadas en el análisis general de la situación, asignando a cada una de ellas un valor en función de su posibilidad y su importancia. Así obtenemos los cuadros 39, 40, 41 y 42.

Cuadro nº 39

RELACIÓN PRELIMINAR DE OPORTUNIDADES DE ARDOA

Oportunidades	Posibil.	Import.
El vino rosado está de moda, sobre todo entre los jóvenes.	1	2
Los rosados de Navarra son considerados como los mejores de España después de los riojas.	3	2
Se valoran cada vez más los vinos jóvenes, suaves, ligeros y afrutados.	2	3
Navarra, por suelo y clima, está en condiciones de producir vino joven, especialmente rosado.	3	2
Los vinos de Navarra han aumentado sus ventas en un 2,1%.	3	1
Auge de las Denominaciones de Origen en el "tapeo" o "poteo" y en el restaurante.	2	2
En general, entender de vinos está en boga.	1	0
Parece que, a corto plazo, los precios de los vinos se van a moderar.	1	1
Los precios de los vinos de D.O. Navarra son muy competitivos.	1	3
La regularidad en la calidad de los vinos navarros es una de sus características.	1	1

En esta primera fase del DAFO hemos resaltado, para cada concepto, los diez puntos más sobresalientes del análisis de la situación, susceptibles de ser seleccionados como estratégicamente importantes. Sin embargo, y con vistas a la siguiente etapa del plan de marketing, la lista deberá quedar reducida a una media docena sobre los que van a centrarse todas las actuaciones estratégicas de ARDOA para el futuro próximo.

La siguiente fase tiene como objetivo ordenar las oportunidades, amenazas, fortalezas y debilidades, señaladas anteriormente, en función de su posibilidad, es decir, de la certeza o no que se tenga de que esas realidades se vayan a manifestar. El ordenamiento es, en este caso, una impresión subjetiva que puede darse entre idénticos valores, ya que siempre habrá una realidad "más posible" que otra. El valor será el que hemos asignado en "posibilidad" en la fase anterior.

Cuadro nº 40

RELACIÓN PRELIMINAR DE AMENAZAS DE ARDOA

Amenazas	Posibil.	Gravedad
Subida del precio del vino en general, superior a la de otras bebidas sustitutivas.	3	1
Mala imagen del vino por parcialidad en campañas antialcohólicas, efectos del tetrabrik, etc.	3	2
Las generaciones jóvenes consumen todavía poco vino.	3	1
Existen tres bodegas que copan el mercado de la D.O. Navarra. Son mucho más fuertes que nosotros.	3	2
Predominio de la uva garnacha en Navarra, no adecuada para la elaboración de buenos tintos envejecidos.	2	1
Pequeña importancia todavía de los vinos con D.O. frente a los vinos de mesa. Mercado pequeño.	2	2
El consumo de los vinos populares ha descendido alarmantemente, y éstos suponen el 76% de nuestras ventas.	1	3
Exceso de marcas ofertadas, lo que dificulta la diferenciación del producto.	3	0
Valoración de los vinos navarros como ácidos, fuertes y con mucho alcohol, por parte de consumidores y hosteleros.	2	0
Los vinos con D.O. Navarra tienen una escasa y mala distribución, y están faltos de apoyo publicitario.	1	2

Cuadro nº 41
RELACIÓN PRELIMINAR DE FORTALEZAS DE ARDOA

Fortalezas	Posibil.	Import.
Equipo directivo nuevo con mentalidad moderna y emprendedora, dispuesto a políticas nuevas.	1	2
Nuestros grandes vinos, reservas y grandes reservas, ajustados al ideal de vinos de reserva envejecidos.	2	3
Nuestras bodegas, por su dimensión, se acercan al ideal del consumidor.	3	2
El rosado Ágrada es considerado por los profesionales de la distribución como un buen vino (tiene varios por encima).	2	2
En general, la presentación de nuestros vinos es considerada como correcta y, en algunos casos, atractiva.	2	1
Buena relación calidad-precio de los reservas navarros.	1	1
Labor efectiva de la delegación de Madrid y de los distribuidores de Valencia (en relación con su número).	2	2
Ha mejorado la regularidad de la calidad de nuestros vinos.	1	1
La distribución considera satisfactoria su relación con ARDOA y valora positivamente su gestión.	1	2
Nuestros distribuidores son considerados positivamente por los hosteleros en el aspecto humano. Trato cordial.	1	1

Los cuadros 43, 44, 45 y 46 presentan estos mismos puntos ordenados según su posiblidad.

La tercera fase del DAFO es muy similar a la anterior. Se trata ahora de ordenar las oportunidades, amenazas, fortalezas y debilidades en función de su importancia, o lo que es lo mismo, de las incidencias que estos puntos pueden tener o no en el cumplimiento de los objetivos estratégicos. El ordenamiento es también en este caso una impresión subjetiva, siendo el valor el mismo que habíamos asignado en "importancia" en la fase anterior. Los cuadros 47, 48, 49 y 50 recogen este ordenamiento.

Estas tres primeras fases del análisis DAFO (relación preliminar de oportunidades, amenazas, fortalezas y debilidades, ordenación por su grado de posibilidad y ordenación por su grado de importancia/gravedad) han marcado el camino que nos conducirá al cuadro

Cuadro nº 42
RELACIÓN PRELIMINAR DE DEBILIDADES DE ARDOA

Debilidades	Posibil.	Graved.
Excesivamente volcados en el segmento bajo del mercado, que deja poco margen y tiende a la baja.	2	2
Muy poca implantación en el segmento de alimentación, sólo un 20% frente al 51% del mercado total.	2	2
Escasa importancia de las ventas de rosado navarro. No aprovechamos la buena aceptación que tiene en el mercado.	2	2
Mala imagen ante distribuidores por los problemas detectados de mala calidad y por venta directa anterior.	1	3
Red de distribución pequeña, desorganizada y con zonas casi totalmente desatendidas (en zonas de gran consumo).	3	2
Ventas muy escasas en las zonas de más importancia y casi nulas en zonas como Galicia, Asturias, P. Vasco, etc.	3	3
Nuestros vinos, en especial los navarros, no destacan por su calidad. Hay muchos vinos como los nuestros.	3	1
El nombre ARDOA genera rechazo, tiene connotación de fabricación industrial.	3	2
Hosteleros y consumidores observan falta de comunicación con ARDOA; falta trato personal y atención.	1	2
Se ha dado poca importancia al material publicitario que es un estímulo sobre todo hacia la hostelería.	1	2

final. En él deberán figurar los puntos considerados como más relevantes (normalmente media docena para cada concepto) que serán, a la postre, la base de nuestras decisiones estratégicas de marketing.

A modo de recapitulación, podemos señalar que la selección de media docena, aproximadamente, de puntos por cada concepto se debe a las siguientes razones:

- El diagnóstico es siempre un esfuerzo de síntesis, por lo que –por principio– no podemos extraer una relación muy larga.
- El diagnóstico debe sernos útil para formular la estrategia, por lo que si tenemos que "procesar" demasiados puntos, excepto que tengamos una mente privilegiada, lo vamos a pasar muy mal.

- De ahí la necesidad de ser selectivos y quedarnos con lo más sobresaliente. Para ello, debemos elegir algún criterio de selección: por ejemplo, la posibilidad de que se dé o no ese punto con mayor o menor seguridad, y la trascendencia que ese punto tiene para la consecución o no de nuestros objetivos (en el supuesto de que se dé dicho punto), que es el sistema de selección propuesto en estas páginas.

- Una vez seleccionados los más importantes, conviene presentarlos en una sola página, contraponiendo unos a otros como aparece en el gráfico 21 (o similar), porque de esa forma logramos tener juntos todos los elementos que entran en juego para la elección de la estrategia (por supuesto, en combinación con los objetivos). "De un golpe de vista" podemos empezar a imaginar qué estrategias o, al menos, qué directrices estratégicas se derivan de ese "panorama" que tenemos ante nosotros.

Cuadro nº 43
OPORTUNIDADES DE ARDOA ORDENADAS SEGÚN SU POSIBILIDAD

Orden	Oportunidades	Valor
1.ª	Los rosados de Navarra son considerados como los mejores de España después de los riojas.	3
2.ª	Navarra, por suelo y clima, está en condiciones de producir vino joven, especialmente rosado.	3
3.ª	Los vinos de Navarra han aumentado sus ventas en un 2,1%.	3
4.ª	Se valoran cada vez más los vinos jóvenes, suaves, ligeros y afrutados.	2
5.ª	Auge de las Denominaciones de Origen en el "tapeo" o "poteo" y en el restaurante.	2
6.ª	La regularidad en la calidad de los vinos navarros es una de sus características.	1
7.ª	Parece que, a corto plazo, los precios de los vinos se van a moderar.	1
8.ª	Los vinos de D.O. Navarra son muy competitivos.	1
9.ª	El vino rosado está de moda, sobre todo entre los jóvenes.	1
10.ª	En general, entender de vinos está en boga.	1

- Todo ello nos lleva a exponer en ese "gráfico en cruz" cuantos elementos nos quepan, haciendo una presentación razonable de los mismos. Y la experiencia nos dice que media docena es un número muy normal, al tiempo que bonito y manejable. De ahí nuestra recomendación en este sentido.

Como ya indicamos algunas páginas atrás, nuestras fortalezas (puntos fuertes) dirigen sus miras al aprovechamiento de las oportunidades, mientras que nuestras debilidades (puntos débiles) deberían experimentar cierta mejoría si pensamos en eliminar ciertas amenazas. Hemos de pensar que una oportunidad no aprovechada puede llegar a convertirse en un problema (amenaza), y a la inversa, un problema solucionado puede abrir un campo de oportunidades para nuestra empresa, producto o marca. Para ello, la representación gráfica más sencilla y eficaz de esta cuarta fase del DAFO –teniendo en cuenta la interrelación existente

Cuadro nº 44

AMENAZAS DE ARDOA ORDENADAS EN FUNCIÓN DE SU POSIBILIDAD

Orden	Amenazas	Valor
1.ª	Mala imagen del vino por parcialidad en campañas antialcohólicas, etc.	3
2.ª	Exceso de marcas ofertadas, lo que dificulta la diferenciación del producto.	3
3.ª	Subida del precio del vino en general, superior a la de otras bebidas sustitutivas.	3
4.ª	Existen tres bodegas que copan el mercado de la D.O. Navarra. Son mucho más fuertes que nosotros.	3
5.ª	Las generaciones jóvenes consumen todavía poco vino.	3
6.ª	Pequeña importancia todavía de los vinos con D.O. frente a los vinos de mesa. Mercado pequeño.	2
7.ª	Predominio de la uva garnacha en Navarra, no adecuada para la elaboración de buenos tintos envejecidos.	2
8.ª	Valoración de los vinos navarros como ácidos, fuertes y con mucho alcohol, por parte de los consumidores y hosteleros.	2
9.ª	El consumo de vinos populares ha descendido alarmantemente, y éstos suponen el 76% de nuestras ventas.	1
10.ª	Los vinos de D.O. Navarra tienen una escasa y mala distribución, y están faltos de apoyo publicitario	1

Cuadro nº 45
FORTALEZAS DE ARDOA ORDENADAS SEGÚN SU POSIBILIDAD

Orden	Fortalezas	Valor
1.ª	Nuestras bodegas, por su dimensión, se acercan al ideal del consumidor.	3
2.ª	Nuestros grandes vinos, reservas y grandes reservas, están próximos al ideal de vinos de reserva envejecidos.	2
3.ª	El rosado Ágrada es considerado por los profesionales de la distribución como un buen vino (tiene varios por encima).	2
4.ª	En general, la presentación de nuestros vinos es considerada como correcta y atractiva.	2
5.ª	Labor efectiva de la delegación de Madrid y de los distribuidores de Valencia.	2
6.ª	Nuestros distribuidores son considerados positivamente por los hosteleros en el aspecto humano.	1
7.ª	Equipo directivo nuevo, con mentalidad moderna y emprendedora, dispuesto a políticas nuevas.	1
8.ª	Buena relación calidad-precio de los reservas navarros.	1
9.ª	Ha mejorado la regularidad de la calidad de nuestros vinos.	1
10.ª	La distribución considera satisfactoria su relación con ARDOA y valora positivamente su gestión.	1

entre sus elementos será la que nos ofrece el gráfico 21, en el que ilustramos los puntos seleccionados para cada concepto.

La selección se puede hacer de una de estas dos formas:

1. Tomando aquellos puntos que obtengan una mejor valoración desde el producto de los dos factores considerados (posibilidad e importancia), es decir, aquellos que tienen mayor valor esperado -que es la forma como se ha seleccionado en Ardoa para construir el gráfico 21–.

2. Cogiendo los tres puntos que han obtenido los valores más altos en los cuadros en los que han sido ordenados según su posibilidad (en nuestro ejemplo, los cuadros 43 a 46) e importancia/gravedad (en Ardoa, los cuadros 47 a 50).

Cuadro nº 46
DEBILIDADES DE ARDOA ORDENADAS SEGÚN SU POSIBILIDAD

Orden	Debilidades	Valor
1.ª	Red de distribución pequeña, desorganizada y con zonas casi totalmente desatendidas (en zonas de gran consumo).	3
2.ª	Ventas muy escasas en las zonas de más importancia y casi nulas en zonas como Galicia, Asturias, País Vasco, etc.	3
3.ª	Nuestros vinos, en especial los navarros, no destacan por su calidad. Hay muchos vinos como los nuestros.	3
4.ª	El nombre ARDOA genera rechazo. Tiene connotaciones de fabricación industrial.	3
5.ª	Excesivamente volcados en el segmento bajo del mercado, que deja poco margen y tiende a la baja.	2
6.ª	Muy poca implantación en el canal de alimentación: sólo un 20% frente al 51% del mercado total.	2
7.ª	Escasa implantación de las ventas de rosado navarro. No aprovechamos la buena aceptación que tiene en el mercado.	2
8.ª	Mala imagen ante distribuidores por los problemas detectados de mala calidad y por venta directa anterior.	1
9.ª	Hosteleros y consumidores observan falta de comunicación con ARDOA; falta trato personal y atención.	1
10.ª	Se ha dado poca importancia al material publicitario que es un estímulo, sobre todo hacia la hostelería.	1

5.4. MATRIZ DE POSICIÓN COMPETITIVA

Otra herramienta útil para el diagnóstico de la situación de una empresa, y de uso menos frecuente en los planes de marketing es la matriz de posición competitiva de McKinsey-General Electric. Las variables que manejamos para su construcción son dos: el atractivo del mercado al que nos dirigimos y la posición en la que nos encontramos frente a nuestros competidores:

- Para valorar el **atractivo del mercado** tendremos en cuenta *factores de mercado* (dimensión del mercado, tasa de crecimiento global y por empresa, potencial de diferenciación, poder de negociación con los clientes, barreras de entrada y de salida, rentabilidades medias, etc.), *factores tecnológicos* (intensidad de

Cuadro nº 47
OPORTUNIDADES DE ARDOA ORDENADAS SEGÚN SU IMPORTANCIA

Orden	Oportunidades	Valor
1.ª	Los precios de los vinos de D.O. Navarra son muy competitivos.	3
2.ª	Se valoran cada vez más los vinos jóvenes, suaves, ligeros y afrutados.	3
3.ª	Navarra, por suelo y clima, está en condiciones de producir vino joven, especialmente rosado.	2
4.ª	Los rosados de Navarra son considerados como los mejores de España después de los riojas.	2
5.ª	Auge de las Denominaciones de Origen en el "tapeo" o "poteo" y en el restaurante.	2
6.ª	El vino rosado está de moda, sobre todo entre los jóvenes.	2
7.ª	La regularidad en la calidad de los vinos navarros es una de sus características.	1
8.ª	Parece que, a corto plazo, los precios de los vinos se van a moderar.	1
9.ª	Los vinos de Navarra han aumentado sus ventas en un 2,1%.	1
10.ª	En general, entender de vinos está en boga.	0

la inversión, nivel de cambio tecnológico, acceso a materias primas), *factores competitivos* (estructura de la competencia, cuotas de mercado), *factores económicos y financieros* (economías de escala y experiencia, márgenes de contribución) y *factores sociales* (tendencias y actitudes sociales, normativa legal, grupos de presión).

- **La posición competitiva** se valora a partir de la *posición en el mercado* (cuota de mercado, gama de productos, cumplimiento de las necesidades del cliente, rentabilidades obtenidas), de la *posición económica y tecnológica* (posición relativa en costes, capacidad utilizada, posición tecnológica) y de *capacidades propias* (experiencia y habilidades de la empresa, sistemas de distribución utilizados, organización y gestión interna, diferenciación de los competidores). Como puede apreciarse, la matriz de posi-

Cuadro nº 48
AMENAZAS DE ARDOA ORDENADAS SEGÚN SU GRAVEDAD

Orden	Amenazas	Valor
1.ª	El consumo de los vinos populares ha descendido alarmantemente, y éstos suponen el 76% de nuestras ventas.	3
2.ª	Mala imagen del vino por parcialidad en campañas antialcohólicas, efectos del brik, etc.	2
3.ª	Existen tres bodegas que copan el mercado de la D.O. Navarra. Son mucho más fuertes que nosotros.	2
4.ª	Pequeña importancia todavía de los vinos con D.O. frente a los vinos de mesa. Mercado pequeño.	2
5.ª	Los vinos con D.O. Navarra tienen una escasa y mala distribución, y están faltos de apoyo publicitario.	2
6.ª	Las generaciones jóvenes consumen todavía poco vino.	1
7.ª	Subida del precio del vino en general, superior a la de otras bebidas sustitutivas.	1
8.ª	Predominio de la uva garnacha en Navarra, no adecuada para la lelaboración de buenos tintos envejecidos.	1
9.ª	Exceso de marcas ofertadas, lo que dificulta la diferenciación del producto.	0
10.ª	Valoración de los vinos navarros como ácidos, fuertes y con mucho alcohol, por parte de consumidores y hosteleros.	0

ción competitiva es también el resultado de una labor de síntesis y selección de las realidades observadas en el análisis externo e interno de la situación.

El gráfico 22 ofrece el soporte sobre el que quedará representada la posición competitiva de la empresa, atendiendo a las variables elegidas y según el criterio de quienes la estén aplicando. La diagonal separa las posiciones "buenas" de las "malas". Así, aquellos productos o UEN que se sitúen en la zona sombreada deben contar con menos apoyo de la empresa que los otros, porque son productos que están en mercados poco atractivos, o para los que tenemos una mala posición competitiva (el gráfico 23 ofrece una visión más completa de las directricres estratégicas recomendables según la posición que se obtenga en el mapa).

Cuadro nº 49
FORTALEZAS DE ARDOA ORDENADAS SEGÚN SU IMPORTANCIA

Orden	Fortalezas	Valor
1.ª	Nuestros grandes vinos, reservas y grandes reservas, ajustados al ideal de vinos de reserva envejecidos.	3
2.ª	Equipo directivo nuevo con mentalidad moderna y emprendedora, dispuesto a políticas nuevas.	2
3.ª	La distribución considera satisfactoria su relación con ARDOA, y valora positivamente su gestión.	2
4.ª	Labor efectiva de la delegación de Madrid y de los distribuidores de Valencia.	2
5.ª	El rosado Ágrada es considerado por los profesionales de la distribución como un buen vino.	2
6.ª	Nuestras bodegas, por su dimensión, se acercan al ideal del consumidor.	2
7.ª	Nuestros distribuidores son considerados positivamente por los hosteleros en el aspecto humano. Trato cordial.	1
8.ª	Ha mejorado la regularidad de la calidad de nuestros vinos.	1
9.ª	Buena relación calidad-precio de los reservas navarros.	1
10.ª	En general, la presentación de nuestros vinos es considerada como correcta y, en algunos casos, atractiva.	1

Ahora bien, debemos hacer algunas puntualizaciones previas con el fin de no inducir a error:

- Esta matriz sirve tanto para la fase de análisis y diagnóstico de la situación (que es donde la estamos exponiendo) como para la fase de toma de decisiones estratégicas. Concretamente, sirve para ayudar a definir la estrategia de cartera, ya que nos da pistas sobre qué productos potenciar, cuáles eliminar y cuáles mantener, con o sin apoyo.

- Es útil tanto en la planificación estratégica como en la elaboración del plan de marketing estratégico. Si se hace en la confección del plan estratégico, lo que se posicionará serán actividades o negocios de la empresa y ayudará a tomar decisiones sobre la estrategia de cartera (pero de los negocios de la empresa).

Cuadro nº 50
DEBILIDADES DE ARDOA ORDENADAS SEGÚN SU GRAVEDAD

Orden	Debilidades	Valor
1.ª	Ventas muy escasas en las zonas de más importancia y casi nulas en zonas como Galicia, Asturias, País Vasco, etc.	3
2.ª	Mala imagen ante distribuidores por los problemas de calidad detectados y por venta directa anterior.	3
3.ª	Red de distribución pequeña, desorganizada y con zonas casi totalmente desatendidas (en zonas de gran consumo).	2
4.ª	Excesivamente volcados en el segmento bajo del mercado, que deja poco margen y tiende a la baja.	2
5.ª	Muy poca implantación en el canal de alimentación: sólo un 20% frente al 51% del mercado total.	2
6.ª	Escasa importancia de las ventas de rosado navarro. No aprovechamos la buena aceptación que tiene en el mercado.	2
7.ª	El nombre ARDOA genera rechazo; tiene connotaciones industriales.	2
8.ª	Hosteleros y consumidores observan falta de comunicación con ARDOA; falta de trato personal y atención.	2
9.ª	Se ha dado poca importancia al material publicitario que es un estímulo sobre todo hacia la hostelería.	2
10.ª	Nuestros vinos, en especial los navarros, no destacan por su calidad. Hay muchos vinos como los nuestros.	1

Mientras que si se hace en el contexto de la elaboración de un plan de marketing estratégico servirá para la definición de la (estrategia de) cartera de productos o marcas.

La matriz de posición competitiva puede, por tanto, utilizarse tanto en los planes estratégicos (para tomar decisiones sobre qué actividades son menos interesantes para la empresa y, por ende, debe desprenderse de ellas y qué actividades debe potenciar por la buena posición competitiva de la que disfrutamos) como en los planes de marketing estratégicos (para adoptar idénticas decisiones respecto a los productos o marcas de la empresa o de una UEN).

En otras palabras, cuanto más grande y/o diversificada es la empresa más necesidad tiene, de vez en cuando, de reordenar su cartera de negocios y/o de productos y marcas.

Los medios de comunicación, constantemente se están haciendo eco de decisiones como las señaladas. Valgan los siguientes ejemplos para ilustrar lo expuesto:

- "Unilever vende su participación en Navidul por 4.220 millones de pesetas en un contexto de reorganización de sus negocios en España» (*Cinco Días*, 11 de enero de 1999).
- "Hay actividades que no son de nuestro interés y tendrán que venderse", señalaba el presidente de Philips Ibérica a *Cinco Días* el 10 de noviembre de 1998.
- "Los malos resultados obligan a Siemens a vender el 15% de su negocio mundial, mediante la separación de ramos de actividades cuyo volumen de facturación llega a los 1,4 billones de pesetas: semiconductores, componentes electromecánicos, elementos de control, y los terminales de punto de venta de Siemens Nixdorf son los principales candidatos" (*Cinco Días*, 5 de noviembre de 1998).
- "Kvaerner abandona la construcción naval y anuncia 25.000 despidos. La reestructuración de Kvaerner comprende: el cierre o venta de sus 12 astilleros en Europa, Norteamérica y Asia; abandono total de la actividad de construcción naval; cierre o venta de la actividad de ingeniería (bienes de equipo) en Francia y fuerte reducción en Gran Bretaña y Estados Unidos; y cese total de la actividad metalúrgica en Asia" (*Cinco Días*, 14 de abril de 1999).
- "Samsung abandona el sector de automoción... Intercambiará sus fábricas de automóviles por las de componentes electrónicos de su rival Daewoo... Ha puesto en marcha un amplio plan de reestructuración de sus actividades" (*El Mundo*, 8 de diciembre de 1998).
- "Hyundai escindirá su actividad de automoción y otras 10 filiales... en un esfuerzo por recaudar fondos para hacer frente a la compra del constructor automovilístico Kia Motors y del fabricante de semiconductores LG Semicon» (*Cinco Días*, 11 de enero de 1999).

- Como en el ejemplo que vamos a utilizar para explicarla en profundidad se hace con actividades o negocios, exponemos otros dos mapas de posición competitiva: uno que se aplicó a un centro tecnológico (gráfico 24) y otro aplicado a las marcas de una hipotética sociedad comercializadora de vinos (grafico 25).

La ilustración completa de cómo utilizar la matriz de posición competitiva la haremos con Fagor Ederlan, importante fabricante español de componentes de automoción, que en 1993 rondaba los 12.000

Gráfico 21

"GRÁFICO EN CRUZ" CON EL ANÁLISIS DAFO DE ARDOA

OPORTUNIDADES	AMENAZAS
1. Se valoran cada vez más los vinos jóvenes, suaves, ligeros y afrutados. 2. Navarra, por suelo y clima, está en condiciones de producir vino joven, especialmente rosado. 3. Los rosados de Navarra son considerados como los mejores de España, después de los riojas. 4. Los vinos de Navarra han aumentado sus ventas en un 2,1%. 5. Auge de las D.O. en el "tapeo" o "poteo" y en el restaurante. 6. Los precios de los vinos de D.O. Navarra son muy competitivos.	1. Existen tres bodegas que copan el mercado de D.O. Navarra. Son mucho más fuertes que nosotros. 2. Mala imagen del vino por parcialidad en campañas antialcohol, etc. y cambio de hábitos de consumo. 3. Pequeña importancia todavía de los vinos con D.O. frente a los vinos de mesa. Mercado pequeño. 4. El consumo de los vinos populares ha descendido alarmantemente, y éstos suponen el 76% de nuestras ventas. 5. Las generaciones jóvenes consumen todavía poco vino. 6. Subida del precio del vino en general, superior a la de otras bebidas sustitutivas.
1. Ventas muy escasas en las zonas de más importancia, y casi nulas en zonas como Galicia, Asturias, País Vasco, etc. 2. El nombre ARDOA genera rechazo; tiene connotaciones de fabricación industrial. 3. Red de distribución pequeña, desorganizada y con zonas casi totalmente desatendidas (en zonas de gran consumo). 4. Excesivamente volcados en el "segmento" bajo del mercado, que deja poco margen y tiende a la baja. 5. Muy poca implantación en el canal de alimentación: sólo un 20% frente al 51% del mercado total. 6. Escasa importancia de las ventas de rosado navarro. No aprovechamos su aceptación...	1. Nuestros grandes vinos, reservas y grandes reservas, ajustados al ideal de vinos de reserva envejecidos. 2. Nuestras bodegas, por su dimensión, se acercan al ideal de consumidor. 3. El rosado Ágrada es considerado por los profesionales de la distribución como un buen vino. 4. Labor efectiva de la delegación de Madrid y de los distribuidores de Valencia. 5. En general, la presentación de nuestros vinos es considerada como correcta y, en algunos casos, atractiva. 6. La distribución considera satisfactoria su relación con ARDOA y valora positivamente su gestión.
DEBILIDADES	FORTALEZAS

Gráfico 22
MAPA DE POSICIÓN COMPETITIVA

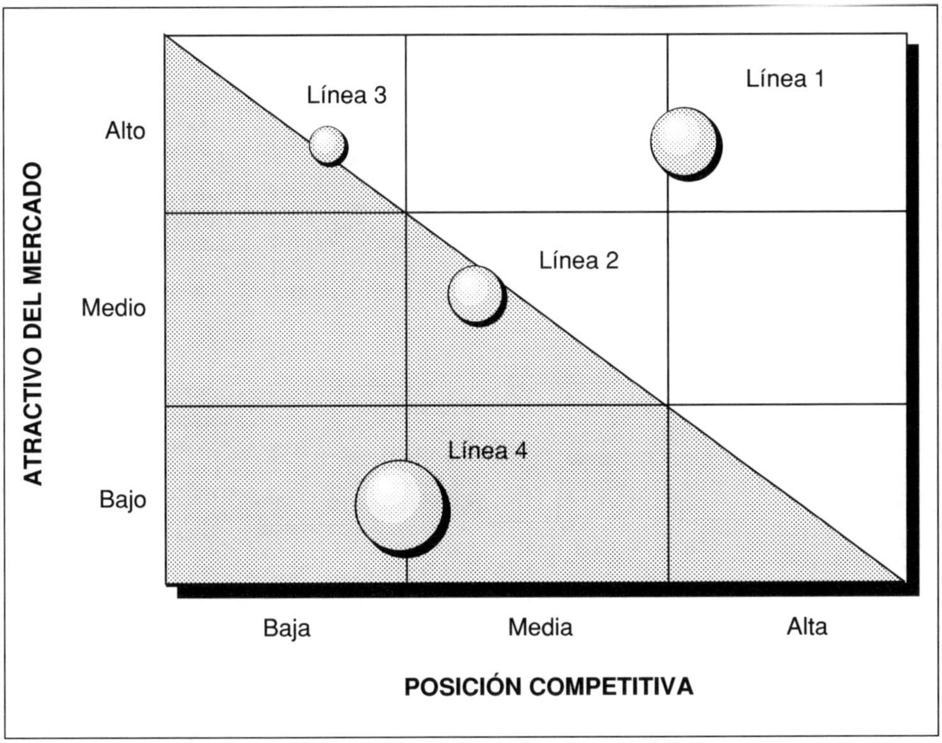

millones de pesetas y que en 1999 facturará unos 35.000 millones, esperando alcanzar, al término del año 2000, los 50.000 millones, según el periódico El Diario Vasco del 18 de noviembre de 1998.

Esta empresa es uno de los cinco principales productores independientes europeos en su actividad y exporta el 75% de sus ventas (el Reino Unido representa el 35%, Alemania el 33%, España el 27% y Francia el 5% restante de sus ventas), siendo sus principales clientes Ford, Opel, BMW-Rover, Renault, Grupo Volkswagen y Honda.

Fagor Ederlan es especialista en la fabricación de productos de fundición de hierro nodular y en aluminio de alta presión, y todos los componentes que fabrica son piezas críticas de seguridad y de altos requerimientos por estar vinculadas a los sitemas de frenado, suspensión, transmisión y motorización. Cuenta con una plantilla de 1.500 trabajadores y tres plantas de producción (de fundición nodular y gris, de inyección de aluminio, y de mecanizado de piezas) teniendo previsto construir en breve plazo una nueva en España y otra en Brasil con

Gráfico 23
MATRIZ DE POSICIÓN COMPETITIVA
(Directrices estratégicas)

ATRACTIVO DEL MERCADO	Baja	Media	Alta
Alto	Selectividad oportunista (son productos "interrogante") C	Inversión y crecimiento **selectivo** para mejorar la posición competitiva B	• Esfuerzo en inversión y crecimiento. • Son productos **prioritarios** para la asignación de recursos (productos "estrella») A
Medio	Desinversión controlada a través de "tácticas invisibles» para las clientes F	Prudencia (en la asignación de recursos) y selectividad (vía segmentación, posicionarlos en D) E	Inversión y crecimiento **selectivo** para mantener la posición competitiva D
Bajo	Desinversión rápida para concentrar los esfuerzos en los productos prioritarios I	• Abandono. • No dedicar más recursos para su mantenimiento a l.p. • Desinversión parcial, vía segmentación. • Invertir con prudencia en segmentos atractivos. H	Selección protectora (son productos "bolsa») G

POSICIÓN COMPETITIVA

el objetivo de satisfacer la demanda vinculada a su elección como proveedor global del nuevo Opel Corsa en Europa y América.

En el cuadro nº 51 se exponen las actividades de este fabricante, y en los cuadros 52 y 53 se hace la valoración del atractivo de las diferentes actividades o negocios y de la posición competitiva de Fagor Ederlan. Llevados los resultados al gráfico 22 obtenemos la representación gráfica de la posición competitiva de este fabricante (véase el gráfico 26).

Gráfico 24

MAPA DE POSICIÓN COMPETITIVA: Aplicación a los productos de un centro tecnológico

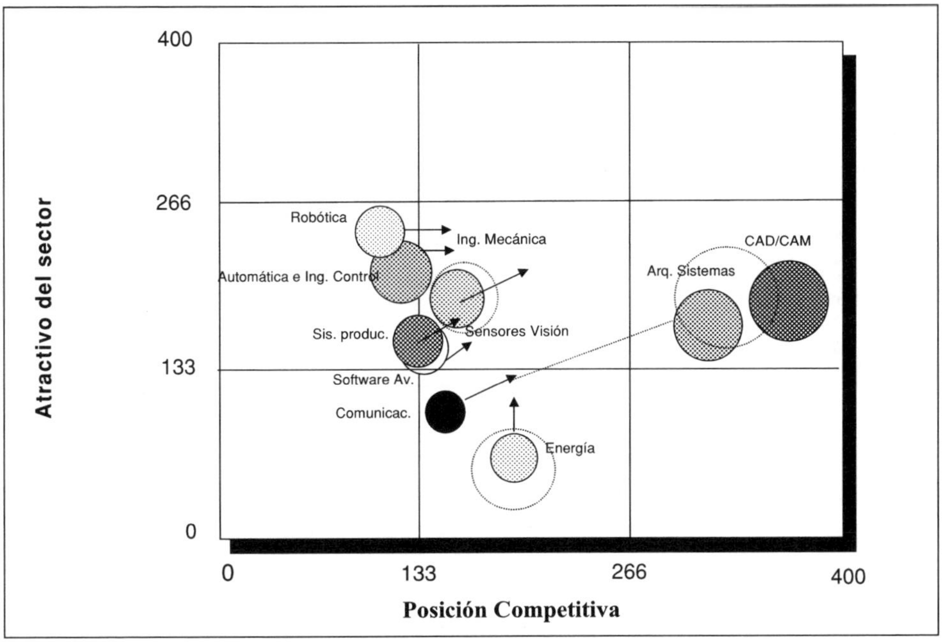

Gráfico 25

MAPA DE POSICIÓN COMPETITIVA: Aplicación a las marcas de una comercializadora de vinos

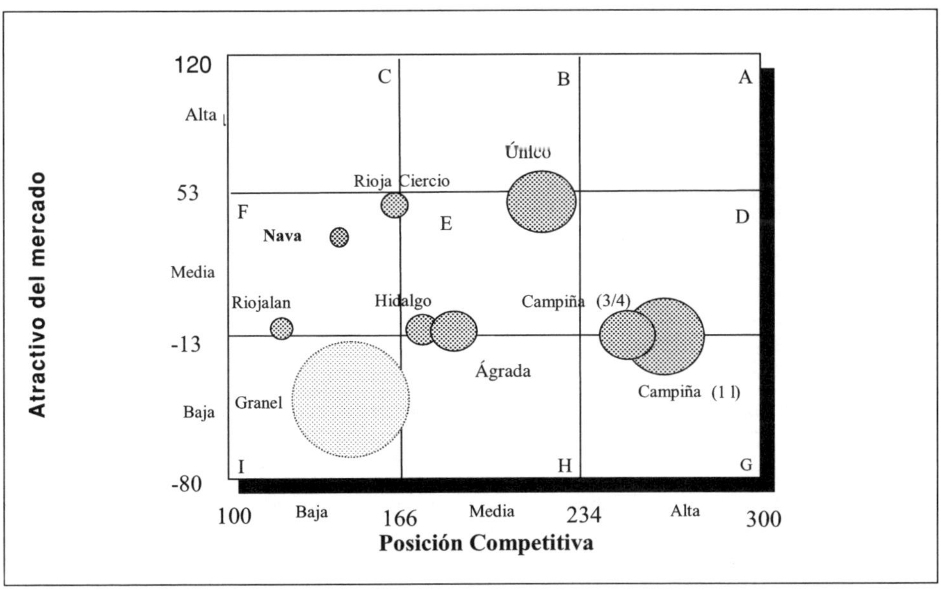

Cuadro nº 51
NEGOCIOS O ACTIVIDADES DE FAGOR EDERLAN

1. Discos y tambores mecanizados:	• Discos sólidos. • Discos ventilados. • Tambores. • Tambores de chapa.
2. Piezas de seguridad mecanizadas o no:	• Brazos de suspensión. • Portamanguetas. • Colectores. • Calipers.
3. Bloques y culatas.	
4. Inyección de aluminio.	

Cuadro nº 52
ATRACTIVO DE LOS NEGOCIOS DE FAGOR EDERLAN

Variables relevantes	Ponderación	Actividades			
		1	2	3	4
+ Tasa de Crecimiento del mercado	15	1	1	1	2
+ Estructura del mercado	10	1	1	2	1
+ Tamaño del mercado	15	1	2	2	3
– Poder de negociación de los clientes	5	-3	-3	-3	-3
– Poder de negociación de los proveedores	5	-3	-3	-3	-3
– Situación de la competencia (actual y nuevos entrantes)	10	-3	-2	-1	-3
+ Tamaño de las series	10	+2	+2	+2	+2
– Nivel de calidad demandado	5	-2	-3	-2	-2
+ Rentabilidad (Inversión y Ventas)	15	+1	+1	+1	+1
– Velocidad de cambio tecnológico y productos sustitutivos	5	0	0	0	0
+ Efecto experiencia	5	2	1	2	1
Totales	**100**	**+15**	**+30**	**+60**	**+55**

Valores asignados tanto a las variables que inciden positiva como negativamente en el atractivo del negocio:

3 = ALTO   2 = MEDIO   1 = BAJO

Cuadro nº 53
POSICIÓN COMPETITIVA DE FAGOR EDERLAN

Variables relevantes	Ponderación	Actividades			
		1	2	3	4
Participación relativa	5	2	2	2	2
Margen de contribución	5	1	2	1	2
Calidad del producto	10	2	2	2	2
Imagen de empresa	5	2	2	3	3
Nivel tecnológico	10	2	2	2	3
Precio	20	3	3	3	3
Servicio/comunicación	10	1	1	1	1
Proveedores de desarrollo	15	1	1	2	2
Masa crítica	15	1	2	2	1
Internacionalización	5	1	1	1	1
TOTALES	**100**	**170**	**190**	**205**	**185**

Valores posibles de las variables utilizadas para medir la posición competitiva de Fagor Ederlan:
3 = ALTA 2 = MEDIA 1 = BAJA

Con el posicionamiento gráfico obtenido, la directriz para los negocios 1 y 2 sería pensar en (véase el gráfico 23; Menguzzato y Renau, 1991):

- El abandono de estas actividades.
- No dedicar más recursos a estas actividades para su mantenimiento a largo plazo.
- Una desinversión parcial, vía segmentación, dado que la posición competitiva de esta empresa, sin ser la ideal, es relativamente buena.
- Si en estas actividades se encuentran segmentos con mayor atractivo, se puede invertir en su desarrollo aunque con prudencia.
- En los demás casos la empresa se retirará de estas actividades siguiendo un estrategia de "cosecha", esto es, minimizando los gastos y las inversiones no necesarias para el mantenimiento de la actividad a corto plazo, pero sí para su correcto desarrollo a

largo plazo. Al haberse decidido la eliminación de la actividad a medio o largo plazo se puede, de esta forma, cosechar mayores beneficios.

Por su parte, la directriz para los negocios 3 y 4 es adoptar una postura de "espera". Se puede intentar, vía segmentación, pasar parte de la actividad 3 al cuadro de la derecha pero, en todo caso, se recomienda "prudencia en la asignación de recursos a este tipo de actividades".

Gráfico 26
MAPA DE POSICIÓN COMPETITIVA DE LOS NEGOCIOS DE FAGOR EDERLAN

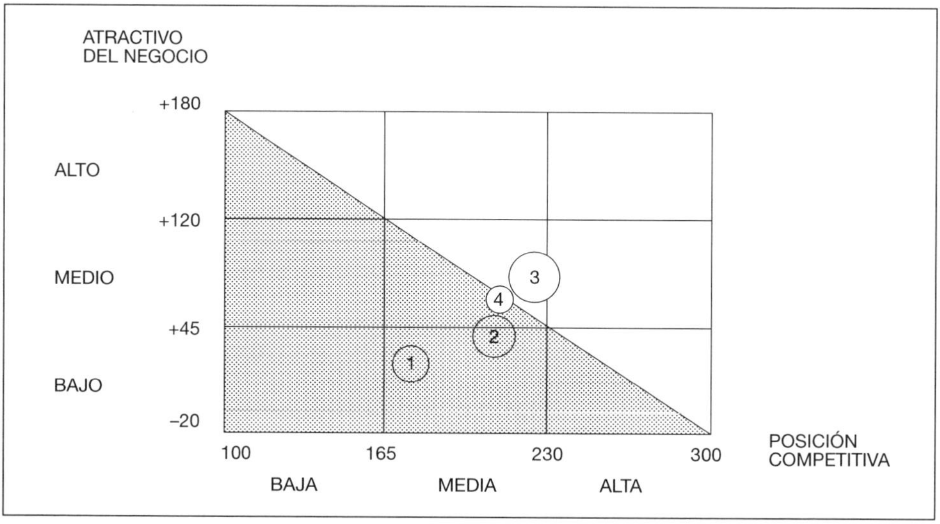

NOTA:

Los puntos de separación de los dos ejes de la matriz de posición competitiva se han calculado, en este caso, de la siguiente forma:

- **Eje de ordenadas:** la posición más atractiva en todas las variables del cuadro n.º 52 arroja los siguientes resultados = 70 x (+3) + 30 x (-1) = 180; y la posición menos atractiva es = 70 x (+1) + 30 x (-3) = -20. De ahí que las separaciones se hayan hecho de la siguiente forma: atractivo bajo de -20 a + 45; atractivo medio de + 45 a + 120; y atractivo alto de + 120 a + 180.
- **Eje de abcisas:** la posición más atractiva es = 100 x 3 = 300; y la menos atractiva = 100 x 1 = 100. Por ello, se ha considerado que entre 100 y 165 es una posición baja, entre 165 y 230 sería una posición media, y entre 230 y 300 estaríamos ante una posición alta.

Dimensión relativa de los diversos negocios de Fagor Ederlan:

1 = 25% Cifra de negocios. 2 = 25% Cifra de negocios. 3 = 34% Cifra de negocios. 4 = 16% Cifra de negocios.

Conclusión:

El panorama que se le recomienda no es nada halagüeño. ¿Qué debe hacer esta empresa?, ¿abandonar esas dos actividades que suponen el 50% de sus ventas y cerrar las correspondientes plantas de producción?, ¿no asignar recursos a las otras dos actividades?, ¿a qué actividades debe asignar sus recursos (si no tiene más)? ¿cuál es su posibilidad de salida del sector?

Este caso ilustra cómo se puede hacer este tipo de diagnóstico, pero también deja constancia de la cruda realidad de muchas empresas que obtienen posiciones no interesantes, bien porque no están en negocios realmente atractivos (como es éste el caso) o porque su posición competitiva no es muy buena (que no es éste el caso que nos ocupa, ya que esta empresa es líder en Europa en determinados componentes).

De ahí que esta herramienta sirva a la PYME no diversificada más como forma de diagnosticar su situación, que como instrumento útil para posteriormente tomar decisiones.

ANEXO 4:

OPORTUNIDADES PRODUCIDAS POR LOS CAMBIOS EN LA CADENA DE VALOR ALIMENTARIA

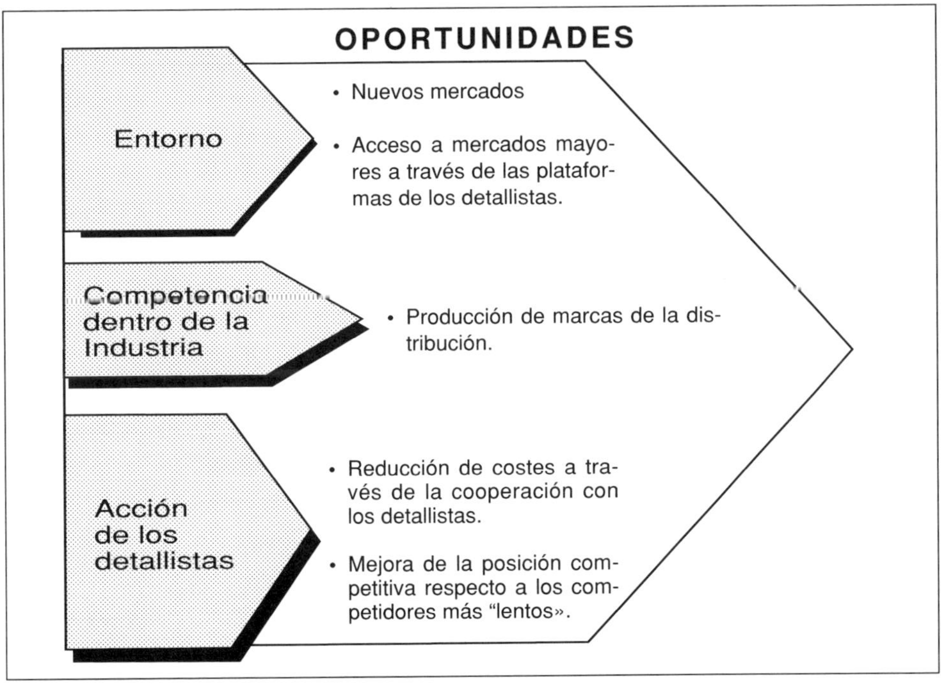

Fuente: Roland Berger (1994).

ANEXO 5:
AMENAZAS PARA LA INDUSTRIA ALIMENTARIA

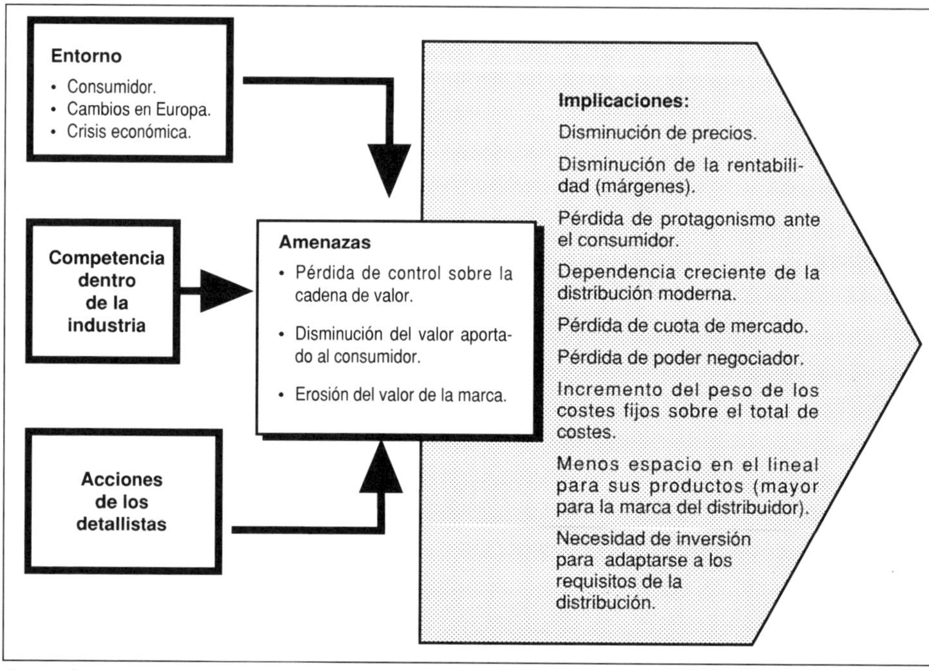

Fuente: Roland Berger (1994).

CAPÍTULO 6

SEGUNDA ETAPA: FIJACIÓN DE LOS OBJETIVOS DE MARKETING

"Me podría indicar, por favor, hacia dónde debo dirigirme desde aquí?", preguntó Alicia.
"Eso depende en gran parte de a dónde quieras llegar", dijo el gato.
"No me importa demasiado a dónde", respondió Alicia».
«Entonces, da igual hacia dónde te dirijas», dijo el gato.

Lewis Carrol, en «Alicia en el País de las Maravillas»

6.1. Introducción: importancia de las decisiones estratégicas.

6.2. Objetivos de marketing.

6.3. Tipos de objetivos.

6.4. Criterios para la elección de los objetivos de marketing.

6.5. Objetivos de marketing de ARDOA.

Gráfico de situación del contenido de este capítulo en el contexto del proceso de planificación de marketing (gráfico 9):

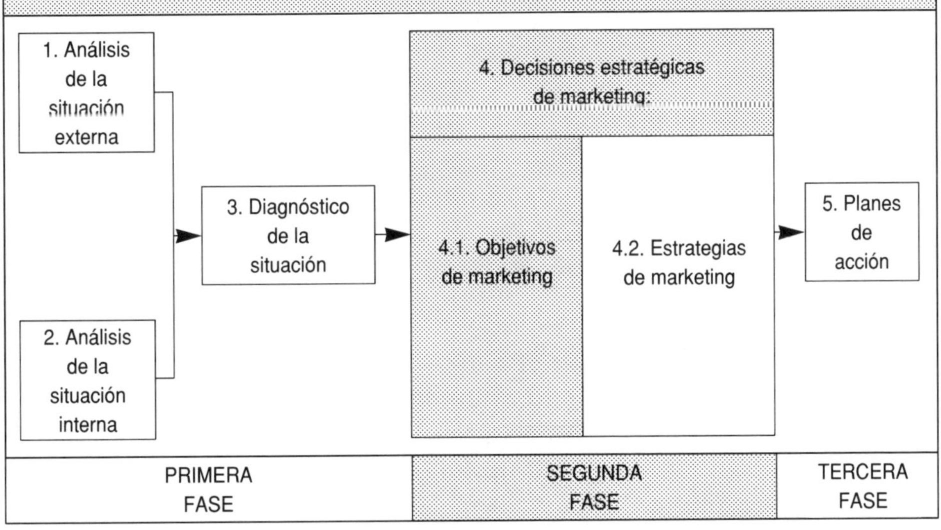

6.1. INTRODUCCIÓN: IMPORTANCIA DE LAS DECISIONES ESTRATÉGICAS

Aunque a menudo no lo percibamos, el quehacer diario es un ejemplo permanente de toma de decisiones importantes. A lo largo del día –de cualquier día– resulta inevitable encontrarnos con situaciones que nos obligan a elegir o a rechazar, a hacer o a deshacer, a poner o a quitar... Esperamos que todas las decisiones que tomamos se traduzcan en resultados visibles, y que lo hagan de una manera rápida, casi instantánea.

Podríamos afirmar que esa "impaciencia" por ver los resultados de nuestras decisiones es una especie de rasgo natural del género humano (excepto cuando, por ejemplo, decidimos que nuestro hijo debe seguir estudiando en vez de ponerse a trabajar ya, o elegimos su carrera, porque queremos que de mayor sea... Somos conscientes de que entonces estamos decidiendo hoy lo que queremos que sea nuestro hijo de mayor. Solemos decir que estamos planificando su futuro, cuando lo que realmente estamos haciendo es tomar una decisión de largo alcance y sumamente transcendente: estamos tomando una decisión estratégica para el devenir de esa persona).

Pues bien, al hablar de marketing y de decisiones estratégicas tenemos que entender que la cultura de la inmediatez, de la "impaciencia", constituye un lastre del que es necesario desprenderse si queremos buscar la eficacia. Las ***decisiones estratégicas* de marketing** (los objetivos de marketing y las estrategias de marketing, que en un plan de marketing estratégico son siempre decisiones de largo alcance) son las más trascendentales en un plan de esta naturaleza, aunque a corto plazo sean las que menos resultados visibles presenten, igual que ocurre con cualquier decisión estratégica (empresarial, política, personal, social, económica, etc.).

Tenemos que saber diferenciar muy claramente, antes de entrar de lleno en esta tercera etapa del plan, entre lo que representan las decisiones estratégicas (medio-largo plazo) y lo que buscan las decisiones operativas (corto plazo). Ganar una batalla puede que sea considerado como un éxito desde el punto de vista operativo, pero si esa victoria ha dañado mis recursos irreparablemente para la siguiente batalla comprenderemos que ha sido un fracaso, desde un punto de vista estratégico.

El General Schwarzkopf, comandante en jefe de las fuerzas aliadas de la "Guerra del Golfo" en 1991, lo sabía muy bien cuando allá por el 5 de febrero del citado año (cuando todavía no estaba nada claro *quién ganaría la guerra,* dado que Saddam Husein nos sorprendía casi diariamente con el *deslumbrante éxito de alguna batalla*) decía: "Saddam no es un militar. Piensa en términos tácticos, nunca desde un punto de vista estratégico". No en vano, forma ya parte de la cultura popular el dicho siguiente: "lo importante no es ganar una batalla, sino ganar la guerra".

- *Una decisión estratégica* responde a la pregunta: ¿Estamos haciendo *lo correcto (lo que se debe hacer)*? Mientras que *ante una decisión operativa* la cuestión que nos planteamos es más bien: ¿estamos haciendo las cosas *correctamente (estamos haciendo bien lo que estamos haciendo)*? (Una vez más nos viene a la mente el dicho popular: "Más vale hacer mal lo que se debe hacer que hacer bien lo que no se debe hacer"). Saber lo que se debe hacer supone saber dónde queremos llegar (objetivos) y cómo lo vamos a intentar (estrategias). Supone saber dónde vamos: tener clara la flecha que marca el rumbo a seguir por la empresa.

Hablando en términos de marketing, supone decidir si queremos obtener hoy más rentabilidad o más participación de mercado (importante decisión estratégica que deberemos adoptar en la etapa de objetivos de marketing), y si para ello vamos a lanzar nuevos productos o vamos a ir a mercados nuevos o si debemos diversificar la empresa, o si debemos dirigirnos a otros segmentos de mercado, o a los mismos pero con otro posicionamiento, etc. (importantes decisiones estratégicas que contemplaremos en el capítulo siguiente al hablar de estrategias de marketing). Solemos decir –y ello es una muestra clara de la transcendencia de este tipo de decisiones– que mientras no podamos conseguir una posición singularizada e identificable en el mercado o mientras no obtengamos ventajas competitivas duraderas, nuestro negocio no triunfará.

Pues bien, para ello la empresa debe tener un buen conocimiento de sí misma, de sus fuerzas, de sus debilidades, de sus oportunidades y amenazas, de sus objetivos, etc. y que esa información sea compartida al menos por sus directivos. La empresa necesita "agarrar" el entorno de su mercado, no tanto con números y estadísticas como con conocimientos cualitativos, y utilizar esa información para tomar las oportunas decisiones estratégicas de marketing para que, una vez que se pongan en práctica a través de los correspondientes planes de acción, den los frutos deseados.

En este sentido, sería oportuno recordar ciertas decisiones estratégicas erróneas propias de la no adaptación al cambio cultural que estamos viviendo en el entorno empresarial. Podríamos señalar como errores más frecuentes:

1. No identificar el valor en el cliente, ni detectar por tanto las áreas de generación de valor. Nueno (1994) señala al respecto: *"los consumidores sólo pagarán más por aquellos productos que signifiquen una provisión de valor por dinero genuinamente superior a la de la competencia".*

2. No determinar los segmentos estratégicos, con lo que se ignora a los verdaderos clientes y no se definen bien los que en la práctica son nuestros competidores directos.

3. Seguimiento ciego del líder, contraviniendo la *"ley de la escalera: la estrategia a utilizar depende del peldaño que se ocupe en la escalera"* (Ries y Trout, 1993).

4. Planificar para la tendencia y no para el cambio.

5. No identificar los clientes importantes o estratégicos. Esto cada vez tiene más importancia, ya que nos enfrentamos al fin del *mass marketing* en un momento en que se necesita, más que nunca, establecer relaciones duraderas con los clientes: en mercados maduros hay menos clientes potenciales, por lo que cobra más importancia la actividad de marketing tendente a retener o fidelizar los clientes.

6. Otorgar importancia a lo cuantitativo frente a lo cualitativo. Nueno (1994) apostilla en este sentido: "demasiadas empresas siguen dirigidas por prioridades financieras y demasiado pocas con criterios de liderazgo de mercado".

7. Ignorar los intangibles (por ej. los conceptos de valor percibido, precio percibido o imagen de marca) y su gestión (tan importante en marketing).

8. Convertir los planes de gestión y de marketing en el ejercicio rutinario de todos los años.

Pasemos ya a presentar los criterios a tener en cuenta a la hora de plantear los objetivos de marketing (primer grupo de decisiones estratégicas a adoptar en un plan de marketing).

6.2. OBJETIVOS DE MARKETING

Antes de nada, debemos señalar algunos principios básicos de formulación de estos objetivos:

- El primero de ellos es que los objetivos de marketing se supeditarán siempre a los objetivos y estrategias corporativas (recordemos cómo decíamos en el capítulo 2 que el plan de marketing está supeditado al plan estratégico, y que éste marca directrices para la elaboración de los planes operacionales de las diferentes áreas funcionales de la empresa. Pues bien, las principales directrices son los objetivos y estrategias corporativas decididas por la empresa en dicho plan: gráfico 6).

- El segundo, que deben ser concretos (por tanto cuantitativos, siempre que sea posible), realistas (¡ojo con las limitaciones internas y externas al crecimiento!), voluntaristas, motor de la actividad comercial y coherentes tanto entre sí como con los objetivos corporativos. A la hora de redactar los objetivos de marketing debemos exigirnos concreción ya que un objetivo es, en definitiva, la base sobre la que se afianzará la dirección estratégica de nuestra empresa y, por tanto, expresarlo de forma ambigua o poco clara nunca facilitará la solidez y la armonía del plan en el que esté incluido. La esencia de todo objetivo es solucionar un problema de la empresa o sacar rendimiento de una oportunidad de mercado, de ahí la importancia que supone para nuestro plan de marketing el hecho de mimar la redacción-definición de los objetivos, cuantificándolos siempre que sea posible, definiendo con precisión las fechas en las que los queremos alcanzar, en qué áreas geográficas, para qué tipo de productos o servicios, etc.

- Otro aspecto reseñable es que los objetivos de marketing están sustentados sobre supuestos o hipótesis de partida o escenarios que se habrán contemplado en el análisis de la situación. Aquí reside, en buena medida, la dificultad que la elaboración de todo plan de marketing conlleva, ya que no es fácil analizar la realidad del pasado, resulta complicado analizar la situación presente, y constituye todo un reto prever situaciones de futuro. Esta capacidad de "videncia" del futuro puede distinguir a las empresas triunfadoras de las que no lo son.

En el orden operativo, podríamos recordar ciertos requisitos, más o menos aceptados, para la redacción de los objetivos de marketing:

- En general, un objetivo bien redactado comienza con un **verbo de acción o consecución** (aumentar..., explotar..., consolidar..., penetrar...), propone **un solo resultado** clave a lograr y **un plazo de ejecución** (aunque debe tener también cierta flexibilidad).

- Siempre debe ser **coherente** con los recursos de los que dispone la empresa.

- El objetivo establece el "**qué**" y el "**cuándo**" más que el "cómo" y el "por qué".

- El objetivo es **consecuente** con las políticas y prácticas básicas de la empresa.

- Los objetivos deben ser **realistas y alcanzables** pero con la tensión necesaria del que persigue ser el mejor. Sin esta tensión generada por objetivos **ambiciosos** nunca sabremos lo que la empresa puede dar de sí.

- Los objetivos se registran y comunican **por escrito** a los responsables o secciones afectados en su consecución, tratando por ello que sean fácilmente comprensibles por todos.

No debemos dejar de pensar en ningún momento que la inversión que nuestra empresa realice en materia de marketing deberá estar justificada como cualquier otra, y que esto exige que el logro de los objetivos de marketing trazados en nuestro plan se acredite con el tiempo y que los recursos utilizados para ello se vean justificados.

6.3. TIPOS DE OBJETIVOS

Si, como hemos señalado, los objetivos de marketing deben estar supeditados a los objetivos corporativos, no estará de más dedicar unas breves líneas a dos aspectos que condicionan claramente el sistema de objetivos de una empresa: su dimensión y las características del mercado en el que actúa.

6.3.1. Objetivos estratégicos diferentes según la dimensión de la empresa: efecto en los objetivos de marketing

La primera reflexión que debemos hacer es que los objetivos estratégicos serán diferentes según la dimensión de la empresa:

- En efecto, se ha podido comprobar que ser grande es hoy la clave de la supervivencia y que ésta pasa por la búsqueda de la masa crítica. En mercados cada vez más globalizados, las empresas deben crecer y alcanzar la talla crítica de su sector para ser competitivas.

  Es en los últimos años cuando se pueden leer titulares como **"Necesitamos masa crítica"** (*Cinco Días,* 5 de mayo de 1998) o reflexiones como la de Jarillo en un artículo de El País (27 de noviembre de 1998): *"Un proceso de fusión tiene sentido cuando el tamaño de las empresas que se fusionan está por debajo de la* ***talla crítica*** *necesaria para ser eficiente"* por lo que critica que "se justifiquen determinadas fusiones en términos de alcanzar la masa crítica cuando las dos empresas que se fusionan están claramente por encima de ese tamaño".

Pero no es menos cierto que, una vez que se produce la fusión o absorción de grandes grupos (por ejemplo, Daimler y Chrysler), otros se quedan descolgados y/o se ven obligados a tomar posiciones en la misma dirección (Ford y Volvo o Nissan y Renault).

"En una época en que la mayoría de los ejecutivos del sector cree que las empresas automovilísticas necesitan unirse para lograr economías de escala, la posición de BMW como fabricante número 14 del mundo parece vulnerable.
La mayoría de los analistas cree que BMW necesita actuar para asegurar su **supervivencia** en el largo plazo».

(Fuente: *Wall Street Journal,* edición España, 9 de febrero de 1999)

Esté o no justificada en estos términos la decisión de crecer mediante este tipo de estrategias, el hecho objetivo es que la prensa especializada de nuestros días está repleta de casos de empresas fusionadas o en procesos de fusión porque, a pesar de su importante dimensión actual, las empresas que se fusionan están por debajo de la talla crítica necesaria para ser eficientes en mercados relevantes mucho más grandes como consecuencia de la globalización de los mismos.

"Si queremos ser eficientes y competir con los gigantes europeos (un ejemplo, el Deutsche Bank es ocho veces el BBV), si queremos mantener la independencia, si queremos capitalizar movimientos como el que hemos realizado en Latinoamérica tenemos que tener una dimensión, sistemas productivos y **masas críticas** que no son las que tenemos", declaraba Gonzalo Terreros, director del BBV en una conferencia pronunciada en Pamplona meses antes de la fusión con Argentaria.

- Ahora bien, no todas las empresas pueden ser grandes, y hay otras que ni siquiera se lo plantean: mientras puedan, prefieren mantenerse independientes y con un tamaño menor.

De ahí que, como exponemos en el cuadro nº 54, los objetivos estratégicos corporativos suelen ser la consolidación de la empresa en el mercado, el crecimiento de su facturación y la rentabilidad a corto, pero dando una importancia muy distinta a cada uno de ellos según la dimensión de la empresa.

Cuadro nº 54

SISTEMA DE OBJETIVOS CORPORATIVOS SEGÚN EL TAMAÑO DE LA EMPRESA

Objetivos	Empresa grande	Empresa de tamaño mediano		Empresa pequeña
		Pervivencia	Venderse	
Consolidación	3.º	1.º	3.º	1.º
Crecimiento	1.º	2.º	2.º	3.º
Rentabilidad	2.º	3.º	1.º	2.º

> Hasta la fecha, Pascual parece ser un ejemplo de empresa que desea mantenerse independiente: "Es mejor ser más grande, sin duda, pero no a cualquier precio", comentaba a *Actualidad Económica* (2 al 8 de noviembre de 1998) el secretario general de la empresa, Ricardo Oñate. "La compañía láctea cuenta con la dimensión que muchos consideran mínima para una empresa nacional, una facturación próxima a los cien mil millones de pesetas", añadía la redactora del artículo.

- En efecto, en el caso de las grandes empresas de cualquier sector, el sistema más habitual de objetivos corporativos es el siguiente:

1.º *Crecimiento: tasas altas de crecimiento.*

2.º *Rentabilidad.*

3.º *Consolidación.*

En el inmediato futuro, el objetivo principal de las grandes empresas parece que va a seguir siendo el crecimiento en vez de la rentabilidad a corto ya que, como hemos señalado, para ellas ser grande es clave para su supervivencia y ésta pasa por la búsqueda de la masa crítica. Más a largo plazo, como consecuencia del asentamiento en el nuevo mercado ampliado, los objetivos serán diferentes y tendrán que centrarse en la orientación al mercado y en la búsqueda de mayores cotas de rentabilidad.

- Por el contrario, la pequeña empresa debe buscar primero su consolidación alcanzando un determinado nivel de rentabilidad a corto, haciéndose a la idea de que como no va alcanzar la masa crítica debe renunciar a cotas tan altas de crecimiento como las perseguidas por las empresas grandes. De ahí que su sistema de objetivos sea:

1.º *Consolidación: supervivencia.*
2.º *Rentabilidad a corto.*
3.º *Crecimiento (sólo vegetativo).*

«El tamaño y la integración decidirán el futuro. Las economías de escala y el exceso de capacidad de producción instalada mantienen abierto el proceso de fusiones y alianzas" era el titular y subtitular de *El País* (25 de octubre de 1998) refiriéndose al sector automovilístico.

Al tratar de contestar la pregunta sobre cuántos grandes fabricantes quedarán el próximo siglo, los expertos concluyen que "cuando menos la mitad de los actuales y, aunque de distinta índole según las implicaciones, coinciden en señalar que la producción mínima rentable va a estar más lejos de los dos millones de automóviles al año (cifra en la que estaba fijada, en la década de los ochenta, la masa crítica del sector). Otros analistas la sitúan en una cuota mínima del 7 al 8% del mercado mundial".

- Mientras que la empresa de tamaño medio tendrá un sistema u otro de objetivos según tenga voluntad de perdurar en el negocio con el mayor grado de independencia posible o por el contrario ya "haya tirado la toalla" por haber llegado a la conclusión de que, con esa dimensión, ni puede hacer viable su empresa ni va a conseguir ser alguien en el sector.

En el primer caso, cuando la Pyme va buscando su pervivencia en el mercado pero la empresa no está en masa crítica, su sistema de objetivos debe ser:

1.º *Consolidación.*
2.º *Crecimiento alto para alcanzar la masa crítica.*
3.º *Rentabilidad a corto.*

Los medios de comunicación están recogiendo continuamente muestras fehacientes del sistema de objetivos citado. En efecto, en el cuadro nº 59 podremos observar las altas tasas de crecimiento experimentadas en el último año por algunas de las empresas de distribución que están tratando de consolidarse en el mercado español a base de crecimientos altos que les permitan ser alguien en su respectivo subsector de actividad.

Una muestra de que estos crecimientos tan altos suelen ser a costa de rentabilidad a corto nos la ofrece Adolfo Domínguez que, según *Actualidad Económica* (6 de Diciembre de 1998), *"está pagando su fuerte crecimiento. La apertura masiva de tiendas en el extranjero, emprendida para justificar un tamaño y dinamismo relevantes cuando salió a Bolsa, ha perjudicado la gestión de stocks y, de paso, los beneficios (caída del 22% del beneficio neto) y la cotización".*

En la prensa especializada puede leerse que, el Círculo de Empresarios se ha subido al carro general de la modernidad al aceptar que "el crecimiento rentable, como clave de creación de valor, se está convirtiendo en un objetivo de la gestión empresarial en un mundo abierto y global, ya que tiene una alta correlación con la creación de valor para el accionista". Pero recomienda seguir el decálogo que recogemos en el cuadro nº 55.

Sin embargo, cuando la empresa ya ha decidido venderse, su sistema de objetivos cambia:

1.º *Rentabilidad a corto.*

2.º *Crecimiento (no mucho más que el mercado).*

3.º *Consolidación.*

En este caso, la empresa tiene que conseguir ser atractiva a posibles compradores. Estos van a valorar su presencia en el mercado, por lo que el crecimiento estará presente en sus objetivos. Y, como a la empresa le interesará que la valoración que haga su posible comprador sea lo más alta posible, la búsqueda de la rentabilidad a corto será su principal meta.

En resumen, la forma como la empresa va buscando preferentemente su consolidación en el mercado varía según su dimensión:

- La empresa grande, y aquella de tamaño medio que aspira a ser alguien en el sector, necesitan marcarse objetivos ambiciosos de **crecimiento** para alcanzar o mantener su talla crítica, para lo que están dispuestas a sacrificar rentabilidad a corto.

Cuadro nº 55
DECÁLOGO PARA EL CRECIMIENTO RENTABLE

Decálogo	Observaciones
1. No se puede crecer de golpe, sino en largos períodos de tiempo.	• Sólo un 10% de las principales mayores empresas norteamericanas consiguieron un crecimiento rentable y sostenido entre 1985 y 1996.
2. Aprovechar el potencial de recursos humanos de España.	• El PIB per cápita en 1996 (76,7%) se logró con una tasa de ocupación (47,2%) muy inferior a la media de la UE (60,4%).
3. La estrategia para crecer debe ser la prioridad de la agenda.	• Los paradigmas de la última década (reingeniería, *downsizing,* etc.) pasan a un segundo plano.
4. Aprovechar las oportunidades que ofrece la globalización.	• La expansión de los mercados de capitales, la revolución digital y los mercados emergentes del Este asiático.
5. Desarrollar carteras de negocios en distintas etapas de maduración.	• Los mercados valoran positivamente una actividad empresarial con negocios consolidados, en desarrollo y de futuro.
6. Modular el crecimiento.	• Para reducir el rieso de la inversión en que se incurre.
7. Ser conscientes de los condicionantes externos a la empresa.	• Se necesita actuar en un entorno macroeconómico estable.
8. Partir de unas condiciones económicas sanas.	• Es la mejor forma de abordar un crecimiento rentable y sostenido.
9. Tener una cultura de liderazgo fundada en la visión de la empresa compartida, el desarrollo de la gestión del conocimiento y el sentido de la innovación.	• Importancia de la cultura corporativa.
10. Ser conscientes de que es fácil fracasar en esta estrategia.	• Recuérdese la observación nº 1.

Fuente: Adaptación del informe de crecimiento del Círculo de Empresarios (1998).

- Por el contrario, para la empresa pequeña (y para la de tamaño medio que ha decidido "tirar la toalla") la **rentabilidad a corto** es la única vía de seguir manteniéndose en el negocio.

Estos objetivos estratégicos corporativos condicionarán los objetivos de marketing de la empresa. Y como obtener elevados objetivos de rentabilidad y crecimiento al mismo tiempo es normalmente imposible, el director de marketing se encontrará que la directriz que recibirá del plan estratégico de su empresa será hacer más énfasis en uno (rentabilidad a corto) u otro (crecimiento), según el caso.

6.3.2. Efecto de la madurez de los mercados en la definición de los objetivos de marketing

Al impacto de la dimensión de la empresa en la definición de su sistema de objetivos corporativos debe sumarse el de la situación de su mercado relevante.

En efecto, con independencia del sistema de objetivos corporativos de una empresa, otro elemento condicionante de los objetivos de marketing suele ser la etapa del ciclo de vida en la que se encuentren los productos de la empresa.

Así, si la empresa se encuentra en mercados en expansión (como ha sido el caso de la mayor parte de los mercados en occidente, en las últimas décadas), la empresa optará por objetivos de crecimiento en vez de rentabilidad a corto porque desea consolidarse en ellos para cuando llegue la etapa de madurez. Sabe que la búsqueda de rentabilidades altas en el corto plazo puede constituir "pan para hoy, hambre para mañana" ya que la competencia puede estar "invirtiendo" para alcanzar mayores cuotas de mercado que, a la larga, le darán mayores tasas de rentabilidad (correlación demostrada por el proyecto PIMS: véase el gráfico 30).

Pero las empresas no siempre tienen la suerte de encontrarse en mercados en crecimiento o, aunque existan mercados lejanos con esas características, quizás su decisión estratégica corporativa haya sido renunciar a ellos por razones diversas.

En estos casos, cada vez más frecuentes por una razón u otra para las empresas de nuestro entorno, el nulo crecimiento del mercado hace que la única forma de crecer sea a costa de la competencia. O, lo que es lo mismo, aquellas empresas que por las razones arriba aducidas quieran crecer lo podrán hacer quitando clientes a otras.

En este contexto, el cliente se convierte en un factor escaso que hay que saber gestionar bien. Mientras que hasta hace pocos años, en la cultura de las organizaciones y sobre todo en los departamentos comerciales y de marketing, los verbos que habían imperado eran crecer, captar y conseguir nuevos clientes, ahora empiezan a conjugarse con mayor insistencia otros como satisfacer, cuidar, mimar, retener o fidelizar a los clientes actuales.

En otras palabras, cada vez más empresas están dejando de hacer tanto hincapié en el crecimiento y se están planteando opciones más defensivas como retener a los clientes/consumidores/usuarios actuales, recuperar los perdidos o fidelizarlos a partir de directrices como:

- *Mantener y mejorar sus niveles de satisfacción y lealtad, para retenerlos.*
- *Estimular la repetición de compra o simplificarla, para favorecer la reposición.*
- *Reducir las posibilidades de cambio o incrementar los costes de cambio.*

O, aunque sigan marcándose objetivos de crecimiento, saben que los alcanzarán mejor en tanto en cuanto consigan captar nuevos clientes sin perder los clientes actuales. Por lo que, algo que siempre estaba implícito en el sistema de objetivos de marketing de cualquier empresa (la satisfacción y fidelización de sus clientes para retenerlos) "se ha puesto de moda" como objetivo prioritario de marketing.

Máxime cuando se está comprobando empíricamente que, entre las muchas ventajas que traen los clientes fieles, están las siguientes:

- Un cliente fiel tiende a hacer sus compras en nuestra empresa mucho más que el cliente no fidelizado.
- La cantidad media comprada suele ser superior, con los consiguientes menores costes de transacción.
- Menores costes de marketing para nosotros y mayores para nuestros competidores (la lealtad es una "barrera" en las mentes de nuestros clientes fieles).
- Oferta comercial cada vez más adecuada, gracias a conocer cada vez mejor al cliente. Los clientes de toda la vida son una fuente de ideas para mejorar la oferta y la calidad de nuestro servicio.
- Menor sensibilidad del cliente a los precios altos, lo que permite obtener mayores márgenes y no verse tan afectado por las ofertas de determinados competidores.
- Publicidad boca-oído gratuita, con la ventaja adicional de que un cliente fiel es un medio de comunicación mucho más barato y creíble que la publicidad general.

- Aumento de la satisfacción y el rendimiento del personal de la empresa.

Ahora bien, no conviene olvidar que la fidelidad debe ser contemplada como algo que se crea a lo largo del tiempo y que es fruto de la reflexión del cliente sobre la satisfacción obtenida en compras anteriores. No se trata de un acto aislado, sino de aplicar continuadamente una política de fidelización eficaz: atraer al cliente, mantenerle permanentemente satisfecho y reaccionar rápidamente ante cualquier señal de insatisfacción.

Como el gráfico 27 ilustra, una buena gestión de marketing relacional puede ayudar a mejorar la satisfacción y lealtad del cliente, permitiéndonos obtener los resultados deseados en los parámetros más habituales de definición de objetivos de marketing: aumento de ventas, incremento de márgenes o crecimiento de la cuota de mercado.

Gráfico 27
PROCESO DE FORMACIÓN DE LA FIDELIDAD DEL CLIENTE

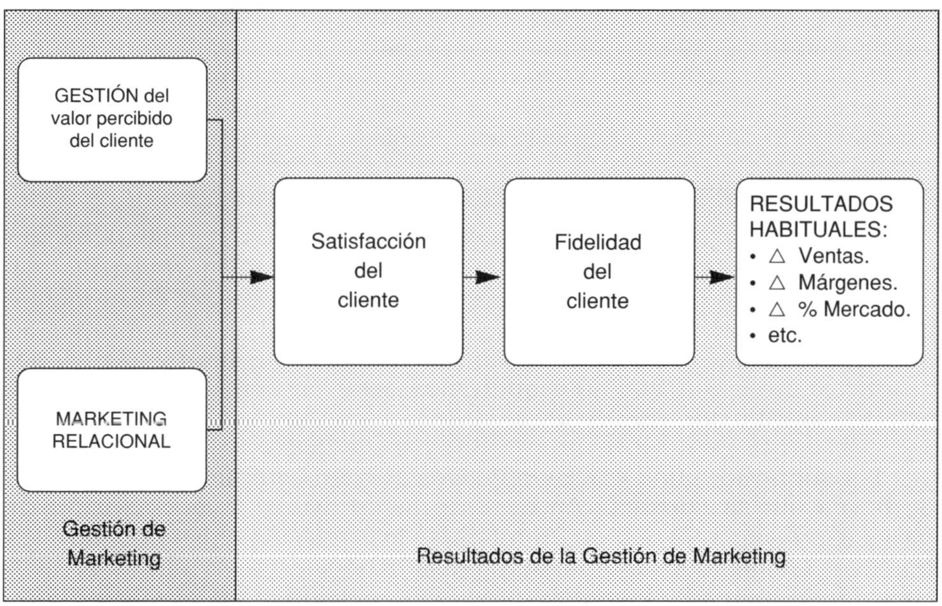

6.3.3. Objetivos de marketing más habituales

Atendiendo a su naturaleza, distinguiremos dos tipos de objetivos de marketing: objetivos cuantitativos y objetivos cualitativos. Los primeros se caracterizan por proponer logros mensurables para la empresa, expresados en cifras concretas. Los objetivos cualitativos proponen metas más genéricas y menos tangibles, aunque no por ello menos importantes o exigibles.

Normalmente, los **objetivos cuantitativos** se refieren a incrementos en la participación de mercado, en la rentabilidad, en el volumen de ventas (ver cuadro nº 56), en el nivel de satisfacción y fidelización de nuestros clientes, o a mejoras en la cobertura de distribución, la penetración, los beneficios o el margen de contribución.

Cuadro nº 56

EJEMPLO DE DEFINICIÓN DE OBJETIVOS DE FACTURACIÓN PARA UNA PYME INDUSTRIAL

Años	Total (Millones de Ptas.)	Mercado Interior		Mercados Exteriores	
		Millones de Ptas.	%	Millones de Ptas.	%
1996	1.469	800	54	669	46
1997	1.582	854	54	728	46
1998	1.858	948	51	910	49
1999	2.100	966	46	1.134	54
2000	2.450	980	40	1.470	60

En cuanto a los **objetivos cualitativos**, los más significativos son los que hacen referencia a la notoriedad e imagen del producto, servicio o marca, a la posición relativa que queremos alcanzar en el mercado (por ejemplo, liderazgo: véase el cuadro nº 110), a la dimensión mínima deseada para seguir en un mercado (expresada por actividad, producto, etc.), o a que sólo queremos estar en actividades con margen de contribución positivo.

Por supuesto, unos y otros objetivos pueden estar interrelacionados, de forma que la consecución de uno puede ayudar a la obtención de otro y a la inversa. El gráfico 28 refleja la interrelación existente entre los objetivos cuantitativos de marketing más habituales: aumento de la participación de mercado, incremento de la facturación, y mejora de la rentabilidad (la rentabilidad sobre ventas, para un responsable de marketing).

En efecto, en él se puede ver cómo una vez fijado el objetivo de marketing en cualquiera de estas tres variables, automáticamente –con la información que refleja el citado gráfico, proveniente del análisis de la situación– podemos determinar los objetivos correspondientes a las otras dos variables (en el cuadro nº 57 ofrecemos un caso real de interrelación entre dos de estos objetivos). Kotler (1988) sugiere comenzar

Gráfico 28
OBJETIVOS DE MARKETING MÁS HABITUALES

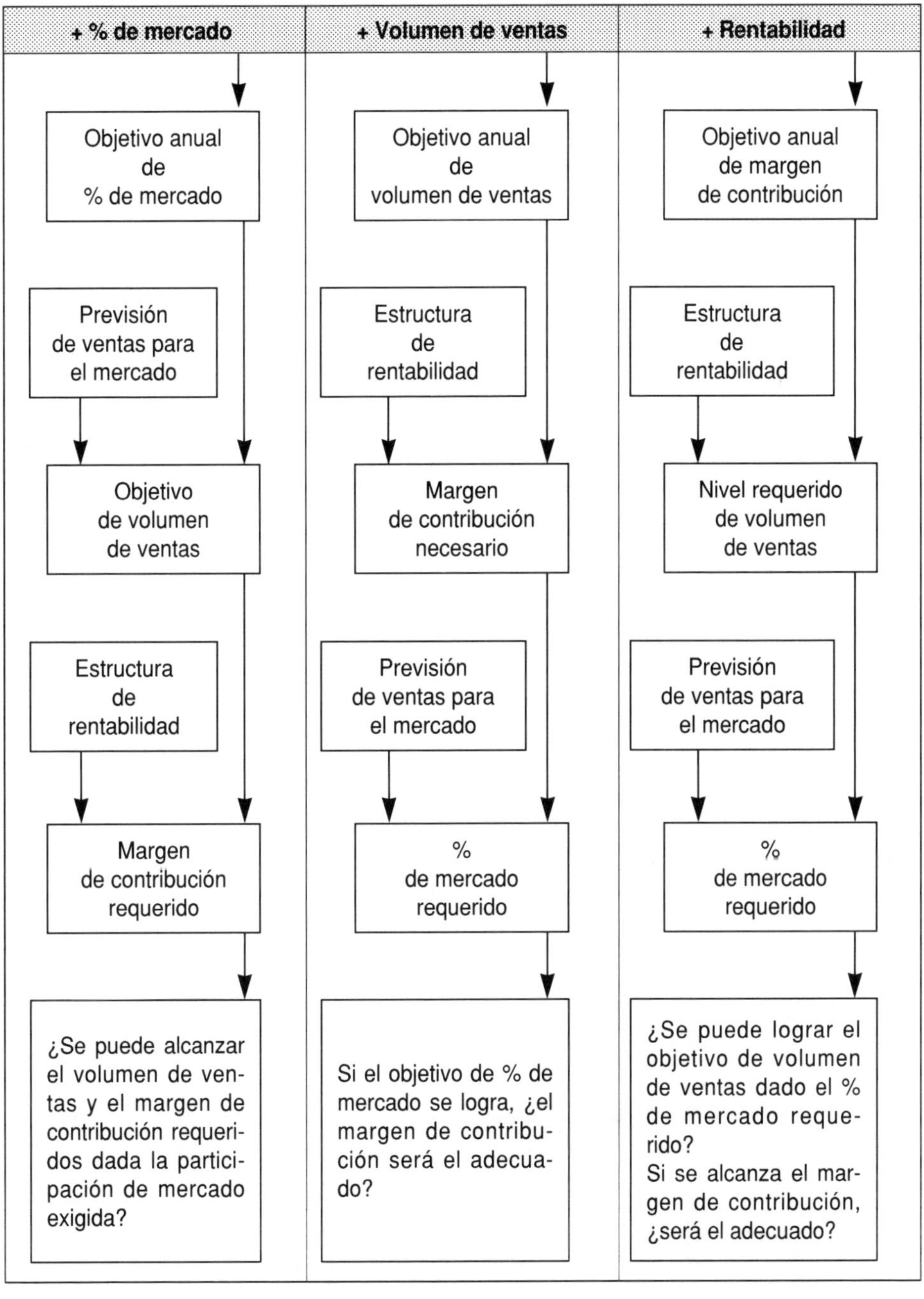

Cuadro nº 57
OBJETIVOS DE MARKETING PARA LIRESA (2000-2003)*

Unidades de Negocio	1999			2000			2001			2002			2003		
	Ventas reales de mercado (Mill. de ptas.)	Participación de mercado de Liresa (%)	Ventas de Liresa (Mill. de ptas.)	Ventas previstas en el mercado en mill. de ptas. (A)	Objetivo de participación de mercado de Liresa en % (B)	Objetivo de ventas de Liresa en mill. de ptas. (C)	(A)	(B)	(C)	(A)	(B)	(C)	(A)	(B)	(C)
Jabón de tocador	28.000	3	840	29.460	3	884	31.440	3	943	33.260	3	998	35.150	3	1.055
Gel	6.500	0	0	9.420	1	94	13.650	2	273	19.790	3	594	28.700	4	1.150
Champú	10.500	0	0	15.540	2	311	23.000	3,5	805	34.040	4	1.362	50.380	5	2.520
Desosorante	11.000	0	0	14.850	1	148	20.050	1	200	27.070	1,5	406	36.500	2	731
Totales	56.000	1,5	840	69.270	2	1.437	88.140	2,5	2.221	114.160	3	3.360	150.780	3,5	5.456
Índices	100	–	100	124	–	171	158	–	264	204	–	400	270	–	650

* Objetivos de marketing para Liresa, definidos a partir de las directrices que emanan del gráfico 28 y de la situación de partida expuesta en el cuadro nº 29 (capítulo 4).

definiendo el objetivo de rentabilidad y de él deducir, a continuación, el de facturación (necesario para producir el resultado financiero deseado) y, posteriormente, el de participación de mercado.

También el gráfico 29 nos puede ayudar a visualizar la interrelación entre objetivos cualitativos (aumentar la notoriedad o potenciar la orientación al mercado) y cuantitativos (aumento de la rentabilidad), además de abundar en la interrelación entre unos objetivos cuantitativos (aumento de la satisfacción y fidelización) y otros (incremento de la rentabilidad).

Gráfico 29
DECISIONES ESTRATÉGICAS PARA RENTABILIZAR EL NEGOCIO

1. AUMENTAR LA **NOTORIEDAD** SOBRE TODO ENTRE LOS NO CLIENTES.
2. AUMENTAR EL **NÚMERO DE CLIENTES.**
3. AUMENTAR EL **NÚMERO DE ACTOS DE COMPRA** ENTRE LOS INTERESADOS Y/O CONSEGUIR UN MAYOR **VOLUMEN DE COMPRA.**
4. **FIDELIZAR** MÁS A LOS CLIENTES ACTUALES.
5. RECUPERAR **CLIENTES "PERDIDOS".**
6. AUMENTAR LA **SATISFACCIÓN GLOBAL.**
7. POTENCIAR LA **"ORIENTACIÓN AL MERCADO"** DE NUESTRO NEGOCIO.
8. MODIFICAR LA POLÍTICA DE **MÁRGENES/PRECIOS.**

6.4. CRITERIOS PARA LA ELECCIÓN DE LOS OBJETIVOS DE MARKETING

Además de lo expuesto en el epígrafe anterior, para fijar los objetivos de marketing conviene tener presentes dos criterios:

1. *¿El producto está en masa crítica?*
2. *¿Hay en nuestro caso una correlación positiva entre participación de mercado y rentabilidad a largo?*

Veamos el **primero** de ellos: el concepto de **masa crítica**. Este concepto, tomado de la física, al aplicarlo al mundo empresarial hace referencia a la dimensión que necesita tener un producto, una marca, una actividad, o una empresa para que adquiera el estado deseado. Concretamente, al hablar de objetivos de marketing para un producto o una marca, hace referencia a la participación de mercado necesaria para que se pueda considerar "asentado/seguro/consolidado" en el mercado.

En la mayor parte de los casos, afirmamos que un producto está en masa crítica si su volumen de ventas alcanza o sobrepasa el 10% del volumen de ventas del mercado. Decimos "en la mayor parte de los casos" porque existe la posibilidad de que nos hallemos ante un mercado con una estructura muy fragmentada, con lo que esa referencia del 10% sería evidentemente inferior (entre el 25 y el 50% de la participación de mercado del líder, con el fin de no distanciarnos en exceso de él y "cargar" con un coste total unitario muy superior, que haga posible que adopte estrategias agresivas de precios para echarnos del mercado –recuérdese el concepto "curva de experiencia"–). Figuradamente hablando vendría a ser algo así como una "mayoría de edad" de la marca o producto en su mercado de referencia.

Así, **si el producto está en masa crítica**, en principio se considerará como objetivo tasas de expansión anual de ventas similares a las del propio mercado, ya que lo que se buscará es el progreso en la **rentabilidad a corto**. Mientras que **si el producto no ha alcanzado la masa crítica**, el porcentaje de aumento de la facturación marcado como objetivo será superior a la tasa de **crecimiento** del mercado, con el fin de alcanzar lo más rápidamente posible (antes de cinco años) la masa crítica.

El cuadro nº 58 expresa gráficamente este primer criterio a tener en cuenta para la elección de objetivos. En él se ve claramente que si estamos en masa crítica la prioridad puede ser rentabilidad a corto, mientras que si todavía no estamos en masa crítica debemos sacrificar rentabilidad a corto buscando crecimientos superiores a los del mercado para ganar participación y situarnos en masa crítica cuanto antes (para eliminar la citada amenaza de nuestros competidores).

Cuadro nº 58

APLICACIÓN DEL CRITERIO "MASA CRÍTICA" A LA FIJACIÓN DE LOS OBJETIVOS DE MARKETING

¿El producto está en masa crítica?	Prioridad en los OBJETIVOS DE MARKETING	Directrices para la fijación de los OBJETIVOS DE MARKETING
SI	RENTABILIDAD	Δ Rentabilidad en... (Δ % Facturación ≈ % T.C.M.)
NO	CRECIMIENTO	Δ % Facturación > % T.C.M. (Rentabilidad: mínima aceptable para la empresa)

Además de los ejemplos expuestos en páginas anteriores, el cuadro nº 59 constituye un buen ejemplo de lo que estamos diciendo, en un sector como el de la distribución alimentaria en el que, como la empresa líder tiene una cuota próxima al 20% y una facturación de un billón de pesetas, el rango inferior de la masa crítica rondaría los 250.000 millones de pesetas. De ahí el denodado esfuerzo de empresas como

Cuadro nº 59

EJEMPLOS ILUSTRATIVOS DE EMPRESAS CON CRECIMIENTOS ALTOS PARA ALCANZAR LA MASA CRÍTICA

	1997 (millones de ptas.)	1998 (millones de ptas.)	Incremento anual (%) 1998/97	Algunas adquisiciones recientes
Grupo Eroski	425.000	597.000	40,0	Mercat, Unide, Vegonsa, Forum.
Superdiplo	92.000	145.000	57,6	González de Peredo, Grupo Teguise de Alimentación, Ecore y Green Park.
Comptoirs Modernes	54.443	80.000	47,0	Super Stop, Supeco, Maxor.
Caprabo	117.224	152.000	34,0	Store 2000 (50% de Ahold), Gigante.
Unigro	95.200	146.000	53,4	DISA, Mar y Mar, Agrovint, Unión Bops, José Gutiérrez.

Caprabo por alcanzar tasas de crecimiento realmente altas (34%) para alcanzar la talla crítica de su sector.

Cualquier sector económico (telecomunicaciones, banca, automovilístico, alimentación, ordenadores, aviación civil, construcción, etc.) presenta claros ejemplos ilustrativos de lo expuesto. Sirvan estos tres últimos como botón de muestra:

- "Compaq crece un 72% en ventas de PC y desplaza, en España, a IBM del primer puesto al crecer sólo un 8,7%"... "Dell casi duplicó sus ventas de ordenadores personales en España y pasó de las 38.208 máquinas que vendió en 1997 a las 70.998 el pasado año" (*Cinco Días,* 2 de febrero de 1999).

- "Los Serratosa y el crecimiento contrarreloj": "Air Nostrum, en tan solo cuatro años (se fundó en 1995) y con un crecimiento vertiginoso, ha pasado de 6 aviones a 26 y de unas pérdidas de 2.000 millones de pesetas a unos beneficios de 2.000"..."El crecimiento de Air Nostrum se repite en Nefitel, una distribuidora de telefonía móvil que en 1998 dobló su facturación hasta alcanzar los 2.000 millones de pesetas" (*El País,* 31 de enero de 1999).

- "Arco tensa la cuerda"...Con una facturación de 26.000 millones de pesetas en 1998, se ha propuesto alcanzar una facturación de 50.000 millones de pesetas en los próximos cuatro años... Arco ha roto las reglas del sector con su fuerte agresividad comercial y la adquisición de empresas" (*Actualidad Económica,* 2 al 8 de noviembre de 1998).

Pasemos a considerar el **segundo** criterio: **la existencia o no de correlación entre participación de mercado y rentabilidad a largo**. El gráfico 30 demuestra que existe una correlación positiva entre participación de mercado y rentabilidad: cuanto mayor es la participación de mercado más alta es la rentabilidad obtenida. Inicialmente, el crecimiento es lineal, pero luego –para cuotas de mercado muy altas– pasa a ser casi exponencial. Esta evidencia empírica corresponde al proyecto PIMS (véase Buzzell y Gale, 1987) y su principal conclusión es:

"...resulta que la rentabilidad media de las inversiones, antes de impuestos, es del 12% para una cuota de mercado del 14%... Por término medio, una ganancia de 10 puntos en cuota de mercado se acompaña de un crecimiento de la rentabilidad de 5 puntos. Así, las empresas que detentan un 24% tienen una rentabilidad media del 18%, y las que superan la cuota del 36% obtienen una rentabilidad media del 30%».

Gráfico 30
IMPORTANCIA DE LA PARTICIPACIÓN DE MERCADO

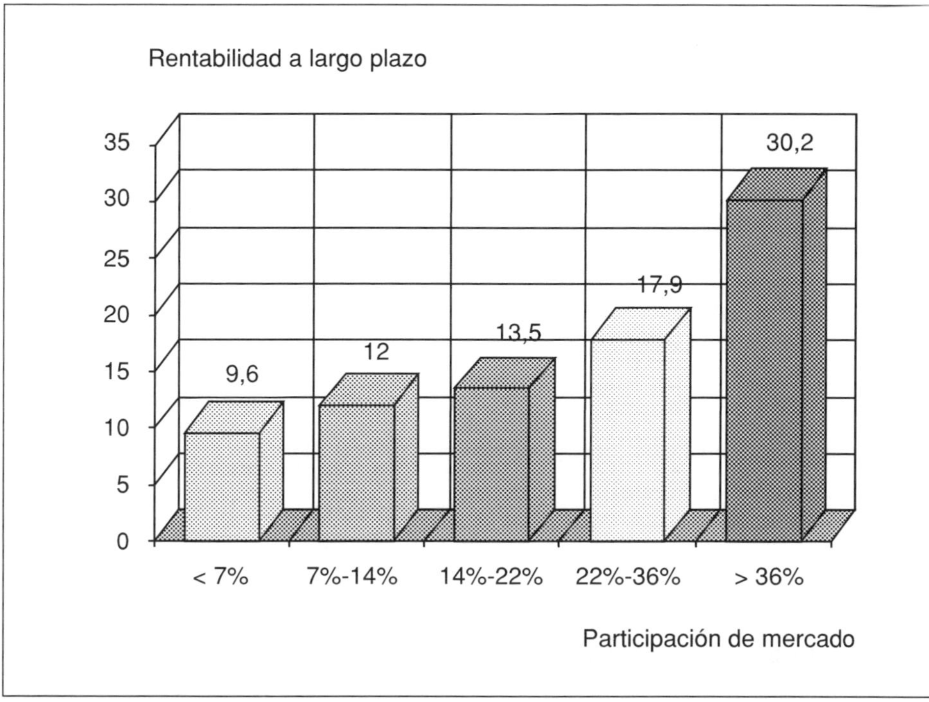

El gráfico 31 demuestra la correlación existente entre participación de mercado y rentabilidad en el sector de alimentación. Así, se puede observar cómo el líder en participación de mercado (Kellogs) tiene una rentabilidad muy superior a otras empresas del sector con menor participación de mercado (BSN). Y el gráfico 32 hace lo propio con empresas del subsector de la distribución alimentaria en España.

Abascal (1994) nos recuerda que el PIMS indica tres razones principales por las que la participación de mercado tiene un fuerte efecto sobre la rentabilidad: las economías de escala, los efectos de la experiencia, y el poder de negociación. Por ello, esta correlación positiva entre participación de mercado y rentabilidad es especialmente cierta en las siguientes circunstancias: altas tasas de crecimiento del mercado, producto en una de las primeras etapas del ciclo de vida, industrias con tecnología que precisa de un alto grado de integración vertical, que no exista un alto grado de sindicación del personal, que el negocio no tenga patente de protección del producto o del proceso principal, y que se requieran altos gastos de marketing.

Gráfico 31

RELACIÓN ENTRE PARTICIPACIÓN DE MERCADO Y RENTABILIDAD (SECTOR DE ALIMENTACIÓN)

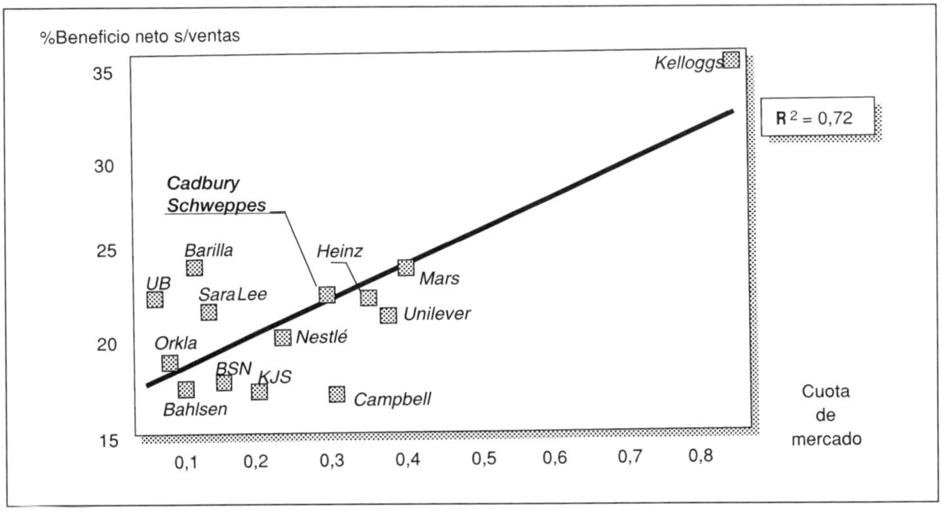

Fuente: McKinsey, 1996

Gráfico 32

RELACIÓN ENTRE CUOTA DE MERCADO Y RENTABILIDAD (SECTOR DE DISTRIBUCIÓN, 1995)

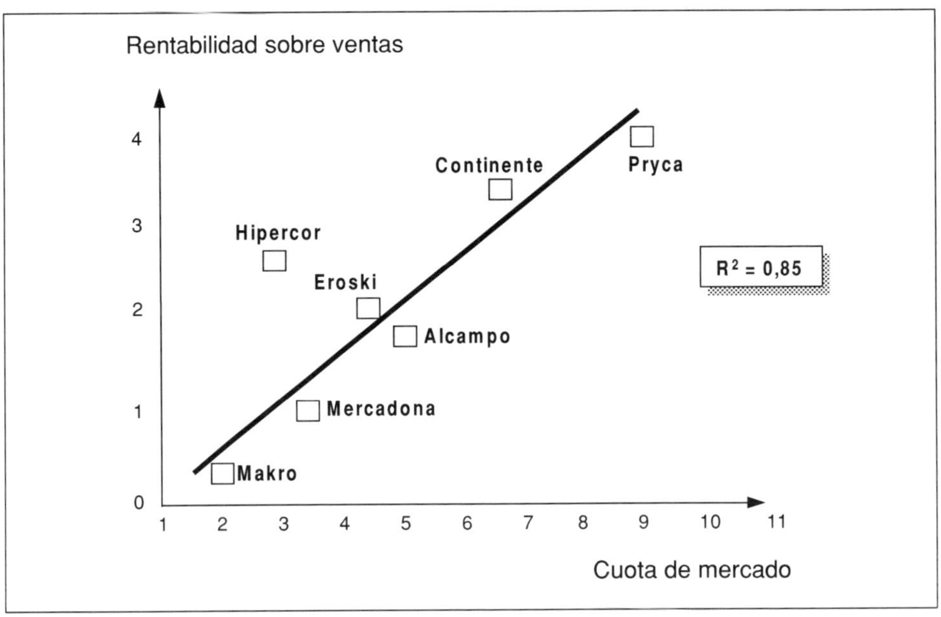

Fuente: McKinsey, 1996

Pues bien, si **para un producto o negocio es válida esta correlación,** la prioridad en la fijación de los objetivos de marketing deberá ser **aumentar su participación de mercado, buscando su liderazgo** –estemos o no en masa crítica–, sacrificando la rentabilidad a corto plazo durante el tiempo que sea necesario (el tiempo dependerá de la correspondiente tabla del "valor del crecimiento". Ver el cuadro nº 60).

Pero no tergiversemos los conceptos. **Estamos hablando de si en un momento determinado debemos dar prioridad** a la rentabilidad a corto o al crecimiento, sabiendo que incrementos altos al mismo tiempo en los dos parámetros son, normalmente, inviables. Ello no impide la necesidad de orquestar y/o equilibrar adecuadamente ambos indicadores de gestión, según las necesidades y exigencias de la empresa. Veamos algunas manifestaciones interesantes al respecto:

- "Pensamos que había que equilibrar más el balance entre cuota de mercado y rentabilidad, y ahora que lo hemos conseguido nos dedicaremos a recuperar mercado», declaraba a *El País* (5 de abril de 1998) el consejero delegado de Iveco Pegaso. En otro momento de la entrevista, cuando se le preguntaba si "en términos económicos también esperaban ese crecimiento", insistía: "Probablemente los resultados no podrán ser los mismos. Por un lado, tenemos que equilibrar de forma diferente la rentabilidad y la cuota de mercado, y por otro, en el '98 los impuestos serán ya un elemento importante que hasta ahora nos afectaba menos, por los créditos".

- "Somos el primer grupo de aceite de oliva del mundo, y aunque nuestro crecimiento es lento, hemos consolidado un liderazgo indiscutible" declaraba Adolfo Crespo, presidente de Koipe, quien a renglón seguido añadía: "el objetivo, ahora, es seguir arañando cuota en el mercado español, pero apostando también por los mercados internacionales... Estamos dispuestos a llegar a acuerdos con empresas distribuidoras de otros países y a seguir comprando marcas". Estas declaraciones las recogía el periódico *Expansión* (3 de febrero de 1999) tras los siguientes titulares: "Koipe saca beneficios de las amortizaciones... Koipe ganó 6,94 millones de euros más de lo previsto en 1998 al cambiar el criterio de amortización de las marcas Elosúa y Carbonell".

La dimensión empresarial y los recursos disponibles serán los que establezcan como objetivo el **liderazgo en el mercado o en un segmento del mismo.** Esta es, por ejemplo, la decisión estratégica adoptada por el grupo Leche Pascual para sus productos de alimentación (leche, zumos, mantequilla, nata líquida...) o la seguida por la empresa navarra Viscofán (líder mundial de envolturas de plástico y colágeno no comestible, segunda en colágeno comestible y tercera en celulósicas) quien, a pesar de controlar el 20% del mercado mundial de su sector, sigue pensando que *"crecer en volumen sin tener en cuenta la rentabilidad a corto plazo, porque para poder competir en este negocio lo primero es estar entre los primeros en facturación"* es la decisión estratégica más acertada –según declaraciones de D. Sixto Jiménez, consejero delegado y director general del grupo Viscofán, a *Actualidad Económica* el 18 de julio de 1994–.

Lo normal es que la Pyme se tenga que conformar con ser líder de un segmento: aquel que haya identificado como su segmento estratégico. Pero no debe entenderse que esta decisión sólo es válida para la Pyme. Por ejemplo, la mayor empresa mundial de transporte urgente, Federal Express, declaraba el 6 de febrero de 1995 a Actualidad Económica: "creemos que es preferible ser los mejores en un único segmento del mercado, que una empresa mediana en todo".

Efectivamente, se podría decir que, mientras que seguir una estrategia de concentración es algo que puede decidir cualquier empresa, ésa es una estrategia "obligada" para cualquier Pyme. De donde se deriva que, lo normal es que este tipo de empresa deba buscar como objetivo de marketing ser líder de un segmento de mercado: aquel que, por las ventajas competitivas observadas en la fase de diagnóstico, debe constituir su segmento estratégico.

Si, por el contrario, en nuestro caso **no se da esa correlación entre participación de mercado y rentabilidad a largo,** nos quedaremos con el primer criterio: el de la masa crítica. Y buscaremos altas tasas de crecimiento en el mercado porque, como recogía el periódico *Cinco Días* (29 de diciembre de 1998) haciéndose eco de los resultados de un estudio empírico con las 200 empresas de mayor crecimiento en el mundo, *"las empresas con mayor crecimiento global son mucho más rentables que otras sin esa posición"..."Las empresas con mayor crecimiento a escala mundial generan una rentabilidad sobre la inversión de 5 a 10 veces superior a la de sus competidores con crecimiento menor y sin una estrategia clara en ese punto"..."Las firmas líderes crecen a un ritmo del 69% anual y su valor de mercado el 40%. Todas ellas han demostrado que su estrategia y cultura pasa por crecer".* Telepizza se ha convertido en el exponente más claro de esta estrategia en España.

Decíamos que dependerá de la correspondiente tabla de "valor del crecimiento", ya que no es lo mismo sacrificar rentabilidad a corto en un mercado que está creciendo a una tasa del 3% anual –lo cual supone esperar unos 24 años para duplicar la producción acumulada, creciendo a la misma tasa que el mercado, y poder beneficiarse de la correspondiente reducción en los costes totales unitarios–, que hacerlo en un mercado que crece anualmente un 45% –lo que significa que en dos años ya se obtiene la misma reducción en los costes totales unitarios, como se puede observar en el cuadro nº 60–.

Cuadro nº 60

TABLA DE "VALOR DEL CRECIMIENTO" POR EL EFECTO EXPERIENCIA

Tasa de crecimiento del mercado: % anual	Años que se tarda en doblar la producción acumulada	Reducción anual en costes si la pendiente es del 80%	Reducción anual en costes si la pendiente es del 75%	Reducción anual en costes si la pendiente es del 90%
3	24	0,8%	1,0%	0,4%
5	15	1,3%	1,6%	0,6%
7	10	2,0%	2,5%	1,0%
10	7	3,0%	...	...
12	6	3,4%	...	...
15	5	4,0%	5,0%	2,0%
19	4	5,0%	...	...
26	3	6,7%	...	...
45	2	10,0%	12,5%	5,0%

Pongamos un ejemplo para entender el funcionamiento de esta tabla: si la tasa de crecimiento del mercado es del 15% anual y nosotros crecemos en esa misma proporción, quiere decir que en 5 años habremos duplicado la producción acumulada. Si la curva de experiencia tiene una pendiente del 75%, en 5 años habremos obtenido la reducción "prometida" por el efecto experiencia: un 25%. O lo que es lo mismo, anualmente habremos experimentado una reducción en nuestros costes totales unitarios del 5%.

Este efecto del valor del crecimiento en la reducción de costes hace que no sean aconsejables grandes sacrificios en rentabilidad a corto, con la esperanza de que a largo obtendremos esa rentabilidad que estamos sacrificando ahora, porque ese "a largo" puede significar 24 años (si la T.C.M. es del 3% anual) para obtener una reducción en costes del 25% –si la pendiente es del 75%– cuando dupliquemos la producción acumulada. O lo que es igual, una reducción anual de aproximadamente el 1%. Quizá esta situación suponga demasiado "sacrificio" (coste de oportunidad) para tan poca cosa en el corto plazo. O demasiado riesgo cuando sabemos que en tantos años pueden haber acaecido tantos cambios que ya no siga siendo válida esa curva de experiencia.

Son numerosos los ejemplos de empresas multinacionales que demuestran seguir estos planteamientos, y que en consecuencia sacrifican rentabilidad a corto por alcanzar el liderazgo del mercado o, por lo menos, por obtener posiciones destacadas en él. Algunos ejemplos son:

- Johnson Wax, que en 1972 lanzó al mercado español su marca de aprestos Toke con una inversión en publidad de 16 millones de pesetas, cuando el 100% del mercado era de Netol, y dicho mercado sólo suponía 11 millones de pesetas (sí, 11 millones de pesetas). En dos años se había hecho con el 70% de los 66 millones de pesetas, que en esos momentos representaba el mercado total, y en 1980 ya había conseguido echar del mercado a Netol, cuando éste alcanzaba la cifra de 500 millones de pesetas.

- BIC, que en 1973 se introducía en el mercado americano de encendedores de usar y tirar, en el que Gillette tenía el 40% (y en el que llegó a alcanzar el 50% en 1975). Con su estrategia agresiva de precios y comunicación, así como con una cobertura de distribución alta y el correspondiente sacrificio en rentabilidad, BIC logró echar del mercado americano a la marca Cricket (Gillette la retiró del mercado cuando, en 1984, sólo tenía el 16% del mismo).

- Pepsico se fijó como uno de sus objetivos prioritarios en 1992 consolidar su liderazgo en el mercado británico y comenzar a abrir brecha en Alemania y España. Por eso, en 1992, Pepsi Cola España compró las franquicias que Pizza Hut tenía hasta ese momento en el mercado español y asumió la gestión directa del negocio. Como primera medida, inyectó 3.702 millones de pesetas y empezó a abrir locales a toda máquina, con una decoración más informal que sus tradicionales restaurantes, y creó el servicio de pizzas a domicilio (el negocio en los restaurantes crecía a un 3% anual, mientras que en los establecimientos de servicio a domicilio aumentaba un 30% anual). Pepsico siguió apostando por el largo plazo y, en 1994, puso otros 8.000 millones de pesetas, de los cuales su filial española ya se ha gastado 5.400. Al cierre del ejercicio 1994, Pizza Hut España seguía en números rojos (en 1993 perdió 750 millones de una facturación de 1.280 millones de pesetas). En 1998, Pizza Hut facturó 9.000 millones de pesetas (con una cuota del 13% y un total de 162 establecimientos), frente a los 39.000 millones de su rival Telepizza, que poseía una cuota del 56% y 590 establecimientos. ¿Quién ganará la carrera por el primer puesto de este suculento negocio*?

---

* En 1999, el fundador de Telepizza ha vendido su participación en la empresa y la Bolsa ha reaccionado muy negativamente ante la incertidumbre generada.

Finalizaremos el desarrollo de este capítulo con el ejemplo práctico que ya seguimos en las dos primeras etapas del plan de marketing, esto es, ARDOA, para el que estableceremos a continuación la lista de objetivos de marketing. Para ello, tendremos presentes las conclusiones finales a las que se ha llegado mediante el análisis DAFO, en el diagnóstico de la situación. Conviene recordar, llegados a este punto, la importancia de los criterios a seguir en el establecimiento de objetivos de marketing explicados anteriormente. Estos criterios elementales –y precisamente por eso nada desdeñables– son: **Concreción, Practicidad, Coherencia y Comprensibilidad.**

Es muy importante señalar que todos nuestros esfuerzos, previos y posteriores, pueden resultar baldíos si no somos capaces ahora de "dar en la diana" en la definición de nuestros objetivos de marketing. No se trata por tanto de seguir un razonamiento más o menos metódico y concienzudo, sino más bien de ser capaces de abstraer hacia lo sustancial, de tener visión de futuro, de dar alas a nuestra creatividad, en dos palabras, de ser agudos y perspicaces. El buen periodista no es el que recoge todas las noticias del día o todos los datos de una noticia, sino el que identifica a la primera cuál será la noticia del día y cuál el dato de la noticia que trasciende sobre los otros.

6.5. OBJETIVOS DE MARKETING DE ARDOA

A. *Objetivos cuantitativos*

a. Crecer a una tasa superior a la tasa de crecimiento del mercado. Ésta, para el vino envasado (no a granel), con denominación de origen, ha sido de un 1,1% el año pasado. El objetivo de crecimiento global de ARDOA debería ser el siguiente:

Año 1991	Año 1992	Año 1993
+26,4%	+22,5%	+20,4%

Veamos ahora cuales son las expectativas de crecimiento para las dos denominaciones de origen comercializadas por ARDOA (cuadro nº 61):

En una primera lectura podría parecernos que estos objetivos son excesivamente ambiciosos. Sin embargo, si tenemos en cuenta los errores cometidos por ARDOA hasta ahora (sobre todo en distribución), las escasas ventas de las que se parte (sobre todo en Rioja) y el potencial de algunos de sus vinos, podemos considerar los mismos como alcanzables.

Cuadro nº 61
OBJETIVOS DE CRECIMIENTO PARA LAS DOS D.O. QUE TRABAJA ARDOA

Denominación de origen	Participación de mercado de ARDOA en 1989	Tasa de crecimiento de mercado en 1989	Objetivos de crecimiento anual de ventas de ARDOA		
			1991	1992	1993
NAVARRA	9% en unidades 5% en pesetas	-7,2% { +2,6% Nac. -16,5% Exp.	15,5% (254.450 cajas)	18,6% (301.750 cajas)	20,6% (364.000 cajas)
RIOJA	0,001% en ptas.	-12% { -7% Nac. -22% Exp.	80% (81.000 cajas)	15,5% (108.350 cajas)	20% (131.220 cajas)

La participación de mercado de ARDOA en vinos de Denominación de Origen Navarra es de un 9%. La participación en pesetas es menor (5% del mercado) debido a que las ventas corresponden a vinos del "segmento" bajo. El mercado de Denominación de Origen Navarra baja un 7,2% y, sin embargo, el objetivo marca un crecimiento anual de un 15,5%. La explicación es que, en esta denominación, la empresa se ha volcado en el mercado nacional, que tiene una tendencia positiva. Son las exportaciones las que han disminuido fuertemente (un 16,5%).

En riojas partimos de ventas muy bajas, pero un apoyo adecuado a este tipo de producto podría suponer que el crecimiento alcanzase la tasa fijada. Este crecimiento acelerado tiene como finalidad:

- Llegar lo antes posible al umbral de rentabilidad (310.000 cajas) y, por lo tanto, rentabilizar más la empresa.

- Mejorar la participación de mercado de ARDOA, tanto en D.O. Navarra, donde debemos acercarnos más a los líderes de mercado, como en D.O. Rioja, donde nuestra participación es casi nula.

ARDOA se ha propuesto crecer más rápidamente de lo que lo hace el mercado, tanto en el mercado de la D.O. Navarra como en el de la D.O. Rioja. Como señalábamos en el cuadro nº 58, el objetivo de marketing para un producto que no ha alcanzado la masa crítica debe ser siempre el de crecimiento. ARDOA se ha decantado por esta opción –claramente ambiciosa– en su afán por alcanzar en el largo plazo (entre dos y cinco años) una participación de mercado apreciable en relación con las empresas más importantes del sector.

En D.O Navarra, la masa crítica supone el 10% del total de la facturación de ese mercado, y el objetivo es alcanzarla para 1992. En cuanto a la D.O. Rioja, nos encontramos ante un mercado mucho más fragmentado y en el que la diferencia entre nuestras ventas totales y las que deberíamos alcanzar supone multiplicar aquellas varias veces. La masa crítica para este mercado puede rondar el 2% de la facturación total y el plazo fijado por ARDOA para alcanzar este objetivo es 1994. El cuadro nº 62 resume los objetivos globales de ARDOA para los próximos años.

Cuadro nº 62

OBJETIVOS GLOBALES DE ARDOA PARA EL PERÍODO 1991-1993

Conceptos	Previsión 1990	Objetivo 1991	Objetivo 1992	Objetivo 1993
N.º de cajas	255.000 (+ granel export.)	350.000	411.100	495.220
Tasa de crecimiento anual	–0,3%	+26,4%	+22,5%	+20,4%

b. Lograr, en un plazo de tres años, una distribución de las ventas más equilibrada por **zonas geográficas,** acorde con la estructura del mercado. Para ello, ARDOA fijará unos objetivos de ventas para cada una de estas zonas que se actualizarán anualmente (las desviaciones para calcular objetivos de ventas por zonas geográficas podrían ser enormes si se realizaran previsiones a más de un año vista) teniendo en cuenta el potencial real de cada zona como consumidora de vino (datos Nielsen) y los datos de facturación de 1989.

Partiendo de estas premisas, los objetivos de ventas por zonas geográficas para el año 1991 quedarían reflejados en el cuadro nº 63.

Una vez expuestas las cifras, analicemos el método seguido para la obtención de la cuota de ventas por zonas geográficas. Partimos de la facturación real obtenida por zonas geográficas (A) y de la capacidad potencial como zona consumidora de vino expresada en porcentaje (datos Nielsen o Merksa). De estos datos se obtiene la facturación que debería haberse llevado a efecto en cada zona teniendo en cuenta su potencial de compra (B). Si tomamos el ejemplo de Madrid veremos que la facturación que debería haber hecho es igual al consumo potencial de vino de dicha zona (en %) por la facturación total:

$$0{,}139 \times 374.664 = 52.078$$

Cuadro nº 63
OBJETIVOS DE VENTAS POR ZONAS GEOGRÁFICAS PARA 1991

Zonas	Facturación en 1989		Consumo potencial de vino (Nielsen)	(B) Facturación que debería haber hecho en 1989 (en miles de ptas.) según su potencial	Exceso o defecto sobre el potencial	Objetivo para 1991 (cuota de ventas)		
	(A) En miles de ptas.	% sobre ventas nacionales				En miles de ptas.	%	1991/1989 (Δ porcentual)
Madrid	142.600	38	13,9	52.078	+173,82	163.990	34,3	+15
Cataluña, Aragón y Baleares	95.738	25,6	22,9	85.798	+11,58	117.192	24,5	+22
Levante	58.049	15,5	11,5	43,087	+34,72	70.495	14,8	+21
Norte-Centro	45.346	12,1	16,9	63.318	–28.38	60.578	12,7	+34
Andalucía	10.866	2,9	15,2	56.949	–80,91	25.627	5,2	+136
Galicia, Asturias	10.708	2,9	14,5	54.326	–80,28	24.776	5,1	+131
Zona Centro	11.357	3	5,1	19.108	–40,56	16.036	3,4	+41
Totales	**374.664**	**100**	**100**	**374.664**	**—**	**478.794**	**100**	**+28**

De aquí obtenemos el exceso o defecto sobre "lo que se debería haber facturado", mediante el cociente:

$$\frac{(A)-(B)}{(B)} \times 100$$

Así, ordenaremos las provincias de mayor **exceso** a menor defecto y fijaremos los criterios sobre lo que vamos a pedir a las provincias con máximo exceso, nulo exceso/defecto y máximo defecto. La dirección de ARDOA consideró que a la provincia con mayor exceso de ventas reales sobre el potencial (en nuestro caso Madrid) había que exigirle un crecimiento nulo (a pesetas constantes) por lo que, suponiendo que los precios crecen por término medio en esos dos años un 15%, la cuota de esta provincia para 1991 (a pesetas corrientes) será:

Cuota de ventas de Madrid = Facturación año anterior × 1,15 =
= 142.600 x 1,15 = 163.990

El criterio de la dirección fue que a la zona que hubiese obtenido una ventas que coincidiesen con su potencial (en nuestro caso no existe ninguna), se le debía pedir que obtuviese el crecimiento vegetativo del mercado (estimado en un 7 %), ya que estaba igualando las ventas reales a las potenciales. Por su parte, a aquellas zonas que se encontrasen entre las dos situaciones anteriores y que tienen un exceso de ventas sobre el potencial, se les pediría un crecimiento proporcional intermedio, calculado mediante la siguiente fórmula de interpolación:

$$\text{Cuota} = \underset{\text{(a ptas. constantes)}}{\text{Facturación año anterior}} \times \frac{107^{*} - 7^{*} \times \dfrac{\text{\% exceso ventas de la zona}}{\text{\% de la zona de máximo exceso de ventas}}}{100}$$

De esta forma hemos calculado el aumento que vamos a pedir a las zonas con exceso de ventas sobre su potencial (Levante y Cataluña-Aragón-Baleares). Por ejemplo:

$$\text{Cuota Levante} = 58.049 \times 1{,}15 \times \frac{107 - 7 \times \dfrac{34{,}72}{173{,}82}}{100} = 70.495$$

El gráfico siguiente ilustra lo que se acaba de exponer para las provincias con exceso de ventas sobre su potencial:

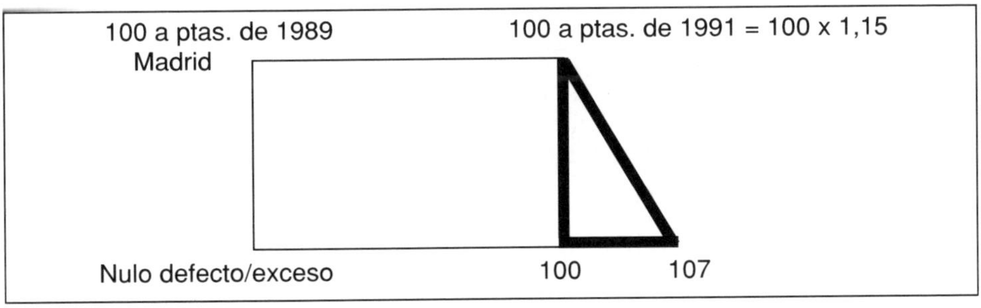

* 107 = base mayor de la figura sobre la que vamos a trabajar (en este caso un triángulo) del gráfico siguiente.

* 7 es la diferencia entre las dos bases = base mayor (107) – base menor (100).

El esfuerzo que pidamos a las diferentes provincias nos debe permitir alcanzar el crecimiento de ventas marcado como objetivo para el ejercicio siguiente (en nuestro caso el 28,7%). De ahí que lo que pidamos como incremento a las provincias de máximo exceso y defecto, así como a la de nulo defecto, nos deben posibilitar el alcance del citado objetivo. Ello nos obligará, a veces, a establecer esas cifras por aproximaciones sucesivas.

Pasemos a calcular las cuotas para las provincias con **defecto** de ventas sobre su potencial, y consideremos, en consecuencia, que lo que vamos a pedir a la zona de máximo defecto (en nuestro ejemplo Andalucía) es que obtenga el 45% de lo que debería haber facturado el ejercicio anterior, dado su potencial (columna B en el cuadro nº 63).

Cuota de ventas para Andalucía = 0,45 × 56.949 = 25.627

Con estos criterios podemos proceder a calcular las cuotas de aquellas provincias que se encuentren entre el caso de mayor defecto absoluto (Andalucía) y nulo defecto (en este caso no hay), a las que se les pedirá el correspondiente esfuerzo proporcional intermedio, tal como se deduce del gráfico y la fórmula siguientes:

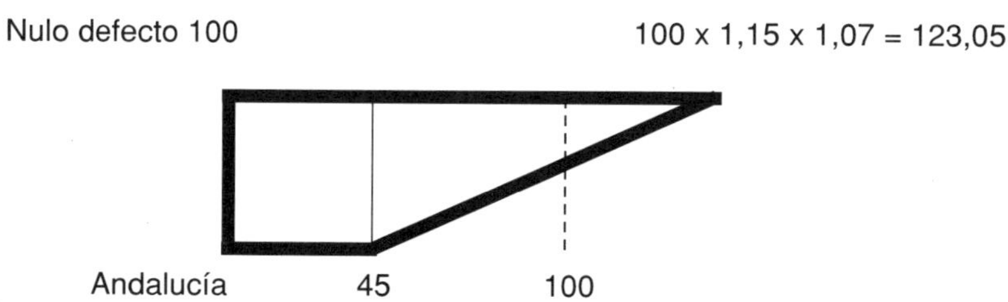

$$\text{Cuota de ventas} = \text{Lo que debió haber facturado} \times \frac{123{,}5^{*} - 78{,}5^{*} \times \dfrac{\text{\% exceso ventas de la zona}}{\text{\% de la zona de máximo defecto de ventas}}}{100}$$

---

*123,05 (base mayor del trapecio)= 100 x coeficiente de actualización de precios x crecimiento vegetativo mercado = 100 x 1,15 x 1,07

* 78,5 (diferencia entre las dos bases) = 123,05 (base mayor) - 45 (base menor).

Así hemos calculado las cuotas de ventas de Norte-Centro, Galicia-Asturias y Zona Centro. Por ejemplo:

$$\text{Cuota ventas Galicia -Asturias} = 54.326 \times \frac{123{,}5^{*} - 78{,}5^{*} \times \dfrac{80{,}28}{80{,}91}}{100} = 24.776$$

El cuadro nº 63 recoge las cifras resultantes de la aplicación de estos criterios y fórmulas a todas y cada una de las zonas de la empresa.

Como se habrá podido comprobar, este método de fijación de las cuotas de ventas para el ejercicio siguiente, a pesar de su aparente complejidad, tiene las siguientes **virtudes:**

- Es un método objetivo, ajeno a las arbitrariedades que a veces utilizan los directores comerciales a tal efecto, por lo que es menos criticable y menos refutable por parte de los comerciales afectados.

- Es un procedimiento que tiene en cuenta tanto lo que cada zona ha facturado en el pasado como lo que podía haber conseguido, dado el potencial de ventas de esa zona.

- Es un método aconsejable cuando la estructura geográfica de nuestras ventas (tercera columna del cuadro nº 63) no es la adecuada, porque no coincide con nuestros objetivos o porque no se ajusta a su potencial o ideal.

- Es un sistema de cálculo que también tiene en cuenta el objetivo de crecimiento de facturación para el ejercicio siguiente, por lo que liga muy directamente los objetivos de marketing a los objetivos comerciales para las diferentes zonas, asegurando que los objetivos de marketing no se queden en mera declaración de intenciones.

- Finalmente, es una forma de calcular las cuotas de ventas a partir de datos fácilmente disponibles: índices Merksa, cuotas de mercado de Nielsen, índices Banesto, índices de producción industrial del Instituto Nacional de Estadística o similares.

c. Potenciar el peso de las ventas en el sector de la alimentación, que está un tanto desatendido. Hasta ahora nuestras ventas suponían:

- Hostelería: 80%
- Alimentación: 20%

La proporción que debemos lograr es:

- Hostelería: 2/3
- Alimentación: 1/3

B. ***Objetivos cualitativos***

a. Aumentar la notoriedad de nuestra bodega, sobre todo con vistas a la hostelería, que es la que más importancia da a este aspecto (imagen de bodega fiable, que inspire confianza).

b. Aumentar la notoriedad de nuestra marca pensando en el consumidor final (éste pide marca, y no bodega) y en el hostelero (cuyo primer criterio de elección de vinos es el gusto de sus clientes).

c. Mejorar la imagen de nuestras bodegas, aunando sabiduría y tradición con una imagen de modernidad y mentalidad abierta.

d. Mejorar la imagen de nuestros productos. Transmitir la idea de vinos con personalidad propia, con carácter, pero agradables de beber, moderados en alcohol, aromáticos, con cuerpo y sabor y una excelente relación calidad-precio. Vinos naturales, con producción limitada, siguiendo métodos de elaboración tradicionales.

CAPÍTULO 7

Cuarta Etapa:
Elección de las estrategias de marketing

Gráfico de situación del contenido de este capítulo en el contexto del proceso de planificación de marketing (gráfico 9):

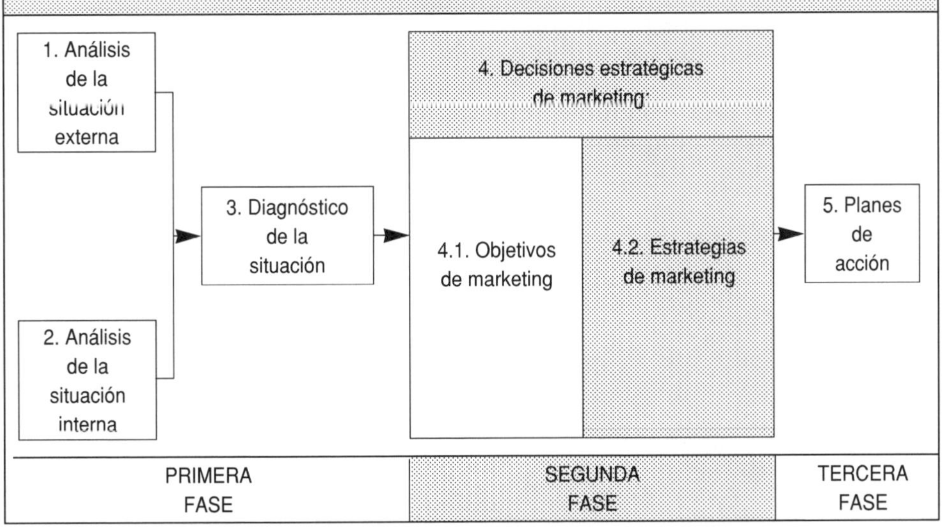

"La historia ha demostrado que son los buenos estrategas los que ganan las guerras, aunque las decisiones tácticas producen resultados inmediatos, aparentemente brillantes. Pero no es menos cierto que estos resultados inmediatos siven de muy poco si no están encuadrados en un planteamiento estratégico global y consistente".

Henderson (1964)

7.1. INTRODUCCIÓN

El término "estrategia", que inicialmente se recogía casi con exclusividad dentro del lenguaje militar –la historia ha dado ilustres estrategas: Julio César, Napoleón, Wellington, Rommel... –ha ido adquiriendo, con el paso de los años, un sentido mucho más extenso y popular. Se habla de estrategia dentro del mundo de la empresa, pero también lo hacemos en cualquier disciplina del deporte en la que entran en juego dos o más competidores; incluso los niños han aprendido a practicar juegos de estrategia en los que se les exige plantearse un "cómo" –unas directrices encaminadas hacia la acción– para conseguir un "qué" –objetivo final– antes que sus adversarios.

Ciñéndonos al asunto que nos ocupa, diríamos que la **estrategia** es un conjunto consciente, racional y coherente de decisiones sobre acciones a emprender y sobre recursos a utilizar, que permite alcanzar los objetivos finales de la empresa u organización, teniendo en cuenta las decisiones que en el mismo campo toma o puede tomar la competencia, y teniendo en cuenta también las variaciones externas tecnológicas, económicas y sociales.

La estrategia consiste sencillamente en adecuar nuestros factores internos a los factores externos con el fin de obtener la mejor posición competitiva. El planificador, en función de su interpretación del análisis efectuado, tiene que plantear diversas alternativas y reflexionar acerca de la más idónea, teniendo siempre presentes los medios de los que dispone y los resultados deseados. Sin embargo, no por reflexiva podemos ni debemos catalogar esta fase del plan de marketing como de estrictamente "racional". Al contrario, la definición y selección de estrategias es el ejercicio más sutil y creativo de la planificación de marketing y, por lo tanto, el menos susceptible de utilizar recetarios. No basta con un examen analítico de los hechos; además hay que interpretarlos y ser capaz de prever situaciones futuras.

Cuno Pümpin (1982) afirmaba: ***"La historia, y sobre todo el estudio del arte de la guerra, nos enseña (para sorpresa nuestra) que son siempre los mismos principios estratégicos básicos los que conducen al éxito"***. La mayoría de los autores han incluido en sus estudios –con niveles de coincidencia muy elevados– listas con los principios estratégicos considerados como "inalienables" dentro del marketing. Los que mencionaremos a continuación son seguramente los más extendidos de entre todos los formulados en los libros de texto. Estos son: explotar los puntos fuertes y evitar los puntos débiles, aprovechar las oportunidades ofrecidas por el entorno y el mercado, la innovación oportuna, la concentración de fuerzas, el aprovechamiento de potenciales sinergéticos, la armonización de los objetivos con los medios, la simplicidad y la perseverancia.

7.2. COHERENCIA CON LA ESTRATEGIA CORPORATIVA Y DELIMITACIÓN DE LOS CAMPOS

A lo largo de nuestra exposición, y en todas las etapas del plan de marketing que hemos ido cubriendo, se ha resaltado la necesidad –casi la obligación– de supeditación y coherencia de la estrategia de marketing respecto de la estrategia corporativa de la empresa. Podríamos afirmar que los objetivos, las estrategias y las acciones de marketing empiezan allí donde terminan los objetivos, las estrategias y las acciones corporativas. Sin embargo, no resulta fácil delimitar el principio y el fin de cada campo en concreto respeto al campo principal.

Este mismo fenómeno se manifiesta en las diferentes áreas de la estrategia de marketing: comunicación, precios, distribución, etc. ¿Cuál es la frontera entre la estrategia corporativa y la estrategia de marketing? (véase el gráfico 11). Quizá el único elemento de referencia válido sea el nivel de delegación de funciones entre los respectivos responsables de cada campo. Parece lógico que en la medida en que la influencia del director general, vía la estrategia corporativa, sea menor, la influencia del director de marketing, para cada nivel de la estrategia, será mayor. Esto es lo que hemos tratado de representar en el gráfico 33.

Gráfico 33
INFLUENCIA DEL RESPONSABLE DE MARKETING EN LOS DISTINTOS NIVELES DE LA ESTRATEGIA DE UNA EMPRESA

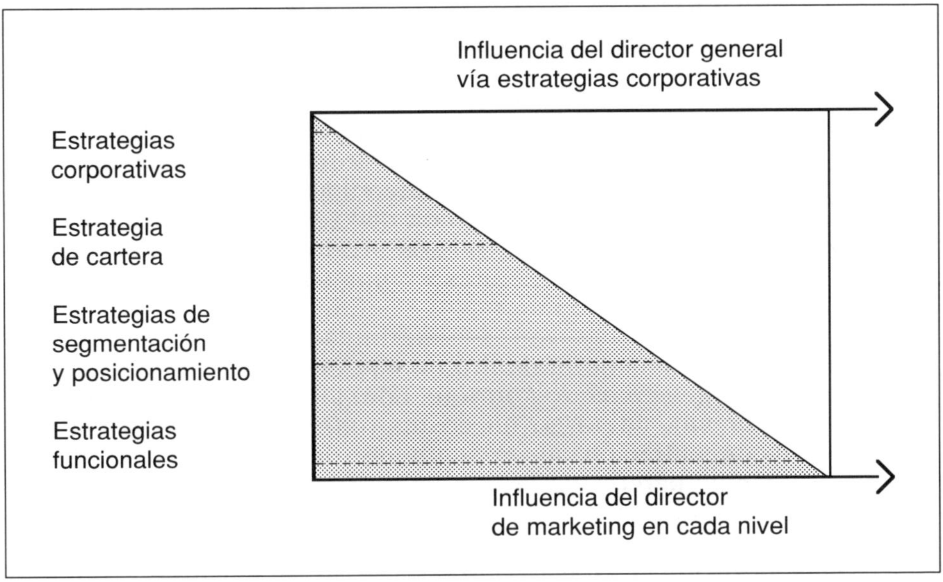

Tenemos ante nosotros la difícil tarea de delimitar aquella fase de la estrategia desde la cual será el responsable de marketing quien establezca las directrices para la acción. Con este fin, retomamos los cuatro niveles contemplados en el gráfico 11 para abarcar toda la estrategia de una empresa. Ellos nos servirán como punto de referencia para la delimitación de las responsabilidades:

NIVEL 1 Estrategias Corporativas

Suelen definir ***la visión, la misión, el negocio y la estrategia competitiva:***

- La *visión* trata de dar respuesta a importantes cuestiones como: ¿Qué tipo de empresa somos?, ¿Qué nos gustaría ser?; ¿Cuáles son nuestras áreas clave de negocio?, ¿Cuál es la lógica entre ellas?; ¿Cómo añadimos valor a nuestros negocios?, ¿Qué habilidades tenemos y transferimos?; ¿Cuáles son nuestros valores y cultura corporativa? Una definición adecuada de la visión, tras un riguroso análisis estratégico, permite descartar aquellos negocios que no responden a la visión definida.

- La *misión* de una empresa supone la definición de su filosofía, valores, actitudes y estilo a largo plazo con respecto a los diferentes grupos relacionados con ella (véase el anexo 6). Aunque suele ser más "perenne" que la visión, está condicionada por la actuación histórica y por las expectativas de futuro que tenga la empresa en el momento de su definición.

- Por su parte, *la definición del negocio* significa concretar al menos los siguientes aspectos: qué tipo de necesidades van a ser satisfechas (funciones del producto o servicio); qué segmentos de consumidores van a ser atendidos por la empresa (segmentos y áreas geográficas); y con qué tecnologías van a ser realizados los productos o servicios. Todo ello, comparado con nuestros competidores. El anexo 7 muestra la aplicación de este concepto a ARDOA.

- También se encuentran dentro de este nivel las *estrategias competitivas o genéricas de Porter* (el anexo 8 ilustra su aplicación a una empresa): liderazgo en costes, diferenciación, y especialización-concentración en un segmento del mercado. Esta definición es muy parecida a la de Abell (1980), quien contempla las siguientes alternativas estratégicas: concentración en un nicho de mercado; especialista de producto; especialista de cliente; especialización selectiva; y cobertura completa del mercado.

Aunque no se deciden en el plan de marketing sino en el plan estratégico de la empresa, las estrategias competitivas tienen una influencia muy directa en la estrategia de marketing, por lo que conviene hacer las siguientes **consideraciones:**

- **La estrategia de liderazgo en costes no debe confundirse con la de liderazgo en precios**. Los bajos costes permitirán a la empresa reducir los precios si decide seguir una estrategia de penetración en el mercado, pero pueden utilizarse para aumentar la rentabilidad y destinar los beneficios adicionales a inversiones que posibiliten el dominio del mercado. En otras palabras, liderazgo en costes es una estrategia que permite obtener recursos para invertir en marketing u otro tipo de inversiones que propician que la empresa sea líder del mismo.

- La **estrategia de diferenciación** supone que la empresa decide ofrecer productos y servicios que son únicos o superiores a los de la competencia. **No debe**, por tanto, **confundirse con la necesidad que tiene toda empresa de desmarcarse/diferenciarse de sus competidores** en lo que decida en su estrategia de segmentación y posicionamiento. De ahí que, como señalamos en la figura 2 del anexo 8, ésta es una posibilidad al alcance de muy pocos fabricantes. Es necesario ser fuerte en I+D, imagen de marca, tamaño, capacidad financiera para inversiones en marketing, etc.

- La **estrategia de concentración/focalización** supone defender la marca en el nicho de mercado seleccionado. Las empresas pequeñas, que normalmente carecen de recursos para competir en costes o en liderazgo/diferenciación, están en buena situación para concentrarse en proporcionar productos y servicios "personalizados", adaptados a las necesidades de grupos de clientes muy concretos. La clave del éxito para estas empresas está en su capacidad de innovación (y de respuesta a las innovaciones de los líderes que pretenden invadir dichos nichos) ofreciendo a los clientes del nicho elegido una gama de productos y servicios más completa y "personalizada" que la competencia.

- Se pueden **combinar** con éxito **dos de estas estrategias**: liderazgo en costes y diferenciación (por ejemplo, Pryca, Motorola) o concentración y diferenciación (por ejemplo, Ferrari en automoción o Bang & Olufsen en equipos de música).

- La estrategia de éxito para **las empresas que no son** (ni pueden aspirar a ser) **líderes del mercado** suele consistir en utilizar una cuidadosa estrategia de segmentación, decidiendo competir sólo en aquellas áreas donde la empresa tenga importantes fortalezas y/o aporte alto valor.

En cualquier caso, la estrategia de marketing **nunca** tendrá cabida dentro de este nivel estratégico. De ahí que –como el gráfico 33 ilustra– la influencia del director de marketing en este nivel de la estrategia sea "mínima": la que conceda la dirección general a los miembros del comité de dirección, dentro o fuera del proceso de planificación.

NIVEL 2 **Estrategia de cartera**

Una vez definidas en la estrategia corporativa, concretamente en la definición del negocio, las actividades de la empresa (también denominadas "unidades de negocio"), la estrategia de cartera debe concretar todas las alternativas producto-mercado que la empresa contempla dentro de esa actividad. Por ello, se puede concluir que en este nivel de la estrategia se fija la marcha a seguir para cada unidad de negocio, detallando las diversas combinaciones producto-mercado que deberá desarrollar la empresa.

Es en este nivel de la estrategia donde, normalmente, debe empezar a definirse la estrategia de marketing, bien porque será el primer nivel de la estrategia sobre el que la dirección general habrá concedido autoridad funcional al director de marketing, o bien porque, aunque la dirección general no haya delegado su elección en la dirección de marketing, ésta debe influir en su definición –tal como refleja el gráfico 33–, porque es quien mejor conoce las posibilidades que los diferentes mercados presentan a la empresa.

NIVEL 3 Estrategias de segmentación y posicionamiento

Define para cada binomio producto-mercado el segmento estratégico al que se deberá dirigir la empresa y su posicionamiento. Ello supone:

- En primer lugar, la identificación de los diversos segmentos existentes en el mercado (por **segmento** debe entenderse "el conjunto de clientes o potenciales clientes, que mantienen una posición semejante *en cuanto a sus percepciones de valor,* que debe aportar un determinado producto o servicio, siendo **"valor-percibido"** el posicionamiento del cliente en torno a la utilidad del producto, basado en la percepción de lo que se recibe y se da);

- En segundo lugar, la detección de aquel segmento atractivo para nuestra empresa (que sea suficientemente grande como para que recompense nuestros esfuerzos y que sea accesible para nosotros), en el que tenemos ventajas competitivas, es decir, el *segmento estratégico* (No conviene olvidar que las **ventajas competitivas** se relacionan con el *valor percibido* por los clientes en relación a la empresa. Así, si el cliente atribuye a nuestros productos un valor superior para igual precio percibido, o un coste más bajo para igual valor percibido está claro que, para él, tenemos una ventaja competitiva). En términos generales, una empresa no puede operar con éxito en un gran número de segmentos. De hacerlo, se produciría una excesiva fragmentación de sus esfuerzos; y

- Finalmente, la determinación del *posicionamiento* adecuado (posicionamiento de la empresa y/o del negocio, posicionamiento del producto, y posicionamiento ante el cliente). Lo cual pasa por conseguir una posición singularizada y significativa en el mercado, para lo que la empresa deberá ser capaz de diferenciarse de sus competidores en alguno de los aspectos que valora ese segmento estratégico.

NIVEL 4 Estrategias funcionales

Este nivel de la estrategia hace referencia a cuantas funciones haya en la empresa (véase el gráfico 11) aunque, en nuestro caso (función de Marketing), lo constituye el marketing mix: estrategia de productos, estrategia de precios, estrategia de distribución y estrategia de comunicación.

No debemos olvidar que estos cuatro niveles de la estrategia conforman un proceso en el que la conexión secuencial es tan estricta como necesaria. Por tanto, de nada servirá tener bien definido el marketing mix si no se han tenido en cuenta las directrices de la estrategia de posicionamiento que, a su vez, debe ser coherente con la estrategia de segmentación, fijada previamente ésta basándonos en la estrategia de cartera. Todo ello viene a significar que **cada nivel de la estrategia debe tener presente los dictados del nivel anterior.**

El gráfico 34 muestra esta relación de interdependencia entre los cuatro niveles de la estrategia. En efecto, supongamos una empresa que tiene dos actividades diferentes (por ej. LKS: consultoría y auditoría). Para cada actividad tiene que detectar las alternativas de producto-mercado disponibles (por ej. consultoría de marketing, de calidad total y de estrategia para el mercado de empresas y de instituciones, así como consultoría de recursos humanos y mejora continua para las administraciones públicas) y decidir cuál quiere que sea la estrategia de cartera. Supongamos que se decanta por la consultoría de marketing, calidad total y de estrategia para las empresas.

Gráfico 34
ILUSTRACIÓN GRÁFICA DE LA INTERDEPENDENCIA DE LOS CUATRO NIVELES DE LA ESTRATEGIA

Nivel 1	Nivel 2	Nivel 3	Nivel 4
Actividad 1 →	Producto 1 – Mercado 1 **Producto 1 – Mercado 2** → Producto 2 – Mercado 1 Producto 2 – Mercado 2	Segmento 1 – Posicionamiento "x" Segmento 2 – Posicionamiento "y" **Segmento 3 – Posicionamiento "z"** → Segmento 4 – Posicionamiento "v"	**Marketing mix** { Producto Precio Comunicación Distribución
Actividad 2	....	....	....

Posteriormente tiene que decidir su estrategia de segmentación (por ej. empresas del País Vasco con más de cien empleados) y su posicionamiento (por ej. expertos en consultoría de dirección) y, finalmente, su estrategia funcional para este segmento, dado el posicionamiento decidido. Esto es lo que tratamos de representar a través del gráfico 34.

Aún a riesgo de resultar reiterativos, insistiremos en la idea de que la estrategia de marketing respeta en todo momento el principio de coherencia y supeditación respecto de la estrategia corporativa. Este *principio de organización* nos ayuda, no obstante, a fijar el momento desde el cual el director de marketing debe asumir la responsabilidad sobre las decisiones estratégicas de una empresa: la estrategia de cartera. Partiremos por tanto de este punto para identificar los principios, elementos, herramientas de trabajo y criterios de elección estratégicos con los que contará el responsable de marketing en los sucesivos niveles de la estrategia.

7.3. ESTRATEGIA DE CARTERA

Como ya señalamos, la estrategia de cartera fija la marcha a seguir para el establecimiento de cada unidad estratégica empresarial (o unidad de negocio), detallando para las mismas las diferentes combinaciones producto-mercado que deberá desarrollar la empresa.

Normalmente, la empresa cuenta con varias herramientas de trabajo para su definición: las matrices del BCG (la matriz de crecimiento-participación, posteriormente complementada con la de la dinámica competitiva, y la matriz de gestión del valor de la empresa), la matriz de Ansoff (también recordada como matriz de dirección del crecimiento), la matriz de posición competitiva (bien sea la matriz de directrices de Shell o la de McKinsey-General Electric de posición competitiva-atractivo del sector, o la de posición competitiva-madurez de ADL) o el método del posicionamiento estratégico (también conocido como SPACE).

No es éste el lugar adecuado para comentar los pros y contras de la utilización de estas herramientas. Pero si hubiera que dar algún consejo al respecto, éste sería: utilizar todas ellas en la fase de análisis y diagnóstico de la situación –máxime si se trata de una empresa muy diversificada, ya que para estos casos han sido diseñadas–, y recurrir **siempre que nos hayamos fijado objetivos de crecimiento** a la matriz de Ansoff para definir la estrategia de cartera. Del resto, la Pyme sacará siempre mayor provecho de la matriz de posición competitiva que de las del BCG, entre otras cosas porque quizá no cuente con ningún producto "bolsa" con el que apoyar determinados productos "interrogante" o porque probablemente no esté suficientemente diversificada como para encontrarse con una cartera tan variada y rica como presentan las matrices.

De su aplicación obtendremos las conclusiones que nos inclinarán hacia una estrategia de penetración, desarrollo de nuevos productos, desarrollo de nuevos mercados, o diversificación, apoyando unos u otros productos para los que habremos detectado que tenemos una buena posición competitiva. Vamos a detenernos en aquellas que no se han visto hasta ahora, para comprobar en qué casos concretos pueden sernos de utilidad y cómo deben aplicarse para resultar efectivas.

7.3.1. Matrices del Boston Consulting Group (BCG)

A. *Matriz de crecimiento-participación:*

Esta matriz, desarrollada en los años sesenta por el BCG para el análisis de la cartera de negocios y productos de la empresa, es una herramienta de gran utilidad cuando la empresa presenta productos en todos los puntos de la matriz. Ésta se rige a través de dos variables: **la tasa de crecimiento del mercado** (indicadora del atractivo del mercado y del nivel de inversión que exige cada producto para mantener el equilibrio deseado) y **la participación relativa de mercado** (representativa de la posición competitiva de la empresa y de su capacidad de generación de fondos o *cash-flow*).

Las dos premisas básicas de esta matriz son:

1. Los fondos obtenidos por la empresa son función del coste unitario, que a su vez es función del volumen de ventas y de la experiencia, que fundamentalmente dependen de la cuota de mercado.

2. Los fondos necesarios para la inversión en instalaciones, equipos y capital circulante son función de la tasa de crecimiento del mercado.

Estas dos premisas llevan a la conclusión de que el *cash-flow* es una función de la participación relativa de mercado y de la tasa de crecimiento del mercado, por lo que serán las diferencias respecto a estas dos variables las que determinarán la estrategia más indicada para cada negocio; es decir, en cuáles y en qué cantidad se deberá invertir, y cuáles deberán ser incorporados o retirados de la cartera.

Por ello, la secuencia óptima requiere que exista algún producto bolsa ($), generador neto de *cash-flow,* que permita la inversión sobre un producto interrogante (?) con el fin de que éste llegue a convertirse en un producto estrella (*), demandante neto de *cash-flow,* siempre que no sea conveniente reinvertir los recursos financieros en una misma actividad o producto. El anexo 9 (Guía de las decisiones estratégicas sugeridas para las distintas posiciones en la matriz del BCG) es una muestra de la utilidad de esta herramienta cuando se dan las circunstancias que posibilitan su uso.

El gráfico 35 recoge la secuencia óptima de los fondos generados por los productos bolsa (línea gruesa), para equilibrar la cartera de productos o actividades de una empresa, así como la secuencia óptima del movimiento de los productos (las otras dos flechas): que los productos interrogante se conviertan en estrella gracias a la inversión recibida de los productos bolsa y que los productos estrella pasen a productos bolsa cuando se reduzca la tasa de crecimiento del mercado por evolución natural de su ciclo de vida.

En el cuadro nº 64 exponemos un ejemplo concreto de cómo una empresa puede conocer el posicionamiento de sus productos en esta matriz, a partir de los siguientes datos estadísticos para cada uno de los productos de la empresa:

- Tasa de crecimiento del mercado (T.C.M.).
- Participación de mercado de nuestra empresa (X) y del mayor competidor que tengamos (Y), sea éste el líder del mercado o el nº 2, si somos nosotros el líder.
- Porcentaje que representa esa línea de productos sobre el total de la facturación de la empresa.

Gráfico 35
SECUENCIA ÓPTIMA

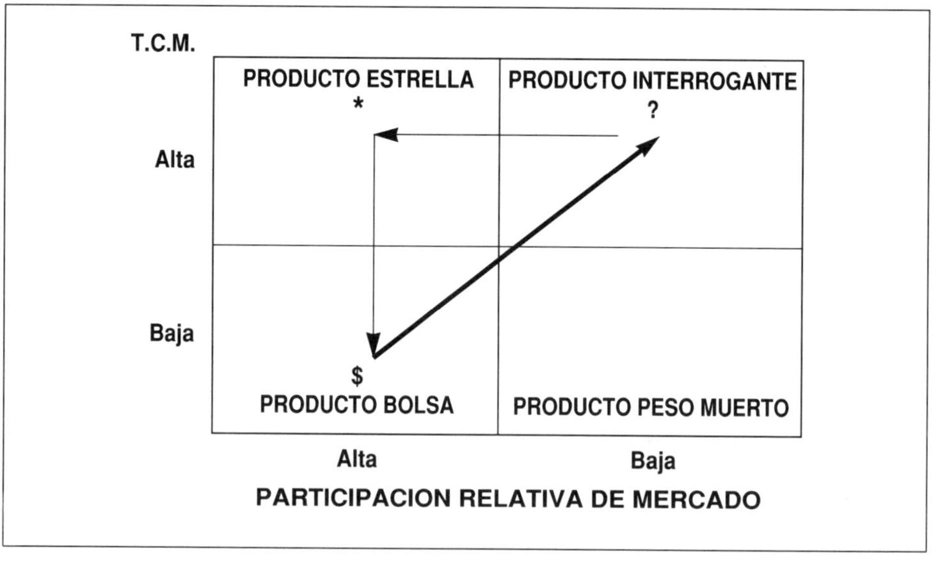

Cuadro nº 64
EJEMPLO DE APLICACIÓN DE LA MATRIZ DEL BCG

Productos (unidad de negocio)	T.C.M. (%)	(X) Nuestra empresa	(Y) Mayor competidor	X/Y Ratio	% ventas de nuestra empresa
A	4,0	40	10	4	25
B	8,0	50	25	2	10
C	14,0	50	10	5	15
D	16,0	36	12	3	10
E	15,0	15	45	0,33	5
F	10,0	8	40	0,20	4
G	7,0	18	36	0,50	6
H	2,0	11	44	0,25	4

Con estos datos la posición de cada producto dentro de la matriz quedaría expresada en el gráfico 36.

Gráfico 36
REPRESENTACIÓN GRÁFICA DE LA MATRIZ DEL BCG PARA NUESTRO EJEMPLO (cuadro nº 64)

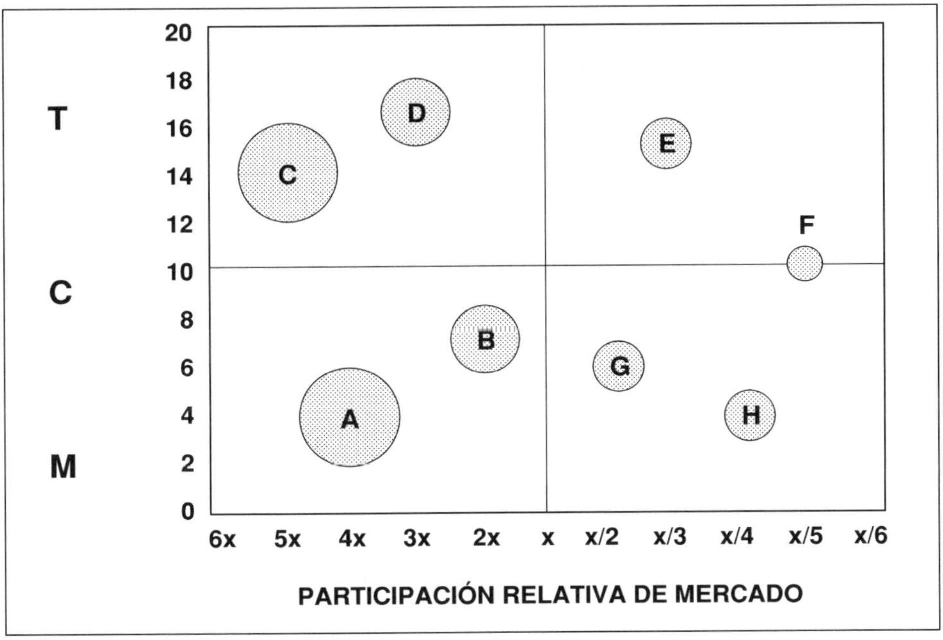

Éste sería un caso claro en el que la matriz se mostraría como una herramienta de gran utilidad, ya que a la empresa le ha servido, entre otras cosas, para:

- Comprender que tiene dos productos bolsa (A y B) con los que apoyar su producto interrogante (E), para convertirlo en estrella a base de ganar cuota de mercado y obtener la posición de líder en su mercado.

- Detectar que tenemos dos productos estrella (C y D), que bien gestionados pueden convertirse en productos bolsa cuando pasen a la etapa de madurez del ciclo de vida.

- Adoptar decisiones como las expuestas en el anexo 9.

B. *Matriz de gestión del valor de la empresa:*

Esta matriz, presentada por Marten en 1994, se basa en dos nuevas variables (el encaje con la visión de la empresa y la creación de valor) y en una medida de rentabilidad que el BCG ha encontrado empíricamente adecuada, dada su alta correlación con el valor de mercado de las empresas: el rendimiento del *cash-flow* sobre la inversión. Esta medida compara los flujos de caja que genera el negocio con la inversión que éste requiere durante toda su vida útil (el rendimiento del *cash-flow* sobre la inversión lo calcula dividiendo el valor actual neto de los flujos de caja por la inversión bruta actualizada).

El gráfico 37 presenta esta nueva matriz de gestión del valor de una empresa.

Las decisión estratégica a tomar con las *"joyas de la corona"* es evidente: desarrollarlas ya que encajan con la visión y tienen un alto poten-

Gráfico 37
MATRIZ DE GESTIÓN DEL VALOR DE UNA EMPRESA

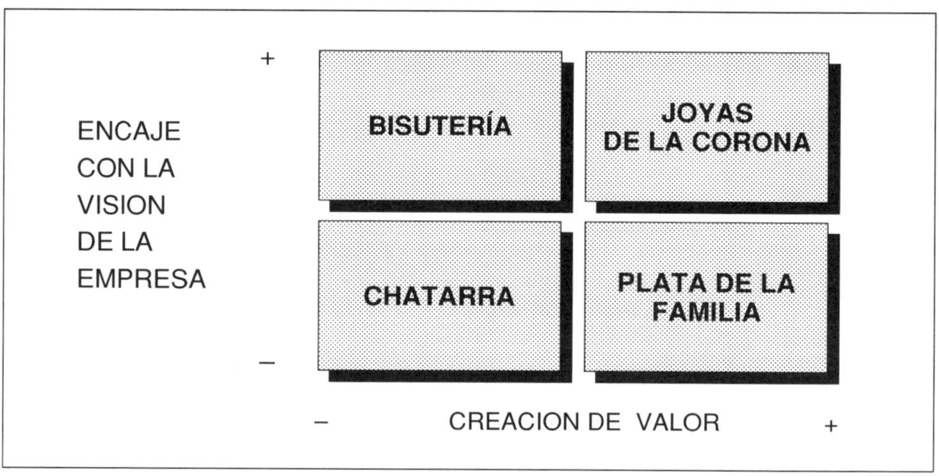

cial de añadir valor, bien a través de mejorar su rentabilidad o de crecer. También es fácil saber qué hacer con la *"chatarra"*: debe ser desinvertida, ya que está restando valor al conjunto y además no encaja con la visión de la empresa. No hay nada que justifique su permanencia.

Los denominados *"plata de la familia"* son negocios que tienen alta rentabilidad pero que no encajan con la visión, por lo que resulta difícil definir su actuación: gestionarlos como si se tratase de inversiones financieras, ya que la empresa difícilmente puede añadir más valor del que ya generan; fuente para adquirir habilidades que luego podemos trasladar a otros negocios; o su posible venta para invertir lo obtenido en negocios con mejor encaje.

También es difícil decidir qué hacer con la *"bisutería"* ya que encaja perfectamente con la visión de la empresa pero no aporta el valor que debería: reluce mucho pero vale poco. Actuaciones posibles para darles la vuelta cuanto antes son: convertirlos en actividades rentables; cambiar a los gestores; buscar una alianza estratégica; o desinvertir si se piensa que no se va a poder reestructurar el negocio.

Sin restar valor a esta última matriz del BCG –entre otras cosas porque todavía no ha sido puesta en práctica por este autor–, conviene resaltar que tampoco esta matriz ha sido diseñada para la Pyme, sino para la gran empresa diversificada, por lo que su utilidad será muy restringida.

7.3.2. Matriz de dirección del crecimiento (Ansoff)

Como se ha dicho, es una herramienta **útil en los casos en los que la empresa se ha marcado objetivos de crecimiento**. Y resulta de gran utilidad sobre todo en las Pymes, dado que este tipo de empresas raramente cuenta con productos líderes (bolsa o estrella).

La matriz de Ansoff atiende al binomio producto-mercado en función de su actualidad y de su novedad, para desembocar hacia una línea estratégica de expansión o de diversificación según los casos.

Los recuadros 1*, 2* y 3* del cuadro nº 65 reflejan opciones de expansión, mientras que el recuadro 4* marca una estrategia de diversificación. Pues bien, el **criterio general** es que toda empresa debe agotar todas las posibilidades de expansión (penetración, desarrollo de nuevos productos y desarrollo de nuevos mercados) antes de abordar una estrategia de diversificación.

La experiencia ha demostrado que la probabilidad de éxito en la elección de una estrategia es mayor en cuanto que se aprovechan de

Cuadro nº 65
MATRIZ DE ANSOFF

Productos / Mercados	Actuales	Nuevos
Actuales	1* Penetración de mercado	2* Desarrollo de nuevos productos
Nuevos	3* Desarrollo de nuevos mercados	4* Diversificación

manera óptima las posibilidades ya existentes en la empresa: trabajar con productos que se dominan en mercados que ya se conocen. Además, cabe mencionar que la rentabilidad obtenida es, en general, mayor cuando la empresa adopta una estrategia de expansión. La evidencia empírica obtenida al respecto en los últimos años es sumamente elocuente al respecto. Como muestra recogemos la siguiente cita de un analista bursátil de la empresa Fineco:

> "La semana pasada asistí a una conferencia en la que uno de los ponentes expuso que una de las conclusiones a las que habían llegado es que las empresas españolas que en los últimos años habían buscado su crecimiento centrándose en su actividad, ampliando nuevos mercados o consolidando los ya existentes, habían tenido buenos resultados, mientras que las que habían diversificado en otras actividades diferentes a las suyas habían obtenido unos resultados decepcionantes» (página 21 del *Diario Vasco* del 19 de febrero de 1995).

Ello puede, aparentemente, contravenir el conocido refrán de que "no conviene poner todos los huevos en la misma cesta". Pero son tantas las complicaciones que la diversificación causa a la dirección general de este tipo de empresas (por ejemplo, distrayéndola con una gestión de negocios en absoluto relacionados entre sí, u ocupándose de las correspondientes inversiones y desinversiones), haciéndoles perder de vista cuál es la fuente real de beneficios de la empresa y cuáles son sus problemas básicos (cómo obtener una ventaja competitiva sostenible en los negocios en que compite la empresa), que es más conveniente seguir este otro refrán: "zapatero a tus zapatos".

Como señaló Pedro Nueno en el congreso AECOC '98, en la década de los noventa se ha dado la siguiente evolución –respecto a la directriz imperante en la década de los setenta– en la filosofía de las empresas:

- "Zapatero a tus zapatos" (vs. "No pongas todos los huevos en la misma cesta").
- Domina un segmento de mercado a nivel global (vs. Construye fuerte en casa y luego salta fuera).
- Compite y coopera (vs. Controla en mayoría).
- Estrutura lo más simple y busca que la gente tenga iniciativa (vs. Estructura matricial, muchos sistemas, sistemas de presupuestos complicados).
- Especialización en un eslabón de la cadena (vs. Integración vertical).

Debemos convencernos de que la necesaria diversificación del riesgo no pasa necesariamente por la diversificación de la empresa, ya que el accionista puede diversificar su riesgo por su cuenta, incluso más eficazmente que la empresa, simplemente adquiriendo acciones de varias empresas distintas. Haciendo esto mismo en Bolsa la empresa diversifica el riesgo, pero no crea ningún coste añadido a las empresas participadas (al no tener que aplicarles la parte correspondiente de contribución a las cargas de estructura de la corporación). Además, lo único que la dirección de una empresa diversificada aporta –la distribución de recursos para nuevas inversiones–, es algo que los mercados de valores pueden hacer más eficazmente.

Según *Actualidad Económica* (6 de junio de 1994), el grupo Leche Pascual ha creado un holding inmobiliario que controla en estos momentos importantes inversiones, fundamentalmente en Málaga, con dos campos de golf, y que detenta a su vez un 93% de Golf España –sociedad que tiene entre otras participaciones el 80% de la sociedad Club Inversiones y Finanzas y el 50% de Praicsa, sociedad que posee 13 millones de metros cuadrados en Fuerteventura–. Pues bien, la pregunta que cabe hacerse es: ¿Es oportuna esta estrategia de diversificación de este grupo que es el líder en leche (14,3% de cuota de mercado en 1993), zumos (16,4%), nata líquida (11,3%) y mantequilla (15,2%), y ocupa puestos destacados en cereales (un digno 2.º ó 3.º puesto con el 8,6% en 1993) y agua mineral (3.º con un 5,4%)? ¿No sería más conveniente invertir en Bolsa o haber destinado los fondos generados por la "vaca" leche Pascual a apoyar alguno de los productos interrogantes citados (por ejemplo agua mineral)? Este autor no tiene la respuesta, pero sí parece haber una contradicción con la teoría expuesta hasta el momento. Que el lector saque sus propias consecuencias.

• **La estrategia de penetración de mercado** es, por las razones a las que ya hemos aludido, la más "segura" de las estrategias de expansión formuladas. Puede ir dirigida a *mejorar la atención al cliente* (aumentando la unidad de compra, reduciendo la obsolescencia, haciendo publicidad de otros usos, facilitándole la compra o mediante incentivos en el precio para aumentar los usos), o a *atraer clientes de la competencia* (marcando las diferencias con las marcas de la competencia o aumentando los medios de apoyo de las ventas). De su aplicación obtendremos las siguientes ventajas: la experiencia desarrollada a lo largo del tiempo en lo que a nuestro producto se refiere y al mercado en el que éste se mueve.

Es obvio que Leche Pascual está siguiendo esta estrategia en el mercado español, aunque con el criterio siguiente: ningún cliente debe suponer más del 2% de las ventas del grupo. Para ello lidia su particular guerra con la gran distribución (yendo contra corriente de lo que se considera, en estos momentos, gestión adecuada de marketing. Sólo concentra el 20% de sus ventas en las grandes superficies y eso le proporciona una gran independencia frente a la presión de la gran distribución) y se ha dotado de una impresionante estructura de ventas y distribución para llegar a 65.000 puntos de venta (cuenta con 22 delegaciones propias, 21 almacenes, 200 camiones de largo recorrido, 150 camiones de reparto y 400 vendedores propios, además de haber contratado 500 distribuidores, que por supuesto tienen su propia red de ventas y camiones) y convertirse en el rey de las estanterías de las tiendas tradicionales.

• La **estrategia de desarrollo de nuevos productos** implica necesariamente un cambio material en el mismo que puede cristalizarse de muy diferentes modos. Nos movemos en un mercado que ya conocemos, pero que a su vez está imponiendo una regeneración o adaptación del producto a los nuevos gustos y necesidades de los usuarios. El Corte Inglés ha adoptado esta estrategia en momentos clave para el desarrollo de determinadas nuevas formas comerciales: en 1979, creando Hipercor; posteriormente, al final de la década de los ochenta, con los centros comerciales; en 1990, desarrollando la "teletienda" y la "tienda en casa"; y, tras adquirir en 1995 a su eterno rival Galerías Preciados, con las grandes superficies especializadas.

El cambio puede manifestarse adaptando el producto a otras ideas u otros diseños, secuencias y componentes, modificando su color, sonido, olor, forma, tamaño, movimiento..., exagerando o minimizándolo, sustituyendo sus ingredientes por otros, invirtiendo los procesos, combinando sus atractivos, unidades, surtidos, fines, etc., o sencillamente creando más versiones (modelos y tamaños).

– Ésta ha sido la gran baza estratégica seguida por D. Tomás Pascual varios años después de consolidar el negocio desarrollado en España desde que en 1967 la Caja de Ahorros de Burgos prestara dinero a este pionero en España en la leche *brik* y en leche desnatada, así como en zumos en *brik* (Zumosol), y ha ampliado su negocio con nuevos productos como agua mineral (mercado en el que está presente desde 1974 con la marca Bezoya y desde 1991 con Manantiales Cardó), nata líquida o mantequilla (desde 1990), cereales (desde 1991) y postres de larga vida (desde finales de 1992), buscando siempre mercados con gran potencial de crecimiento.

– El grupo helvético-sueco Tetra-Laval (Tetra Pak), líder mundial de envases para líquidos, ha iniciado una rápida expansión en el embotellado de plástico, con el objetivo de compensar la desaceleración de la demanda de envases tradicionales de cartón en algunos de sus mayores mercados, como Europa Occidental... Su objetivo consiste en desarrollar un medio económico de embotellar cerveza en plástico, algo que todavía no ha conseguido la industria cervecera (*Expansión*, 29 de diciembre de 1998).

– Agbar invertirá 20 millardos en comercio electrónico a través del grupo AGM... "Los 20.000 millones de pesetas se invertirán en el desarrollo y planificación de nuevos canales de venta a distancia, destinándolos tanto a reforzar el I + D, como a avanzar en las últimas tecnologías" (*Cinco Días*, 15 de abril de 1999).

• La **estrategia de desarrollo de nuevos mercados** puede traducirse en una expansión geográfica del mercado (regional, nacional o internacional), en la búsqueda de nuevos segmentos del mercado (creando versiones que atraigan a nuevos segmentos, renovando los canales de distribución, adoptando otros medios publicitarios...) o consiguiendo nuevos usuarios para los segmentos actuales (induciendo a la prueba con promociones, muestras, cupones, etc., variando los precios, haciendo publicidad del nuevo uso, ampliando la distribución o mediante un mayor apoyo a la promoción y la publicidad).

Afortunadamente, cada vez son más numerosas las empresas españolas que, en los últimos años, se han abierto paso en los mercados exteriores, superando en muchos casos sus ventas al exterior a las obtenidas en el mercado español. CAF, Freixenet, Mango, Copreci, el grupo Eroski, Gamesa, Fagor Ederlan, Viscofán, Irizar, Zara y Danobat son algunas de estas empresas.

- Viscofán es un bonito ejemplo de adopción de la estrategia de desarrollo de nuevos mercados hasta sus últimas consecuencias. En efecto, compra, en 1990, la empresa alemana Naturín –que facturaba casi tres veces más que la empresa navarra– por más de 16.000 millones de pesetas, para: consolidar su posición en el mercado alemán; colocarse en una posición privilegiada para acceder a los mercados de la Europa del Este; ampliar su gama de productos (hasta entonces las envolturas celulósicas, utilizadas en la fabricación de salchichas y otros productos cárnicos) a las envolturas de plástico y de colágeno comestible y no comestible; acceder al mercado norteamericano (donde tenía vetada la entrada con sus envolturas celulósicas por cuestiones arancelarias); etc.

  Pero no se acaban ahí las pretensiones de expansión de este grupo, ya que sabe perfectamente que para superar el listón de los 44.000 millones de pesetas de facturación correspondientes a 1994 debe profundizar en esta estrategia de desarrollo de nuevos mercados, que le ha posibilitado que el 85% de sus ventas vayan a mercados exteriores. A tal efecto se ha propuesto liderar el negocio de tripas artificiales en Occidente, y se ha planteado como objetivo prioritario los mercados de Sudamérica y Asia, incluido el difícil mercado japonés, además del prometedor pero costoso mercado de la antigua Unión Soviética. Para ello, ha creado una oficina comercial en Moscú y Singapur, una planta de fabricación de tripas artificiales en Brasil (como punta de lanza para lograr ser más competitivo en los países del cono sur), etc. (Fuente: *Actualidad Económica,* 18 de julio de 1994, págs. 20-22). Según estas mismas fuentes, Viscofán facturó 60.484 millones de pesetas, en 1998, con un resultado neto de 5.052 millones (momento en el que, por ejemplo, ya poseía una cuota de mercado del 20% en Estados Unidos).

- Algunos de los múltiples titulares que continuamente se refieren a este tipo de estrategia son: "Mecalux destina 2.600 millones a su crecimiento en América Latina. Instala una factoría en México y un centro logístico en Argentina" (*Cinco Días,* 13 de abril de 1999); «Leche Pascual prepara su asalto para escapar la crisis del mercado español" (*La Gaceta de Lunes,* 21 de diciembre de 1998); o "Puleva acuerda con Soprole la fabricación y distribución de sus productoras en Chile y ultima pactos en Europa y Suramérica... Exportar tecnología en lugar de comprar empresas, ésa es la nueva estrategia internacional de Puleva, según su vicepresidente Guillermo Mesonero" (*Cinco Días,* 15 de febrero de 1999).

• Cuando la alternativa elegida es la de lanzar nuevos productos, en mercados en los que todavía no estamos presentes, estaremos optando por una **estrategia de diversificación.** El cuadro nº 66 recoge la matriz de diversificación, en la que se incluye qué supondría esta estrategia para un fabricante de coches.

Cuadro nº 66
MATRIZ DE DIVERSIFICACIÓN (ANSOFF)

		NUEVOS PRODUCTOS	
	Grado de novedad	De tecnología similar	De tecnología diferente
NUEVOS MERCADOS	Mismo tipo	**DIVERSIFICACIÓN HORIZONTAL**	
		Motocicletas	Aparatos eléctricos para el hogar
	Los mismos	**INTEGRACIÓN VERTICAL**	
		Ruedas	Neumáticos
	Similares	**DIVERSIFICACIÓN CONCENTRICA**	
		Maquinaria agrícola	Pequeños ordenadores
	Distintos	Locomotoras	**DIVERSIFICACIÓN TIPO CONGLOMERADO** Productos petroquímicos

Como indicábamos algunas líneas atrás, la diversificación es la estrategia que comporta un mayor índice de riesgo, dado que partimos de una experiencia producto-mercado nula. Las posibilidades de éxito dependerán en muchos casos no sólo de las condiciones del nuevo mercado al que nos vayamos a dirigir (si presenta características idénticas, similares u opuestas al que ya conocemos), o del tipo de producto (similar o diferente), sino también de las prácticas comerciales que requiere y del dominio que tengamos de la tecnología empleada en su producción.

En el capítulo 5 expusimos diversos ejemplos de empresas que están tomando decisiones de concentración en sus actividades principales, desprendiéndose de negocios en los que habían diversificado sin éxito. *Actualidad Económica* (13 al 19 de julio de 1998) recogía este titular refiriéndose a Philips: *"De fabricar hasta piensos para animales ha pasado a concentrarse en lo que mejor sabe hacer: televisores, bombillas, afeitadoras eléctricas..."*

- "Está visto que entrar en mercados que no son los suyos no le ha dado buenos resultados a TEKA (que facturó 62.000 millones de pesetas en 1994)... Las incursiones en sectores distintos del de la cocina (donde tiene una cuota de mercado del 75% en fregaderos y del 40% en hornos) no se le han dado bien a TEKA"... De ahí que el presidente del grupo, Klaus Graf, declarara a *Actualidad Económica* (1 de mayo de 1995) que, a la vista de su experiencia en diversificación (grifos y cerámica para cuartos de baño; Texas Hiperhogar en distribución comercial de productos de bricolaje; y comercialización de equipos de procesos de datos), "prefiere seguir siendo *cocinero* antes que cualquier otra cosa".

- "TEKA vende su negocio de bricolaje a Conforama. Se desprende de los diez almacenes de la deficitaria cadena Brico OH Hogar (antigua Texas Hiperhogar)... La empresa factura unos cinco mil millones de pesetas al año y ha registrado pérdidas durante los últimos años, que han obligado a TEKA a recapitalizar la sociedad en varias ocasiones... TEKA se hizo con la totalidad de la empresa tras comprar la participación a su socio, la británica Texas Homecare. Desde que adquirió la compañía en 1994, ha intentado su relanzamiento, pero sin demasiado éxito" (*Cinco Días*, 24 de junio de 1998).

7.3.3. Crecimiento interno o externo

Las estrategias de crecimiento descritas se basan en la evidencia empírica de que el aumento de la rentabilidad mediante la vía del crecimiento de las ventas puede alcanzar en Bolsa un valor entre un 25 y un 100% superior que un incremento de la rentabilidad vía costes. De ahí que los directivos utilicen este tipo de estrategias tanto para mejorar el rendimiento estratégico como el financiero de una empresa o negocio.

El proyecto PIMS ha demostrado que, mejorando la posición de una empresa en el mercado, las estrategias de crecimiento mejoran tanto los resultados de los ingresos como los de la rentabilidad. Además de servir, en determinadas ocasiones, para contrarrestar los efectos negativos de los denominados programas de *downsizing* (recorte de plantillas) y de reducción de costes.

Como se ha podido comprobar por los múltiples ejemplos citados, estas estrategias de crecimiento se pueden llevar a cabo de dos formas: mediante el crecimiento externo (a través de alianzas y adquisiciones de otras empresas o negocios, procedimiento preferido por el 69% de los directivos españoles según la investigación de Suárez-Zuluaga) o por crecimiento interno u "orgánico", sólo preferido por el 31% restante (la última investigación de Gemini y *The Economist*, realizada en 1999 entre 325 altos directivos de grandes empresas europeas y norteamericanas da al crecimiento orgánico una cifra superior: el 49%).

Quienes prefieren la **adquisición** aducen las siguientes razones:

- Es un método más rápido que la generación interna para alcanzar la rentabilidad deseada. En la práctica, una adquisición puede hacerse en unos seis meses, en tanto que la generación interna de un negocio suele requerir varios años.

- Y, aunque en menor medida, porque el resultado es más seguro y conocido cuando se compra, y el proceso menos complicado (por complejidad y recursos) que si se inicia un negocio. *"Resulta evidente* –añade Suárez-Zuluaga– *que los ejecutivos españoles no piensan que la adquisición de empresas se distinga por su seguridad. En esto coinciden con la opinión de Peter Drucker al señalar que lo normal es encontrarse con sorpresas desagradables a la hora de tomar posesión de la compañía adquirida".* Y si no, que se lo pregunten a los que siendo directivos de *Digsa* compraron *Dismo* en 1990 por 390 millones de pesetas.

Las siguientes empresas han dado muestras de interesarles esta estrategia:

– "Pepsico compra los zumos Alvalle para lanzar Tropicana y competir con Minute Maid (de Coca-Cola)", según *Expansión*, de 21 de enero de 1999.

– "Telefónica compra por 5 millardos la tercera operadora de Austria. Con esta compra, Telefónica accede al mercado centroeuropeo y toma posiciones" (*Cinco Días*, 8 de febrero de 1999).

– "Vivendi compra por un billón de pesetas el líder norteamericano del negocio del agua. La adquisición de US Filter le permitirá al socio de FCC ser líder mundial" (*Cinco Días*, 23 de marzo de 1999).

– "Parmalat compra el 51% de Clesa para frenar a Puleva" (*Cinco Días*, 27 de noviembre de 1998).

– "Puleva compra el 75% de Leyma-Ram a través de una ampliación de capital de 6.000 millones" (*Cinco Días*, 13 de abril de 1999).

– "Nestlé compra La Cocinera a Danone y negocia vender Findus" (*Cinco Días*, 14 de abril de 1999).

– "Hyundai cierra la adquisición del 51% de Kia por 130 millardos" (*Cinco Días*, 2 de diciembre de 1998).

– "Ford adquiere la división de turismos de Volvo por cerca de un billón de pesetas" (*El Diario Vasco*, 29 de enero de 1999).

– "AOL compra Netscape y prepara con Sun una plataforma alternativa a Windows" (*Cinco Días*, 25 de noviembre de 1998).

– "Total se convierte en la tercera petrolera europea al comprar la belga Petrofina" (*Cinco Días*, 2 de diciembre de 1998).

Quienes, por el contrario, prefieren la **generación interna** dicen hacerlo porque:

- Al conocerse mejor el negocio la gestión ulterior será mejor. "Aprender para luego gestionar mejor" resulta el argumento más valorado de todos.
- Puede obtenerse mejor lo que se desea mediante el desarrollo interno que comprar lo que otros hicieron.
- Resulta más barato y, además, si las cosas se tuercen, el riesgo que se corre es menor.

Todas las empresas utilizan en mayor o menor medida el crecimiento orgánico para materializar su estrategia de crecimiento. Por ello la lista sería interminable. Sirva, por tanto, como ejemplo el siguiente:

Viscofán, fundada en 1975, controla el 35% del mercado mundial de envolturas celulósicas para carne y el 20% del mercado estadounidense. Sus ventas consolidadas superan los 55.000 millones de pesetas y está presente en 40 países (*El País*, 30 de diciembre de 1998).

Por supuesto, gran parte de esta espectacular evolución ha sido mediante crecimiento interno, pero acompañado, según la oportunidad, por el crecimiento externo. Por ejemplo: Viscofán adquirió, en 1990, la empresa alemana Naturin.

Las **fusiones y alianzas empresariales** (Goodyear y Sumitomo/Dunlop, Correos y La Poste, etc.) están siendo otras dos importantes vías de crecimiento en este mundo cada vez más globalizado. En efecto, la globalización parece ser la razón de ser de este "empacho de fusiones" y de "esta ola de concentración empresarial":

- "Deutsche Telekom y Telecom Italia crean un titán europeo con vocación de crecer más" es el titular de *Cinco Días* del 23 de abril de 1999.
- "La fusión de Exxon y Mobil es la mayor unión empresarial de la historia", declaraba *The Wall Street Journal* el 4 de diciembre de 1998.
- "Hoechst y Rhône-Poulenc se unen y crean la segunda compañía farmacéutica del mundo. Forman una empresa mixta al 50% en ciencias de la vida y se fusionarán en tres años" (*Cinco Días*, 2 de diciembre de 1998).
- "Daimler y Chrysler: juntas sumarán más que las partes" (*The Wall Street Journal*, 29 de diciembre de 1998).
- "Alcoa aborda una megafusión en el aluminio europeo, donde prevé que queden cuatro grupos" (*Cinco Días*, 17 de febrero de 1999).
- "Fiat y Renault acuerdan la fusión de sus actividades metalúrgicas" (*Cinco Días*, 10 de noviembre de 1998).
- "ABB y Alstom unen divisiones y crean la empresa líder en generación eléctrica" (*Cinco Días*, 24 de marzo de 1999).

Hasta finales de 1998, las diez mayores fusiones de la historia las habían protagonizado Mobil + Exxon, Citicorp + Travelers, Ameritech + SBC Comm, GTE Corp + Bell Atlantic, Tele-Comm + ATT, BankAmerica + NationsBank, Amoco + BP, MCI + WorldCom, Chrysler+Daimler-Benz, y Monsanto + American Home.

Pero, ¿son buenas las fusiones? La consultora Mitchell Madison informa que está demostrado que "el 60% de las grandes fusiones bancarias no ha generado valor para los accionistas. Al contrario, en los dos años siguientes a la operación ha sido un 17% inferior al del sector". Por su parte, la consultora Watson Wyatt señala que "el 75% de las fusiones defraudan o fracasan, y que la productividad se reduce a la mitad entre los cuatro y ocho primeros meses. Sólo el 23% de las adquisiciones recupera su coste de capital".

Y el profesor Alvaro Cuervo escribía en *El País* (19 de marzo de 1999): "La justificación de las fusiones y adquisiciones para los accionistas se centra en sus posibilidades como medio para la creación de riqueza para los mismos, dado que se espera obtener economías de escala y alcance –sinergias–, poder y posición en los mercados". Sin embargo, añadía: "en la mayoría de los casos, las adquisiciones son un juego donde pierde el adquiriente, pues el premio que paga no compensa la sinergia lograda"; y "la supuesta creación de valor del proceso de fusiones difícilmente se logra, y eso sólo ocurre en el largo plazo, cuando ya se han olvidado todas las estrategias alternativas".

En cualquier caso, como dejamos constancia en el gráfico 11, estas decisiones no forman parte de la estrategia de marketing, por lo que se abordarán fuera del plan de marketing de la empresa.

7.4. ESTRATEGIAS DE SEGMENTACION Y POSICIONAMIENTO

En este tercer nivel de estrategia se definirá, para cada binomio producto-mercado elegido en el nivel anterior, el segmento o segmentos estratégicos a los que se dirigirá la empresa, así como su posicionamiento (atributos, diferenciación, imagen deseada...).

7.4.1. Estrategia de segmentación

La elección del segmento(s) se llevará a cabo en función del atractivo que presenta(n), así como de las ventajas competitivas que disfrutemos (véase el gráfico 38). De esta manera, definiremos el **segmento estratégico** como aquel segmento al que la empresa se va a dirigir, o en el que se va a concentrar, sabiendo que en él tenemos una posición de ventaja respecto a nuestros competidores en aquello que el consumidor o usuario valora realmente (siendo las actividades clave de *generación de valor*: calidad, precio, gama, imagen, servicio, etc.).

Gráfico 38
CRITERIOS PARA LA ELECCIÓN DE LA ESTRATEGIA DE SEGMENTACIÓN

Criterios a tener en cuenta en la elección de los segmentos estratégicos:

- Importancia relativa del segmento dentro del mercado (% sobre el total)

+

- Adecuación de nuestro producto/marca(s) al perfil y escala de valores del segmento(s) estratégico(s)

El gráfico 39 enuncia, de manera genérica, las decisiones que tiene que contemplar la estrategia de segmentación mientras que el cuadro nº 67 presenta un ejemplo de aplicación para una pequeña cadena de supermercados de proximidad.

Como se habrá podido comprobar, la ***estrategia de segmentación*** supone una toma de decisión por parte de la dirección de marketing respecto a por cuál o por cuáles de los segmentos en los que hemos clasificado un mercado vamos a apostar en nuestra empresa. Esta clasificación puede ser fruto de un análisis de la situación o, lo que es más recomendable, consecuencia de una investigación de mercado.

Y la decisión puede, en ocasiones, trascender a la propia dirección de marketing cuando no es posible alcanzar el objetivo con los recursos de marketing y la dirección se ve obligada a tomar una decisión como la de Ford con Volvo: *"La marca norteamericana Ford ha adquirido Volvo con el fin de cubrir el segmento medio alto, en el que con sus marcas actuales ha fracasado...Ford espera de la marca sueca Volvo que cubra distintos nichos de mercado que, por ahora, han sido inalcanzables para el gigante norteamericano. En Estados Unidos, el segmento de las mujeres de poder adquisitivo medio alto supone el 51% de las ventas de Volvo, mientras que las otras dos marcas de Ford están lejos de estas cuotas: Jaguar tan sólo capta un 31% de clientes femeninos y Lincoln un 26%"* (*Actualidad Económica*, 15 al 21 de febrero de 1999).

Gráfico 39
DECISIONES QUE CONTEMPLA LA ESTRATEGIA DE SEGMENTACIÓN

Decisiones que hay que tomar en el marco de esta estrategia:

- ¿Qué segmentos vamos a trabajar? → Segmentos Estratégicos

- ¿En que segmentos (de los estratégicos) vamos a concentrar el esfuerzo comercial y de marketing? → Segmentos Estratégicos **Prioritarios**

- ¿Cuáles son el resto de segmentos del mercado que por no ser estratégicos tendrán escasa atención desde el punto de vista de marketing, aunque nunca deberán ser olvidados desde el punto de vista comercial? → Otros segmentos

- ¿Con qué producto/marca(s) vamos a trabajar cada uno de estos segmentos?:
  - Segmentos Estratégicos Prioritarios.
  - Segmentos Estratégicos.
  - Otros Segmentos.

Cuadro nº 67
ESTRATEGIA DE SEGMENTACIÓN PARA UNA PEQUEÑA CADENA DE SUPERMERCADOS DE PROXIMIDAD

Segmentos	Desglose/Descripción	% de mercado en el 2005	Tendencia	Escala de valores a la hora de elegir un establecimiento	Estrategia de segmentación recomendable para esta pequeña cadena	Tipo de compra
Jóvenes independientes	Hogares unipersonales.	7,5	Ascendente	– Imagen del establecimiento. – Proximidad. – Calidad de servicio.	Segmento Estratégico	Compra de urgencia
Tercera edad	– Acomodada (4,9%). – Modesta (11,4%). – Ancianos solitarios (8,4%).	25,0	Ascendente	– Proximidad. – Calidad de servicio. – Imagen del establecimiento.	Segmento Estratégico Prioritario	Compra diaria
Adultos clases acomodadas	Hogares sin niños.	16,2	Ascendente	– Imagen del establecimiento. – Calidad de servicio. – Proximidad.	Segmento Estratégico Prioritario	Compra diaria
Adultos clases modestas	Hogares sin niños.	12,3	Ascendente	– Imagen del establecimiento. – Precio y promociones. – Proximidad.	NO es Segmento Estratégico	Compra fuerte
Hogares con niños	– Con niños primera edad (12,2%). – Con niños segunda edad (17,7%)	30,0	Descendente	– Imagen del establecimiento. – Precio y promociones. – Variedad/surtido.	NO es Segmento Estratégico	Compra fuerte
Desempleados	Ningún sueldo en la familia/hogar	5,0	Descendente	– Imagen del establecimiento. – Precio. – Ofertas.	NO es Segmento Estratégico	Compra fuerte
Jóvenes parejas con dos sueldos	Hogar sin niños	4,0	Ascendente	– Imagen del establecimiento. – Calidad de servicio. – Amplio horario.	Segmento Estratégico	Compra de urgencia

7.4.2. ESTRATEGIA DE POSICIONAMIENTO

Por su parte, la **estrategia de posicionamiento** supone definir, en un sentido global, cómo quiero que me perciban los segmentos estratégicos decididos, esto es, con qué atributos de imagen quiero que se me identifique en la mente del consumidor o usuario. Posicionar un producto supone, según Lambin (1991), *"valorar un producto por sus características o atributos más diferenciadores (objetivos o reales) en comparación con los productos de la competencia, y ello respecto a los compradores para quienes ese elemento de diferenciación es importante".*

Hay muchas formas de plantear el posicionamiento: en comparación con la competencia (Avis respecto a Hertz o Diario 16 frente a El País), por una ventaja aportada por el producto (Font Vella: "agua ligera"), utilizando la personalidad o imagen de empresa (IBM al entrar en el mercado de los microordenadores), las características de uso del producto (Ajax), una situación de consumo o algún tipo de consumidor (Nocilla, para la merienda de los niños), etc.

Pero, es conveniente respetar un cierto número de reglas, nos dice Lambin (1991): conocer el posicionamiento actual de nuestra marca y de los principales competidores; decidir la posición a adoptar e identificar los elementos más pertinentes y más creíbles que permitan reivindicar ese posicionamiento; evaluar el interés de esa posición; analizar los componentes de la personalidad del producto o de la marca que conducen a tal posicionamiento en la mente del comprador; estimar el grado de vulnerabilidad de esa posición; y velar por la limpieza y coherencia del posicionamiento deseado con los elementos del marketing mix.

Un ejemplo consolidado de estrategia de posicionamiento es el que identifica a la marca de coches "Volvo" con un valor de enorme peso en el mercado del automóvil: la seguridad. Puede que no sea el coche más seguro del mercado (la mayoría de las marcas de coches han realizado un esfuerzo de inversión en seguridad enorme en los últimos años), pero si preguntásemos a cien conductores habituales por una característica propia de esta marca de coches, un elevadísimo porcentaje de las respuestas incidirían en la idea de que el Volvo es un coche seguro.

Como dirían Al Ries y Jack Trout, Volvo cumple "la ley del enfoque" (el principio más poderoso en marketing es poseer una palabra en la mente de los clientes) al apropiarse del concepto de "seguridad" en automóviles, sabiendo que **el marketing no es una batalla de productos, sino de percepciones** ("Ley de la percepción"), y que es mejor ser el primero que ser el mejor ("Ley del liderazgo"), o que ser el primero en el punto de venta ("Ley de la mente").

Cuando nos referimos a la estrategia de posicionamiento como concepto, debemos tener presente que estamos diseñando y coordinando tres claves estratégicas del marketing diferentes: el posicionamiento de *la empresa y/o negocio*, el del *producto* y el posicionamiento *ante el cliente*.

En el primer caso es necesario insistir en que el marketing es un proceso de construcción de mercados y posiciones, no de promoción y publicidad únicamente. El marketing debe ser eminentemente cualitativo. No olvidemos que las decisiones de los clientes se sustentan a menudo en este tipo de componentes: servicio, confianza, imagen, etc.

Por lo que al producto se refiere, su posición en el mercado deberá ser singularizada y significativa. Para ello, la empresa centrará su atención en los factores intangibles del posicionamiento. No se trata de vender por precio o por especificaciones técnicas, sino de utilizar argumentos como el servicio, la calidad, el liderazgo, la imagen, etc. (buscar lo intangible y ser buenos en ello). La empresa debe dirigir sus productos a un público específico y ser excelente en él. Esto le ayudará a entender mejor a sus clientes, a tener menos competencia y a conocerla mejor.

Por último, y fijando nuestra vista en el cliente, señalaremos la importancia de un valor clave en todo proceso de posicionamiento: la credibilidad (Leche Pascual lo sabe muy bien, y para ello ha invertido, año tras año, entre 3.000 y 6.000 millones de pesetas anuales –en un sector donde la siguiente marca ni siquiera superaba los 500 millones de pesetas–, haciendo publirreportajes de más de un minuto que enfatizaban los medios puestos por la empresa para garantizar esa pretendida calidad superior por la cual merece la pena pagar un 30% más de precio: eje éste de su posicionamiento). Este concepto va asociado normalmente a otros de signo igualmente positivo como son la confianza, el prestigio, la fidelidad, etc. Como idea general del posicionamiento ante el cliente sirva el siguiente apunte: *"Conseguir los clientes adecuados en el sector no debe conducirnos al acomodo, sino a asumir retos cada día mayores"*.

Antes de finalizar este epígrafe conviene recordar una serie de máximas sugeridas por Ries y Trout (1993), que reflejan el grado de importancia del posicionamiento dentro de la estrategia de marketing. Ambos autores identificaban en su libro lo que vinieron a denominar como "Las 22 leyes inmutables del marketing". Desde el punto de vista de la estrategia de posicionamiento, las más relevantes son:

- ***Ley del liderazgo***: "Es mejor ser el primero que ser el mejor". Y para corroborarlo ponen múltiples ejemplos, entre otros los de las marcas más importantes en 1923 en Estados Unidos (*Sweet, Kellogs, Kodak, Gillette, Singer, Manhathan, Evory, Coca Cola, Lipton y Good Year)*, de las que sólo 5 han perdido su liderazgo en todos estos años.

- ***Ley de la categoría***. "Si usted no puede ser el primero en una categoría, cree una nueva en la que pueda serlo". Como lo hizo *Moussel* –frente al jabón de tocador– en los años 60 posicionándose como gel líquido para baño y ducha, o *Sanex* en los años 80 –versus el gel normal– basando su posicionamiento en que es un gel dermoprotector.

- ***Ley de la mente***. "Es mejor ser el primero en la mente que el primero en el punto de venta". Así ocurrió con *IBM y Univac*: *Univac* fue el primero en llegar al mercado, pero el primero que se grabó en la mente del consumidor fue *IBM*.

- ***Ley de la percepción***. "El marketing no es una batalla de productos, es una batalla de percepciones". Principio que *El Corte Inglés* ha tenido siempre muy presente.

- ***Ley del enfoque***. "El principio más poderoso en marketing es poseer una palabra en la mente de los clientes" (*Volvo:* seguridad).

- ***Ley de la exclusividad***. "Dos empresas no pueden poseer la misma palabra en la mente del cliente".

- ***Ley del sacrificio***. "Siempre hay que renunciar a algo para conseguir algo".

IKERLAN, centro tecnológico líder en notoriedad, imagen y nivel de contratación entre los centros del País Vasco –según un estudio de mercado realizado por LKS Consultores– y que en 1994 facturó 1.265 millones de pesetas, siguió estos principios para elegir su nuevo posicionamiento: "Expertos en mecatrónica".

(Declaraciones del Director General de IKERLAN a *Estrategia Empresarial* de fecha 1-15 de Enero de 1995).

Finalizamos este apartado con el cuadro nº 68 que ilustra cómo fijar la estrategia de posicionamiento siguiendo el esquema planteado en el cuadro nº 31, para el mismo caso para el que acabamos de fijar la estrategia de segmentación (cuadro nº 67).

Cuadro nº 68
ESTRATEGIA DE POSICIONAMIENTO PARA UNA PEQUEÑA CADENA DE SUPERMERCADOS

Estrategia de segmentación	Definición del segmento	Importancia relativa en el mercado	Escala de valores	Importancia relativa (valores demandados)	Supermercado de barrio		Hipermercado francés (G.S.)		Ventajas competitivas del supermercado	Estrategia de posicionamiento recomendada
					PF	PD	PF	PD		
Segmento Estratégico Prioritario	Tercera edad	25,0	• Proximidad. • Calidad de servicio. • Imagen del establecimiento.	70 20 10	• Proximidad. • Calidad de servicio. • Moderno.	• Precio y ofertas. • Surtido.	• Precio y ofertas. • Surtido.	• Proximidad. • Ambiente. • Pesado.	• Proximidad. • Calidad de servicio.	• Proximidad y calidad de servicio.
Segmento Estratégico Prioritario	Adultos clases acomodadas	16,2	• Imagen del establecimiento. • Calidad de servicio. • Proximidad.	50 30 20	• Proximidad. • Calidad de servicio. • Moderno.	• Precio y ofertas. • Surtido.	• Precio y ofertas. • Surtido.	• Proximidad. • Ambiente. • Pesado.	• Imagen. • Calidad de servicio.	• Imagen y calidad de servicio.
Segmento Estratégico	Jóvenes independientes	7,5	• Imagen del establecimiento. • Proximidad. • Calidad de servicio.	40 30 30	• Proximidad. • Calidad de servicio. • Moderno.	• Precio y ofertas. • Surtido.	• Precio y ofertas. • Surtido.	• Proximidad. • Ambiente. • Pesado.	• Proximidad. • Calidad de servicio.	• Proximidad y calidad de servicio.
Segmento Estratégico	Jóvenes parejas con dos sueldos	4,0	• Imagen del establecimiento. • Calidad de servicio. • Amplio horario.	40 30 30	• Proximidad. • Calidad de servicio. • Moderno.	• Precio y ofertas. • Surtido.	• Precio y ofertas. • Surtido.	• Proximidad. • Ambiente. • Pesado.	• Calidad de servicio.	• Calidad de servicio.
Resto segmentos	• Adultos clases modestas. • Hogares con niños. • Desempleados.	47,3	• Imagen del establecimiento. • Precio y promociones. • Surtido/variedad. • Proximidad.	40 30 20 10	• Proximidad. • Calidad de servicio. • Moderno.	• Precio y ofertas. • Surtido.	• Precio y ofertas. • Surtido.	• Proximidad. • Ambiente. • Pesado.	• Proximidad.	• Proximidad.

7.4.3. Estrategia de fidelización

Cuando la empresa, como hemos expuesto en el capítulo anterior, se haya fijado objetivos de fidelización será relevante analizar las opciones que se le plantean para conseguirlos y tomar postura ante ellas decantándose por la estrategia más idónea.

Para ello, conviene tener presente que la estrategia de fidelización se sustenta sobre dos pilares básicos:

7.4.3.1. El Marketing Relacional

El marketing relacional es la herramienta que nos ayudará a conseguir esa confianza del cliente a largo plazo que le lleva a comprar en nuestra empresa y recomendarla. Se trata de aplicar una buena estrategia de relación con nuestra clientela, creando lazos estables que beneficien a ambas partes.

El alcance de la estrategia de relación puede ser tan amplio como queramos.

Un nivel elemental de relación consiste en reducir los posibles motivos de descontento o insatisfacción tras la compra del producto a nuestra empresa. Un ejemplo son los servicios de atención al consumidor creados por las grandes empresas para atender quejas, sugerencias u otro tipo de comentarios, además de dar asistencia técnica al comprador cuando el producto lo necesita (por ejemplo, en electrodomésticos para el hogar). Ésta es una estrategia defensiva o reactiva, que aplica el principio de que la relación con el cliente no termina con el pago del producto.

Para subir un peldaño en la estrategia de relación, la empresa debe tomar la iniciativa de llamar al cliente para ver si tiene problemas al utilizar el producto. El objetivo es:

- Resolver los problemas antes de que se conviertan en quejas, reclamaciones, publicidad negativa u otras señales de insatisfacción; y

- Demostrar al cliente que nuestro interés por él no se termina con el cobro del producto que le hemos vendido. Que nos interesa hoy y "mañana".

Ahora bien, cuando realmente iniciamos una estrategia activa de relación es cuando nos interesamos por las necesidades, deseos y expectativas de nuestros clientes, y les informamos de las novedades que surgen en el mercado. Es decir, cuando nos anticipamos a ellos para ofrecerles mejores servicios.

Una estrategia más ofensiva de relación es no conformarse con satisfacer las demandas y expectativas del cliente y tratar de ligarlo a nosotros (marketing de relaciones a nivel de socio). Esto podemos hacerlo mediante la creación de un club (véase el cuadro nº 69).

Un interesante ejemplo de aplicación lo constituye el *"Club Lector 10"* del Grupo Correo: El Correo, El Diario Vasco, Diario Montañés, El Comercio, El Norte de Castilla, Hoy, La Verdad, Ideal y Sur.

El "Club Lector 10" ha definido una exitosa estrategia de relación con sus clientes (lectores y comerciantes/anunciantes), basada en cuatro grandes instrumentos: un modelo de gestión, una cuidada estrategia de relación con sus miembros, las múltiples ventajas que les aporta, y las correspondientes infraestructuras.

El modelo de gestión del club se basa en el correspondiente "Centro de Atención al Cliente", que se ocupa de establecer un fluido diálogo con los lectores y establecimientos asociados, la infraestructura necesaria para la buena gestión de la base de datos, el seguimiento de la oferta comercial y la gestión de las tarjetas y otros materiales promocionales y, finalmente, dos tipos de coordinadores:

- uno central, que se encarga de la organización, planificación y control de las actividades del club a nivel de grupo,
- y tantos coordinadores locales como periódicos, que se ocupan del contacto directo con los miembros del club, el diseño y organización de las actividades del club, la gestión de la oferta comercial y la planificación y control del correspondiente club local, por ejemplo el "Club Lector 10" de El Diario Vasco.

La estrategia de relación con los miembros se soporta sobre cuatro grandes pilares:

1. El servicio de atención al lector que utiliza el centro de atención al lector y el coordinador local como elementos claves para establecer la relación directa con los miembros del club. El primero se ocupa de la atención telefónica a consultas, registro de información sobre actividades, oferta comercial o información general del club, reservas de plazas en actividades, emisión de llamadas a lectores y comerciantes, etc. Por su parte el coordinador local aporta el contacto personal con los miembros del club, constituyéndose en la cara del club en cada periódico.
2. La tarjeta del club, con sus correspondientes prestaciones.
3. Los soportes de comunicación: la "página del club" (que es el elemento que impulsa al lector a comprar habitualmente el periódico, ya que en él encuen-

tra información sobre actividades, promociones y ofertas del club), los suplementos trimestrales (que promocionan las ventajas del club y los establecimientos asociados) y la guía comercial (que permite conocer qué establecimientos ofrecen qué tipos de descuentos para qué tipos de productos y en qué circunstancias).

4. Y el material de comunicación: el paquete de bienvenida al club (carta de bienvenida, tarjeta y manual de miembro y la correspondiente guía comercial) y el material del establecimiento comercial (expositores, folletos, adhesivos identificativos, etc.).

De lo expuesto se deduce que las ventajas a los miembros del club vienen de las aportadas por los establecimientos asociados (descuento habitual, cupón descuento de la guía comercial y el supercupón descuento que periódicamente se ofrece en la "página del club" que contiene el periódico) y de las actividades que organice el club para sus miembros (viajes, acontecimientos culturales y deportivos, excursiones, juegos, concursos y sorteos u otros actos organizados por el club).

Cuadro nº 69
TIPOS DE PROGRAMAS DE FIDELIZACIÓN

Tipo de programa	Los socios	Se acumulan los puntos	Se canjean los puntos	Los más conocidos
Multi-sponsor	Se suscriben a un programa gestionado por una empresa especializada.	En la empresas asociadas.	Por medio de un catálogo de viajes y regalos.	TURYOCIO, TRAVEL CLUB
Co-branding	Se agrupan a una empresa principal que es la iniciadora del programa.	En la empresas asociadas.	En las empresas asociadas contra servicios y productos gratis o a precio reducido.	IBERIA PLUS, MÁS, REPSOL
Mono-sponsor (Propio)	Empresa única o empresas del mismo grupo.	En la(s) tienda(s).	En la(s) tienda(s) contra cheques descuentos y/o regalos.	CAPRABO, TOYS'R'US, VIPS, FNAC, BURGER KING

Fuente: FIMESTIC. Manual interno de formación del programa de fidelización "FIDELEM", septiembre de 1998.

Para poder utilizar en la práctica esta estrategia de relación, es necesario:

- *Conocer mejor a nuestros clientes,* creando procedimientos para descubrir qué es lo importante a sus ojos y no sólo desde el punto de vista del negocio. Podemos utilizar diversas herramientas: el panel de clientes, las mesas redondas entre clientes, la personalización de la comunicación comercial mediante herramientas como el marketing directo, la técnica del cliente oculto, el análisis de las reclamaciones, las encuestas de clientes o la técnica del incidente crítico. El objetivo es que la Pyme se acerque más a lo que desea el cliente.

- *Ser capaz de satisfacer sus necesidades, diferenciando a los clientes.* Ello nos permitirá jerarquizar la relación con el cliente, pues no todos desean o merecen el mismo trato. Hay que conocerlos bien y dar el servicio adecuado a cada tipo de cliente.

- *Establecer una relación a largo plazo con los clientes.* Hay que pensar en maximizar el valor que se puede sacar del cliente "durante toda su vida", no en "cuánto les puedo sacar en una operación concreta". Para esto es necesario, entre otras cosas, iniciar y mantener una buena comunicación en dos direcciones con los clientes (decirles cosas y escuchar lo que ellos dicen) y mejorar continuamente el valor que les damos, marchando siempre un paso por delante de nuestros competidores. El principio de no perder ningún cliente valioso sirviéndose del marketing relacional es un método de gestión especialmente importante para la Pyme.

En resumen, el marketing relacional se centra en dos grandes áreas: gestionar la cartera de clientes (captar, fidelizar y recuperar clientes) y gestionar su lealtad (atracción, vinculación, fidelización, etc. para que pase de cliente potencial a usuario, luego a cliente preferente y finalmente a cliente exclusivo).

7.4.3.2. La gestión del valor percibido

La gestión del valor percibido trata de aumentar el valor de la compra realizada para el cliente, con lo que estará más satisfecho y aumentará la competitividad de nuestra empresa. Para ello, es necesario tener información adecuada sobre las necesidades, deseos y expectativas de nuestros clientes y, en especial, interpretar bien esta información para elegir la estrategia de fidelización más eficaz.

Recordemos de qué depende este valor percibido. Los compradores dan valor a los productos en función de tres aspectos claves:

- Valor de compra. En este aspecto influye el envasado, la imagen de marca y el posicionamiento del producto.

- Valor de uso. Esto depende del rendimiento, la calidad, la seguridad y la facilidad de uso del producto, y también de la imagen de marca.

- Valor final. Se refiere tanto a la posible recuperación económica del producto tras su uso (valor residual) como a los costes, reales o psicológicos, necesarios para eliminar el producto y el paquete en el que va (contaminación ambiental, etc.).

Cuando se trata de bienes de consumo inmediato, lo más importante es el valor de compra y el valor de uso, mientras que con los bienes de consumo duradero lo más importante es el valor de uso y el valor final.

La empresa de éxito es la que consigue transmitir al cliente un mayor valor percibido en estos tres aspectos. Es un trabajo constante para encontrar siempre el equilibrio entre el coste, el precio y el valor, con un ojo avizor a las tendencias y a los cambios. No se trata de llegar a una meta y detenerse, sino de mantenerse en cabeza en una competición permanente.

Vamos a analizar con más detalle lo que es el valor para el cliente. Es una percepción personal que depende de lo que recibe, por un lado, y del precio que ha tenido que pagar, por otro. Podemos representarlo como el cociente entre todo lo que obtiene el cliente (producto + servicio) y el coste que tiene que soportar (precio pagado y otros costes: de dinero, de tiempo o psicológicos).

La satisfacción es alta cuando el valor percibido por el cliente es superior al valor que esperaba conseguir (sus expectativas). Por el contrario, si su percepción es menor que sus expectativas previas, el cliente estará descontento. Puede darse el caso de que tengamos un "producto sin defectos" (calidad real) pero que no satisfaga al cliente porque éste quiere otra cosa o percibe que otro producto de la competencia es mejor: la calidad significa poco para un negocio a menos que los clientes la perciban como superior a la de los competidores. Y como la percepción y las expectativas son cosas subjetivas, debemos gestionarlas para aumentar la satisfacción subjetiva del cliente.

El gráfico 40 muestra el mapa del valor para el cliente a partir de los datos recogidos en el ejemplo contemplado en los cuadros 70 y 71. Para interpretar este mapa de valor hay que tener en cuenta que:

- La situación óptima es el cuadrante A, ya que el cliente obtiene la mayor calidad percibida al coste percibido más bajo.

- El cuadrante C es la peor situación, pues el cliente consigue baja calidad percibida a un alto precio percibido relativo.

Gráfico 40
MAPA DE VALOR PARA EL CLIENTE

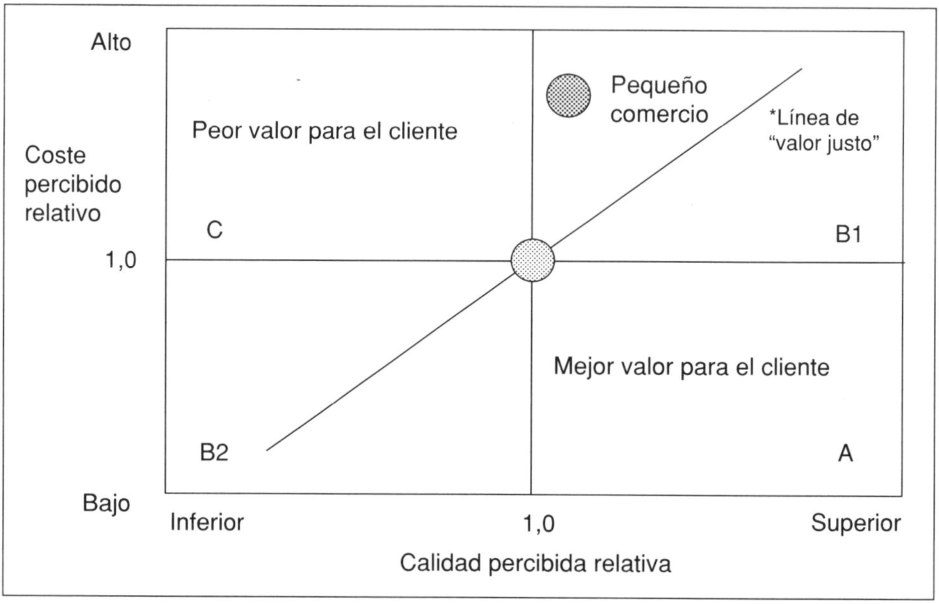

* Inclinación igual a la cifra resultante de dividir el porcentaje de decisión media que los clientes asignan a la calidad por el coste/precio. La consecuencia práctica es que una empresa gana cuota de mercado cuando su posición está por debajo de la línea.

Cuadro nº 70
EVALUACIÓN DE LA CALIDAD PERCIBIDA
(Bien adquirido + proceso de servicio)

Atributos de calidad	Ponderación	Calificación del pequeño comercio	Calificación del competidor (GSE)	Ratio	Ratio ponde-rado
• Horario	15	2	9	0,22	3,3
• Calidad productos	20	8	6	1,33	26,7
• Trato y atención	10	9	2	4,5	45,0
• Ver y tocar artículos	20	2	9	0,22	4,4
• Variedad productos	15	2	9	0,22	3,3
• Amistad personal	10	8	2	4,0	40,0
• Ordenado en secciones	10	2	9	0,22	2,2
Total	**100**	**39**	**42**	**–**	**124,9**

Cuadro nº 71
EVALUACIÓN DEL COSTE/PRECIO PERCIBIDO
(precio + otros costes)

Elementos de coste para el cliente	Ponderación	Calificación del pequeño comercio	Calificación del competidor (GSE)	Ratio	Ratio ponderado
• Precio productos	45	8	4	2,0	90,0
• Descuentos/Ofertas	25	9	3	3	75,0
• Desplazamiento desde el domicilio	10	2	9	0,22	2,2
• Forma de pago	20	8	3	2,66	53,3
Total	**100**	**28**	**24**	**–**	**220,5**

Resultados obtenidos, que posicionaremos en el mapa de valor para el cliente:

- Ratio de **calidad percibida** por el mercado: 124,9% = 1,25
- Ratio de **coste percibido** por el mercado: 220,5% = 2,20

- Los dos cuadrantes de la situación B son intermedios. Su conveniencia depende del segmento de mercado en el que estemos. En general, se aconseja:

– Si estamos en B1: usar una estrategia de reducción de coste para el cliente, reposicionando la marca/enseña en el cuadrante A.

– Si estamos en B2: usar una estrategia de mejora de la calidad para aumentar las prestaciones que obtiene el cliente y reposicionar la marca/enseña en el cuadrante A.

En el gráfico 40 podemos ver que:

- Aunque el pequeño comercio tenga una calidad percibida superior a la de su competidor, si el coste/precio percibido relativo (es decir: en comparación con la competencia) es muy superior, estamos dando a nuestra clientela menos valor que ese competidor. El resultado es que perderemos ventas y cuota de mercado.

- Trabajando con los factores de los que dependen la calidad y el precio percibidos podemos mejorar nuestra oferta de valor para el cliente y diseñar una estrategia que nos sitúe en la zona de mejor valor (cuadrante A). La estrategia recomendable sería una de estas dos:

- Reducir el coste para el cliente (por ejemplo, aumentando las ofertas o bajando los precios de los productos más cotidianos, que son aquellos con los que el cliente hace las comparaciones cuando mira la publicidad de las grandes superficies) y mantener la calidad percibida. Esta opción estratégica es aconsejable si estamos luchando contra la gran superficie en el mismo segmento de clientes y con el mismo posicionamiento.

- Reducir el coste para el cliente al tiempo que mejoramos la calidad percibida (por ejemplo, mejorando la calidad de los productos y ampliando el horario comercial) para tener ventajas competitivas claras respecto a dicha gran superficie. Esta opción puede resultar más indicada cuando nuestro posicionamiento es en calidad y en prestaciones, mientras que la gran superficie está posicionada en precios.

Este mapa de valor para el cliente es una herramienta de marketing que podemos utilizar tanto para la fase de diagnóstico de la situación como para diseñar la estrategia de marketing para gestionar el valor percibido por el cliente.

7.5. ESTRATEGIA FUNCIONAL

El cuarto nivel estratégico que vamos a analizar es el que pondrá en combinación los diferentes medios e instrumentos de marketing de los que dispone una empresa para alcanzar sus objetivos de marketing. Se trata, por tanto, de seleccionar las herramientas del marketing que, en cada caso concreto y siempre en función de los objetivos marcados, resultarán más eficaces y adecuadas (marketing mix). Las principales áreas sobre las que trabaja el marketing mix son: **productos** (amplitud de gama, abandono, modificación y creación de productos, política de marcas, creación y sostenimiento de la imagen de marca), **distribución y ventas** (configuración y carácter, sistema de ventas, localización de los puntos de venta, cobertura de mercado...), **precios** (estrategia de precios y escala de descuentos) y **comunicación** (comunicación interna y externa, mensajes, medios, soportes, incentivación...).

Como ocurre con las demás fases del proceso, es necesario que al adoptar decisiones operativas de este tipo se tengan muy presentes los recursos humanos y financieros con los que realmente podemos contar. Planificar estrategias a gran escala partiendo de unos medios escasos resultaría tan inviable como pretender eliminar una plaga de insectos armados con un pistola y un cargador de balas.

> Siguiendo con el ejemplo de Leche Pascual, D. Tomás sabe muy bien que no puede bajar la guardia en ninguno de los pilares de su estrategia (calidad, precio, publicidad y distribución propia), ya que le ocasionaría muchos problemas. Lo cual no quiere decir que mantener esta estrategia no le cause dificultades. En efecto, la leche (producto estrella de la empresa que le supone casi el 70% de los más de 75.000 millones de pesetas de facturación total) está sometida a una guerra de precios brutal, y al ser un producto gancho para cualquier gran superficie, las marcas propias de la distribución juegan un papel cada vez más importante, acaparando ya una cuota del 30% de las ventas totales del sector.
>
> En 1996 escribíamos "Pascual se ve cada día más impotente para competir con la gran distribución. ¿Hasta cuándo la "vaca" Pascual podrá mantener su pulso con la gran distribución? ¿Qué pasará cuando se vea obligado por la evolución de la distribución moderna a replantearse su estrategia de marketing?¿Está la empresa preparada para ese inevitable momento? ¿Será suficiente su actual estrategia de sacar leches de bajo precio, que el consumidor de la calle no identifica con Pascual, pero que son suyas: Intermilk y Suiza, además de la conocida PMI?"
>
> Pues bien, la *Gaceta del sábado* del 14 de noviembre de 1998 tenía este titular: "La gran distribución obliga a Pascual a entrar en los descuentos. La compañía pierde la batalla de los veinte duros y varias cadenas aplican promociones de hasta cinco pesetas".

A este respecto conviene recordar los principios del "marketing de guerra" de Ries y Trout (1991):

1. De cara a la **guerra ofensiva:**
   - Tener en cuenta, sobre todo, la fuerza que representa la posición ocupada por el líder.
   - Encontrar el punto débil del líder y atacarle en ese punto.
   - Efectuar el ataque en un frente que sea lo más estrecho posible.

2. Ante la **guerra defensiva:**
   - Sólo el líder del mercado puede considerar jugar a la defensiva.
   - La mejor estrategia defensiva consiste en tener el coraje de lanzar una ofensiva contra sí mismo.
   - Neutralizar siempre las poderosas maniobras de los competidores.

3. Para la **guerra de ataque por el flanco:**

- Un buen ataque por el flanco debe llevarse a cabo en una zona no codiciada.
- El efecto sorpresa debe ser un importante elemento del plan.
- La continuación de la ofensiva juega un papel tan decisivo como el mismo ataque.

4. De cara a la **estrategia de guerrilla:**

- Encontrar un segmento de mercado que sea suficientemente pequeño para ser defendible.
- Sea cual sea la amplitud del éxito, no actuar nunca como líder.
- Estar preparado para retirarse inmediatamente.

El segundo factor que debemos considerar en la elección de la estrategia es el desfase (gap) existente entre los objetivos de marketing que nos hemos marcado y las previsiones, tanto de ventas como de rentabilidad de ventas.

Gráfico 41
REPRESENTACIÓN GRÁFICA DEL GAP

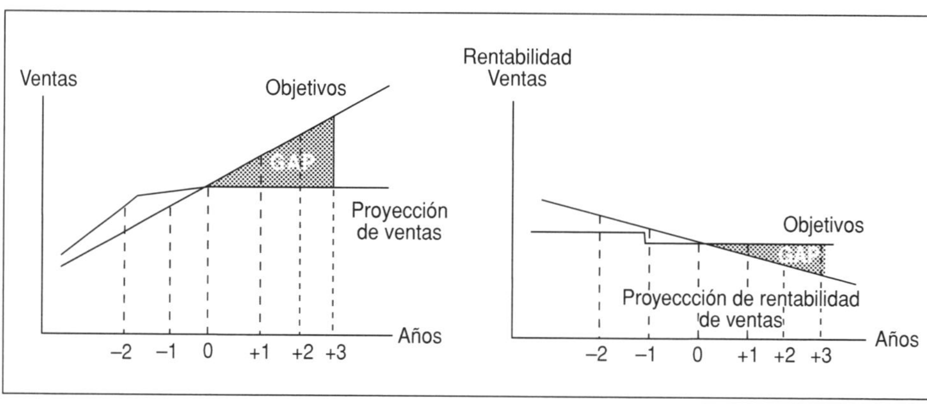

Si el desfase se diese solamente como consecuencia de que el objetivo supera a la proyección en rentabilidad de ventas, quizá sería conveniente eliminar algunos de los productos menos rentables, o bien apoyar la venta de los productos más rentables, u orientar la venta hacia los canales de distribución más rentables, o simplemente reducir alguna partida del presupuesto comercial (posición 2 en el cuadro nº 72).

Cuadro nº 72
POSIBILIDADES DE GAP PARA UNA EMPRESA

GAP DE RENTABILIDAD DE LAS VENTAS \ GAP DE VENTAS	+	0	–
+	1	2	3
0	4	5	6
–	7	8	9

Si, por el contrario, el desfase se produjese exclusivamente porque el objetivo en cuanto a facturación fuera superior a la cantidad prevista o proyectada, podríamos orientar la estrategia a apoyar la venta de los productos más jóvenes, a dirigirnos a segmentos poco saturados, al apoyo de los canales más vendedores, a subsanar los desequilibrios zonales, o bien a incrementar las acciones publicitarias, tanto generales como en el punto de venta (posición 4 en el cuadro nº 72).

En caso de que el gap se produjese tanto en rentabilidad de las ventas como en facturación, cualquiera de las orientaciones dadas en los puntos anteriores en cuanto a la estrategia de marketing que se debiera adoptar sería válida (posición 1 en el cuadro nº 72).

Cuando nos encontramos con situaciones como la 3, 5, 6, 7, 8, y sobre todo la 9, es conveniente redefinir los objetivos, porque seguramente no han sido suficientemente ambiciosos.

7.6. ESTRATEGIAS DE MARKETING DE ARDOA

Profundizaremos en esta etapa del plan de marketing con el análisis de las estrategias diseñadas para ARDOA. Para ilustrar esta etapa del plan de marketing partiremos, como ya indicábamos al comienzo de este capítulo, de la estrategia de cartera.

A. **Estrategia de cartera**

La estrategia que se seguirá es la de penetración en determinadas zonas (norte-centro, donde las ventas son pequeñas en comparación con su potencial) y el desarrollo de nuevos mercados (en los que nuestra presencia era más bien testimonial). No se abordará el desarrollo de nuevos productos, dado que antes debemos consolidarnos en el mercado y dotar a la empresa de una mínima solidez y rentabilidad.

A la hora de consolidar la gama daremos preferencia a los riojas, especialmente a los crianzas y reservas, por ser éste un mercado creciente, y a los vinos del segmento bajo de D.O. Navarra, que deben ocupar un puesto más destacado en hostelería y ser introducidos en alimentación por su muy buena relación calidad-precio.

B. **Estrategias de segmentación y posicionamiento**

El cambio significará potenciar las ventas en alimentación, que ahora supone mucho menos de lo que corresponde a este segmento, sin descuidar la hostelería. Además, conviene dedicar unas marcas para cada segmento en particular. Esto significa que algunas de las marcas existentes desaparecerán.

En cuanto a la estrategia de precios, ésta deberá ser diferenciada ya que, al ser la alimentación un segmento mucho más sensible al precio, se debe dar a sus vinos un precio ligeramente menor que el de los vinos de parecidas características destinados a hostelería. De esta manera, la gama de hostelería estaría compuesta por las siguientes marcas, cuyo posicionamiento (en coherencia con los gráficos 18 y 22, así como con el diagnóstico de la situación realizado) será:

- *Campiña,* presentado como especialidad en tinto en el segmento bajo de D.O. Navarra, ideal para las comidas de menú del día.

- *Ágrada,* uno de los mejores rosados de España, con D.O. Navarra, para cualquier tipo de comida y a un precio razonable.

- *Ágrada tinto 82,* vino navarro de calidad, distinto a los riojas (no peor) y a un precio mucho más asequible.

- *Rioja Cierzo Crianza, Reserva y Gran Reserva.* El rioja de mayor calidad, con diferentes añadas y que satisfará al cliente más exigente, buen conocedor del vino.

- *Príncipe de Eraña Cabernet Sauvignon 1989,* tinto joven de sabor varietal pronunciado, de excelente balance.

Respecto al segmento de la alimentación, nuestra carta de presentación de vinos y su posicionamiento quedará como sigue:

- *Pleno*, como tinto navarro ligero y agradable, complemento ideal para la comida diaria.
- *Laya*, como blancos y rosados de mayor calidad.
- *Laya 82*, como tinto navarro de una gran añada, de mucha calidad a un precio asequible, para una ocasión especial.
- *Hidalgo Tinto*, como un gran rioja de excelente sabor. Gama completa desde el vino joven al ligeramente envejecido, hasta un gran reserva de la más alta calidad.

En las grandes superficies y en las tiendas tradicionales se debe dedicar un esfuerzo especial para introducir *Pleno y Laya* (ya que en las compras grandes se lleva el vino para consumir a diario). En vinotecas y tiendas especializadas, en las que los vinos se compran para celebrar ocasiones más especiales, trataremos de potenciar la venta de *Laya 82, Hidalgo Reserva* e *Hidalgo Gran Reserva*.

La empresa debe posicionarse a efectos del segmento hostelero como elaboradora de vinos de gran calidad, fiable en cuanto a la regularidad de los mismos y seria en su relación con los distribuidores. Para la hostelería media-alta, nuestros productos estrella serán *Ágrada* (como rosado de Navarra), el *Rioja Cierzo Crianza* y el *Príncipe de Eraña Cabernet*.

C. **Estrategia funcional**

a. *Estrategia de productos*

La empresa deberá racionalizar la gama de productos, lo que significa dedicar unas marcas a alimentación y otras a hostelería, diferenciar los precios en ambos segmentos y disminuir la oferta de vinos de características similares. Además deberemos lograr un alto índice de calidad, acercándonos al ideal del consumidor para cada variedad (ref.: análisis externo). Deberemos lograr también que la regularidad en la calidad de los vinos sea la mayor posible, ya que una serie de partidas defectuosas pueden tirar por tierra una marca y una empresa. Por último, se hace necesaria una revisión y rediseño del packaging.

b. *Estrategia de precios*

En general, es aconsejable fijar unos precios ligeramente más bajos para hostelería que para alimentación.

En riojas del segmento bajo, así como en el de crianza, existen marcas más conocidas e importantes que la nuestra, que ofrecen precios más bajos sin que nosotros presentemos ninguna ventaja sobre ellos, ni siquiera en calidad. En lo referente a los descuentos a los distribuidores, el 20% sobre tarifa puede mantenerse y sobre la mercancía debe ser para toda la gama como mínimo de un 10%. Debe fomentarse una política de flexibilidad en el pago de los distribuidores ya que, si se exige al distribuidor el pago de la mercancía al poco tiempo de ser servida, es difícil que admita el pago del vino antes de ser servido y tenderá a hacer pedidos de poca importancia (menos de 500 cajas).

c. *Estrategia de distribución*

Quizá sea el aspecto en el que el esfuerzo a realizar sea más intenso. No hay razón para modificar algunos criterios válidos de la política anterior, a saber: haber acabado con la práctica de venta directa y establecer para los distribuidores unos objetivos cuantitativos (volumen) y cualitativos (servicio, imagen).

Los pasos que se deben dar a partir de ahora para racionalizar la distribución, en aras de la eficacia, la rentabilidad y un mejor servicio son:

- Terminar con la política de dos líneas de productos independientes, que obliga a doblar la estructura si se quiere vender toda la gama en una zona. No se puede permitir que dos distribuidores con la misma marca se disputen un cliente como ha ocurrido en algunos casos. Cada distribuidor debe llevar todas las marcas de ARDOA, ofreciendo unas a la hostelería y otras a la alimentación, con una cierta flexibilidad.

- La distribución por zonas debe ser lo más equilibrada posible, con el fin de que no coincidan distribuidores en una misma zona, ni se considere alguno claramente perjudicado. Asimismo, es necesario aumentar la red de distribuidores en zonas como Andalucía, Galicia, Asturias, Aragón y Canarias, donde es claramente insuficiente.

- Los inspectores de venta que hay en la actualidad deben mantenerse, aunque sería aconsejable incrementar sus funciones, ayudando al pequeño distribuidor a hacer nuevos clientes y pasándole pedidos.

La política de distribución debe basarse en una relación estrecha, personal, fluida y continuada tanto entre la empresa con sus distribuidores (reuniones periódicas, apoyo, formación comercial y enológica, etc.), como entre estos y sus clientes (celeridad en los pedidos, regularidad en las visitas, etc.).

d. *Estrategia de comunicación*

La comunicación dirigida a la hostelería y profesionales de la alimentación otorgará una mayor importancia a la empresa (como respaldo de nuestras marcas), por lo que deberemos transmitirles la imagen que se desea tener como empresa (de la que ya hemos dado cuenta anteriormente).

Respecto al consumidor final, debemos posicionar cada una de nuestras marcas de forma diferenciada, ya que lo que cuenta para el consumidor es la imagen de las marcas y no de las bodegas. De nuevo, la información contenida en el gráfico 18 nos es de suma utilidad. En consecuencia, el mensaje básico de la comunicación de las siguientes marcas debería girar alrededor de temas como:

- "*Campiña*, un placer a su alcance".
- "*Ágrada*, el gran rosado de Navarra".
- " Si quiere demostrar que entiende de vinos, pida *Príncipe de Eraña Cabernet*".
- "*Rioja Cierzo Origen*, invierta en un valor seguro".
- "Una gran ocasión merece un gran vino: *Rioja Cierzo Gran Reserva*".

e. *Estrategia de medios*

Los medios que proponemos para la estrategia de comunicación son:

Hostelería y profesionales de alimentación:

- Revistas especializadas (notoriedad y prestigio).
- Marketing directo (colectivo perfectamente identificado).
- Promociones (estímulo de ventas).
- Salesfolder (detalle en el servicio).
- Relaciones públicas (notoriedad y estrechamiento de relaciones).

Consumidor final:

- Revistas (colectivos específicos).
- Prensa (repetición).

- Publicidad en el punto de venta (atrae al consumidor en el momento final).

El esfuerzo en comunicación debe ser continuado y regular. No se trata de llevar a cabo campañas que supongan logros momentáneos, sino que debemos seguir una política estable. Esto significa que el esfuerzo económico necesario para hacer efectivas las acciones aquí expuestas deberá ser de cierta importancia.

ANEXO 6:
MISIÓN DE ARDOA

ARDOA es una empresa bodeguera, independiente, abierta a alianzas estratégicas con otras empresas, cuya actividad principal es la transformación y elaboración de vino, así como otros derivados, para su venta y suministro al consumidor final.

Su misión primordial es satisfacer los intereses de sus **accionistas** ofreciéndoles una buena rentabilidad a su inversión, para lo que atenderá satisfactoriamente a sus clientes, de los que depende su desarrollo como empresa.

ARDOA deberá ser una empresa eficaz y rentable, que sea capaz de abordar los importantes retos existentes en la actualidad en el mercado nacional e internacional del vino.

Para conseguirlo, **ARDOA** deberá estar dispuesta a completar el ciclo de la cadena de valor de la industria del vino, iniciando, si fuera conveniente, nuevas actividades que puedan aportar un mayor valor añadido a su producto.

ARDOA deberá mirar siempre al mercado, tanto clientes compradores como consumidores finales, identificando oportunidades, siguiendo en todo momento sus tendencias, incorporando esta información en todas sus decisiones e introduciendo en la Bodega una gestión dinámica. La satisfacción del **cliente** debe convertirse en uno de los valores fundamentales de la empresa.

Sus **trabajadores** constituyen un elemento importante de la empresa. Por ello, **ARDOA** debe potenciar al máximo su integración, formación y mejora continua, para que realicen su trabajo de forma satisfactoria, y juntos, sigan progresando día a día.

La mejora permanente en la calidad en los diferentes procesos y actividades realizados por la Bodega, desde el aprovisionamiento de uva, elaboración y comercialización de vino, hasta el servicio al cliente, se constituirá en objetivo permanente de la dirección de la empresa.

ARDOA asume, finalmente, un compromiso social con su **comunidad** contribuyendo a su desarrollo y progreso económico.

ANEXO 7:
DEFINICIÓN DEL NEGOCIO DE ARDOA

Actividad/ Producto	Necesidades satisfechas	Tipos de cliente	Cobertura geográfica	Canales de distribución	Tecnología	Competidores
Vino a granel (10%)	– Base para la elaboración de vinos encaminados al mercado final.	– Grandes bodegas. – Embotelladores. – Mayoristas. – Alcoholeras.	Nacional, especialmente: – Navarra y – La Rioja.	–Venta directa. – Comisionistas independientes.	– Prensado: prensas neumáticas de alta tecnología. – Depósito de control de uva. – Laboratorio, completado con enólogo.	– Cooperativas de cualquier D.O. – Cosecheros independientes. – Proveedores extranjeros de vino a granel.
Vino embotellado (85%)	– Bebida para acompañar comidas y aperitivos.	– Consumidores.	– España. – Europa.	– Distribución moderna. – Detall tradicional.	– Idem que en vino a granel. – Se añade proceso de embotellado.	– Grandes bodegas. – Cosecheros independientes. – Cooperativas.
Mosto (5%)	– Base para elaboración de vinos y destilaciones. – Base para elaboración de mostos al mercado final.	– Alcoholeras. – Embotelladores. – Grandes bodegas.	– Regional.	– Venta directa. – Comisionistas independientes.		– Cooperativas de cualquier D.O. – Cosecheros independientes.

ANEXO 8:
ESTRATEGIAS COMPETITIVAS DE ARDOA

8.1. LIDERAZGO EN COSTES

Estrategia básica:
Minimizar costes para conseguir ofertar a precios más baratos que nuestros competidores directos.
Esta alternativa no implicaría grandes cambios en lo que se refiere a las líneas de producto, etc.

Pros:
- Los estudios de mercado demuestran que el precio es el factor de compra más relevante.

Contras:
- Dada la estructura de costes, una reducción de otros costes no tendría gran impacto sobre los costes totales.
- Imposibilidad de competir en costo con las bodegas grandes dado su volumen y poder de negociación.
- Probablemente productores extranjeros con mayor productividad por hectárea y chaptalización puedan alcanzar mejores niveles de costo.

Factores Clave de Éxito: Ver figura 1.
Decisión Estratégica Adoptada:
⇒ Descartar la estrategia de liderazgo en costes, dada la evolución prevista del mercado y la no existencia de claras ventajas en costes.

Figura 1
COMPETIR POR EL LIDERAZGO EN COSTE

Estrategia	Factores Clave de Éxito	Implantación
• Abandonar la marca propia y producir marcas del distribuidor.	• Asumir un papel de no protagonismo (sin personalidad de marca). • Establecer relaciones a largo plazo con los detallistas. • Liderazgo en costes.	• Optimización de la eficiencia y eficacia de los procesos. • Énfasis en la calidad del producto. • Énfasis en la calidad de servicio a los detallistas.

El "campo de batalla" para muchos fabricantes pequeños y medianos

Conclusión:
Sobrevivir bajo el paraguas de la distribución comercial será una dura decisión para los fabricantes y un área reservada para pocos de ellos.

Fuente: Roland Berger (1994).

8.2. DIFERENCIACIÓN

Estrategia básica:
Diferenciarse de otras bodegas y demás competidores directos, produciendo un producto mejor y más adaptado a las tendencias del mercado, que permita a **ARDOA** no basar exclusivamente en los bajos precios la venta de sus productos.
En concreto, esta estrategia implica la diferenciación basándose en la elaboración de diferentes vinos, adaptados a los gustos del mercado, con excelente relación calidad-precio.

Pros:
- **ARDOA** tiene caldos de calidad y unas excelentes instalaciones productivas.
- Las grandes bodegas tienen tendencia a descentralizar sus producciones de calidad media.

Contras:
- Esta alternativa requiere inversiones en marketing y proceso productivo, principalmente.
- Es previsible una resistencia del mercado a aceptar la diferenciación proveniente de su buena calidad y adaptabilidad a los gustos del cliente, con un precio más elevado que el de los competidores directos.

Factores Clave de Éxito: Ver figura 2.

Conclusión:
⇒ Alternativa recomendable por estar adaptada a la evolución y requerimientos del mercado, pero que requiere un estudio profundo de las posibilidades técnico-enológicas, financieras y comerciales de **ARDOA** para su puesta en práctica.

Figura 2
COMPETENCIA POR EL LIDERAZGO/DIFERENCIACIÓN

Estrategia	Factores Clave de Éxito	Implantación
• Multiproducto. • Defender la cartera de marcas. • Obtener la masa crítica necesaria. • Pelear por el control del valor dado al consumidor. • Búsqueda de nuevos canales de distribución.	• Rapidez en la acción por conseguir el liderazgo. • Capacidad financiera. • Aprovechamiento real de las economías de escala. • Capacidad de innovación.	• M&A – marcas, – compañías innovadoras. • Desarrollo de ventajas comparativas frente a los detallistas en áreas en las que son superiores (p.e. logística). • Colaboración con los detallistas (producción marca propia, búsqueda de fórmulas de cooperación). • Reforzamiento del marketing

El principal beneficio: los líderes de ambos sectores están condenados a entenderse

Conclusión:
La competencia por liderazgo/diferenciación es una posibilidad para muy pocos fabricantes: es necesario ser fuerte en todos los aspectos (marca, tamaño, capacidad financiera, I+D, etc.).

Fuente: Roland Berger (1994).

8.3. CONCENTRACION-FOCALIZACION

Estrategia básica:
Dirigir la actividad de venta de vinos embotellados y de calidad, preferentemente a un ámbito geográfico reducido.

Pros:
- Los vinos de Rioja, según los estudios de mercado, tienen buena aceptación en el mercado interior comunitario, siendo los vinos de Rioja y Navarra especialmente apreciados en muchas zonas de España.
- Menores inversiones publicitarias y promocionales si se restringe el mercado a determinadas zonas.
- Existen limitaciones claras de recursos para emprender ambiciosas acciones comerciales en mercados globales.

Contras:
- Esta alternativa es relevante para el canal de hostelería, pero puede carecer de sentido para el canal de alimentación, que está muy globalizado.

Factores Clave de Éxito: Ver figura 3.

Decisión Estratégica Adoptada:
⇒ Compatibilizarla con la estrategia de diferenciación (si ésta resulta factible). En cualquier caso es una estrategia a adoptar, que puede ser muy conveniente para determinadas líneas de producto y determinados canales de distribución.

Figura 3
COMPETENCIA POR NICHOS DE MERCADO
(Concentración-Focalización)

Estrategia	Factores Clave de Éxito	Implantación
• Defender la marca en el nicho de mercado seleccionado. • Potenciar la innovación en el producto. • Búsqueda de nuevos canales de distribución.	• Capacidad de innovación. • Tiempo de respuesta para reaccionar a las innovaciones de los líderes. • Capacidad financiera para defender la marca.	• Cooperación con detallistas (producción de marca propia, etc.). • Asociación con otros fabricantes. • Abandono de ciertas actividades (p.e. logísticas) si es necesario. • Reforzamiento del marketing al consumidor.

La solución para los mejores fabricantes pequeños y medianos

Conclusión:
Los fabricantes medianos y pequeños que no midan correctamente sus fuerzas desaparecerán en la competencia por nichos de mercado concretos.

Fuente: Roland Berger (1994).

ANEXO 9:

GUÍA DE DECISIONES ESTRATÉGICAS SUGERIDAS PARA LAS DISTINTAS POSICIONES EN LA MATRIZ DEL BCG

POSICION:	Producto Estrella	Producto Bolsa	Producto Peso Generador de Cash Flow	Producto Peso	Producto Interrogante
Directrices generales	Invertir para crecer.	Mantener la posición de mercado. Gestión para generar beneficios.	Gestión para generar *cash flow.*	Prepararse para la salida.	Explotar las oportunidades.
Participación de mercado	Mantener o aumentar el dominio.	Mantener u “ordeñar” un poco para generar beneficios.	Mantener selectivamente algunos segmentos.	Intercambiar participación por beneficios.	Invertir selectivamente para lograr participación.
Productos	Diferenciación: ampliación de la línea.	Eliminar los de menos éxito; diferenciar para servir segmentos clave.	Énfasis en la calidad del producto/ Diferenciar.	Reducir agresivamente.	Diferenciación, ampliación de la línea.
Precio	Líder/Política agresiva para ganar participación.	Estabilizar o aumentar.	Mantener o aumentar.	Aumentar.	Políticas agresivas para ganar participación.
Promoción	Actividades de marketing agresivas.	Limitarla.	Mantener selectivamente.	Reducir.	Actividades de Marketing agresivas.
Distribución	Ampliar la distribución.	Distribución muy amplia.	Segmentar.	Reducir gradualmente.	Limitar la cobertura.
Control de costes	Estricto control: buscar economías de escala.	Énfasis en la reducción de costes (por ejemplo, costes variables).	Estricto control.	Reducir agresivamente los costes fijos y variables.	Reducir, pero no a expensas de limitar la iniciativa.
Producción	Ampliar, invertir (internamente, por compra, por medio de inversiones conjuntas).	Utilizar al al máximo la capacidad de producción.	Incrementar la productividad (especialización, automatización).	Librar capacidad.	Invertir.

ANEXO 9:
GUÍA DE DECISIONES ESTRATÉGICAS SUGERIDAS PARA LAS DISTINTAS POSICIONES EN LA MATRIZ DEL BCG (continuación)

POSICIÓN:	Producto Estrella	Producto Bolsa	Producto Peso Generador de Cash Flow	Producto Peso	Producto Interrogante
I+D	Ampliar, invertir.	Centrarse en algunos proyectos.	Invertir selectivamente.	No.	Invertir.
Personal	Mejorar los niveles clave de Dirección.	Mantener/ Premiar la eficiencia. Organización menos costosa.	Encargar a los directivos clave.	Reducir la organización.	Invertir.
Inversiones	Incrementar los fondos.	Límites fijos a las inversiones.	Invertir selectivamente.	Reducir y retirarse oportunamente.	Fondos crecientes.
Fondo de maniobra	Se reduce/ Ampliar los fondos.	Limitar los créditos, reducir los impagados, aumentar la rotación del inventario.	Reducir.	Reducir agresivamente.	Invertir.

Fuente: Adaptación de MacDonald (1994).

CAPÍTULO 8

Quinta Etapa:
DEFINICIÓN DE LOS PLANES DE ACCIÓN

"Para quedarte donde estás tienes que correr lo más rápido que puedas... y si quieres ir a otro sitio deberás correr, por lo menos, dos veces más rápido".

Lewis Carroll

8.1. Cómo elaborar los planes de acción.

8.2. Plan de actuación para poner en marcha una estrategia de fidelización.

8.3. Plan de acciones de marketing de ARDOA.

8.4. Presupuesto y cuenta de explotación previsional.

Anexo 10: Procedimiento de elaboración del presupuesto de marketing.

Gráfico de situación del contenido de este capítulo en el contexto del proceso de planificación de marketing (gráfico 9):

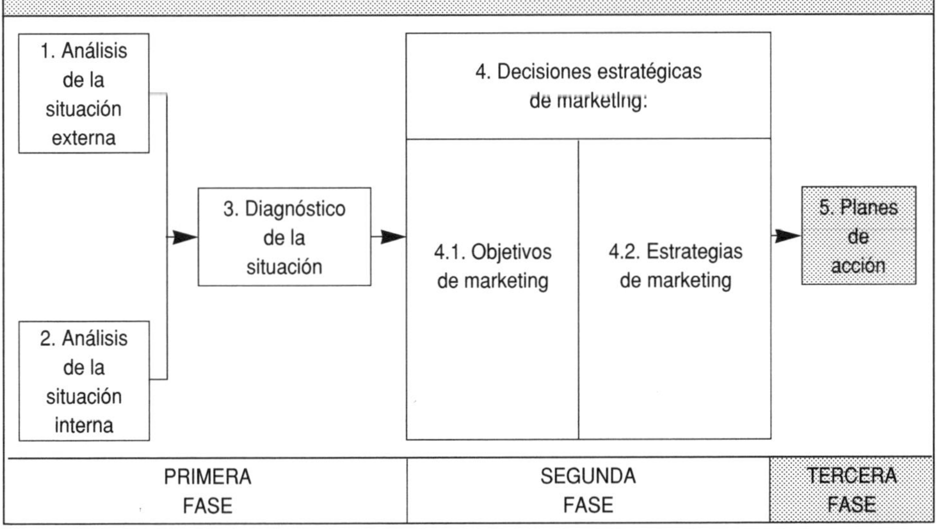

8.1. CÓMO ELABORAR LOS PLANES DE ACCIÓN

Al comenzar esta segunda parte del libro, establecíamos una comparación entre la elaboración del plan de marketing y la construcción de un particular "puzzle". Veíamos lo importante que era diseñar sus piezas de tal manera que unas encajaran con otras, hasta formar esa imagen final a la que deseábamos llegar. Conforme se han ido sucediendo las diferentes etapas del plan, el horizonte o imagen final a construir se ha ido consolidando y perfilando hasta cristalizar en un proyecto perfectamente definido. Tenemos formadas las piezas y sabemos a dónde queremos llegar con ellas. El último paso que debemos dar es, por tanto, colocar adecuadamente estas piezas para componer la imagen ideal a la que nos propusimos llegar. Ese es el cometido que se les asigna a las acciones de marketing.

La definición y ejecución de los planes de acción es, sin duda, la fase de mayor dinamismo dentro del plan de marketing. Es como si a todo el entramado teórico-estratégico que hemos desarrollado hasta ahora le dotásemos de extremidades con las que poder caminar. En definitiva: "Es la hora de poner manos a la obra".

Una estrategia debe traducirse en **acciones concretas** para ser una estrategia efectiva. Además, es importante asignar un responsable que supervise y ejecute los planes de acción marcados en los plazos previstos (calendario de las acciones), así como asignar los recursos humanos, materiales y financieros requeridos, evaluar los costes previstos y, de una manera especial, jerarquizar la atención y dedicación que se debe prestar a dichos planes en función de su urgencia e importancia.

El gráfico 42 ilustra cómo se pueden priorizar las acciones y/o los planes de acción atendiendo a los dos criterios citados, así como la utilidad del gráfico de cara al seguimiento del plan.

> Un ejemplo muy claro en el que los planes de acción tienen mucha importancia es en el lanzamiento de nuevos productos. Así ocurrió con Bilore en el lanzamiento de *Bilore Minidós* ya que un producto como éste puede tener muchas ventajas para el consumidor final pero si éste –por no haber puesto en marcha los suficientes medios y acciones– las desconoce o no es sabedor de su existencia, difícilmente obtendremos los resultados pretendidos con nuestra estrategia.

El comité de dirección realizará un seguimiento de las acciones de alta importancia (en unos casos para ponerlas en marcha "ya mismo" y controlar su cumplimiento, y en otros para analizar el posible aumento de su urgencia), mientras que los niveles operativos del departamento de marketing se encargan de las acciones urgentes de menor importancia, que son menos prioritarias. No obstante conviene hacer el seguimiento de las mismas -aunque a otro nivel- porque, con el tiempo, bien pudieran convertirse en más importantes, pasando a ser acciones prioritarias o de vigilancia estratégica, según el caso.

En cuanto a la naturaleza de las acciones de marketing, como es lógico, éstas se referirán a los elementos del marketing mix oportunos en cada caso, siendo su condición de "etapa final del proceso" una poderosa razón para que el criterio fundamental seguido hasta ahora, el de la coherencia con todo lo expuesto en las fases anteriores, se respete y afiance en toda su plenitud.

Gráfico 42
PRIORIZACIÓN DE LOS PLANES DE ACCIÓN

IMPORTANCIA		
Alta	**Vigilancia estratégica** Comité de Dirección Analizar incremento de urgencia	**Acciones prioritarias** Comité de Dirección Implementación y control
Baja	"No pasa nada" si no se ponen en marcha	Trasladar su realización a niveles operativos de la empresa
	Baja	Alta **URGENCIA**

Fuente: Adaptación de la matriz de Eisenhower.

Vamos a exponer, con un carácter general, una clasificación de las acciones de marketing en función de la variable del marketing mix sobre la cual actúan. Como es lógico, las acciones hacen referencia a la estrategia funcional (marketing mix) definida en la etapa anterior, por ser éste el nivel más concreto de la estrategia de marketing decidida.

Ello significa que, en esta etapa, de lo que se trata es de concretarlas más, detallando las acciones que habrá que poner en marcha para que no se queden en meras directrices (que es precisamente lo que son las estrategias: directrices para la acción). Dentro de un nivel teórico, podemos distinguir los siguientes tipos de acciones:

A. Sobre productos:

- *Ampliación o modificación de la gama:* eliminar algún producto, lanzar alguno nuevo al mercado, sacar nuevas versiones de uno ya existente, etc.
- *Cambio de envase:* rediseño del mismo, sustitución de materiales, envase de mayor capacidad, nuevo formato, etc.
- *Nuevas marcas:* creación de una nueva marca, cambio de marca, registro de una nueva marca, nuevo diseño de una marca anterior que se presentará como nueva, etc.
- *Mejoras en la calidad o en las características:* del producto, su envase, su presentación, etc.
- *Racionalización de productos:* eliminación de referencias con baja rotación o bajo margen, etc.

> – "Un distribuidor americano, consorcios y marca de país, claves para vender en Estados Unidos...Los grandes compradores norteamericanos empiezan a desviar su atención hacia productos de alta calidad y diseño, abandonando la tradicional obsesión por los precios" (*Cinco Días*, 4 de mayo de 1998).
>
> – "Calidad y precio, ventajas competitivas del *made in Spain* en el exterior...El 35% de los exportadores considera que sus productos son muy bien acogidos en los mercados internacionales, destacando especialmente la alimentación y el automóvil. Prestigio, tecnología y servicio son los factores de influencia menos valorados" (*Cinco Días*, 14 de enero de 1999).
>
> – "El producto y el precio se pueden copiar, la calidad no", declaraba Parasuraman, uno de los expertos mundiales en temas de calidad, a *Expansión* (11 de noviembre de 1998).

B. Sobre precios:

- Modificación de las tarifas actuales de precios y de la escala de descuentos.
- Modificación de las condiciones de venta y de los términos de la venta.

> – Ante la pregunta de cómo valora la actual situación económica de España, el presidente de Hewlett Packard España, Juan Soto, contestaba: "El país va bien pero podría ir mejor. Falta asegurar que la sociedad sea capaz de dar el salto hacia la calidad del valor añadido que genera. Si no hacemos esto, dentro de diez años corremos el riesgo de que los países del Este de Europa, que fabrican más barato que nosotros, nos desplacen del mercado" (*Diario Vasco*, 18 de julio de 1998).
>
> – "La aportación de valor al cliente gana terreno en la gestión europea" (*Cinco Días*, 3 de marzo de 1999).
>
> – "Mercer trabaja sobre cómo sacar todo el partido a la relación con los clientes...Y lo hace desde el convencimiento de que generar valor para el cliente es más rentable que reducir costes" (*Cinco Días*, 18 de marzo de 1998).

C. Sobre distribución y fuerza de ventas:

- Cambios en los canales: conseguir entrar en las cadenas discount (Lidl, Tengelman, etc.) que se están implantando en España.
- Mayor cobertura a nivel detallista en los canales en los que estamos: entrar en Pryca, Eroski y Alcampo, que son las cadenas de hipermercados donde no estábamos.
- Modificación y/o fijación de las condiciones y funciones de los mayoristas y detallistas.
- Cambiar de transportista para reducir los costes de transporte.
- Pago de portes.
- Mayor regularidad en las expediciones.
- Mejoras en el plazo de entrega.
- Aumento del número de vendedores.
- Modificación de la zonas y rutas de venta.

– "Aumenta la calidad, pero también la insatisfacción" era el titular de *Cinco Días* (24 de marzo de 1998) que añadía: "El estudio *Vision in Manufacturing* de la consultora Deloitte señala que los fabricantes de tangibles se enfrentan a la infidelidad de los consumidores si éstos no obtienen productos que satisfagan sus crecientes expectativas"... "En los últimos cinco años, a pesar de los esfuerzos hechos en calidad, se aprecia una continua disminución en la satisfacción de los clientes. El estudio considera vital que los fabricantes profundicen en dar servicio en el tiempo exigido, marketing y atención al cliente".

– El director general de Banca de Empresas del grupo Argentaria declaraba a *El País* (13 de diciembre de 1998): "La competencia no va a estar en los tipos de créditos, que no van a variar mucho entre una entidad y otra, sino en la calidad de servicio y en la atención al cliente".

D. Sobre comunicación:

- Realizar campañas concretas: de publicidad, de marketing directo, de relaciones públicas, promocionales, de publicidad directa, de esponsorización y patrocinio, etc.
- Selección de medios: generales (televisión, prensa, radio, etc.), o sectoriales (revistas especializadas, etc.); y definición de los mensajes.
- Determinación y asignación de presupuestos (por instrumentos de comunicación, por medios y soportes, etc.).
- Incentivación y motivación del personal interno.
- Contacto personalizado con distribuidores y clientes, etc.

– "Telefónica estrena nueva imagen para unificar sus negocios a escala mundial. El coste de la implantación (que se hará en dos o tres años) asciende a 5.800 millones de pesetas. El objetivo es operar en todo el mundo bajo una única marca, con una nueva imagen de marca que implique la transición desde el monopolio a la multinacional" (*Cino Días*, 24 de noviembre de 1998).

– "Valorar la marca como eje de la economía intangible... Lo intangible es lo más valioso de muchas empresas en la actualidad, y entre los intangibles destaca la marca... Grandes avances en las técnicas de valoración han hecho cambiar la opinión sobre la publicidad y el marketing. Una de las razones estriba en la capacidad que tiene una marca para conseguir lealtad de los clientes" (*Cinco Días*, 22 de febrero de 1999).

De lo expuesto se deriva que, en los últimos años, se están dando ciertos cambios en la importancia relativa de los diferentes elementos del marketing mix y, en consecuencia, en la mayor o menor importancia que adquieren unos u otros planes de acción.

Como hemos venido haciendo hasta este momento, ARDOA servirá para completar el estudio práctico de esta última etapa del plan de marketing. Describiremos el plan de acciones refiriéndonos a las cuatro variables del marketing mix. Pero antes veamos qué plan de actuación puede seguir una empresa para poner en marcha la estrategia de fidelización propuesta en el capítulo anterior.

- A título ilustrativo, cabe señalar que "las empresas españolas destinaron a acciones de marketing directo y promocional más del 51% de su presupuesto global de comunicación, mientras que el 48,9% restante lo invirtieron en publicidad".

- "Las compañías destinan una media del 4% de su facturación a comunicación. Sin embargo, esta cifra de inversión va en función del tipo de sectores y de su actividad. Por ejemplo, el sector bancario o el editorial pueden alcanzar índices de hasta el 30% de su volumen de negocio" (*Cinco Días*, 4 de mayo de 1998).

8.2. PLAN DE ACTUACIÓN PARA PONER EN MARCHA UNA ESTRATEGIA DE FIDELIZACIÓN

Es posible que necesitemos dividir el plan de actuación en dos fases: una de conocimiento del cliente y otra de adopción de un programa de mejora continua. La primera será necesaria cuando en la etapa de análisis y diagnóstico de la situación hayamos profundizado en el análisis de nuestra clientela menos de lo que requiere una estrategia de fidelización. De no ser así, el plan de actuación será tan concreto como lo visto hasta aquí o como lo expuesto en la última etapa de cualquiera de los planes expuestos en este libro.

Primera Fase: Entender al cliente

Saber bien cómo son nuestros clientes es el punto de partida para tomar cualquier decisión. Para ello deberemos hacer lo siguiente:

1. *Estudio de nuestros clientes*

Necesitamos conocer las características socioeconómicas de nuestros clientes, sus hábitos de compra y sus deseos y expectativas con respecto a los productos que vendemos. En algunos casos, necesitaremos profundizar más haciendo un estudio de mercado.

2. *Análisis del valor de nuestros clientes por segmentos*

Recordemos que un segmento es un grupo de clientes con características comunes. Ahora se trata de identificar qué segmentos de clientela podemos diferenciar y cómo son en cuanto a los hábitos de compra y consumo que acabamos de citar. Una vez clasificados, hay que determinar el valor que tienen para nosotros los diferentes segmentos (cuál es la contribución que nos dejan, tanto anualmente como a lo largo de nuestra relación con ellos).

A grandes rasgos, sugerimos tener en cuenta lo siguiente:

- En productos de consumo masivo de bajo precio unitario hay tres grandes tipos de segmentos de clientes:

– El primero es el de las personas que van buscando una marca determinada (por ejemplo, Danone o Pascual en productos lácteos) y son, por tanto, menos sensibles a precios y otros factores de atracción utilizados por los competidores (por ejemplo, ofertas y promociones). Son "compradores con hábito": tienen alta fidelidad a la marca o enseña y no se fijan mucho en las promociones (en algunos mercados suponen el 31% de los hogares).

– El segundo lo forman los que tienen preferencia por unas pocas marcas y eligen una u otra en función de la que esté en oferta o sea más atractiva que el resto (por ejemplo, Ram, Kaiku, Clesa o Puleva). Aquí están tanto los "buscadores de gangas", que se fijan mucho en las promociones y tienen poca fidelidad a la marca (el 13% en algunos mercados), como los que tienen alta fidelidad al establecimiento y "aprovechan las oportunidades" que éste les ofrece (el 16%).

– Un tercer grupo está formado por los consumidores que van buscando precio y, por tanto, compran los productos más baratos de su categoría (por ejemplo, "primeros precios"). En algunos mercados, estos "compradores por precio" llegan a suponer el 40% de los hogares. Su fidelidad a una marca concreta es baja.

- Resulta muy útil clasificar a los clientes por tipos según la siguiente descripción:

– *Cliente "mercenario"* es aquel que tan pronto nos compra como nos deja de comprar, no se compromete con nosotros y no habla de nosotros.

- *Cliente "terrorista"* es aquel que busca alternativas a nuestra marca, está descontento y hace publicidad negativa, lo que puede echar por tierra nuestro mejor marketing.

- *Cliente "rehén"* es el que está descontento pero atrapado: no puede cambiar o le resulta caro. Es un vengativo "terrorista" en potencia.

- *Cliente "recomendador, prescriptor o apóstol"* es el que tiene un alto grado de satisfacción, es fiel a nuestra marca o empresa, es nuestro amigo y nos recomienda, resultando un buen complemento de nuestro marketing.

3. *Diagnóstico de la situación*

El diagnóstico de la situación trata de responder a la siguiente pregunta: ¿Conviene tomar medidas para satisfacer más o fidelizar mejor a nuestra clientela? La respuesta depende de la composición que tenga nuestra clientela según la clasificación que acabamos de exponer.

Segunda Fase: Adoptar un programa de mejora continua

4. *Elección de la estrategia de fidelización más adecuada*

En función del diagnóstico que hayamos realizado, podemos concluir que:

1.º) No basta con aumentar indiscriminadamente la satisfacción y la lealtad de *todos* los clientes, pues este esfuerzo puede resultar inútil y los resultados pueden quedar muy lejos de lo que buscamos (por ejemplo, mejorando sólo la satisfacción del cliente "terrorista" tal vez consigamos que se convierta en cliente "mercenario", con lo que no ganamos mucho). La estrategia más adecuada es *concentrar nuestros esfuerzos* en los clientes "mercenarios" y "rehenes" (o en transformar los clientes ocasionales en clientes secundarios, y estos últimos en clientes principales). Por tanto, es mucho mejor hacer un esfuerzo de marketing más concreto para:

- Convertir clientes "mercenarios" en "recomendadores". La herramienta de marketing más adecuada para hacerlo es un programa de fidelización.

- Convertir clientes "rehenes" en "recomendadores" antes de que nuestra competencia les haga una oferta que les resulte más satisfactoria. Para ello, las herramientas más convenientes son:

- Un estudio para medir la satisfacción del cliente.
- Gestionar el valor percibido del cliente para mejorar la calidad percibida y/o el precio percibido de nuestra marca para elevar la percepción de estos clientes "rehenes".

2.º) La estrategia de fidelización debe adaptarse a nuestra situación concreta de clientela, ya que un aumento de la satisfacción no se traduce sin más en un aumento de la lealtad.

3.º) También ha de estar adaptada a nuestro sector de actividad. El gráfico 43 muestra cómo la estrategia de marketing más conveniente varía según el valor y la frecuencia de compra de los productos que vendemos.

4.º) Y, por supuesto, la estrategia debe elegirse en función del beneficio potencial que nos puede reportar cada segmento de clientes: si hacemos el 80% de nuestras ventas al 20% de nuestros clientes actuales, ¿por qué no dedicar también a este pequeño porcentaje de clientes el 80% de nuestros esfuerzos y gastos de marketing?

Gráfico 43

ESTRATEGIA DE MARKETING RELACIONAL EN FUNCIÓN DEL VALOR DE COMPRA Y DE LA FRECUENCIA DE COMPRA DE LOS PRODUCTOS QUE SE COMERCIALIZAN

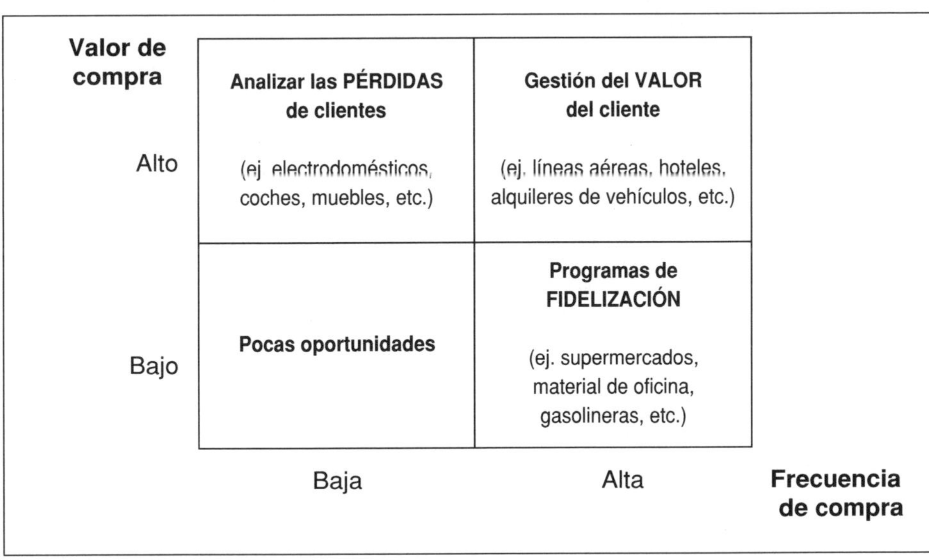

Fuente: Adaptación de Pralle y Costa (1994).

5. *Plan de acciones*

Una vez elegida la estrategia de fidelización, llega el momento de ponerla en práctica mediante el correspondiente plan de acciones. El cuadro nº 73 presenta el programa de actuación de una cadena estadounidense de grandes almacenes que utiliza la información del cliente tanto para ofrecer atención individualizada como para realizar acciones personalizadas enfocadas a grupos muy específicos de clientes. De esta forma mejora su relación personal con ellos y mantiene satisfechos y fidelizados a sus principales clientes, que representan sólo el 5% del total pero suponen el 40% de sus ventas.

Obsérvese que, aunque el soporte que utilizamos para plasmar el correspondiente plan de acciones es diferente al que utilizamos en los casos expuestos a lo largo del libro, en la práctica podíamos desglosarlo en tres apartados:

- Plan de acciones sobre productos (en función de las acciones señaladas de forma sinóptica en la primera columna del cuadro nº 73).
- Plan de acciones sobre comunicación (con las acciones descritas en la segunda columna del citado cuadro).
- Plan de acciones sobre servicios (con las acciones enunciadas en la tercera columna).

Cuadro nº 73

PLAN DE ACTUACIÓN DE NEIMAN MARCUS (NM)

Acciones sobre productos	Acciones sobre comunicación	Acciones sobre servicios
• Tiradas de producto exclusivas y numeradas para socios (vinos, marroquinería, etc.).	• Revista cuatrimestral con novedades, sugerencias, etc.	• Regalos periódicos según las compras efectuadas (a elegir de un catálogo).
• Viajes/eventos organizados para miembros del club.	Diálogo frecuente a través de: • Envío mensual de los puntos acumulados y de sus correspondientes regalos. • Invitaciones a eventos.	• Invitación a eventos en NM o con público de acceso difícil o restringido. • Número de teléfono para reservas y asistencia en viajes.
• Libro de recetas con ventas de más de 70.000 ejemplares en el primer año.	• Envío de 5 catálogos de mercancía/año (Navidad, regalos, etc.).	• Tarjeta de crédito NM y seguro de robo de tarjetas.

Nota: NM da entrada automática en el club "Incircle" a partir de unas compras acumuladas por valor de $3.000, y lleva más de doce años con este programa.

Fuente: Pralle y Costa (1994).

Hemos renunciado a este formato con el fin de hacer una exposición más breve y evitar repeticiones.

8.3. PLAN DE ACCIONES DE MARKETING DE ARDOA

A. Acciones sobre productos

1. *Reestructuración de la gama*

Se procederá a la eliminación y paralización inmediata de la producción de aquella o aquellas marcas comercializadas por igual en los segmentos citados. En este sentido, la gama antigua de *Príncipe de Eraña* deberá desaparecer.

Como ya adelantamos en el apartado de estrategia, debemos diferenciar entre las marcas destinadas a alimentación y las destinadas a hostelería, pero para ello es necesario dar todas las marcas de ARDOA a cada distribuidor. Esta política se debe poner en marcha de forma inmediata en aquellas provincias en las que no coinciden distribuidores en la misma zona. Por contra, en aquellas en las que hay varios distribuidores vendiendo sobre una misma zona –cada uno de ellos con una línea de productos– hay que reasignar previamente las zonas a cubrir por cada uno de ellos sin que se produzcan solapamientos.

2. *Instrucciones sobre la conservación de vinos*

Con el fin de evitar la posible pérdida de botellas, en especial las de vino rosado, el enólogo de la empresa redactará una serie de instrucciones –prácticas y concisas– que serán impresas y enviadas a los distribuidores (como parte de la campaña de marketing directo) para que éstos las repartan a su vez entre los clientes.

Las visitas que el departamento comercial de la empresa realice posteriormente servirán para intercambiar impresiones en lo referente a la utilidad y seguimiento de este "servicio".

3. *Potenciación de la calidad de los vinos de ARDOA*

En concreto, se debería disminuir la acidez de *Único, Campiña* y *Rioja Cierzo*, que resulta algo alta desde el punto de vista del consumidor medio. El mayor esfuerzo debe realizarse en los riojas, dado que se trata de un mercado de un nivel medio muy alto y que cuenta con unos consumidores más exigentes. Las acciones a este respecto se emprenderán a lo largo del próximo año para que puedan tener repercusión en la cosecha de dicho año. Además, cualquier cambio en las condiciones organolépticas del vino deberá ser comunicado a los distribuidores para que sea tenido en cuenta como argumento de venta.

4. *Implantación de nuevas etiquetas.*

Se está procediendo a la racionalización de las etiquetas de *Campiña* y *Ágrada*, y al rediseño del resto. En la campaña de marketing directo se comunicará a los distribuidores las modificaciones en el etiquetado y presentación de todas las marcas, indicándoles la fecha de aparición de las nuevas botellas.

5. *Implantación de la botella tipo Rhin para rosados y blancos de* Único *y* Campiña

El objetivo que se desea lograr es dar una apariencia de mayor categoría a ambas marcas. Creemos que puede causar un impacto positivo en el consumidor que, a la hora de decidir en el lineal del supermercado, tendrá ante sí un rosado o un blanco en botella tipo Rhin, con un etiquetado atractivo y a un precio asequible. Esta medida, por suponer un cambio en la presentación, será comunicado puntualmente en la campaña de marketing directo.

6. *Cambiar el nombre de* Único

Fue calificado como pretencioso y poco original, cuando se trata de una marca destinada al segmento de la alimentación. Se le debe buscar un nombre que haga referencia a su zona de procedencia (Navarra) o que, sin ser tan pretencioso, tenga relación con el mundo del vino. También este hecho será comunicado convenientemente a los distribuidores con el fin de evitar sorpresas.

7. *Lanzamiento de una marca de vino blanco de Rioja*

No es conveniente hacerlo en un plazo de tiempo inmediato, sino cuando la empresa esté más consolidada. Es un producto que falta en la gama y que todavía presenta un mercado interesante. Sería un vino joven, destinado a la hostelería, y enmarcado en el segmento de vinos populares de Rioja a un precio aproximado de 300 pesetas.

Los cuadros 74 y 75 recogen las acciones sobre productos propuestas para ARDOA.

Cuadro nº 74
ACCIONES SOBRE PRODUCTOS

Decisión	Acciones	Plazo
1. Reestructuración de la gama.	• Paralizar la producción de las marcas *Bartolo, Versos, Monte* y la gama antigua de *Príncipe de Eraña.*	Diciembre '90 Enero '91
	• Comunicar a los distribuidores la paralización de su producción.	2.ª quincena Enero '91
	• Agotar las existencias de dichas marcas.	—
	• Facilitar marcas alternativas con la nueva asignación de marcas de cada distribuidor.	Según provincia
	• Comunicación de esta nueva política a los distribuidores de las provincias donde no hay solapamientos.	2.ª quincena Enero '91
	• Primeros envíos de todas las marcas a estos distribuidores.	Marzo '91
	• Primeros envíos de todas las marcas a las provincias en que se van a contratar sus primeros distribuidores.	Marzo-Abril '91
	• Aplicación de la nueva política en aquellas provincias donde hay solapamientos.	Enero-Junio '91
2. Redactar instrucciones sobre la conservación de los vinos.	• Redacción de instrucciones por parte del enólogo.	Enero '91
	• Impresión de las mismas.	Febrero '91
	• Envío de ejemplares a cada distribuidor dentro de la campaña de marketing directo.	2.ª quincena Marzo '91
	• Reparto de las instrucciones entre sus clientes.	A partir 2.ª quincena Marzo
	• Intercambio de impresiones sobre estas instrucciones.	—
3. Potenciación de la calidad de los vinos de **ARDOA.**	• Disminución de la acidez de *Único, Campiña y Rioja Cierzo.*	1991
	• Mejora general de la calidad de todas las marcas, dedicando especial esfuerzo a los riojas.	1991
	• Comunicación a los distribuidores de posibles variaciones en las características del vino.	Finales '91 ó principios '92

Cuadro nº 75: ACCIONES SOBRE PRODUCTOS (continuación)

Decisión	Acciones	Plazo
4. Implantación de las nuevas etiquetas.	• Racionalización de etiquetas de *Campiña y Agrada* y rediseño del resto. • Impresión de las nuevas etiquetas. • Implantación de las etiquetas a las botellas. • Comunicación a los distribuidores de la realización de nuevas etiquetas y presentación. • Agotar existencias de las antiguas botellas. • Envío de las nuevas botellas.	Diciembre '90 Enero '91 Febrero '91 2.ª quincena Enero Enero-Marzo '91 A partir de Marzo
5. Implantación de la botella tipo Rhin en rosados y blancos de *Único y Campiña.*	• Contratación de más botellas tipo Rhin. • Comunicación a los distribuidores de este cambio. • Incorporación en Febrero de las nuevas etiquetas a las nuevas botellas tipo Rhin. • Envío de las nuevas botellas.	Enero '91 2.ª quincena Enero '91 Febrero '91 A partir de Marzo '91
6. Cambio de nombre de *Único.*	• Idear nuevo nombre y rediseño de la etiqueta. • Comunicación a los distribuidores del cambio de nombre. • Impresión etiqueta. • Implantación etiqueta con nuevo nombre en las botellas. • Envío botellas con nuevo nombre.	1.ª quincena Enero '91 2.ª quincena Enero '91 1.ª quincena Febrero '91 2.ª quincena Febrero '91 Abril '91
7. Colgante para *Laya.*	• Diseño y composición de textos e impresión del colgante. • Comunicación a los distribuidores de su implantación. • Colocación del colgante en las botellas. • Envío de las botellas con el colgante.	Enero '91 2.ª quincena Enero '91 Febrero '91 Marzo '91
8. Lanzar una nueva marca de vino blanco de Rioja.	• Observar durante 1991 la evolución de este mercado. • Estudiar la viabilidad económica del lanzamiento. • Decisión de lanzamiento. • Elaboración nuevo vino. • Posible lanzamiento nueva marca.	1.er semestre 1991 1.er semestre 1991 Junio 1991 Octubre '91/Febrero '92 Marzo 1992

B. Acciones sobre precios

Las tarifas para el año que viene deben contemplar una política de precios más agresiva que haga de ARDOA una empresa más competitiva. Para ello, las acciones más recomendables podrían ser:

1. *Fijación de las nuevas tarifas*

Como se adelantó en el apartado de las estrategias, las marcas destinadas al segmento de la alimentación deberían tener unos precios entre un 5% y un 10% más baratos que las marcas equivalentes del segmento de hostelería. Esto significa que el ajuste de precios se llevará a cabo especialmente en el segmento de la alimentación.

En cuanto a los riojas, hemos destacado que marcas de la competencia en situación de liderazgo mantienen unos precios inferiores a los nuestros, sin que nosotros ofrezcamos siquiera una mayor calidad. Debemos revisar por tanto los precios, tanto en alimentación (disminución de un 10%) como en hostelería (disminución de un 5%).

2. *Aumentar los descuentos en mercancía a los distribuidores*

El problema de los precios no está en la tarifa, sino en los descuentos a los distribuidores que ofrece ARDOA, que son sólo el estándar o incluso menores que los ofrecidos por otras empresas competidoras. El aumento de los descuentos en mercancía repercutirá en mejores precios para el hostelero y el detallista de alimentación y, como consecuencia, en mejores precios para el consumidor final.

Estos descuentos deben fijarse a la vez que las nuevas tarifas, para aplicarse de forma inmediata. Deberían ser como mínimo de un 10% para toda la gama, de un 15% para los riojas y de un 20% para *Ágrada* y *Laya 82*.

3. *Política flexible de cobro a los distribuidores*

No se puede pretender que los distribuidores paguen al contado o bastante antes de vender el vino. En tal caso, como observamos en el capítulo anterior, los pedidos serán mucho más pequeños (menos de 500 cajas). El plazo de pago debe ser de 60 ó 90 días. Esta política se aplicará de forma inmediata.

4. *Aplicación conjunta de estas medidas respecto a los precios*

La aplicación de las nuevas tarifas requiere, para que sea coherente, que se hayan facilitado a cada distribuidor todas las marcas de ARDOA, con el fin de destinar unas a hostelería y otras a la alimentación. Como ya advertíamos, esta circunstancia se llevará a efecto antes en unas provincias que en otras.

A los distribuidores de las provicias en las que no hay solapamientos, se les incluiría en el envío de la campaña de marketing directo una hoja con las nuevas tarifas, descuentos y condiciones de pago.

El problema se produciría en aquellas provincias donde sí se dan esos solapamientos, ya que en ellas pasarán varios meses hasta que se puedan aplicar las nuevas tarifas que distinguen entre hostelería y alimentación. En este caso, se les debería comunicar el nuevo precio que va a regir provisionalmente en las marcas que llevasen en la actualidad.

El cuadro nº 76 recoge las acciones comprometidas sobre precios, así como los plazos en los que deben ponerse en marcha.

Cuadro nº 76

ACCIONES SOBRE PRECIOS

Decisión	Acciones	Plazo
Aplicación de nuevas tarifas, descuentos y plazos de pago.	• Recogida de información de precios y condiciones que ofrece la competencia.	Diciembre '90
	• Fijación de nuevas tarifas, descuentos y plazos de pago.	Enero '91
	• Comunicación de las nuevas condiciones de precios a los distribuidores de las provincias donde no hay solapamientos.	2.ª quincena Enero '91
	• Comunicación de las nuevas condiciones en precios (provisionales) a los distribuidores de las provincias en las que hay solapamiento.	2.ª quincena Enero '91

C. Acciones dirigidas a la distribución (ver cuadro nº 77).

1. *Exclusividad en las zonas geográficas*

Es indispensable para que se puedan destinar unas marcas a hostelería y otras a la alimentación. Comunicaremos por tanto esta política a los distribuidores de aquellas provincias en las que no se producen solapamientos. En las que sí los hay, aplicaremos esta fórmula en el plazo más corto de tiempo que sea posible. Cuando se produzca la reasignación de la zona que va a atender cada distribuidor, se les advertirá que vender en una zona distinta a la suya puede ser motivo del fin de la relación comercial.

2. *Contratación de nuevos distribuidores*

Es preciso realizar una estimación del número de distribuidores necesarios para cada provincia y, si el caso así lo requiere, contratar algun distribuidor más. ARDOA debería profundizar más en este aspecto por medio de su departamento comercial para determinar, con la mayor exactitud, cuántos distribuidores se deben contratar en cada provincia y en cuál es más urgente hacerlo.

3. *Contratación de un inspector de ventas para el País Vasco, Navarra y La Rioja*

Su primera labor consistirá en reasignar las zonas de cada distribuidor y buscar nuevos distribuidores si fuese necesario. Se encargará de coordinar la puesta en práctica de las acciones que se derivan de este plan de marketing en esta importante zona y, por supuesto, también se dedicará a buscar clientes y a vender.

Se comunicará a los distribuidores de su zona que van a contar con su apoyo a partir de una fecha concreta, y que se pondrá en contacto telefónico con ellos a la mayor brevedad.

4. *Establecimiento de un programa de incentivos a los distribuidores*

El objeto de este programa es estimular a los distribuidores para que cumplan los objetivos comerciales fijados previamente, poniendo especial esfuerzo e interés en nuestros productos.

El programa a confeccionar establecerá un escalado de premios según se vayan consiguiendo más ventas a lo largo de los doce meses. Se les informará de la puesta en marcha de este programa de incentivos en la campaña de marketing directo, emplazándoles a la convención de distribuidores donde será presentado en profundidad.

5. *Campaña de marketing directo*

Una de las primeras metas que perseguirá ARDOA será lograr una comunicación fluida, directa y continua con sus distribuidores, apoyando su gestión de ventas, ofreciéndoles formación e información de todo lo relacionado con el mundo del vino, etc. Así mismo, hay que significar la importancia que para la empresa representa la opinión de sus distribuidores, por lo que es importante que de los mensajes emitidos se obtenga una respuesta.

Para ello se ha perfilado una campaña de marketing directo dirigida a los mismos y que deberá incluir (véase el gráfico 44):

Gráfico 44
CAMPAÑA DE MARKETING DIRECTO

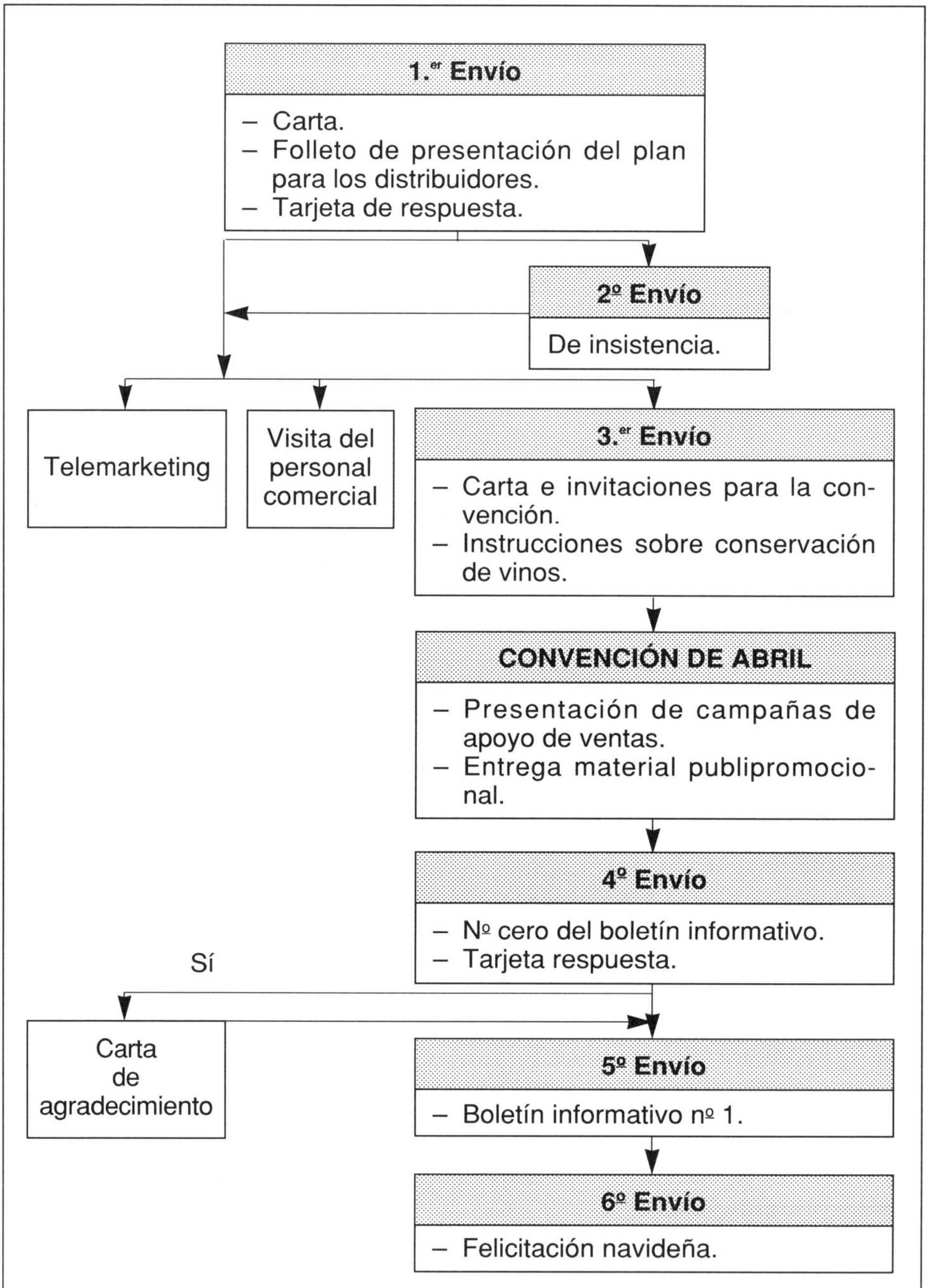

Cuadro nº 77
ACCIONES DIRIGIDAS A LA DISTRIBUCIÓN

Decisión	Acciones	Plazo
1. Exclusividad en la zona geográfica.	• Comunicación de esta política a los distribuidores de aquellas provincias donde no hay solapamientos. • Aplicación de esta política en las provincias donde hay solapamientos entre los distribuidores.	2.ª quincena Enero '91 Abril '91
2. Contratación de nuevos distribuidores.	• Hacer una estimación del número de distribuidores necesarios en cada provincia. • Contratación de nuevos distribuidores para Galicia, Andalucía, Canarias, Zaragoza, Ibiza y La Rioja. • Contratación del resto de distribuidores.	Enero '91 Enero-Marzo '91 Abril/Diciembre '91
3. Contratación de un inspector de ventas para el País Vasco, Navarra y La Rioja.	• Comienzo proceso selección. • Elección candidato óptimo. • Comunicación de su existencia a sus distribuidores dentro de la campaña de marketing directo. • Comienzo de trabajos del nuevo inspector.	Enero '91 2.ª quincena Febr. '91 — 2.ª quincena Marzo '91
4. Establecimiento de un programa de incentivos a los distribuidores.	• Confección del programa de incentivos. • Comunicación a los distribuidores de este programa dentro de la campaña de marketing directo. • Presentación de este programa en la convención. • Las ventas comienzan a contar para obtener regalos.	Febrero '91 — 1.ª quincena Abril '91 Abril '91
5. Campaña de marketing directo.	• Primer envío de presentación campaña: carta personal, folleto y tarjeta respuesta. • Segundo envío: de insistencia a los que no han enviado la tarjeta de respuesta.	2.ª quincena Enero '91 2.ª quincena Febrero '91

Cuadro nº 77
ACCIONES DIRIGIDAS A LA DISTRIBUCIÓN (continuación)

Decisión	Acciones	Plazo
5. Campaña de marketing directo.	• Tercer envío: anunciando la convención de Abril, junto con las invitaciones y unas instrucciones sobre conservación de vinos. • Cuarto envío con el primer número del boletín informativo. • Quinto envío con el segundo boletín informativo. • Sexto envío con felicitación navideña.	2.ª quincena Marzo '91 1.ª quincena Junio '91 1.ª quincena Octubre '91 1.ª quincena Dic. '91
6. Convención de distribuidores.	• Preparación del programa y material necesario para la convención. • Envío de las invitaciones. • Realización de la convención.	Marzo '91 2.ª quincena Marzo '91 1.ª quincena Abril '91

1er envío: De presentación de la campaña. Incluirá una carta personal, un folleto y una tarjeta de respuesta que el distribuidor deberá rellenar y enviar a ARDOA.

2.º envío: De insistencia a los distribuidores que no han contestado a la tarjeta de respuesta, recordándoles la importancia y conveniencia de contar con sus quejas, sugerencias y opiniones.

3er envío: Para anunciar la convención de distribuidores a celebrar próximamente en las instalaciones de ARDOA. Envío de invitaciones y de las instrucciones sobre la conservación de vinos.

4.º envío: Con el primer número del boletín informativo.

5.º envío: Con el segundo número del boletín informativo.

6.º envío: Felicitación navideña.

6. *Convención de distribuidores*

Se trataría de una convención de dos o tres días en la que, además de visitar las instalaciones de ARDOA, se les presentarían con amplitud las directrices y políticas que regirán en esta nueva etapa de la empresa. Además serían informados sobre las campañas de apoyo a ventas y se les haría entrega de material publipromocional.

D. Acciones de comunicación

1. *Acciones dirigidas a los distribuidores*

Su objetivo es conseguir una mayor implicación de los distribuidores con la marcha de la empresa e intentar que exista una relación más estrecha y sólida con ellos. A partir de esta premisa, las acciones a desarrollar serán:

- Convención de distribuidores en las instalaciones de ARDOA, como ya explicamos anteriormente.

- Boletín informativo cuatrimestral. Les tendrá informados de todos los cambios, proyectos y campañas a realizar por la empresa, así como de aquellos datos del entorno vitivinícola que sean relevantes, tendencias observadas, etc.

- Información sobre vinos. De gran interés si pensamos que muchos distribuidores reconocen saber poco sobre vinos, lo que resta argumentos de venta con el cliente.

- Programa de visitas del departamentro comercial de ARDOA a sus distribuidores. De vital importancia si tenemos en cuenta que el cambio de rumbo en la política de la empresa podría plantear numerosas dudas y sugerencias en los distribuidores.

2. *Acciones dirigidas a los hosteleros y a los detallistas de alimentación*

- Campaña de publicidad en revistas especializadas, tanto de hostelería como de alimentación. Para la alimentación se anunciarán vinos de los segmentos bajo y medio de Navarra y Rioja, mientras que en las revistas de hostelería anunciaríamos vinos del segmento medio de Navarra y bajo y medio de Rioja. Más esporádicamente anunciaríamos los reservas y grandes reservas.

- Campaña de publicidad directa. Consistente en el envío selectivo (a grandes establecimientos de alimentación y restaurantes más importantes) de una carta de presentación de las novedades que presenta ARDOA y un folleto-catálogo de su gama de productos.

- Entrega a los distribuidores de una serie de muestras (cajas y botellas de vino), que serán ofrecidas a su vez a los clientes y clientes potenciales, con el fin de dar a conocer nuestros vinos.

- Mayores descuentos a los distribuidores en sus pedidos para facilitar que éstos puedan también ofrecer interesantes promociones a sus clientes.

- Entrega a los distribuidores de una serie de objetos publipromocionales: mecheros, sacacorchos, botelleros, vasos serigrafiados con las diferentes marcas, etc.

- Visitas a las bodegas de hosteleros de cierta importancia, así como de responsables de compras. Se realizarían con carácter individual e incluirían excursiones turísticas por la zona.

3. *Acciones dirigidas al consumidor final*

- Campaña publicitaria a nivel nacional en prensa y revistas. La gama de alimentación se anunciará en revistas que capten la atención de las amas de casa, mientras que la gama de hostelería aparecerá en revistas de actualidad general que capten la atención del hombre y en los periódicos que en cada región registren una mayor difusión.

- Folleto con la tabla de añadas y su calificación; tanto la clásica de los vinos con denominación de origen Rioja, como otra más novedosa de los tintos con denominación Navarra.

- Entrar en las gacetillas de precio de las grandes superficies, dado que tienen una enorme difusión a través del buzoneo y supone además una buena publicidad de nuestros vinos.

El cuadro nº 78 cumple el mismo cometido que los anteriores, pero con las acciones de comunicación.

Cuadro nº 78
ACCIONES DE COMUNICACIÓN

Decisión/Acciones	Acciones/Tareas	Plazo
1. Acciones dirigidas a los distribuidores:		
• Convención de distribuidores.	(Ver cuadro nº 77)	—
• Boletín informativo cuatrimestral (dentro de la campaña de marketing directo).	• Redacción, diseño e impresión del primer número. • Envío del primer boletín.	Mayo '91 Junio '91

Cuadro nº 78
ACCIONES DE COMUNICACIÓN (continuación)

Decisión/Acciones	Acciones/Tareas	Plazo
• Información sobre vinos.	• Facilitarles unas instrucciones sobre conservación de vinos. • Información adicional sobre vinos en los boletines informativos. • Instrucciones de los inspectores de ventas en sus visitas.	2.ª quinc. Marzo '91 Junio 91/Octub. '91 —
• Programa de visitas a los distribuidores.	• Reunión con los inspectores de ventas para establecer el programa. • Presentación del programa en la convención. • Comienzo del programa de visitas.	Abril '91 Abril '91 Mayo '91
2. Acciones dirigidas a los hosteleros y a los detallistas de alimentación:		
• Campaña de publicidad en revistas especializadas.	• Realización de la estrategia creativa (Agencia) y aprobación por parte de ARDOA. • Presentación de la campaña en la convención. • Lanzamiento de la campaña.	Febrero/Marzo '91 1.ª quincena Abril '91 Abril '91
• Campaña de publicidad directa.	• Composición de textos y realización del original de los folletos y la carta (Agencia). • Presentación de esta campaña en la convención. • 1.er envío. • 2.º envío. • Envío de felicitación de Navidad.	1.ª quincena Abril '91 1.ª quincena Abril 2.ª quincena Abril '91 2.ª quincena Sept. '91 Diciembre '91
• Muestras gratuitas.	• Comunicación a los distribuidores del próximo reparto de muestras (en la convención). • Comienzan a enviarse las muestras.	1.ª quincena Abril 2.ª quincena Abril '91

Cuadro nº 78: ACCIONES DE COMUNICACIÓN (continuación)

Decisión/Acciones	Acciones/Tareas	Plazo
• Promociones en precio.	• Nuevos descuentos a distribuidores. • Promociones de éstos a sus clientes. • Encargo del material.	A partir Febrero '91 A partir Febrero '91 Febrero '91
• Material publipromocional.	• Elección y encargo del material. • Presentación del material en la convención. • Reparto de las primeras partidas.	Febrero '91 1.ª quincena Abril '91 2.ª quincena Abril '91
• Salesfolder para los clientes de los distribuidores.	• Elección y encargo del salesfolder. • Reparto salesfolder.	Febrero '91 Mayo '91
• Visita a nuestras bodegas.	• Realización del programa de los dos días. • Presentación de este programa en la convención. • Comienzo de las visitas.	Marzo y Abril 2.ª quincena Abril '91 Mayo '91
3. Acciones dirigidas al consumidor final: • Campaña publicitaria.	• Elaboración y aprobación de la campaña. • Presentación de la campaña en la convención. • Lanzamiento de la campaña.	Febrero/Marzo '91 1.ª quincena Abril '91 Abril '91
• Campaña de promoción al consumidor.	• Elaboración y aprobación de la campaña. • Comunicación a los distribuidores del próximo lanzamiento de esta campaña dentro de la campaña de marketing directo. • Lanzamiento de la campaña.	Abril y/o Mayo '91 — 2.ª quincena Sept. '91
• Material publipromocional (Tabla de añadas).	• Encargo e impresión de la tabla de añadas. • Envío a los distribuidores.	Enero '91 Febrero '91
• Entrar en las gacetillas de precios de las grandes superficies.	• Entablar negociaciones con responsables de hipermercados.	A partir de 1991

8.4. PRESUPUESTO Y CUENTA DE EXPLOTACIÓN PREVISIONAL

Este punto puede ser, por sí mismo, una última etapa o estar integrado en la quinta etapa en los planes de acciones. Así, en CENTRALAIR se contempla como una sexta etapa. Sin embargo, en otros casos el plan culmina con el plan de acciones y, en todo caso, es éste el que recoge una última columna con los presupuestos de las acciones que implican un desembolso.

Sea uno u otro el sistema elegido, lo importante es que el plan de marketing recoja el concepto coste o aportación económica de las acciones contempladas en el plan. La dirección necesita conocer, antes de sancionar el plan, lo que le va a costar la puesta en marcha del mismo (presupuesto) o lo que va a producir en términos económicos (beneficios o margen de contribución) dicho plan, si se ponen en marcha todas las acciones en él recogidas. El anexo 10 presenta un procedimiento muy detallado de elaboración del presupuesto global de marketing.

Si el plan concluye con una cuenta de explotación previsional no es necesario recoger el presupuesto de marketing, ya que aquella incluirá los gastos de marketing. Y si se piensa en detallar el presupuesto de marketing no es imprescindible incluir la cuenta de explotación previsional.

En ARDOA nos limitaremos a exponer el presupuesto adicional de marketing, derivado de las acciones en él contempladas que suponen un desembolso adicional para la empresa. No es por tanto el presupuesto del departamento comercial de la empresa, sino que recoge el coste marginal de la puesta en marcha del plan.

El cuadro nº 79 muestra la orientación presupuestaria de las diversas acciones de comunicación recogidas en el plan, habiendo descartado recoger la totalidad de las mismas para no ser más prolijos.

Cuadro nº 79
PRESUPUESTO DE COMUNICACIÓN DE ARDOA

Públicos objetivo (P.O.)	Campañas y medios utilizados	Orientación presupuestaria en ptas.
1. Distribuidores.	• Dossier y regalos.	1.000.000
2. Hosteleros y detallistas de alimentación.	• Campaña en revistas especializadas: – Medios. – Realizaciones. – Fotolitos...	4.500.000
	• Material publipromocional.	2.000.000
	• Salesfolder.	8.000.000
3. Consumidor final.	• Campaña de publicidad: – Medios (prensa y revistas). – Realizaciones...	18.000.000
	• Campaña de promoción: – Medios (prensa y radio). – Realizaciones...	20.000.000
	• Tabla de añadas.	500.000
Total	—	**54.000.000**

ANEXO 10:
PROCEDIMIENTO DE ELABORACIÓN DEL PRESUPUESTO DE MARKETING

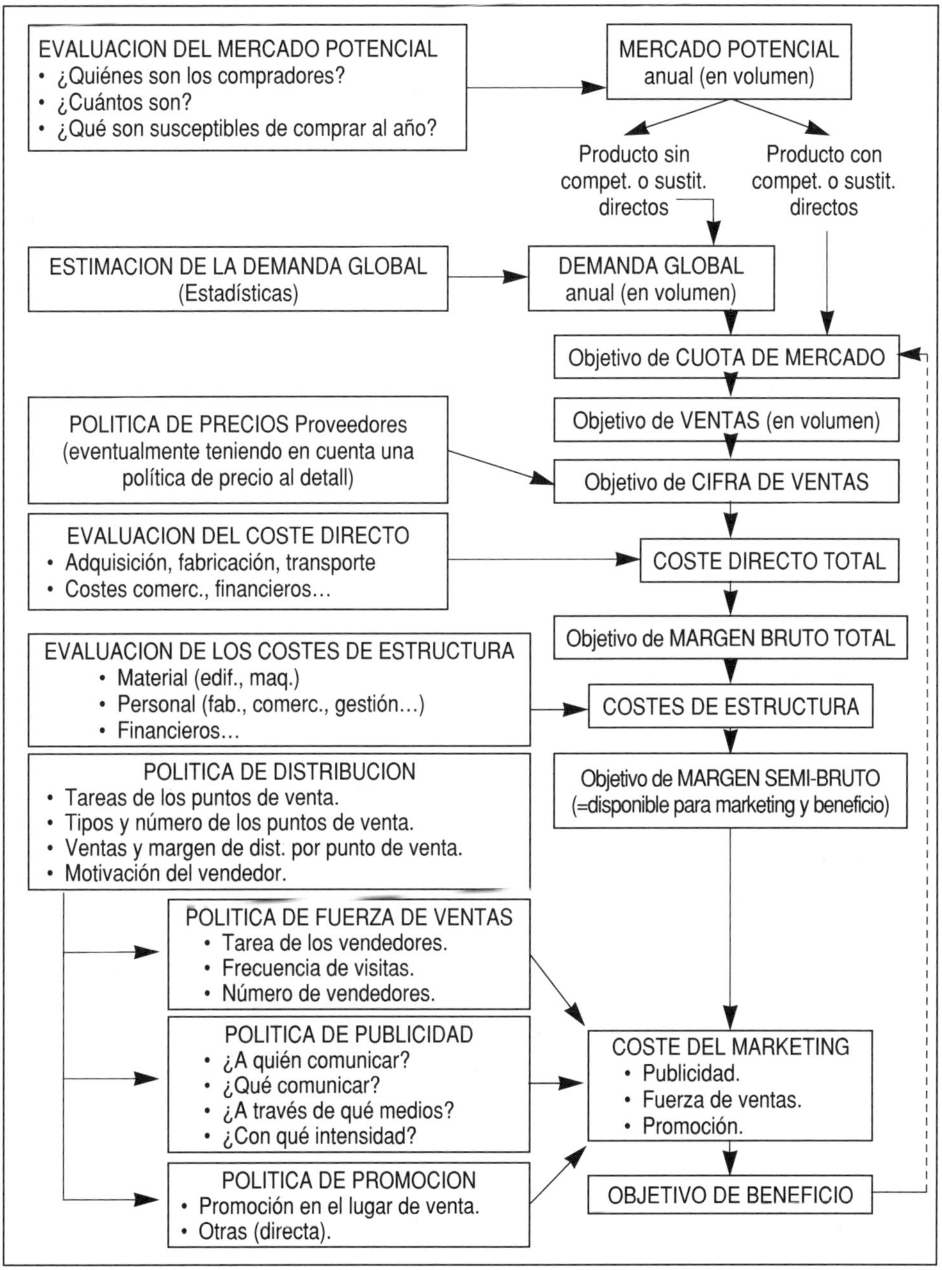

Fuente: Lambin (1991).

Tercera parte:

APLICACIÓN DEL PLAN DE MARKETING A OTROS SECTORES DE ACTIVIDAD

"No hay ningún viento favorable para el que no sabe a qué puerto se dirige."

Arthur Schopenhauer

CAPÍTULO 9

APLICACIÓN DE LA METODOLOGÍA DE UN PLAN DE MARKETING A UNA EMPRESA INDUSTRIAL

Un fracasado es un hombre que ha cometido un error, pero no es capaz de convertirlo en experiencia.

Elbert Hubbard

9.1. PECULIARIDADES DEL MARKETING INDUSTRIAL

Antes de entrar en el desarrollo de los capítulos finales –en los que analizaremos la aplicación de la metodología de elaboración de un plan de marketing a diferentes tipos de empresa –será oportuno matizar algunos conceptos clave que nos ayuden a comprender e identificar las especificaciones propias de cada tipo de producto– según el sector de actividad al que pertenezcan.

De la misma manera que identificamos o distinguimos una empresa de servicios de una empresa industrial, o de otra que produzca bienes de consumo, podemos clasificar un producto con esos mismos calificativos atendiendo a sus peculiaridades. Nadie discutirá que una máquina-herramienta es un producto industrial, ni que un paquete de galletas constituye un bien de consumo. Sin embargo, algunos productos que aparentemente podríamos clasificar dentro de cierta categoría podrían vincularse con otra muy diferente si las variables que lo definen se orientan en una dirección u otra.

Un ama de casa que compra un paquete de azúcar en el supermercado y lo usa para endulzar la leche, el café o la infusión, habrá invertido su dinero en un bien cuyo fin último es ser consumido. Un fabricante de chocolates que compra una partida de azúcar para elaborar barras de chocolate habrá invertido su dinero en un bien cuya finalidad es ser materia prima de un producto final. En ambos casos el producto es el mismo –azúcar–, pero el tipo de usuario y el uso que se está haciendo del mismo viene a determinar cuándo un bien es un producto de consumo –recordemos al ama de casa– y cuándo es un producto industrial –el caso del fabricante de chocolate.

El ejemplo que acabamos de utilizar será válido si sirve para que lleguemos a las siguientes conclusiones:

1. Aunque hay productos que no tienen mercados de consumo (ej. una máquina-herramienta), es más válido hablar de que un producto puede tener tanto un mercado de consumo como un mercado industrial o institucional. En tal caso, sería más oportuno hablar de marketing

industrial cuando nos referimos al marketing que tiene que aplicar una empresa para conquistar mercados industriales y no porque el producto sea o no industrial. Así:

- Un mercado industrial o institucional está formado por todas las personas y organizaciones que adquieren productos y servicios para ser usados en el proceso de producción de productos y servicios demandados por otros.

- Por el contrario, un mercado de consumo lo forman las personas y hogares que adquieren productos y servicios para su consumo personal, el de su familia o el del hogar que forman.

2. No es que el marketing industrial sea distinto del marketing de consumo, ni del financiero, ni del turístico; la única distinción que hacemos obedece exclusivamente a una precisión operativa, basada en la aplicación de unas técnicas con carácter monográfico en un grupo de productos en las que tienen una utilidad homogénea.

Por ello podemos afirmar que los conceptos y las técnicas del marketing industrial no son diferentes de las que hemos venido considerando como *variables del marketing,* aunque las características de los mercados y la naturaleza del producto industrial sean distintas a las de otros productos relacionados con otros sectores de actividad, y ello obligue a actuar de forma distinta en algunos aspectos del marketing mix. Lo mismo ocurre cuando se comercializa un bien de consumo masivo de gran rotación y bajo coste (por ej. leche) y otro de menor rotación y alto coste (por ej. coches).

Lo que en este epígrafe tratamos de analizar son precisamente esas especificaciones o variables intrínsecas de la empresa, del mercado y del producto industrial, que le otorgan una identidad propia y diferenciada. Para ello será interesante tener bien claro lo que entendemos como **producto industrial,** esto es, *"el conjunto de bienes y servicios comprados, alquilados o cedidos para su uso, tanto directo (en la producción) como indirecto (para facilitar la producción), de otros bienes y servicios".* Esto significa que el marketing industrial puede abarcar productos tan diversos como materias primas, equipo industrial, servicios industriales o suministros. El anexo 11 presenta los diferentes tipos de productos industriales en el marco de la *cadena industrial.*

Como se puede apreciar en el citado anexo, la *cadena industrial* está constituida por el conjunto de estadios del proceso de producción que van desde las materias primas hasta la satisfacción de la necesidad final del consumidor/usuario, tanto se trate esta necesidad final de un bien material o de un servicio. Siendo lo importante –desde el punto de vista de marketing– ser consciente de que la fuerza estratégica del cliente industrial depende principalmente de su capacidad de anticipar y controlar el mercado final de la cadena de la cual participa.

Nos introduciremos por tanto en los entresijos del marketing industrial a través de sus variables más representativas, es decir, producto, precio, distribución y medios de apoyo de las ventas, comparando además las diferencias que existen entre la comercialización de un bien industrial y un bien de consumo, y profundizando en el comportamiento de compra, que es el aspecto más diferente del proceso de compra de un bien de consumo y de un bien industrial. Otras características diferenciadoras de los **mercados industriales** son:

- La naturaleza y estructura del mercado: normalmente, se trata de mercados formados por pocos y grandes compradores, cuya demanda es derivada, fluctuante e inelástica.

- El comportamiento de compra es más complejo y profesional: interviene una unidad de toma de decisión (UTD) más amplia, formada por profesionales diversos, provenientes de diversas áreas funcionales, con motivaciones distintas en las diferentes fases del proceso.

- Las especificidades del comprador: organizaciones más o menos complejas, difíciles de alcanzar y que requieren un mix de marketing distinto, con mayor peso de los medios de apoyo directos (red de ventas, comunicación directa, etc.).

- La forma de segmentar estos mercados. En primer lugar, suele ser conveniente utilizar criterios macroeconómicos como el tipo de sector, el tamaño del comprador (empresa grande o Pyme) y el uso que se vaya a hacer del bien adquirirdo (OEMs-fabricantes de primeros equipos, usuarios finales, distribuidores, etc.). Los segmentos resultantes de la aplicación de este primer criterio de segmentación deben subdividirse sobre la base de variables microeconómicas relevantes como las que expondremos luego al analizar el comportamiento de compra de estos clientes (dimensión técnica, financiera, servicio, etc.).

A. Variable producto

La diferencia principal entre el producto industrial y el producto de consumo –que nos servirá como referencia para establecer la mayoría de las comparaciones– viene dada por la gran influencia que ejerce el cliente sobre gran parte de las características del primero.

El producto industrial requiere una colaboración muy estrecha entre producción y ventas a fin de que la empresa esté constantemente informada –a través de sus vendedores– de las tendencias y gustos de los clientes, de las características que consideramos más importantes, de las ventajas que encuentran en los productos, etc. Sin lugar a dudas, la falta de información actualizada de lo que necesitan los clientes podría hacer perder rápidamente clientes a una empresa industrial o dificultar su consecución. Dicho de una manera simplista, mientras el producto industrial se produce prácticamente de acuerdo con lo que necesita el cliente, en el producto de consumo no es tan directa y tan clara la influencia del cliente.

Incluso en el caso de que el producto esté de acuerdo con determinadas especificaciones del cliente, no debe olvidarse que hay una serie de cualidades y factores que en los productos industriales tienen un valor muy superior al que corresponde a un producto de consumo, a saber: la garantía de calidad (en estos momentos, los mercados están requiriendo que las empresas cumplan normas de calidad como, por ejemplo, la ISO 9000), la seguridad de suministro, el precio de los productos comparables de la competencia, la asistencia post-venta, la imagen de la empresa en el mercado, el prestigio de la marca, la financiación, etc. En el producto industrial, más que en ningún otro tipo de producto, el vendedor ofrece *resolver problemas*, más que el producto o servicio en sí mismo.

Por su parte, las posibilidades de diferenciación que ofrecen los bienes industriales varían en gran manera de unos a otros. En efecto:

- Hay bienes y servicios como los denominados *commodities*, la electricidad, los metales, las materias primas y los productos agrícolas cuyo potencial de diferenciación es mínimo. Se trata de bienes homogéneos donde, por consiguiente, es difícil conseguir una imagen y un precio superiores por la calidad del producto en sí. Otra cosa es por las diferencias que un proveedor y otro tengan en la calidad de servicio.

- En el extremo opuesto nos encontramos con productos como bienes de equipo y maquinaria hecha a medida o servicios industriales como la logística en los que el potencial de diferenciación de los mismos es máxima, por lo que cabe esperar importantes diferencias en precios e imagen entre los diversos proveedores.

- En posiciones intermedias en cuanto a potencial de diferenciación están las piezas y componentes, los ordenadores personales, los equipos de procesamiento de alimentos, etc.

Cuando estemos trabajando con productos del primer grupo, las fuentes de ventaja competitiva tendrán que venir principalmente de aspectos como el precio o la calidad de servicio mientras que cuando nos encontremos con productos del segundo grupo citado tenemos más vías de ventaja competitiva: la calidad del producto, la innovación, la calidad del servicio, el precio y variables sociosicológicas como la imagen corporativa o de marca, etc.

Finalmente, el gráfico 45 presenta las diversas opciones estratégicas que tiene una empresa de cara al desarrollo y lanzamiento de nuevos productos con el fin de innovar en esta variable de marketing para desmarcarse de su competencia y alcanzar los objetivos de marketing fijados.

Gráfico 45
CLASES DE NUEVOS PRODUCTOS

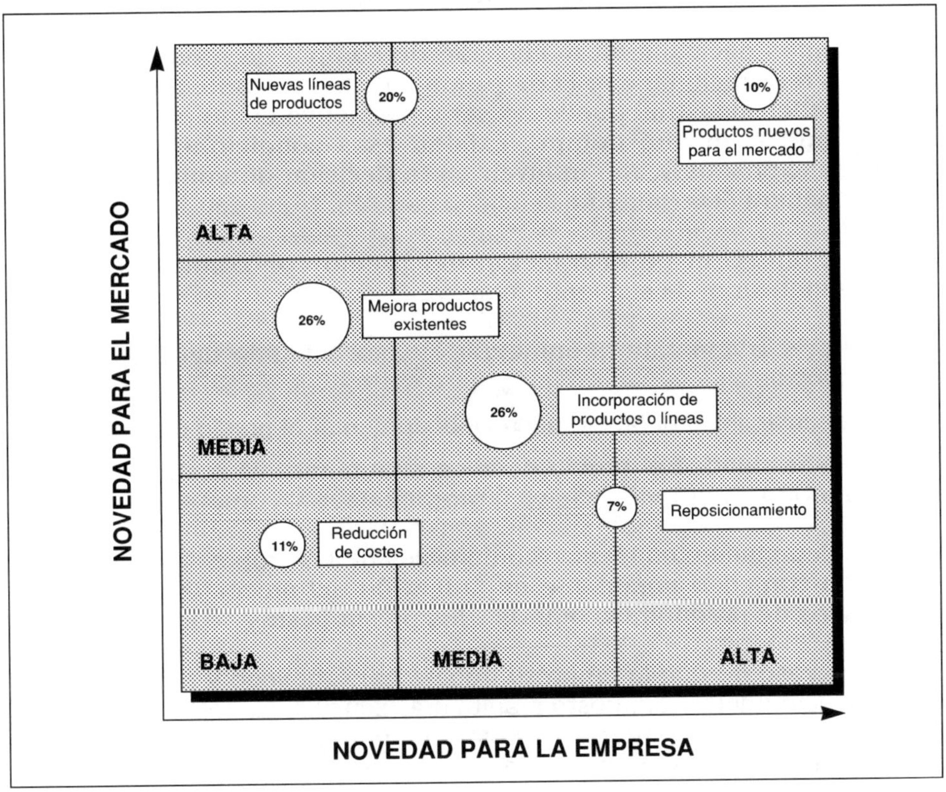

Fuente: Booz, Allen & Hamilton (1982).

B. Variable precio

Dentro de los productos industriales hay que distinguir entre los fácilmente especificables (aquellos cuyas características son uniformes, como el cemento, el acero, los productos químicos, etc.) y aquellos otros que incluyen una gran cantidad de peculiaridades propias de cada proveedor (máquina-herramienta, equipo de laboratorio, locomotoras, etc.).

En el primer caso los precios vienen básicamente fijados por el mercado, sin que sean posibles grandes variaciones respecto de la competencia. Por tanto, será difícil que una empresa cuente siempre con las mejores condiciones de precio, plazo de entrega, financiación, etc. En cuanto al segundo caso, el de los productos más heterogéneos, cuanto más complejo o avanzado tecnológicamente sea el producto, menos obligado está el precio de un fabricante a ajustarse al precio medio de mercado. Los precios no serán el único motivo para la decisión de compra, ya que unas buenas referencias, la solvencia y la seriedad de la empresa ofertante, así como su imagen, etc, pueden vencer diferencias de precio de un 30% ó más.

Podemos decir que la motivación de compra de productos industriales es más racional que la de productos de consumo. Sin embargo, el comprador industrial puede no ser tan objetivo como parece si pensamos que, al mismo tiempo, existen esas condiciones o factores antes mencionados y que influyen en la decisión de compra, a veces de una manera determinante.

La explicación de la relación del precio con otros factores se podría sintetizar de la siguiente manera:

- El precio aumenta al aumentar el valor añadido del bien comercializado.
- La sensibilidad al precio decrece al aumentar el precio del producto.
- La sensibilidad al precio decrece al aumentar la rentabilidad que el producto adquirido le va a proporcionar al comprador.

Los departamentos técnico-comerciales de las empresas industriales tienen un cometido importante en la fijación del precio ya que son los encargados de preparar las ofertas y los presupuestos de los mismos.

En el caso de que la empresa trabaje bajo catálogo y para almacén, la preparación del presupuesto resulta más sencilla, ya que todo se reduce a saber si hay existencias en el plazo de entrega solicitado y a establecer las condiciones de pago y financiación deseados. En el caso contrario, esto es, cuando la empresa no trabaja bajo catálogo, es necesario preparar una oferta concreta planteada desde una doble perspectiva: técnica y económica o comercial (ver cuadro nº 80).

La *oferta técnica* presupone que entraremos "en concurso" con otras empresas para, por ejemplo, el suministro, construcción y montaje de una planta. Por tanto, después de un estudio preliminar de la petición de oferta, será necesario mantener una o varias entrevistas con el cliente para conocer con la mayor exactitud posible lo que éste desea.

Por su parte, en la *oferta económica o comercial* entran en consideración un conjunto de conceptos como: los costos reales de los equipos o servicios (incluyendo tanto los directos como los indirectos), los beneficios, la revisión de precios (si los suministros son a medio o a largo plazo), los plazos de entrega o programa de ejecución, las garantías, la forma de pago, la financiación, etc.

La cantidad de aspectos que pueden llegar a barajarse en la preparación de ofertas y presupuestos, especialmente si el pedido es de cierta importancia, supone la intervención de diversas personas en su confección. En efecto, es razonable que se tenga muy presente la opinión del comercial que trató con el cliente, debido a que éste es quien, con casi total seguridad, conoce mejor que nadie sus deseos. Además será necesario fijar el margen (labor que correspondería normalmente al director comercial). También puede ser aconsejable la participación del director financiero (en cuanto a condiciones de pago) por la relación que tiene con las previsiones de tesorería. Por último, y pensando ya en un gran pedido, incluiríamos la figura del gerente de la empresa.

Cuadro nº 80

MODALIDAD DE PEDIDO QUE PREDOMINA SEGÚN EL TIPO DE PRODUCTO INDUSTRIAL

Tipo de producto	Modalidad que predomina
1.–Bienes que entran totalmente en el precio:	
1.1. Productos manufacturados y piezas.	Pedidos sobre catálogo.
1.2. Materias primas.	Contratos por suministro.
2.–Bienes que entran parcialmente:	
2.1. Instalaciones.	Peticiones de oferta y presupuestos complejos.
2.2. Equipo necesario.	Pedidos sobre catálogo.
3.–Otros bienes:	
3.1. Suministros (artículos para mantenimiento y reparación).	Pedidos sobre catálogo.
3.2. Servicios (construcción, montaje, etc.).	Peticiones de ofertas y presupuestos complejos.

C. Variable distribución

La distribución, como variable de servicio de la venta, se caracteriza en el caso de los productos industriales por una extraordinaria dependencia del lugar físico en el que está ubicada la fábrica o la empresa distribuidora respecto de la empresa fabricante (como consecuencia lógica de la propia naturaleza de los productos industriales). En un sentido estricto, la capacidad de desplazamiento de bienes competidores (como consecuencia de una mayor seguridad ante los clientes) viene dada por la capacidad de ofrecer una proximidad técnica y una reducción en el circuito de intermediarios comerciales.

Nos encontraremos por tanto con que el efecto que la cobertura de distribución de un producto industrial puede tener sobre la cifra final de ventas no depende tanto de la dimensión física de los canales como de otros aspectos, entre los que destacaremos: la proximidad de los canales al comprador final, la calidad de sus equipos comerciales y otras características mencionadas al hablar del producto. De aquí se desprende que, de hecho, muchos productos industriales precisen de la creación de canales comerciales *ad-hoc.*

Son principalmente tres los canales de distribución utilizados por las empresas industriales (véase el gráfico 46), aunque la experiencia ha demostrado que es el de la *venta directa* el más utilizado. Este sistema, que parte de vendedores propios o representantes, es el más apropiado cuando se trata de productos de tecnología complicada, para bienes fungibles (trigo, harina, hierro, etc.) adquiridos en grandes cantidades, cuando el precio es muy elevado (bienes de equipo), en el caso de contratos de servicios por períodos amplios, cuando el número de compradores finales es reducido o cuando el servicio post-venta es importante. Por su parte, la venta mediante distribuidores libres o exclusivos (mayoristas y detallistas fundamentalmente) es un sistema recomendable cuando manejamos un producto de tecnología simple, cuando el precio es reducido o cuando el número de clientes es muy numeroso (por ejemplo, suministros de consumo y mantenimiento).

Otro posible canal de distribución es el de la *venta mixta,* o sistema de coexistencia entre la venta directa y los distribuidores.

D. Variable "medios de apoyo de las ventas"

Los medios de apoyo de las ventas del producto industrial coinciden con los que les son propios a los bienes de consumo, a saber: *promoción, publicidad y fuerza de ventas.* Sin embargo, el papel y la importancia relativa de los mismos no es igual en ambos casos.

En principio, al hablar de bienes industriales interesa más la comunicación directa (vendedores, publicidad directa, marketing directo, etc.) que la indirecta, dado que el cliente se halla más individualizado y "localizable" que en bienes de consumo.

Gráfico 46
CANALES DE DISTRIBUCIÓN UTILIZADOS POR LOS PRODUCTOS INDUSTRIALES

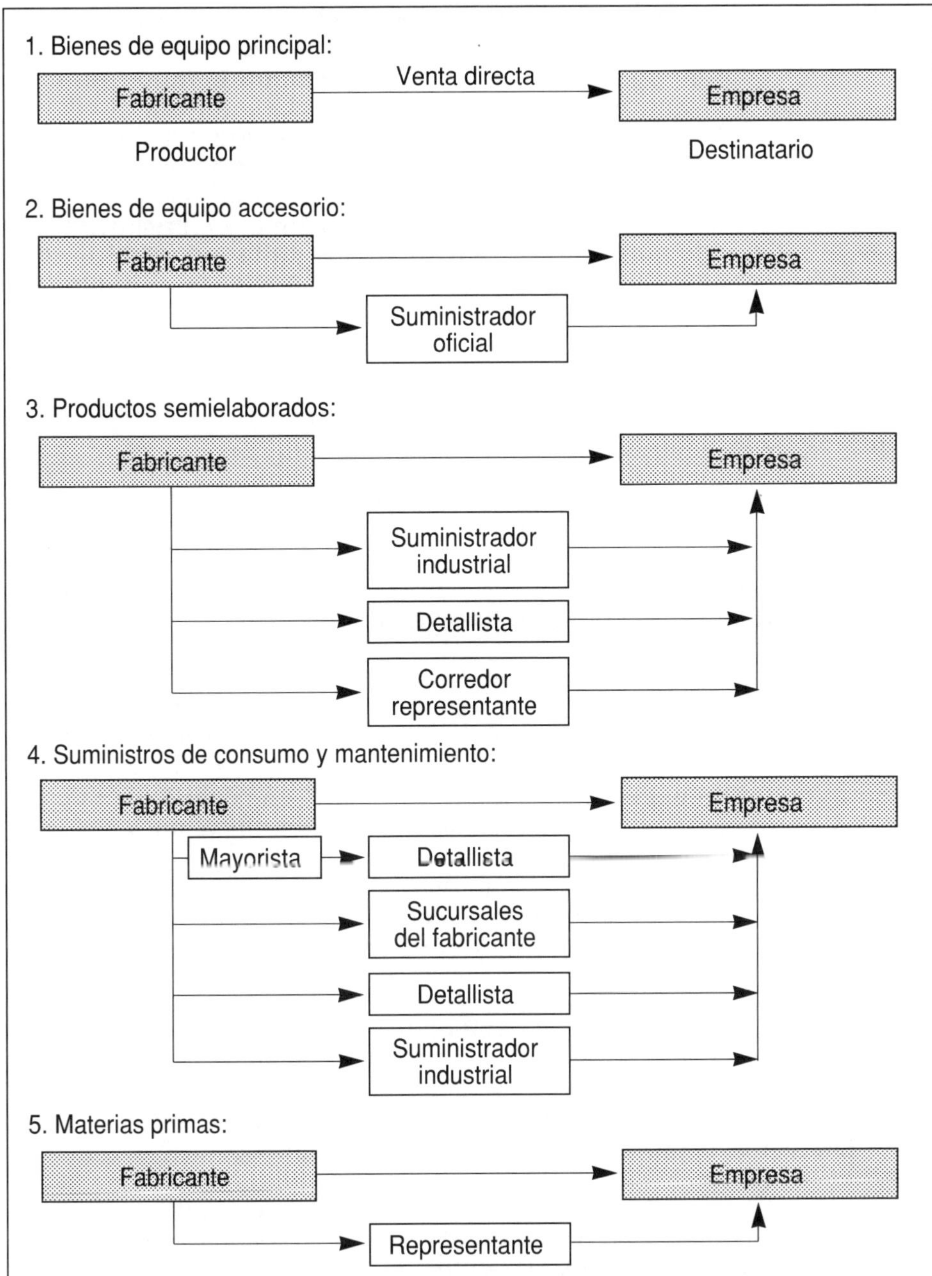

Ahora bien, no podemos olvidar que la publicidad puede cumplir una misión importante en la comercialización de productos industriales, de la misma manera que la fuerza de ventas desempeña un papel importante en la comercialización de productos de consumo. En efecto, en el primero de los casos la publicidad ayudará a que la clientela se entere de la existencia del producto y de cómo funciona, así como a recordar su existencia. Además facilitará la labor del vendedor, creará una imagen de empresa o producto, educará al cliente sobre su modo de uso y estimulará la demanda de aquellos productos de consumo que implicarán una determinada demanda industrial. En el segundo caso, la fuerza de ventas convencerá a la distribución de que aumenten sus stocks, les transmitirá optimismo y entusiasmo por nuestros productos hablándoles, por ejemplo, de la inversión que la empresa tiene intención de realizar en publicidad y promoción, y aumentará el número de empresas que distribuyan nuestro producto.

E. Influencia del comportamiento de compra en los mercados industriales

En la comercialización de bienes industriales, la empresa vendedora debe tener muy en cuenta el análisis del proceso de compra: quiénes son las personas que toman la decisión de compra o influyen en ella de una manera más o menos directa (es decir, la UTD), sus motivaciones, en qué etapa del proceso intervienen, etc.

La **unidad de toma de decisión** (UTD) varía en cada caso dependiendo del tipo de empresa, de su tamaño, así como de si se trata de una compra nueva, recompra modificada (producto que se compra de manera repetitiva y sobre el que el cliente exige alguna modificación) o de una reposición (producto conocido y no modificado). No obstante, en general estará compuesta por profesionales que cumplen alguna de estas cinco funciones:

- El **comprador**, o responsable de definir las condiciones de compra, de seleccionar a los proveedores y de negociar contratos (departamentos de compras y aprovisionamientos).

- El **usuario**, es decir, aquel que usa el producto, ya que es él generalmente el que está mejor situado para evaluar su rendimiento.

- El **prescriptor**, quien en el interior (oficina técnica, I + D, etc.) o en el exterior (asesor, experto, etc.) de la organización recomienda unos productos, define las especificaciones y los criterios de elección.

- El **decisor**, o la persona que tiene el poder de comprometer a la empresa frente a un proveedor (cuando se trata de compras importantes, la dirección general es a menudo quien toma la decisión).

- Los **filtros**, esto es, el conjunto de fuentes de influencia informales que pueden actuar sobre la UTD.

La noción de necesidad en el medio industrial supera, como podemos observar, la idea tradicional de la elección racional basada en el único criterio de la relación calidad-precio. Lo que podría denominarse como **necesidad total del cliente industrial** debe describirse atendiendo, por lo menos, a cinco criterios:

- **Dimensión técnica**: Adecuación del producto a la función calidad del producto y constancia de la calidad, seguridad y fiabilidad del producto, especificaciones técnicas, prestaciones, facilidad de uso y de mantenimiento, etc.
- **Dimensión financiera**: Precio de compra, condiciones y plazos de pago.
- **Dimensión servicio**: Flexibilidad para adaptarse a las necesidades del cliente, servicio técnico ofrecido para la puesta en funcionamiento o en la utilización del bien adquirido, plazos de entrega, fiabilidad de los mismos, tiempo de formación y entrenamiento ofrecidos, servicio post-venta esperado, etc.
- **Dimensión información**: Acceso prioritario a la innovación, seguridad y estabilidad de los aprovisionamientos e información sobre los mercados.
- **Dimensión sicosociológica**: Relación de dependencia, compatibilidad de los modos de organización, reputación del proveedor, experiencia y referencias, confianza en el vendedor, preferencias del usuario del producto, etc.

Por tanto, resulta evidente que los criterios de selección del proveedor que, posteriormente, se convertirán en determinantes de la satisfacción del cliente industrial son de naturaleza muy distinta a los que presiden los del individuo consumidor. La estructura de sus motivaciones puede ser a la vez más compleja y más sencilla. Más compleja, porque pone en juego una organización y diferentes personas operando en esta organización (véase el cuadro nº 81); más sencilla, porque las motivaciones principales son más objetivas y, por ello, más fáciles de identificar.

Para entender los rasgos de comportamiento de las UTD en los procesos de compra industrial, es conveniente descomponer dicho proceso en una serie de etapas que podríamos identificar como: anticipación y reconocimiento de un problema, determinación de las especificaciones y las cantidades necesarias, búsqueda de los proveedores potenciales, recogida y análisis de las ofertas y condiciones, elección del proveedor, y control y evaluación de resultados.

Cuadro nº 81

INFLUENCIA DE LAS ÁREAS FUNCIONALES EN LAS FASES DEL PROCESO DE COMPRA

Fases del proceso de decisión	Situación de compra		
	Compra nueva	Recompra modificada	Recompra directa
Reconocimiento del problema	Ingeniería Compras I + D Producción	Compras Producción Ingeniería	Producción Compras
Especificación del producto	Ingeniería Compras Producción I + D	Ingeniería Compras Producción I + D Control de Calidad	Compras Ingeniería Producción
Modificación y evaluación de las alternativas de compra	Ingeniería Compras I + D	Compras Ingeniería Producción	Compras Ingeniería Producción
Selección de proveedores	Compras Ingeniería I + D Control de calidad	Compras Ingeniería Producción	Compras Ingeniería Producción

Fuente: Adaptado por Vázquez *et al.* (1998) a partir de Martín Armario (1993; 214) y Naumann, Lincoln y McWilliams (1984).

Es evidente que cada caso concreto involucrará y obligará a los componentes de la UTD de forma diferente (complejidad de la decisión, grado de riesgo o de novedad...). Sin embargo, y siguiendo el orden de las etapas mencionadas, podemos establecer el análisis de comportamiento que muestra el cuadro nº 82.

Concretamente, en la compra de productos de neumática (válvulas, cilindros, tubería y racordaje, etc.), que comercializa CENTRALAIR, S.A. –empresa que se ha prestado a la ilustración de este capítulo–, podemos observar el comportamiento de compra que muestra el cuadro nº 83:

- El cuadro nº 83 recoge la "cuadrícula de compra" de productos de neumática, donde podemos comprobar cómo intervienen de forma muy distinta los componentes de la UTD (esto es, con más frecuencia o con mayor peso), así como los cambios que se producen en su intervención según sea el cliente un usuario o un fabricante de primeros equipos (las cifras entre paréntesis), en el caso de comprar por primera vez esta marca (compra nueva) frente a los casos en los que se trata de una recompra.

- En el citado cuadro se puede observar cómo la UTD de un producto industrial es mucho más amplia y compleja que la de un producto de consumo, en el que en muchos casos el compra-

Cuadro nº 82
CUADRÍCULA DE COMPRA TÍPICA DE UN PRODUCTO INDUSTRIAL

ETAPAS DEL PROCESO DE COMPRA	COMPOSICIÓN DE LA UTD				
	Usuario	Prescriptor	Comprador	Decisor	Filtro
Reconocimiento del problema.					
Determinación de las especificaciones.					
Búsqueda de proveedores potenciales.					
Evaluación de las ofertas.					
Elección de los proveedores.					
Evaluación de los rendimientos.					

Fuente: Lambin (1991), tomado de Webster et al. (1972).

Cuadro nº 83
CUADRÍCULA DE COMPRA DE PRODUCTOS DE NEUMÁTICA

U.T.D.		Compra nueva		Reposición		Recompra modificada	
UTD en las primeras fases	Oficina técnica	37,0%	(30)	23,0%	(50)	46,0%	(45)
	Director técnico	18,5%	(25)	—	(11,5)	12,0%	(20)
	Jefe de producción	14,3%	(16)	—		15,0%	—
	Resp. mantenimiento	—		37,0%	(5,7)	—	
	Jefe de compras	—	(10)	17,5%	(23)	15,0%	(25)
	Director financiero	—		—		12,0%	—
UTD en la decisión final	Director financiero	40,0%	(30)	—		50,0%	(22)
	Gerente/Propietario	15,0%	(25)	—	(56)	—	
	Niveles inferiores	—		50,0%	—	—	(78)

dor, usuario, decisor, filtro y prescriptor son la misma persona, o a lo sumo dos o tres (caso de determinados bienes de consumo duradero).

- El cuadro nº 84, por su parte, nos ofrece las principales motivaciones de compra de estos productos –según un estudio de mercado realizado en 1982–. También aquí cabe hacer las mismas consideraciones hechas en los puntos anteriores sobre la diferente influencia de los distintos miembros de la UTD, según los casos.

Cuadro nº 84

MOTIVACIONES PRINCIPALES DE COMPRA

Motivaciones de compra	Compra nueva	Reposición	Recompra modificada
* Garantía/Prestigio	30,0% (25)	27,0% (24)	26,0% (31,5)
* Seguridad proyectada	26,0% (20)	11,0% (10)	17,0% (17,2)
* Imagen de marca	15,0% (16)	31,0% (13)	26,0% (20)
Plazo de entrega	9,0% (7)	11,0% (24)	9,0% (8,5)
Precio	20,0% (32)	20,0% (29)	22,0% (22,8)

* Todos estos conceptos hablan de la IMAGEN como principal motivación de compra en estos productos.

- Otro tanto cabría señalar sobre los factores determinantes en la elección del proveedor. Para no ser prolijos omitiremos el cuadro correspondiente, pero ilustremos el punto con los siguientes comentarios:

- Los aspectos técnicos son los más determinantes, sobre todo en el caso de una compra nueva por parte de un usuario (41%), aunque baja al 28% cuando el cliente es un fabricante de primeros equipos.

- Las relaciones personales-institucionales constituyen el segundo factor determinante en la elección de un proveedor, siendo todavía más importante en los casos de recompra del producto por parte del usuario: 28,5% en la recompra modificada y 23% en los casos de reposición.

- Los aspectos económicos son los terceros más importantes, pasando a equipararse en importancia con los aspectos técnicos para los fabricantes de primeros equipos: 38% en la compra nueva, 35% en la reposición, y 30% en la recompra modificada. Estos aspectos cobran mucha menos importancia para las empresas usuarias.

- El servicio representa el cuarto factor determinante en todos los casos, siendo las condiciones de venta el factor citado en último lugar.

En pocas palabras, sin entrar en mayores profundidades sobre el proceso de compra de un bien industrial, y sin pretender remarcar las mayores complejidades de determinados bienes industriales, resulta obvia la complejidad del proceso de compra de un producto industrial frente a la de un producto de consumo. De ahí la necesidad de integrarlo en el análisis de la situación como una pieza clave del mismo.

Hemos analizado hasta ahora –con la concisión a la que el espacio nos ha condicionado– las principales peculiaridades que presenta la empresa industrial en la comercialización de sus productos. De todo lo dicho podemos concluir que el marketing industrial no es traducible como otro tipo de marketing diferente del que podría aplicarse a otros campos de actividad sino que, siendo el producto industrial un elemento sometido a una serie de condicionantes que le son propios, resulta lógico que el tratamiento que el marketing le da se vea sometido a ciertas modificaciones.

Una vez analizadas las variables del marketing industrial –y comprobada la importancia que en el proceso de comercialización tiene el análisis del comportamiento de compra de los bienes industriales–, continuaremos con el desarrollo completo del plan de marketing de una empresa industrial a través de las etapas explicadas en la segunda parte de este libro.

9.2. PLAN DE MARKETING DE CENTRALAIR, S.A.

La empresa elegida para nuestra demostración es una empresa representativa de ese importantísimo colectivo que son las Pymes en España y en Europa que, además, casi siempre tienen una historia más o menos común: un grupo de técnicos, llenos de juventud e ilusión, fundan una empresa (en nuestro caso en 1967) dedicada a la comercialización de productos de aire comprimido y empiezan a trabajar –con más entusiasmo que profesionalidad en la gestión de empresas– su mercado natural (el País Vasco, en este caso).

A medida que estos autodenominados "chalados del aire comprimido" se van haciendo hueco en dicho mercado, la gestión de la empresa sigue un proceso lógico de profesionalización –gracias sobre todo al liderazgo y capacidad demostrada de mejora continua de su gerente–. Poco a poco va adquiriendo un mayor protagonismo en dicho mercado –que empieza a quedárseles pequeño para sus ansias de progreso y superación–, y convirtiéndose en una auténtica empresa integral en neumática, con sus oficinas centrales en unos bajos de un importante barrio donostiarra y delegaciones en Bilbao, Madrid y Barcelona.

Por prescripción de un colaborador de su agencia de publicidad, encarga su primer plan de marketing en los primeros meses de 1982, seguramente sin saber muy bien qué le podía aportar: en aquella época pocas empresas, y menos con una dimensión tan pequeña (290 millones de pesetas), realizaban o encargaban planes de marketing, ni trabajos de marketing. Menos aún, en el industrializado País Vasco, donde lo único que primaba era producir, producir y producir. Esto es, con las mejores máquinas, los técnicos más cualificados, las plantas de fabricación más modernas, los últimos avances tecnológicos, y al menor coste posible. Ello por sí solo sería garantía de la venta de sus fabricados, ya que *"si fabricamos los mejores productos nos los quitarán de las manos..."*, no necesitando en absoluto invertir en su comercialización, y menos aún en marketing –vocablo que por entonces empezaba a ponerse de moda, pero que no se sabía del todo bien qué significaba–.

Pues bien, aunque no se quiere decir que ésta fuera la mentalidad de la empresa en cuestión –entre otras razones porque en aquella época apenas tenía producto propio–, está claro que ésa y no otra era la mentalidad imperante en su entorno. De ahí que se pueda decir, sin temor a equivocarse, que quizás fuera el primer plan de marketing de una empresa industrial vasca y, si no, uno de los primeros.

En ese contexto, y en esa época, se circunscribe el plan de marketing que se presenta a continuación: primer plan de marketing de una empresa industrial del País Vasco, realizado –como era habitual entonces– por un consultor externo, y presentado posteriormente para su aprobación –con los lógicos retoques y cambios– y puesta en práctica por la dirección de la empresa, que no había participado mucho en su elaboración.

A pesar de todo lo dicho, este plan de marketingEn la y los trabajos que luego le siguieron (el plan de ventas para 1985, el análisis crítico del sistema de retribución vigente en 1984 para la red de ventas y la correspondiente propuesta de mejora, así como el cuadro de mando comercial a través del cual se haría el seguimiento del cumplimiento del plan de marketing, y por supuesto las correspondientes acciones de comunicación) fueron sin lugar a dudas un soporte importante del exitoso devenir de esta empresa.

Por ello, aunque no es éste el lugar ni el momento de detenernos en lo que se acaba de decir, sí conviene recordar –como se dirá en el último capítulo– que estos son requisitos necesarios para la puesta en práctica con éxito del plan de marketing de una empresa. La fe del gerente sobre lo que en este sentido se le comentaba fue decisiva al respecto.

9.2.1. Análisis de la situación

Para una mejor comprensión y análisis posterior del mercado nos referiremos en primer lugar a aquellos aspectos del entorno que, aunque supongan elementos no controlables por parte de CENTRALAIR, condicionan de algún modo su actividad y sus perspectivas.

A. *Análisis del entorno*

Debemos comenzar por recordar que la situación de la economía en aquellos años (finales de los '70, comienzos de los '80) presentaba claros rasgos de deterioro e inestabilidad por la profunda recesión que estaba atravesando Occidente por la denominadas y sucesivas crisis del petróleo: crecimiento negativo de la actividad industrial, mantenimiento de una tasa de inflación elevada (15%) y dificultades serias de desarrollo del grueso de los sectores industriales demandantes de los productos comercializados por CENTRALAIR (siderúrgico, naval, máquina-herramienta, bienes de equipo, etc.).

Sin embargo, las expectativas de "salida del túnel" parecían apuntar que a partir de 1982, y sobre todo de 1983, se contaría con un horizonte menos oscuro para la industria, esperándose para esos años crecimientos del PIB de dos a tres puntos porcentuales.

B. *Análisis del mercado de neumática*

a. Estructura del mercado

A pesar del panorama apuntado en el apartado anterior, el mercado español de neumática había evolucionado positivamente en los últimos años. Los datos aportados por AEFTOP (Asociación de Fabricantes de este sector) –nótese que en el caso de productos industriales ésta es una fuente de información muy habitual y aceptable– indicaban que, entre 1977 y 1980, el mercado de la neumática había experimentado un crecimiento positivo del 22% anual. En importancia relativa destacaban productos como: válvulas (32,3%), cilindros (18,2%), varios (17,1%), equipos de mantenimiento (15,4%) o tubería y racordaje (12,8%).

El sector de la neumática movía por entonces unos 3.400 millones de pesetas. Por lo tanto, nos encontrábamos ante un sector que no sólo mantenía perspectivas prometedoras, sino que además tenía cierta magnitud. En concreto, la estructura del sector por ofertantes era la que ofrece el cuadro nº 85.

Cuadro nº 85
ESTRUCTURA DE MERCADO (en %)

Competidores	1981	1982
1.º FESTO	20	20,0
2.º CEDISA	20	19,1
3.º FLUIDO CONTROL	16	16,0
4.º ALCASA	16	13,9
5.º TECNAUTOMAT	12	12,0
6.º **CENTRALAIR**	**8**	**10,0**
Resto	8	9,0
TOTAL	**100**	**100**

La característica común a todos ellos era que todos se dirigían al mercado con una estrategia de gama completa: cilindros, filtros, reguladores y lubrificadores, válvulas, elementos de trabajo neumáticos, racorería, elementos de lógica neumática y varios.

De todas las empresa arriba señaladas, FESTO era la que gozaba de mayores ventajas competitivas en cuanto a notoriedad e imagen (más de 20 puntos porcentuales respecto de su inmediato competidor). Sin embargo, había que resaltar un hecho notable: esa ventaja no se correspondía con el esfuerzo promocional desplegado por la empresa (40 puntos porcentuales más de inversión que su competidor inmediato). De esta constatación empírica se extrajeron las primeras conclusiones al respecto:

- Pasado cierto nivel de esfuerzo promocional, los resultados que se pueden esperar no son proporcionales al diferencial positivo de esfuerzo promocional desplegado.

- Con recursos promocionales relativamente bajos (o inferiores), pero con una buena estrategia de marketing, cabe esperar resultados satisfactorios en notoriedad, imagen y por supuesto, facturación.

Desde una perspectiva geográfica, el potencial del mercado de la neumática se repartía de la siguiente manera:

- Cataluña 40%
- Madrid 20%
- Norte 20%
- Resto 20%

En lo referente a los sectores demandantes clave, podríamos situar a los fabricantes de primeros equipos frente a los usuarios industriales de cada uno de los sectores y, por sectores, los más destacados eran maquinaria de mantenimiento y transporte, máquinaria de depuración de aguas y humos y el sector siderúrgico. Los canales de distribución más habituales eran lógicamente la venta directa y el canal corto con distribuidores industriales.

Finalmente, en cuanto a las perspectivas, era necesario tener en cuenta una serie de consideraciones, a saber: que el crecimiento anual del mercado se situaba en torno al 20%; que ciertos sectores usuarios sufrían cierto estancamiento (siderúrgico...); que a pesar de la aparición de nuevos competidores europeos, cabía esperar cierto estancamiento en algunos de ellos, y un incremento en la importancia relativa de otros (p.e. CENTRALAIR); y que el incremento de costes y precios se aproximaba al crecimiento del mercado.

b. Naturaleza del mercado

Existen una serie de formas de energía complementarias a la neumática (eléctrica, hidráulica y electrónica) que, en la práctica, no parecen ser competencia, ni siquiera indirecta, como formas de energía secundarias.

La clientela potencial de productos neumáticos es muy diversa, ya que es utilizada prácticamente por todas las actividades industriales. Como clientes más destacados podemos señalar: fabricantes de primeros equipos, usuarios de maquinaria industrial diversa y, en menor escala, las empresas de ingeniería, distribuidores, suministros e instaladores.

Los fabricantes de primeros equipos suelen tener una fidelidad menor, de donde se deduce que la entrada de un fabricante-usuario tiene cierta importancia estratégica para garantizar un mercado de reposición (las compras de un usuario para mantenimiento de cualquiera de sus equipos se repiten año tras año).

El siguiente punto sobre el que haremos hincapié es el de la composición de la UTD de este tipo de clientes, encontrándonos con que:

- Cuando se trata de una compra nueva: en las empresas de ingeniería cobra mayor importancia el departamento técnico. En los fabricantes de primeros equipos intervienen principalmente la oficina técnica, compras (ejecutor) y el departamento financiero (aprobación). Y entre los usuarios, intervienen los mismos componentes de la UTD, aunque con distinto peso, pero sin la intervención de compras (ver cuadro nº 83).

- En cuanto a las compras de serie: en el caso de los fabricantes de primeros equipos, es el responsable de compras el que desempeña un papel relevante (también la oficina técnica), mientras que en "mantenimiento", para los usuarios, la decisión de compra corre de la mano de la sección de mantenimiento, contando siempre con compras.

Por último, completamos este análisis del entorno con el estudio de las principales motivaciones de compra (ver cuadro nº 84). Así, comprobaremos que los fabricantes de primeros equipos buscan en el ofertante aspectos como: la garantía que se puede esperar de su prestigio y seriedad, el precio (flexibilidad en las condiciones de pago), la imagen de marca, o el plazo de entrega. Por su parte, los fabricantes-usuarios consideran como primordiales, por este orden, las siguientes condiciones: seguridad que ofrece el ofertante, plazo de entrega y precio.

Deduciremos a primera vista que la imagen o prestigio del ofertante es, en ambos casos, la principal motivación del cliente del subsector de la neumática, por encima de otras consideraciones económico-racionales.

C. *Descripción y análisis de la situación interna*

a. *Resultados obtenidos*

Dirigiendo la vista unos años atrás, desde que en 1967 naciera CENTRALAIR, comprobamos que el incremento de la facturación ha experimentado, año tras año, una notable expansión. Sin embargo, las cifras reflejan otros aspectos que es conveniente destacar. Por ejemplo, observamos que los mayores incrementos no coinciden con los años, también de fuerte incremento, del mercado total de la neumática (años '77 al '80). En efecto, mientras que en ese período la facturación de CENTRALAIR creció un 54%, el mercado lo hizo en un 66% –según estimaciones de *AEFTOP*–.

No obstante, con el incremento observado en 1981 (25,3%) y el marcado como objetivo para 1982 (26%), la posible pérdida de participación de mercado se podía intentar recuperar, ya que en esos años el mercado crecía un 15 y un 18%, respectivamente. Ahora bien, como se podrá comprobar en el cuadro siguiente, CENTRALAIR tenía un problema de fondo que había que subsanar si se quería ganar participación de mercado. Y éste sería el gran reto de este plan de marketing: corregir los desequilibrios zonales:

- Aunque la dependencia del mercado vasco era cada vez menor (93% en 1979, 88,7% en 1980, y 77,9% en 1981), CENTRALAIR no sólo dependía en exceso del mismo, sino que éste le limitaba sus posibilidades de crecimiento, ya que donde más estaba creciendo el mercado era en el resto de España, entre otras cosas porque la crisis se estaba cargando determinados sectores vascos tradicionamente muy importantes (siderúrgico, naval, bienes de equipo, etc.).

- Y, sobre todo, que donde la empresa estaba obteniendo el 78% de sus ventas, el mercado sólo suponía el 25% del mismo y, por contra, donde el mercado representaba el 75% restante CENTRALAIR sólo estaba obteniendo el 22% de su facturación (con los datos de 1981).

El cuadro nº 86 recoge los datos de evolución de la estructura geográfica de las ventas de CENTRALAIR en los tres años precedentes.

Cuadro nº 86

EVOLUCIÓN DE LA ESTRUCTURA GEOGRÁFICA DE LAS VENTAS DE CENTRALAIR

Años / Zonas	1979		1980		1981	
	Mill. de ptas.	%	Mill. de ptas.	%	Mill. de ptas.	%
San Sebastián	98,0	60	117,4	63,9	106,8	46,2
Bilbao	53,8	33	45,6	24,8	73,3	31,7
Madrid	11,0	7	20,7	11,3	26,5	11,4
Barcelona	—	—	—	–	–	–
Otros	—	—	–	–	24,7	10,7
TOTALES	**162,8**	**100**	**183,7**	**100**	**231,3**	**100**

¿Qué otras conclusiones se podían obtener a la vista del cuadro nº 86? Podríamos resumirlas de la siguiente manera:

1. Mientras que en la zona denominada San Sebastián, en el citado periodo, sólo aumenta la facturación de CENTRALAIR un 10% aproximadamente, en Madrid se multiplica por 2,41 y en Bilbao crece un 36,2%.

2. La estructura geográfica de las ventas de CENTRALAIR empieza a cambiar notablemente, perdiendo San Sebastián peso específico y recobrándolo Madrid y el resto de España.

3. Por tanto, se podía intuir la conveniencia de profundizar en la estrategia de expansión geográfica que, por otra parte, resultaba necesaria para mantener una tasa de crecimiento próxima a la del mercado total y consiguientemente mantener o ganar participación de mercado (hay que recordar que el territorio vasco fue entonces uno de los más afectados por la recesión económica).

4. Ante este panorama, podemos deducir que la estrategia de "diversificación" geográfica iniciada por CENTRALAIR en 1981 es totalmente oportuna y necesaria siempre que no afecte a la rentabilidad de la empresa.

Otro punto que tendremos en consideración son los resultados que CENTRALAIR obtuvo por productos, aunque por su mayor importancia destacaremos especialmente tres: válvulas, cilindros, y tubería y racordaje.

* *Válvulas*

Es el producto de neumática que estaba alcanzando mayores ventas, no sólo en el mercado de la neumática, sino también en el del propio CENTRALAIR (habiendo alcanzado CENTRALAIR una participación superior al 10%, es decir, habiendo superado el listón de la masa crítica en dicho mercado). Dado que suponía el 43,1% de la facturación total de CENTRALAIR y que un 42% eran válvulas *Lucifer*, con las que CENTRALAIR sólo obtenía un 25% de margen por término medio, resultaba que la rentabilidad total de CENTRALAIR quedaba bastante limitada (las cargas de estructura de CENTRALAIR suponen el 25%). Habría que potenciar más las ventas de válvulas *Mecman*, que dejaban un 40% de margen y gozan de muy buena imagen de producto e incluso en notoriedad.

* *Cilindros*

Era el segundo en cuanto a importancia en el mercado neumático y ocupaba la misma posición en el ranking de CENTRALAIR, incluso con una participación de mercado próxima al 10%. Por las mismas razones mencionadas en el punto anterior, resultaba conveniente potenciar más las ventas de cilindros *Mecman*, para aumentar así la rentabilidad de CENTRALAIR.

* *Tubería y Racordaje*

Este tipo de producto ocupaba una posición en CENTRALAIR (3.ª) que no se correspondía con el comportamiento que presentaba el mercado neumático (5ª), por detrás del grupo de "varios" y "equipos de mantenimiento". Esto significaba, además de que "tubería y racordaje" constituía una buena línea para CENTRALAIR, que la incidencia de los productos que ofrecía CENTRALAIR en las dos áreas de producto mencionadas no estaban dando la talla, bien porque los descuidaba la red de ventas, bien porque eran peores que los de la competencia, o porque contaban con poco apoyo promocional.

Si comparamos los datos hasta ahora expuestos con los que se desprenden del análisis del entorno llegaremos a una conclusión determinante: CENTRALAIR se estaba moviendo precisamente en los sectores más deprimidos del mercado o que presentaban horizontes más oscuros. Sería más ventajoso incidir en otros sectores como tubos sin soldadura, papelero, naval, etc. En cuanto a las zonas geográficas sobre las que se actuaba, la incidencia en puntos como Madrid o Barcelona era todavía muy baja si tenemos en cuenta su enorme potencial.

b. Objetivos corporativos marcados por la dirección

CENTRALAIR se había trazado para su futuro inmediato una serie de **objetivos corporativos** cuantitativos orientados a reducir sus cargas de estructura y a incrementar su facturación. En cuanto al primero, la meta era una reducción porcentual de forma que el margen neto, en lugar de ser un 3,72% (como ocurriera en 1980 y 1981), llegara al 5%. Por su parte, los incrementos anuales en facturación se tradujeron en objetivos del 25% de incremento. La trayectoria deseada de las ventas de CENTRALAIR para el periodo 1982-1985 era la siguiente:

Cuadro nº 87
OBJETIVOS CORPORATIVOS

Años	1982		1983		1984		1985	
Conceptos	Mill. de Ptas.	Incremento anual	Mill. de Ptas.	Incremento anual	Mill. de Ptas.	Incremento anual	Mill. de Ptas.	Incremento anual
Ventas	290	–	360	24%	450	25%	570	26%

c. Recursos desplegados

Con la finalidad de alcanzar estos objetivos –ambiciosos, aunque realizables– propuestos por CENTRALAIR, se habían asignado una serie de recursos que resumiremos en:

- Tres delegaciones propias (San Sebastián, Bilbao y Madrid), más una cuarta que empezaría a funcionar en 1983 en Barcelona.
- Tres distribuidores.
- Los ocho comerciales de que se disponía, a los que habrá que añadir uno más para Guipúzcoa y otro para Bilbao y Barcelona en el '84 y '85.
- En publicidad y promoción se habían invertido 1,5 millones de pesetas en 1981, destinadas a comunicación directa y a publicidad en prensa y revistas, principalmente. Para 1982, se habían presupuestado en este concepto unos 3 millones de pesetas, dado que a los medios anteriores había que añadir el catálogo técnico y una mayor presencia en ferias.

Dado que todos estos epígrafes suponían un 10% de la facturación de CENTRALAIR, y dado también el objetivo citado de rentabilidad, nos hallamos ante la exigencia de asignar correctamente estos limitados recursos comerciales y de marketing.

d. Política comercial

En coherencia con lo señalado hasta este momento, se previeron algunos cambios en la política comercial global, que afectarían a la gama de productos y a los precios de algunos de ellos, a la seleción de distribuidores y delegaciones y al esfuerzo promocional-publicitario desplegado.

9.2.2. Diagnóstico de la situación

Toda vez que hemos sido capaces de describir la realidad interna y externa a la propia empresa deberemos interpretar correctamente estos datos para concluir en un inventario de problemas (amenazas), oportunidades y puntos fuertes y débiles atribuibles a CENTRALAIR y a su manera de actuar. Debemos pensar que no todas las conclusiones a las que llegaremos en esta fase del Plan de Marketing servirán para plantearnos objetivos inmediatos. En principio, los objetivos de marketing tendrán su raíz sólo en aquellos puntos de los que se desprendan ventajas o desventajas competitivas relevantes para el horizonte contemplado en este plan.

- *Oportunidades*

  - El mercado de la neumática tiene una bonita dimensión y una excelente tasa de crecimiento anual (20% aproximadamente), lo que augura un mercado en expansión creciente.

- Este dato, junto con el hecho de que algunos competidores se enfrentan a fallos comerciales o empresariales importantes, hace pensar que CENTRALAIR podría en muy pocos años –si potencia inteligentemente su gestión comercial y de marketing– aproximarse al líder en participación del mercado, superando a alguno de sus competidores inmediatos.

- Los productos estrella dentro del sector son "tubería y racordaje", "válvulas" y el grupo "varios", y precisamente CENTRALAIR tiene una buena posición relativa en los dos primeros.

- El escaso grado de concentración del sector, su estructura y la etapa de C.V.P. en la que se encuentran estos productos, suponen una buena oportunidad de crecimiento continuado para las empresas que, estando situadas ya en el sector, estén dispuestas a poner los medios para mejorar su situación.

- La entrada como suministrador de productos de neumática en un fabricante-usuario garantiza un mercado anual de reposición que, lógicamente, será mayor cuanto mayor sea la importancia relativa del mismo.

– *Problemas o amenazas*

- El mercado vasco, en el que CENTRALAIR concentra casi el 90% de sus ventas, presenta perspectivas económicas más negras que el resto del Estado.

- Estancamiento de importantes sectores usuarios de CENTRALAIR (siderúrgico, madera, etc.).

- Aparición de nuevos competidores europeos de gran potencia económica.

- Poca fidelidad de los fabricantes de primeros equipos (40% frente al 60% de los usuarios) y alta dependencia de los mismos.

- Baja rentabilidad y crecimiento esperado de los costes próximo al crecimiento del mercado.

– *Puntos fuertes*

- El ser suministrador a nivel mundial de los productos de fabricantes tan importantes, como por ej. *Mecman*, garantiza la posibilidad –en el horizonte contemplado por este plan– de estar suministrando siempre los productos más avanzados tecnológicamente y de adaptarse mejor que sus competidores nacionales a los cambios que se produzcan en el mercado. En definitiva, CENTRALAIR tiene como punto fuerte la calidad de sus productos, la capacidad de adaptarse a las nuevas tecnologías y de lanzar nuevos productos al mercado español.

- La buena imagen adquirida (fruto de la seriedad de la empresa y la calidad objetiva de sus productos) máxime cuando se ha comprobado que la principal motivación de compra de estos productos es la garantía o seguridad que ofrece el ofertante, debido a su prestigio.
- El crecimiento continuado de su facturación, logrando la consolidación en el mercado nacional y un puesto de líder indiscutible en la zona de influencia de CENTRALAIR, esto es, el País Vasco.
- La buena participación de CENTRALAIR en productos con altas tasas de crecimiento en el mercado (válvulas, cilindros y tubería y racordaje).
- Un equipo directivo con una acertada política comercial y unos objetivos adecuados como los propuestos (potenciar la red comercial y la diversificación geográfica de las ventas). En otras palabras, un punto fuerte de CENTRALAIR es la calidad del equipo directivo y su dedicación e integración en la empresa.

– *Puntos débiles*

- A pesar de la notable expansión experimentada por CENTRALAIR, su crecimiento ha sido inferior al del mercado en el período 1977-80, entre otras cosas por estar dependiendo en exceso del mercado vasco tan castigado por la recesión económica de esos años.
- La baja notoriedad de CENTRALAIR a nivel nacional.
- El bajo presupuesto promocional-publicitario desplegado por CENTRALAIR en los últimos años.
- Inferior estructura comercial que sus competidores, tanto en delegaciones como en distribuidores.
- Relativo descuido en zonas geográficas de gran potencial (Cataluña).
- Un porcentaje importante de la facturación se vende "sin margen" (válvulas *Lucifer*).
- Poca incidencia de CENTRALAIR en motores y equipos de mantenimiento.

- El porcentaje más alto de las ventas por sectores lo constituyen los fabricantes de primeros equipos, que son menos leales al suministrador (cada año hay que volver a asegurar casi el 50% de la facturación conseguida).

Para no resultar prolijos omitimos el análisis comparativo de P.F. y P.D. con respecto a los competidores, pero recogemos en el cuadro nº 88 el análisis DAFO realizado.

Cuadro nº 88

DAFO DE CENTRALAIR, S. A.

OPORTUNIDADES	AMENAZAS
1. Mercado en expansión creciente. 2. Fallos comerciales de los competidores. 3. Grandes oportunidades en válvulas y tubería y racordaje. 4. Escaso grado de concentración del sector, su estructura, y la etapa del C.V.P. en la que se encuentra. 5. La entrada en un usuario garantiza un mercado anual de reposición, dada su fidelidad.	1. Malas perspectivas económicas para el mercado vasco, donde tenemos el 90% de la facturación. 2. Estancamiento de importantes sectores usuarios (siderúrgico, madera, etc.). 3. Aparición de nuevos competidores europeos de gran potencia económica. 4. Escasa fidelidad de los OEMs. 5. Crecimiento de los costes y baja rentabilidad.
1. Crecimiento inferior al del mercado. 2. Notoriedad baja. 3. Presupuesto de comunicación escaso. 4. Estructura comercial menos potente que la de los competidores. 5. Baja presencia en zonas de gran potencial de mercado (por ej. Cataluña). 6. Alta dependencia de los OEMs.	1. Ser suministrador de marcas tan importantes a nivel mundial como Mecman. 2. Buena imagen. 3. Importante cuota de mercado en productos con altas TCM (válvulas, cilindros, tubería y racordaje). 4. Liderazgo en el País Vasco y consolidación en el mercado nacional. 5. Calidad, dedicación e integración del equipo directivo.
PUNTOS DÉBILES	PUNTOS FUERTES

9.2.3. Objetivos de marketing

Como ya hemos observado en la primera etapa de este plan de marketing, CENTRALAIR se había marcado unos objetivos corporativos que hacían especial hincapié en la facturación y en la rentabilidad. En esta situación, esta etapa nos venía bastante dada, sin embargo se juzgó oportuno profundizar en estos objetivos, tanto para ver si eran razonables, como para complementarlos.

Tras los correspondientes análisis y debates se llegó a las siguientes conclusiones:

1.ª Las metas propuestas por CENTRALAIR en cuanto a la facturación y rentabilidad para 1982 no son inalcanzables, si se tiene en cuenta la trayectoria de la empresa en los últimos años: en años malos como 1981 CENTRALAIR había alcanzado aumentos de facturación del 26% y reducciones significativas en las cargas de estructura. Por tanto, los objetivos expresados para el periodo 1982-1985, aunque eran ambiciosos, también parecían alcanzables:

- Frente a un margen neto del 1,9% en 1980 y del 3,72% en 1981, se desea alcanzar un 5% en 1982, pasando por un 2% en 1983 y 1984.

- Frente a incrementos porcentuales de facturación que han oscilado entre un 10% y un 26%, se desea alcanzar aumentos del 25% en el periodo 1982-1985, en un mercado que está creciendo un mínimo del 20% anual.

2.ª Dado que con la estructura empresarial prevista CENTRALAIR alcanzaría en 1983 la masa crítica, y que éste debía de ser el objetivo primordial de CENTRALAIR en esta fase de su vida (en lugar de rentabilidad a corto), para asegurarnos de que se conseguiría la masa crítica en el citado año marcamos como objetivo de ventas superar la cota de 360 millones de pesetas, aunque ello supusiera perder algún punto en rentabilidad.

3.ª Superado el listón de la masa crítica, CENTRALAIR debería contentarse con tasas de crecimiento de la facturación próximas a las que ofrezca el mercado, es decir, rondando el 20% o lo que pensemos que el mercado va a dar de sí en cada caso. Será entonces cuando se deba dar mayor prioridad como objetivo de marketing y corporativo a la rentabilidad.

En resumen, CENTRALAIR se marcó como objetivo de marketing para 1983-1984 consolidarse en el mercado de la neumática, lo que suponía alcanzar la masa crítica (10% de participación de mercado), o lo que es lo mismo, alcanzar en 1983 una facturación que ronde los 360 millones de pesetas y los 450 millones en 1984. Logrado este objetivo, se marcará como meta para 1985 aumentar la rentabilidad, tanto la rentabilidad de ventas como la rentabilidad sobre la inversión, de tal forma que pueda autofinanciar mejor su crecimiento (en este sentido la consecución de un margen neto del 5% puede constituir un buen objetivo para el citado año).

Para conseguir ambos objetivos, es totalmente imprescindible mantener una tasa de crecimiento algo superior a la del mercado total de la neumática y, consiguientemente, ganar participación de mercado. Como se ha podido deducir del análisis de la situación, ello pasa por mejorar nuestra posición de mercado en otras zonas de España, donde nuestras ventas son escasas o nulas. De ahí la necesidad de complementar este plan de marketing con un **plan de ventas**, tal como señalamos al presentar la empresa.

Estaba contemplado que este plan de ventas se realizase en el último trimestre de 1983 excepto que, observado el grado de consecución de los objetivos de facturación para ese año, tuviera que adelantarse en el tiempo con caracter extraordinario.

En otras palabras, sería un **plan de contingencia** decidido en este plan de marketing para asegurar la consecución de los objetivos del mismo, y actuaría de la siguiente forma: si al final del primer trimestre de 1983 hubiera indicios razonables de que la empresa se iba a quedar corta en la consecución de los mismos (es decir, si estos en vez de crecer a una tasa del 24% crecen por debajo del 15%), debe adelantarse su elaboración y puesta en marcha con caracter de urgencia.

El supuesto que el plan contemplaba se cumplió y hubo que poner en marcha un **plan de prospección**, cuando con la facturación obtenida hasta ese momento se estimaba que en vez de obtener los 360 millones previstos nos podíamos quedar en los 325 con el siguiente desglose: 157 en la zona 1 (San Sebastián), 80 en la zona 2 (Bilbao), 30 en la zona 3 (Madrid), 24 en la zona 4 (Barcelona) y 34 en la zona 5 (Resto).

Cuadro nº 89

PLAN DE PROSPECCIÓN

Zonas	Facturación en mill. de ptas. previstas para 1983. Col. (1)	Indices de capacidad de compra por zonas (en %). Col. (2)	Debería haber facturado según Col. (2) en mill. de ptas. Col. (3)	Labor del canal de distribución y de los vendedores. Col. (4)	Labor de la empresa como negocio. Col. (5)	Cuota de ventas para 1983. Cifras redondeadas en mill. de ptas. Col. (6)
1	157	11,4	37,05	+323,8	+36,9	185
2	80	15,0	48,75	+64,1	+9,6	96
3	30	14,7	47,78	-37,2	-5,5	36
4	24	33,4	108,56	-77,9	-26,0	27
5	34	25,5	82,86	-59,0	-15,0	40
TOTALES	**325**	**100,0**	**325,00**	—	—	**384**

El **plan de prospección** que se ha expuesto en el cuadro nº 89 fue elaborado con la misma sistemática que exponíamos en el capítulo 6 al hablar de objetivos de marketing de ARDOA, pero con las siguientes hipótesis y planteamientos:

- El aumento de tarifas en 1983 ha sido de un 10% y no se espera un nuevo incremento en lo que queda de año.
- El crecimiento vegetativo previsto para el mercado de la neumática en 1983 era también del 10%.
- La dirección había establecido los siguientes criterios:

– A la zona con mayor exceso de ventas sobre el potencial se le va a exigir un incremento de la facturación del orden del 7%.

– Mientras que a la zona con mayor defecto de ventas sobre su potencial se le exigirá que obtenga en 1983 aproximadamente la cuarta parte de lo que debería haber facturado el año anterior.

– Al resto de las zonas se les exigirá un esfuerzo proporcional intermedio entre lo que se les ha pedido a éstas.

Pues bien, con estos planteamientos se calcularon las cuotas de ventas de las cinco zonas citadas, de la siguiente forma:

- En el caso de las zonas con *exceso de ventas* sobre su potencial:

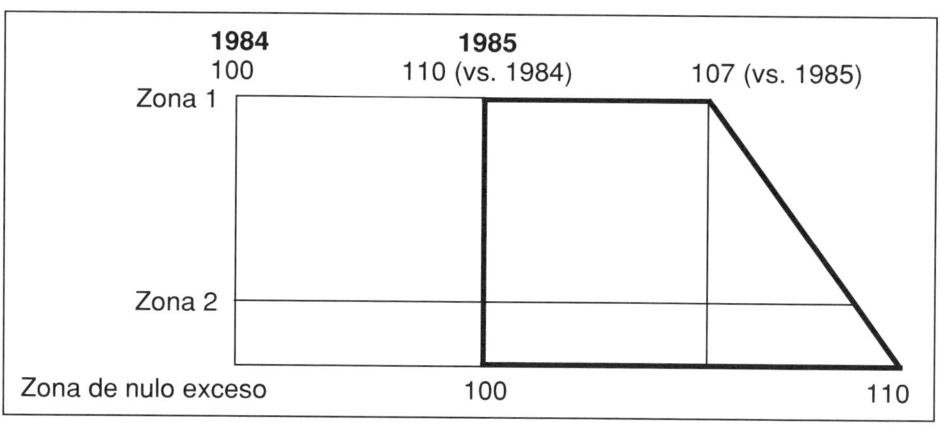

Nota: Recuérdese de dónde salen las cifras utilizadas para calcular la cuota de la zona 2:
80 mill. de ptas. es la facturación del año anterior.
1,10 es el crecimiento de precios.
110 es la base mayor del trapecio que se ha tomado para la interpolación.
3 es la diferencia entre la base mayor (110) y la base menor (107).
64,1 es el % de exceso de esta zona, y 323,4 es el % de exceso de la zona con mayor exceso.

Cuota para la zona 1 = 157 Mill. ptas. x 1,10 x 1,07 = 185 Mill. de ptas.

Cuota para la zona 2 = 80 Mill. ptas. x 1,10 x (110-3 x 64,1/323,8)/100 = 96 Mill. de ptas.

- En los casos de las zonas con *defecto de ventas* sobre su potencial:

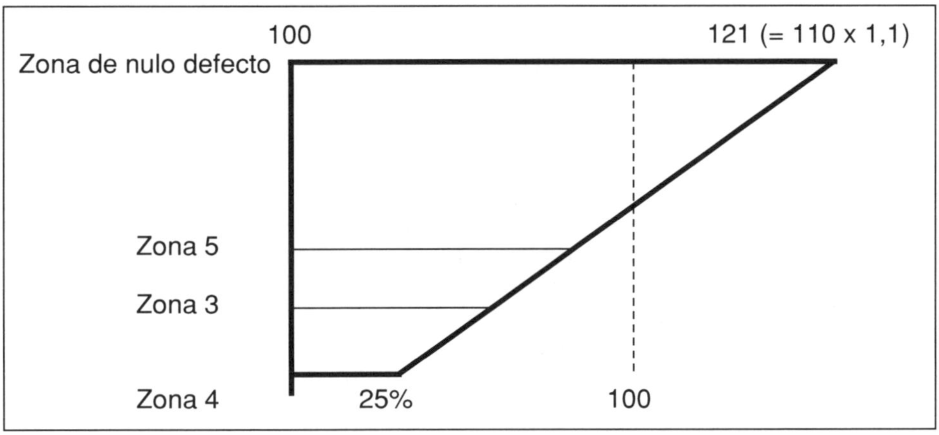

Cuota de ventas para la zona 4 =
= 108,85 Mill. ptas x (121 - 96 x(-77,9/-77,9))/100=
= 27,2 Mill. de ptas.

Cuota de ventas para la zona 3 =
= 47,78 Mill. ptas. x (121-96(-37,2/-77,9)/100=
= 35,9 Mill. de ptas.

Cuota de ventas para la zona 5 =
= 82,86 Mill. ptas. x (121-96(-59,0/-77,9)/100=
= 40 Mill. de ptas.

Con estas cuotas de ventas se iba persiguiendo un objetivo para 1983 de 384 millones de pesetas, que en el supuesto de que nos que-

---

Observación: Los datos de las zonas con defecto de ventas respecto a su potencial han sido calculados con las cifras siguientes –se explican los correspondientes a la zona 5–:

82,86 mill. de ptas. es lo que debería haber facturado esta zona en base a su potencial (dato de la columna nº 3 del cuadro nº 89).

121 es la resultante de los incrementos de precios (110) y vegetativo del mercado (110).

96 es la diferencia entre las dos bases del trapecio utilizado para la interpolación (esto es, 96 = 121 - 25).

-59,0 y -77,9 son los porcentajes de defecto de la zona 5 y de la de máximo defecto, respectivamente.

dáramos de nuevo algo cortos nos permitiera alcanzar los 360 previstos.

Al final, gracias a este plan de contingencia adoptado a tiempo, se superó el objetivo marcado para 1983, permitiendo a la empresa quedarse en la senda de la consecución del resto de los objetivos planteados en esta fase.

9.2.4. Estrategias de marketing

Con la estrategia definiremos las vías a seguir para colocarse ventajosamente frente a la competencia, para captar o mantener clientes y para sacar el mayor partido posible a los recursos comerciales y de marketing asignados por la empresa. La formularemos a partir del inventario de problemas, oportunidades, puntos fuertes y puntos débiles, recogidos en la segunda etapa del plan, y deberá ser elegida en función de la importancia y características del desfase existente entre los objetivos de marketing y las previsiones, de acuerdo siempre con la disponibilidad de recursos humanos y financieros de CENTRALAIR.

Las previsiones realizadas por la empresa y los objetivos para los mismos años nos ofrecían la siguiente panorámica:

a. En facturación (cuadro nº 90)

Cuadro nº 90
EVOLUCIÓN DEL GAP PARA LOS TRES PRÓXIMOS AÑOS
(en mill. de ptas.)

Conceptos	1982	1983	1984	1985
Objetivos	290	360	450	570
Previsión	290	330	400	490
DESFASE (Gap)	0	30	50	80

De donde deducimos que el desfase para 1983 es de 30 millones de pesetas, y que en el resto de los años este desfase es todavía mayor.

b. En rentabilidad

El margen neto deseado para 1982 era del 5% frente a un 2,8% obtenido como media los últimos años, por lo que el desfase es del 2,2%. No obstante, dados los objetivos propuestos, propondremos estrategias que, tendiendo a incrementar la rentabilidad, se preocupen más de mejorar la cifra de facturación.

En consecuencia, las estrategias de marketing propuestas para CENTRALAIR contemplaron los siguientes aspectos de la estrategia:

- La **estrategia corporativa** seguía siendo la misma en cuanto a misión de la empresa, definición del negocio y estrategia competitiva (especialización).
- La **estrategia de cartera** pasaba por profundizar en la estrategia de expansión en los términos que se detallan más abajo (puntos 3.º y 4.º).
- La **estrategia de segmentación** suponía contemplar al usuario como principal segmento estratégico de CENTRALAIR (punto 4.º) y la **estrategia de posicionamiento** seguía sustentándose sobre el eslogan "Especialistas en Aire Comprimido", que llevaba adoptando la empresa con éxito en los últimos años.

Finalmente, los puntos siguientes recogen el resto de la **estrategia funcional** (marketing mix):

1.ª Aumentar la notoriedad de la empresa y de sus principales marcas a nivel nacional (*Mecman*). Ello requerirá adecuar en mayor grado los medios **publicitarios** al objetivo propuesto y al crecimiento tan fuerte esperado en facturación.

2.ª Potenciar al máximo la **infraestructura comercial** de CENTRALAIR, lo que debe traducirse en las siguientes acciones:

- Contratación de nuevos comerciales.
- Selección de distribuidores en zonas geográficas donde resulte inviable crear una delegación propia, pero cuyo potencial económico lo justifique.
- Creación de delegaciones propias.

3.ª Apoyar la venta de los **productos** "estrella", es decir, válvulas, cilindros y algunos del grupo "varios", y dentro de cada línea de productos, en los que se dé más de una marca (potenciar la marca que mayor rentabilidad dé a CENTRALAIR, por ejemplo, más a *Mecman* que a *Lucifer*).

Ampliar la gama para cubrir toda la gama completa de neumática (cilindros, elementos de trabajo neumático, etc.), tratando de distribuir otras marcas de fabricantes europeos de importancia (ej. alemanes o suizos) que todavía no están introducidos en España o por lo menos en la zona de mayor influencia de CENTRALAIR. Ello no deberá ser óbice para que nos cuestionemos la conveniencia de seguir manteniendo algunos productos que tienen una rotación muy baja.

4.ª **Expansión** geográfica de las ventas, siguiendo una estrategia de desarrollo de nuevos mercados (sobre todo el mercado catalán) y de penetración (principalmente en el mercado madrileño), así como por sectores de actividad (tubos sin soldadura, papelero, etc.) y clientelas (mayor incidencia en el usuario), reduciendo por consiguiente su dependencia del mercado vasco, de sectores deprimidos (siderúrgico, madera...) y de los fabricantes de primeros equipos.

5.ª Dado que el **precio** no es la principal motivación de compra, sino que ésta se traduce más bien en la seguridad o confianza que ofrece el ofertante, la estrategia se podría orientar a aumentar ligeramente el precio de ciertos productos y, con el incremento de la facturación en pesetas que se consiguiera, financiar una campaña publicitaria dirigida a aumentar la notoriedad y el prestigio de la firma. Otras directrices sobre precios fueron:

- Premiar la venta de los productos y marcas más rentables de CENTRALAIR o que le dan mayor prestigio, a no ser que se tenga una gran dependencia de ellos (ej. Mecman).
- Encarecer todavía más los pedidos que se hagan por debajo del pedido mínimo.

6.ª Con el objetivo de superar el desfase de rentabilidad sería conveniente tomar ciertas medidas como: eliminación de aquellos productos que resulten menos rentables, orientar la venta hacia los canales de distribución más eficaces o reducir alguna partida del presupuesto comercial.

9.2.5. Planes de Acción

Recogemos en este epígrafe los planes de acción más importantes: de productos, de precios, de distribución y ventas, y de comunicación.

La columna de presupuesto está casi siempre vacía porque la acción no tiene coste (en cuyo caso aparece un guión) o porque su presupuesto está incluido en el presupuesto general de la empresa (el punto 9.2.6. expondrá dicho presupuesto así como los resultados de explotación que se deberían obtener si se cumplen los objetivos previstos).

Cuadro nº 91
PLAN DE PRODUCTOS

Decisión estratégica	Acciones	Responsable	Plazo	Presupuesto
Completar la gama	– Localizar 3 proveedores y nombrar uno. – Lanzar una nueva marca de cilindros y elementos... – Explorar clientes potenciales. – Definir stock mínimo.	Director Comercial	Junio de 1983	—
Racionalizar el catálogo	– Elaboración de un nuevo catálogo.	Director Comercial	Enero de 1983	—
Asegurar la calidad del producto propio	– Definición, control y seguimiento del plan de calidad.	Gerencia	Enero de 1985	Incluido en el presupuesto general de CENTRALAIR

Cuadro nº 92
PLAN DE PRECIOS

Objetivo/ Estrategia	Acciones	Plazo	Responsable
Aumentar los precios de ciertos productos	– Conseguir tarifas de los competidores. – Sacar una nueva tarifa de precios.	Enero de 1983	Director Comercial
Premiar la venta de los productos más rentables	– Crear una nueva tarifa de descuentos que lo contemple.	Enero de 1983	Director Comercial
Adecuación de la tarifa de descuentos	– Definir los descuentos máximos. – Aplicar la tarifa. – Definir el rappel por consumo anual.	Enero de 1983	Director Comercial
Encarecer el pedido mínimo	– Subir a 20.000 pesetas el pedido mínimo.	Enero de 1983	Director Comercial

Cuadro nº 93
PLAN DE DISTRIBUCIÓN Y VENTAS

Decisión estratégica	Acciones	Plazo	Responsable	Presupuesto
Reestructurar las zonas	– Definir el potencial de compra de las zonas y redefinirlas. – Abrir una delegación en Cataluña.	Enero '83 Junio '83	Director Comercial	Según el presupuesto general
Potenciar la red de ventas	– Ampliar el número de distribuidores hasta 6. – Contratar un nuevo comercial.	Dic. '83	Director Comercial	Incluido en el presupuesto general de la empresa
Potenciar la presencia de CENTRALAIR en otras zonas	– Plan de ventas. – Plan de comunicación.	Nov. '83 Febrero '83	Director Comercial	Ver presupuesto general
Seguimiento de la acción comercial	– Crear el cuadro de mando comercial. – Fijar rutas y cuotas de ventas individuales.	Enero '83 Dic. '83	Director Comercial	—
Mejora de la cualificación del personal comercial	– Preparar un plan de formación.	Marzo '84	Director Comercial	Incluido en el presupuesto general
Remuneración más atractiva del equipo de ventas	– Cambiar el sistema de remuneración.	Enero '84	Gerente	Incluido en el presupuesto general

Cuadro nº 94
PLAN DE COMUNICACIÓN EXTERNA

Objetivo	Acciones	Plazo	Responsable	Presupuesto
Aumentar la notoriedad y mejorar la imagen	– Campaña de publicidad: • Prensa. • Revistas. • Publicidad directa. – Campaña de marketing directo.	1.ª Fase: primer semestre 1983 2.ª Fase: resto de 1983	Director Comercial	1.100.000 ptas.
Apoyar la acción comercial	– Catálogo técnico. – Folletos.	Mayo 1983	Director Comercial	1.500.000 ptas.
Promocionar los productos	– Presencia en ferias.	Según oportunidad	Director Comercial	400.000 ptas.

9.2.6. Cuenta de explotación previsional

Cuadro nº 95
CUENTA DE EXPLOTACIÓN PREVISIONAL

Conceptos	1982	1983	1984	1985
Ventas:	290	360	450	570
– San Sebastián	130	145	170	190
– Bilbao	80	100	120	140
– Madrid	50	70	100	135
– "Resto"	30	30	35	45
– Barcelona		15	25	60
Beneficio Bruto	30%	30%	30%	30%
Gastos Generales:	25%	28%	28%	25%
– Comercial y Marketing	10,5%	14,0%	14,0%	11,0%
– Almacén/compras	3,5%	3,5%	3,5%	3,5%
– Taller	3,0%	3,0%	3,0%	3,0%
– Administración	6,5%	6,0%	6,0%	6,0%
– Dirección	1,5%	1,5%	1,5%	1,5%
Margen	5%	2%	2%	5%

Nota: como se puede comprobar en el cuadro n.º 95, los gastos comerciales y de marketing se incrementan en 1983 y 1984 para hacer posible la puesta en marcha de las medidas contempladas en este plan de marketing, sacrificando rentabilidad a corto –como se expuso en los objetivos de marketing– para ganar participación de mercado y situarse cómodamente cuanto antes en posición de masa crítica.

9.2.7. El CENTRALAIR del siglo XXI

El plan de marketing: Una reflexión para tomar decisiones

La propia dirección puso en práctica el plan de marketing expuesto. Para el equipo directivo, este plan "fue un proceso que nos sirvió para plasmar por escrito lo que ya pensábamos. Supuso poner en orden las ideas, fijar objetivos, estrategias y ponerlas en marcha". La crisis de esos años se entendió como una oportunidad para seguir mejorando, no un freno como se valoró en otras empresas.

Los resultados de la planificación

El resultado de esa apuesta por mejorar, implicándose en una permanente innovación, adaptándose a los cambios y adelantándose a los posibles nuevos escenarios, fue que la facturación prácticamente se duplicó entre 1981 y 1985. Lo mismo ocurrió entre el '85 y el '90, cuando se superaron los 800 millones de pesetas. En medio de una crisis mundial, los resultados económicos podían calificarse como muy buenos.

Casi veinte años después, factura más de mil quinientos millones de pesetas anuales, está codeándose con las principales marcas del mercado español en el que tiene una participación del ocho por ciento, emplea a 53 personas en España y 10 en Portugal, fabrica sus propios productos y registra patentes, proyecta su introducción en el mercado internacional y, lo que es más importante, ha sabido adaptarse a cada situación superando las crisis económicas que se han producido en estos años gracias al esfuerzo y a la planificación.

Hoy forma parte de esas pequeñas empresas que sin hacer gran ruido han ido creciendo hasta constituir el tejido industrial en el que se asienta el país.

Las sucesivas crisis de los ochenta y principios de los noventa fortalecieron a CENTRALAIR a pesar de dificultades añadidas como la siguiente: en esos años, la empresa sueca *Mecman* fue absorbida por la alemana *Mannesman Rexrooth*, que poseía su propia filial en Cataluña, lo que suponía perder la comercialización de una de sus principales gamas de producto en una zona en la que se concentraba el mayor potencial de ventas de toda España.

La empresa vasca se encontró así de nuevo frente a una difícil situación ya que, además, el impacto de la crisis afectó a un mercado que apenas se había recuperado de las dificultades de los años anteriores. Pero, CENTRALAIR había aprendido otra lección: dependía en exceso de *Mecman*, por lo que debía invertir en I+D para contar con un producto propio. Éste hoy supone más de la cuarta parte de sus ventas.

Esta política ha podido llevarse a cabo por la solidez económica alcanzada, ya que en todos estos años, a pesar de las dificultades, siempre se han obtenido beneficios. Y, al mismo tiempo, todo el trabajo realizado hasta ahora ha permitido, por ejemplo, que CENTRALAIR sea la primera empresa del sector en obtener la ISO 9001 y la ISO 9002 o registrar su primera patente PCTS a nivel mundial.

El futuro: bajo el signo de la internacionalización

¿Y ahora, qué? Mientras muchas empresas se plantean cómo mantener su mercado con la competencia que supone la llegada de productos provenientes de la Unión Europea, CENTRALAIR ha dado la vuelta a ese planteamiento. No se trata de qué hacer con lo que nos viene sino cómo aprovechar las oportunidades que brindan los nuevos mercados y en penetrar otros mercados exteriores.

En palabras del director general de la empresa, *"Hay que buscar nuevas oportunidades. El mercado ya no es el País Vasco ni España. Hay que salir a buscarlo en todos los rincones"*. En su opinión, trabajar con productos de nicho supone buscarlos en todo el mundo y en todos los mercados. Por ejemplo, el de la alimentación, que se ha reglamentado mucho y en el que se observan insatisfacciones ocultas. Otro nicho podría ser el de la fabricación de válvulas.

Queda por saber si esta apuesta ya firme por la internacionalización va a significar el establecimiento de alianzas estratégicas con otros grupos empresariales. Todo depende de la concesión de algunas patentes que han sido solicitadas y de cómo respondan esos productos en el mercado. Pero, en opinión del director general, *"el gran reto para el próximo siglo –como sucede con otras empresas– es la gestión del conocimiento, recurso más importante que los que, hasta ahora, han sido objeto de nuestras preocupaciones"*.

En cualquier caso, en apenas dos décadas, en un entorno en el que muchas empresas han desaparecido al no poder afrontar los retos, CENTRALAIR ha conseguido superar las crisis y asentar sus cimientos, profesionalizando su gestión y planificando sus estrategias.

¿Qué diferencia a esta empresa de otras que han quedado en el camino? Sin duda una "brújula" que le ha permitido retomar el rumbo después de cada borrasca. Primero por intuición y luego mediante las herramientas necesarias para establecer la estrategia comercial y de marketing integradas en el plan de marketing. Pero esencialmente por su propia visión de esos conceptos y el convencimiento de su utilidad y eficacia.

ANEXO 11:
ESTRUCTURA TIPO DE UNA DEMANDA INDUSTRIAL: LA NOCIÓN DE CADENA

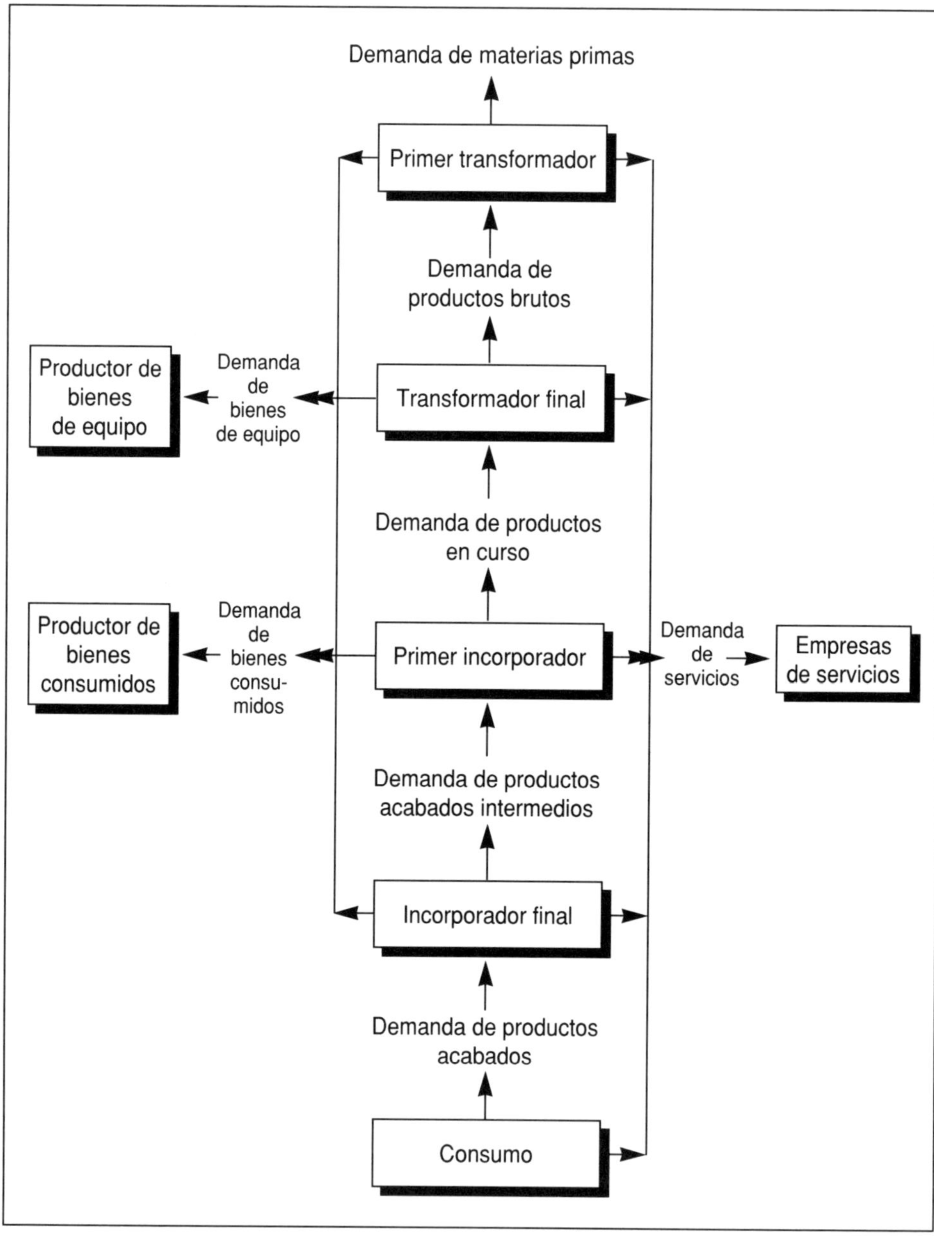

Fuente: Lambin (1991).

CAPÍTULO 10

Aplicación de la metodología de un plan de marketing a una empresa de servicios

"Cada vez hay que correr más para estar en el mismo sitio."

Proverbio chino

10.1. Peculiaridades del marketing de servicios.

10.2. Plan de marketing de LKS Consultores.

Los últimos años han sido testigos del imparable crecimiento de los servicios, hasta el punto de haber alcanzado cotas superiores al 50% del PIB de cualquier país desarrollado. Es más, cada vez más, parte de la facturación de las empresas industriales proviene de la venta de servicios.

Los profesionales de marketing, por su parte, han ido demostrando cómo esta disciplina no sólo es válida para productos de consumo, sino también –y habría que resaltar que **en igual medida**– para la comercialización de servicios.

"Nuestra iniciativa de servicios ha ampliado inmensamente el mercado que se puede cubrir. Atendemos a las líneas aéreas en vez de a los motores, a los ferrocarriles en vez de a las locomotoras, a los hospitales en vez de los escáneres CT. Vendemos soluciones y respuestas, en vez de sólo productos." Así de tajante se mostraba el presidente de General Electric, la mayor y más respetada empresa del mundo, en la junta de accionistas de 1999 (*Cinco Días*, 26 de abril de 1999).

"Dragados opta por crecer en servicios y en el exterior con 50.000 millones de inversión. El negocio constructor representa actualmente menos del 50% de sus ventas locales.» (*Cinco Días*, 24 de febrero de 1999).

¿Por qué van tan mal las cosas en Compaq, el líder mundial del mercado del PC? Se preguntaba *Cinco Días* (26 de abril de 1999). E, inmediatamente, proporcionaba la respuesta de Slywotzky: "Ser líder de mercado no ofrece garantías y sólo sobreviven quienes saben reinventarse constantemente (General Electric, Coca-Cola, Disney, Intel, Microsoft..."). Y concluía el artículo diciendo: "A nadie se escapa el enorme reto que afrontará quien resulte elegido como presidente de la empresa: reinventar Compaq para transformarlo de fabricante en proveedor de soluciones globales."

Pues bien, de la misma forma que en el capítulo 9 explicábamos e ilustrábamos cómo aplicar el marketing a una empresa industrial, en éste haremos lo propio con una empresa de servicios. Destaquemos para ello, en primer lugar, las peculiaridades del marketing de servicios, aunque sea con la brevedad que este libro exige. El lector interesado en profundizar en este tema encontrará en la bibliografía referencias que le permitirán hacerlo de forma adecuada.

10.1. PECULIARIDADES DEL MARKETING DE SERVICIOS

Una primera peculiaridad con la que nos encontramos al hablar de marketing de servicios es precisamente la gran diversidad de servicios existentes. En efecto, las clasificaciones que sobre éstos se han efectuado son abundantes y conocidas del lector, pero nosotros utilizaremos la siguiente:

- Por una parte existen los servicios cuyo disfrute va unido a la existencia de un producto tangible, bien sea un producto de consumo o un producto industrial. Por ejemplo determinados servicios de distribución, financieros o de asistencia técnica.

- Muy próximos conceptualmente están los servicios que se ofrecen anexos a la compra de un determinado producto tangible. Por ejemplo, ciertos servicios de mantenimiento.

El principal fabricante de electrodomésticos del mundo, la empresa estadounidense Whirpool, ha montado un sistema informatizado de atención al cliente en Madrid y Barcelona, en el que se invirtieron unos 50 millones de pesetas –sistema que pretende ser una réplica reducida del que funciona en Estados Unidos–, donde los clientes pueden incluso arreglar ellos mismos las averías de sus electrodomésticos a través del teléfono.

Por cierto, ésta es otra empresa que tiene claro que no debe buscarse la rentabilidad a corto sino a largo plazo. Así se planteó su dembarco en Europa comprando, en 1990, la división de electrodomésticos de Philips, quien había cedido su marca de electrodomésticos a Whirpool hasta 1999, para comercializar sus productos. Pero, la estrategia de penetración de Whirpool en Europa ha tenido tan buenos resultados que la sustitución de la marca holandesa por la estadounidense se ha adelantado a 1995. Según *Actualidad Económica* (16 de enero de 1995) "el único secreto del éxito de la empresa estadounidense ha sido un enorme desembolso publicitario" (por ej. la última campaña general para toda Europa, que ha durado dos años, ha costado 20.000 millones de pesetas. En España se ha planteado una campaña, por valor de 1.000 millones de pesetas. Pues bien, este desembarco en Europa le está costando caro a la empresa matriz de Whirpool, ya que en 1993 sus beneficios han caido un 75%.

Nueno (1994) afirma al respecto: *"El servicio también es punto de venta. Se está produciendo un tránsito de adición de valor previo a la adquisición, a posterior a la adquisición. Servicio posventa, garantías, y todo aquello que reafirme al consumidor en la superioridad en su decisión serán aspectos importantes para asegurarse esos consumidores y construir franquicia frente a la competencia".*

- Finalmente estarían los servicios que se venden con independencia de cualquier tipo de producto. Nos estamos refiriendo obviamente a servicios de comunicación, enseñanza, asesoramiento, consultoría, servicios médicos, jurídicos, de ingeniería o de arquitectura, etc.

Kotler, cuando define qué es un servicio, parece referirse a los dos primeros: "Son actividades, beneficios y satisfacciones que se ofrecen en la venta o postventa, o se dan unidos a la venta de mercancías". Nosotros, sin embargo, dentro del ejemplo de aplicación elegido nos centraremos en uno del último grupo, entre otras cosas porque los primeros deben ser contemplados en la estrategia de marketing del fabricante de ese producto tangible, mientras que los últimos requieren una estrategia de marketing propia.

Santesmases (1994) nos da cuatro **características diferenciadoras de los servicios**:

1.ª La **intangibilidad**. En general, los servicios son más intangibles que tangibles. Como consecuencia, es más difícil protegerlos con patentes –son más susceptibles de ser copiados– y también se presenta una mayor dificultad a la hora de establecer su precio. Como no podemos percibir el servicio por los sentidos, al comercializarlo hay que apoyarse fuertemente en los beneficios que reporta para el usuario y asociarle algo tangible o visible (véase el cuadro nº 96).

2.ª La **inseparabilidad** entre producción y venta. En efecto, los servicios en general son simultáneamente producidos y vendidos, dándose una relación directa con el usuario, que facilita conocer de forma directa e inmediata la satisfacción del mismo con el servicio recibido.

3.ª La **variabilidad** en la prestación de los servicios. Los servicios son menos estandarizables y uniformes, lo cual dificulta el control de la calidad de los mismos.

4.ª La **caducidad** de los servicios. Los servicios no pueden ser almacenados, lo que provoca situaciones de demanda irregular. Suele ser más difícil inventariarlos, contabilizar su valor y reflejarlo en el balance de la empresa.

Estas peculiaridades –como el lector ha podido observar en el cuadro nº 96– afectan a:

- La *estrategia de distribución* en unos casos. Por ello, el canal más habitual suele ser la venta directa.

Cuadro nº 96
RASGOS CARACTERÍSTICOS DE LOS MERCADOS DE SERVICIOS

Rasgos específicos	Problemas comerciales	Estrategias comerciales
INTANGIBILIDAD	1. No pueden ser almacenados. 2. No pueden protegerse de ser imitados (mediante patentes). 3. Dificultad para presentarlos y/o documentarlos. 4. Dificultad para fijar los precios. 5. Problemas de diferenciación.	1. Resaltar los atributos más tangibles. 2. Fomentar comunicarse por vía personal: estímulo de la comunicación boca-oído. 3. Creación de una adecuada imagen corporativa. 4. Compromiso de la comunicación postventa. 5. Utilización de la contabilidad analítica como instrumento de apoyo a la fijación de precios. 7. Precios paquete.
INSEPARABILIDAD	1. Implicación del cliente en la producción y en la calidad final del servicio prestado. 2. No suele ser posible organizar una producción en masa de los servicios.	1. Incidir en la formación del personal que debe estar en contacto directo con los clientes: personifican a la empresa ante el comprador. 2. Investigación del comportamiento y actitudes del consumidor. 3. Utilizar múltiples puntos de venta bien localizados.
HETEROGENEIDAD (Variabilidad)	1. La estandarización y el control de la calidad tienen mayores problemas de implantación en el sector servicios.	1. Industrialización de los servicios. 2. Adaptación del servicio a cada cliente individual.
CADUCIDAD (Perecederos)	1. No pueden ser almacenados ni transportados.	1. Diseñar estrategias para enfrentarse con la demanda fluctuante: dirigir la demanda hacia las disponibilidades de servicio existentes o dirigir la oferta para adaptarla a las variaciones de la demanda.

Fuente: Adaptado por Vázquez *et al.* (1998) a partir de Zeithaml, Parasuraman y Berry (1985).

- En otros a la *estrategia de precios.* Al ser menos estandarizable, la empresa puede diferenciar más sus precios de los de la competencia sin que el usuario tenga suficiente criterio –sobre todo si no está educado en la compra de ese servicio– para discernir el por qué del sobreprecio.

- Casi siempre a la *estrategia de venta.* Mientras que el enfoque de vender un producto es llevar el producto al mercado, el de un servicio consiste más en organizarse ante el mercado de clientes y necesidades.

- Por supuesto, a la *estrategia de productos,* donde tienen menos juego determinadas variables muy utilizadas en productos de consumo, por ejemplo, el envase y el diseño del mismo.

- Y, finalmente, a la *estrategia de comunicación,* que adquiere mucha importancia ya que al final estás vendiendo confianza o "humo" –en el argot de muchos vendedores de servicios–.

"Un 60% de la gente que compra un producto lo hace porque recibe un buen servicio. Sólo al otro 40% le preocupa más el producto", declaraba el 30 de mayo de 1994 a *Actualidad Económica* Jacques Horovitz, presidente de Management of Strategic Resources, consultora especializada en estrategias empresariales de satisfacción total al cliente.

Aprovechamos la ocasión para recordar que la satisfacción del cliente se puede medir y es rentable. Por ello empresas tan diversas como Continente, DHL, Banco Popular, Prosegur, Wintertur, Peugeot, NH Hoteles y Multiasistencia han creado muy buenos servicios de atención al público y han establecido sistemas para medir y rentabilizar el grado de satisfacción de sus clientes.

Una encuesta realizada en España por Continente revela que un 51% de los consumidores afirman haber dejado de comprar en algún lugar por haber sido mal atendidos. Y lo malo es que, a pesar de la existencia de libros de reclamaciones, de buzones de sugerencias y quejas, líneas telefónicas 900 o sistemas similares, sólo un 3% de los consumidores han presentado alguna vez una reclamación, y únicamente un 30% lo han hecho de forma oral. Decimos "lo malo" porque una queja es un tesoro para la empresa reclamada: es la mejor forma de fidelizar a un cliente, además de convertirse en una importante fuente de información para la empresa sobre lo que quiere el cliente.

Según el diario *El País* (3 de abril de 1994), una empresa de servicios pierde entre un 15 y un 20% de sus clientes cada año por mala calidad del servicio. Pues bien, entre quienes no reclaman, sólo 9 casos están dispuestos a volver a comprar en la misma empresa, mientras que entre quienes la reclamación se ha resuelto rápidamente, el número asciende a 82 en los productos que cuestan más de 10.000 pesetas. Además, cuando una empresa reduce su tasa de deserciones, la relación media con el cliente dura más y los beneficios aumentan. Por otro lado, cuesta mucho más lograr un cliente nuevo que fidelizar a uno que concemos. En fin, los clientes más leales son los que más se quejan, mientras que aquel que se queda insatisfecho del servicio recibido pero no se queja difícilmente volverá. *Corolario:* invitemos al usuario a la reclamación. Convirtamos algo imposible de evitar (siempre habrá quejas con o sin justificación) en algo positivo: en aprovechar esa oportunidad única para fidelizar a un cliente.

Por lo demás, los conceptos y técnicas de marketing –frecuentemente asociadas a la comercialización de productos de consumo– son igualmente válidas:

- El concepto de marketing, y lo que ello implica, es el mismo.
- La investigación de mercados es aplicable con las mismas técnicas cuantitativas y cualitativas.
- La planificación comercial aporta los mismos instrumentos (el plan de marketing, el plan de ventas, el plan de comunicación...), que son tan relevantes como en otros casos.

– La sistemática en la toma de decisiones de marketing es la misma.

– La calidad de servicio que, como ya hemos resaltado en capítulos anteriores, es cada vez más importante en la comercialización de cualquier tipo de producto, sea de consumo o industrial, cobra especial relevancia en la comercialización de servicios. El gráfico 47 expone un modelo de calidad de servicio, donde se resalta la importancia de la calidad percibida por el cliente frente a la calidad técnica y funcional.

– Y, como se comprobará en el epígrafe siguiente, los criterios para definir los objetivos y estrategias de marketing son también los mismos.

Gráfico 47
MODELO DE CALIDAD DE SERVICIO

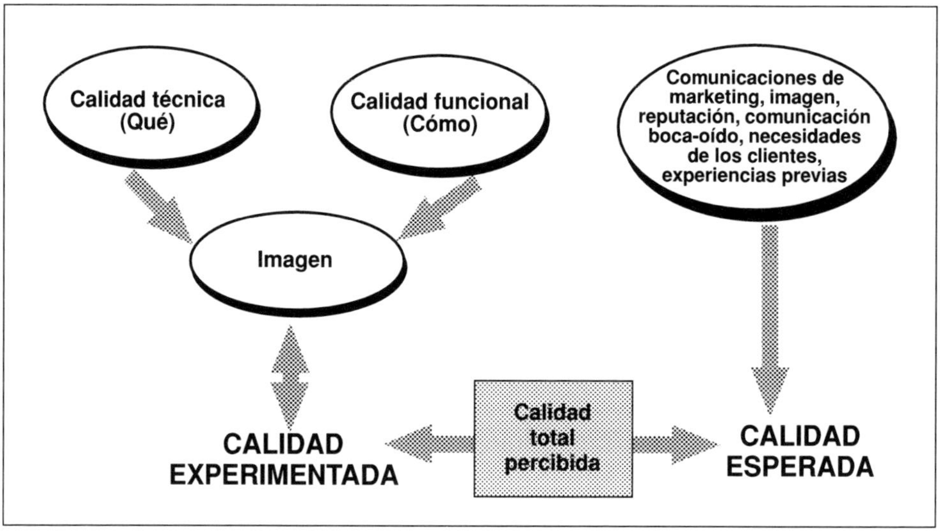

Fuente: Grönroos (1994).

Como siempre, lo que cambia es la estructura y naturaleza del mercado en cuestión. Y esto es lo que principalmente hace que la adaptación de todos estos conceptos y técnicas al mercado concreto haga que no se puedan transplantar miméticamente los planteamientos de marketing de un caso (marketing de consumo) a otro (marketing de servicios).

Es más, también en el **marketing de servicios** se dan mercados de consumo y mercados industriales. Estaremos ante mercados de consumo cuando el usuario es el particular y el uso o destino que le da a ese servicio también es particular (por ejemplo, determinados servicios médicos, financieros, de formación, ocio, etc.). Mientras que cuando el usuario es una organización (tanto pública como privada) y el destino que da a ese servicio es ayudar a proporcionar mejor su producto a su clientela (por ejemplo, la mayor parte de los servicios de consultoría, ingeniería, arquitectura, investigación y desarrollo, etc.) nos enfrentamos a un mercado industrial.

De ahí que se diga que un mercado industrial está integrado por todas las organizaciones y personas que adquieren bienes y **servicios** para incorporarlos a la producción de otros bienes o a la prestación de otros **servicios**; y que un mercado de consumo lo constituyen los individuos y hogares que compran bienes y **servicios** para su consumo personal.

Por ello, lo más frecuente es que en la comercialización de cualquier servicio nos encontremos con que tenemos dos tipos de mercados: uno industrial y otro de consumo (como ocurre, por ejemplo, en la comercialización de servicios de ocio, financieros, de comunicación, de formación, transportes, servicios médicos, de asesoramiento, arquitectura, de distribución, seguros, etc.), y que tengamos que adoptar estrategias muy distintas en un caso y en otro porque la naturaleza, y seguramente también la estructura, será muy diferente.

10.2. PLAN DE MARKETING DE LKS CONSULTORES

LKS es una cooperativa perteneciente a Mondragón Corporación Cooperativa (MCC), primer grupo industrial del País Vasco y octavo de España con una facturación de un billón de pesetas. En el momento en el que se realizó el plan de marketing que exponemos a continuación, contaba con dos divisiones (consultoría e ingeniería) de dimensiones muy similares, tanto en facturación como en personal.

LKS Consultores, división de la que nos ocupamos en este punto, en 1993 repartió sus ventas en tres grandes áreas de mercado (37,5% de MCC, 37% de otras empresas y 25,5% de las administraciones públicas), siendo sus principales clientes: el Gobierno Vasco, Eroski, CAF, Fagor, MCC, Diputación Foral de Gipuzkoa, la Sociedad para la Reconversión Industrial del País Vasco (SPRI), el Servicio Vasco de Salud (Osakidetza), la Consejería de Agricultura de Castilla La Mancha, Vicinay Cadenas, Max Center y el Ayuntamiento de Mondragón.

Pues bien, el presente epígrafe recoge el plan de marketing de LKS Consultores, elaborado durante los meses de Febrero y Marzo de 1994. Con vistas a su realización, los documentos que sirvieron como base para el análisis fueron:

1. *Plan estratégico (1990).*

2. *Reflexión estratégica (1993).*

3. *Estudio de imagen de LKS Consultores (1993).*

4. *Diagnóstico de mejora continua (1993).*

5. *Análisis de las ofertas presentadas (1994).*

La metodología aplicada para la realización de este plan de marketing es la que se expuso en el gráfico 9, es decir, la que desarrollamos en este libro.

10.2.1. Análisis de la situación

Los documentos citados contienen un análisis de la situación (externa e interna) suficientemente completo como para no volverlo a repetir en su integridad. Por ello, este epígrafe es más breve, esquemático y –aparentemente– incompleto de lo habitual, ya que sólo pretende complementar y actualizar el análisis de la situación que ofrecen dichos informes.

Análisis de la situación externa:

El mercado de la consultoría tiene un nivel de desarrollo inferior al de otros paises europeos. Así, mientras en los paises más industrializados de nuestro entorno (Estados Unidos, Reino Unido, Alemania y Francia, por ejemplo) el mercado de la consultoría alcanza tasas próximas al 1% del PIB, en España ese porcentaje se mantiene en torno al 0,2% (lo cual supuso que, en 1993, este mercado rondara los 100.000 millones de pesetas).

Aunque el mercado global de consultoría está compuesto por consultoría de dirección, estrategia, gestión, operaciones, valoración de empresas, estudios de mercado, tecnologías de información, y recursos humanos, en el siguiente plan de marketing nos centraremos en las líneas de servicio siguientes.

A. *Líneas de servicio*

Del estudio de imagen se deducía que, en el mercado de consultoría, las empresas distinguen las siguientes líneas de servicio:

- **Asesoramiento a dirección**. Colaboraciones en las que el consultor "apoya" el trabajo realizado por los gestores de la empresa.

- **Soluciones concretas**. Cuando el consultor realiza trabajos o tareas especializados, que los gestores de la empresa no dominan o no están interesados en realizar.

- **Formación.**

De ello se deriva que, como el cuadro nº 97 recoge, una empresa de consultoría puede ofrecer servicios en alguna de las tres líneas de servicio citadas.

Cuadro nº 97
LÍNEAS DE SERVICIO POR PÚBLICO OBJETIVO

Público objetivo	Líneas de servicio	Ejemplos de servicios
Alta dirección.	1A. Asesoramiento a dirección.	– "Confesionario" de dirección general. – Consejero en decisiones estratégicas corporativas (cultura, organización de empresas, objetivos corporativos, etc.).
	2A. Soluciones concretas	– Planes estratégicos. – "RETO".
	3A. Formación.	– Formación sobre los temas de 1A y 2A.
Direcciones funcionales.	1B. Asesoramiento a dirección.	– "Confesionario" de directores funcionales. – Consejero en decisiones funcionales.
	2B. Soluciones concretas.	– Todos los recogidos en el cuadro nº 112.
	3B. Formación.	– Formación sobre los temas de 1B y 2B.

De las líneas de servicio que se recogen en el cuadro nº 97, tres de ellas componen lo que se entiende por **consultoría de dirección**:

- 1A. Asesoramiento para la alta dirección.

- 2A. Soluciones concretas para la alta dirección.

- 1B. Asesoramiento para las direcciones funcionales.

Por tanto, en adelante, a los siguientes conceptos habrá que darles este significado:

- **Asesoramiento a dirección:**

  Todo tipo de servicios prestados por LKS a la alta dirección o a las direcciones funcionales en las que los consultores actúan de asesores o consejeros.

- **Consultoría de dirección:**

  Todo tipo de servicios de asesoramiento a dirección que van dirigidos a la alta dirección o a las direcciones funcionales, así como cualquier solución concreta que ofrezca la consultoría a la alta dirección.

B. Tamaño del mercado

Es difícil dimensionar el mercado de consultoría, y más según las líneas de servicio que se acaban de identificar. El cuadro nº 98 va a reflejar la evolución del mercado de consultoría en España según Tecniberia, y en el cuadro nº 99 observaremos una estimación de los mismos conceptos en el mercado vasco.

Cuadro nº 98
EVOLUCIÓN DEL MERCADO DE CONSULTORÍA EN ESPAÑA

Conceptos	1990		1991		1992		Tendencia a largo plazo
	Milones Ptas.	%	Millones Ptas.	%	Millones Ptas.	%	
Consultoría de Dirección (1)	26.000	39	27.000	42	22.000	39	Creciente
Soluciones concretas (2)	27.000	41	27.000	42	24.000	43	Mantenimiento
Formación	13.000	20	11.000	16	10.000	18	Decreciente
Total	66.000	100	65.000	100	56.000	100	Creciente
Incremento anual	–	–	–1,5% ('90)		–14% ('91) –15% ('90)		–

Fuente: Tecniberia-Management (Asociación española de empresas de consultoría).

(1) Se ha estimado que el 2% de la actividad de consultoría de dirección equivale a lo que en el cuadro nº 97 se define como asesoramiento a dirección. El resto serían soluciones concretas.

(2) En el apartado de soluciones concretas, se incluyen las actividades de reciclaje y selección (100%), estudios de mercado (100%) y auditoría y asesoría jurídica (20%).

Cuadro nº 99
EVOLUCIÓN DEL MERCADO DE CONSULTORÍA EN EL PAÍS VASCO

Conceptos	1990		1991		1992		Tendencia a largo plazo
	Milones Ptas.	%	Millones Ptas.	%	Millones Ptas.	%	
Consultoría de Dirección	2.330	39	2.410	42	1.970	39	Creciente
Soluciones concretas	2.410	41	2.410	42	2.140	43	Ligeramente decreciente
Formación	1.160	20	980	16	890	18	Decreciente
Total	5.900	100	5.800	100	5.000	100	Decreciente
Incremento anual	—	—	–1,7% ('90)		–13,7% ('91) –15,2% ('90)		—

C. ***Competencia***

Desde la perspectiva de 1994, LKS Consultores tiene como principales competidores los recogidos en los cuadros 100, 101, 102 y 103. En estos últimos se han clasificado los competidores por líneas de servicio.

Cuadro nº 100
PRINCIPALES COMPETIDORES DE LKS CONSULTORES DE GAMA REDUCIDA POR ESPECIALIDADES

Consultoría estratégica	Area Institucional	Marketing	Producción	Calidad	Organización y RR.HH.	Económico Financiero	Jurídico Fiscal
- McKinsey - Idak. - Boston C.G.	- IKEI. - Consultores Europeos - Prospektiker.	- Ikerfel. - Eurogap. - J. M. Iraola.	- Datalde. - Oteic. - Idak.	- Erabide. - Bureau Veritas. - Bekaert.	- Human. - Tea Cegos. - Selección y Formación. - I.V.G. - Bekaert. - Tam.	- Despachos de asesores. - Empresas de auditoría.	- Despachos de abogados. - Makua.

Cuadro nº 101

PRINCIPALES COMPETIDORES DE LKS CONSULTORES
(Clasificados según la gama de servicios que ofrecen)

CONSULTORAS DE GAMA AMPLIA	CONSULTORAS DE GAMA REDUCIDA	
MULTINACIONALES		
– Peat Marwick. – Andersen Consulting. – Price Waterhouse. – Coopers $ Lybrand.	– Boston C.G. – Mckinsey. – Roland Berger. – Bureau Veritas.	
ESTATALES		
– Control Presupuestario. – Consultores Españoles.	– Bekaert. – Tea Cegos. – GCA.	
REGIONALES		
– Sayma. – Zubizarreta. – IKEI. – ICSA. – IDOM. – Eraginkor.	– Oteic. – Human. – Erabide. – Idak. – Selección y Formación. – Datalde.	– Ikerfel. – Ireber. – Socintec. – Siadeco. – Prospektiker. – Instituto Vasco de Gestión.
LOCALES		
Ninguno Ndestacable (Infinidad).	Despachos profesionales (Infinidad).	

Cuadro nº 102

PRINCIPALES COMPETIDORES DE LKS CONSULTORES, QUE TRABAJAN EN EL MERCADO EMPRESARIAL (clasificados por líneas de servicio)

Público objetivo	Líneas de servicio	Principales competidores
Alta dirección.	1A. Asesoramiento a dirección.	McKinsey - Idak - Lizarraga - Boston C.G. Ikei - Andersen Consulting
	2A. Soluciones concretas	Idak - Man - Bekaert - Oteic - Price Waterhouse
	3A. Formación.	Selección y Formación - Human - Oteic Erabide - C.C.V.
Direcciones funcionales.	1B. Asesoramiento a dirección.	Bekaert - Idak - Lizarraga - I.V.G.
	2B. Soluciones concretas.	Ikerfel - Eurogap - J. M. Iraola - Sayma Datalde - Oteic - Erabide - Bureau Veritas Selección y Formación
	3B. Formación.	Tea Cegos - Selección y Formación - Human - Icsa

Cuadro nº 103

PRINCIPALES COMPETIDORES DE LKS CONSULTORES, QUE TRABAJAN EN EL MERCADO INSTITUCIONAL (clasificados por líneas de servicio)

Público objetivo	Líneas de servicio	Principales competidores
Alta dirección.	1A. Asesoramiento a dirección.	Ikei - Ikerfel - Prospektiker - Andersen Consulting - Peat Marwick
	2A. Soluciones concretas.	Consultores Europeos - Coopers & Lybrand Human - López Atxurra
	3A. Formación.	Human - Selección y Formación - Icsa López Atxurra - Ikei - Tea Cegos
Direcciones funcionales.	1B. Asesoramiento a dirección.	Ikei - Ikerfel
	2B. Soluciones concretas.	Consultores Europeos - López Atxurra Zubizarreta
	3B. Formación.	Human - Selección y Formación - Icsa - Tea Cegos

D. ***Comportamiento de compra***

Del estudio de imagen se deducía que el comportamiento de compra de servicios de consultoría se mueve de acuerdo con las pautas que recoge el cuadro nº 104.

Cuadro nº 104
COMPORTAMIENTO DE COMPRA DE SERVICIOS DE CONSULTORÍA

Conceptos	En asesoramiento a Dirección	En soluciones concretas
Vías principales de contacto	Se contrata a un consultor en el que se tiene confianza: – Se ha trabajado antes con él. – O se tienen referencias directas de terceros. – O se le ha escuchado en un seminario. No se contrata a un consultor desconocido que se presenta en la empresa, o a alguien de quien no se tienen referencias directas.	Se contratan a consultores considerados como especialistas en cada una de las áreas de trabajo: selección, estudios de mercado, calidad, etc. En este marco, el nivel de especialización global de la empresa es un factor de menor importancia.
Pautas en el proceso de contratación	Sólo se solicita oferta al consultor del que se tienen referencias positivas. En caso de no existir tales referencias, las dudas sobre el interés de la colaboración hacen que en muchos casos ésta no se solicite.	En este tipo de trabajos es habitual que se soliciten dos o tres ofertas a otras tantas empresas especialistas, y que se evalúen éstas en función de la calidad del planteamiento, de las referencias y del precio. En otros casos, en los que el trabajo es repetitivo o donde existe una relación continuada con el consultor, sólo se solicita una oferta.
Decisiones	La persona que participa fundamentalmente en el porceso de negociación y contratación es el gerente.	Deciden habitualmente los directores funcionales, apoyados por el gerente.

E. ***Criterios de elección***

Los cuadros 105 y 106 ofrecen los criterios de elección que utilizan los diferentes tipos de directivos a la hora de contratar a una u otra consultora para las diferentes líneas de servicios, en los mercados institucional y empresarial.

Análisis de la Situación Interna

Por las razones antes expuestas también aquí seremos escuetos en el análisis de la situación interna. En este caso, el análisis se ha realizado desde dos puntos de vista:

Cuadro nº 105
CRITERIOS DE ELECCIÓN EN EL MERCADO EMPRESARIAL

Público objetivo	Líneas de servicio	Criterios de elección
Alta dirección.	1A. Asesoramiento a dirección.	Imagen y experiencia de los consultores Pertenencia al mismo grupo Relaciones institucionales
	2A. Soluciones concretas.	Imagen de las personas Imagen de la empresa Experiencia en otros trabajos
	3A. Formación.	Precio Imagen Referencias
Direcciones funcionales.	1B. Asesoramiento a dirección.	Imagen y experiencia de los consultores Territorialidad e implantación Experiencias anteriores en otros trabajos
	2B. Soluciones concretas.	Confianza en resultados Referencias Precio Planteamiento metodológico Experiencia
	3B. Formación.	Precio Imagen Referencias

- Desde cómo ve el mercado a LKS Consultores (cuadro nº 107 –casillas correspondientes al estudio de imagen–).

- Desde el análisis de las ofertas presentadas por LKS Consultores en el último año (cuadro nº 107 –última casilla–).

Cuadro nº 106
CRITERIOS DE ELECCIÓN EN EL MERCADO INSTITUCIONAL

Público objetivo	Líneas de servicio	Criterios de elección
Alta dirección.	1A. Asesoramiento a dirección.	Relaciones político-institucionales Experiencia en el sector público y empresarial Imagen
	2A. Soluciones concretas.	Imagen del consultor Relaciones institucionales
	3A. Formación.	Referencias Precio
Direcciones funcionales.	1B. Asesoramiento a dirección.	Territorialidad e implantación Imagen
	2B. Soluciones concretas.	Experiencia Relaciones institucionales
	3B. Formación.	Referencias Precio

Cuadro nº 107
ALGUNAS CONCLUSIONES DEL ESTUDIO DE IMAGEN DE LKS CONSULTORES Y DEL ANÁLISIS DE OFERTAS

Documento	Comentarios	
ESTUDIO DE IMAGEN (entrevistas en profundidad)	– Clara distinción entre trabajos de **asesoramiento a dirección y soluciones concretas**. – Elevado **escepticismo** en relación con la utilidad real del trabajo de consultoría. – **Importancia de las personas**, en la venta de consultoría.	– **Indefinición de** la oferta de LKS Consultores. – Imagen muy asociada a un determinado perfil de empresa: cooperativa, pequeña e industrial. – **Pocos consultores cualificados** en asesoramiento a dirección. – Imagen asociada a **División Empresarial**.

Cuadro nº 107

ALGUNAS CONCLUSIONES DEL ESTUDIO DE IMAGEN DE LKS CONSULTORES Y DEL ANÁLISIS DE OFERTAS (continuación)

Documento	Comentarios	
ESTUDIO DE IMAGEN (Sondeo telefónico)	– **Tercer puesto** de LKS, en el ránking de notoriedad. – **Primer puesto** en el de penetración. – Notoriedad y penetración muy asociadas a la **zona de Mondragón** y de **Guipúzcoa** en general.	– Y también a empresas **cooperativas y sales**. – Mayor notoriedad de las actividades de **consultoría estratégica, marketing, recursos humanos y calidad**.
ANÁLISIS DE LAS OFERTAS PRESENTADAS POR LKS	– El 34% de los proyectos son valorados como de "asesoramiento a dirección". – El 15% de los proyectos han llegado por prescripción de una tercera entidad. – Las razones principales por las que se ha solicitado una propuesta a LKS son las referencias de empresa (34%), antiguos clientes (33%), visita (18%) y referencias de un consultor (10%). – En el 67% de los proyectos, no se ha competido con ninguna otra empresa.	– En otro 11% de los proyectos, no se sabe con quién se ha competido, aunque sí que no ha sido la única oferta. – Las razones principales de contratar a LKS son las referencias de otros trabajos (43%), el método propuesto (33%), y el precio (18%). – En los casos en los que se ha contratado a un competidor, la razón más citada es el precio (57%).

10.2.2. Diagnóstico de la situación

Los cuadros 108 y 109 ofrecen el resumen del diagnóstico de la situación, realizado por el equipo de planificación de LKS Consultores tras analizar tanto la información contenida en los epígrafes anteriores como la recogida en los documentos de partida citados en la introducción.

Cuadro nº 108
DIAGNÓSTICO DE LA SITUACIÓN EXTERNA

Amenazas	Oportunidades
– **Internacionalización** de servicios. – **Entrada de las multinacionales** en el segmento de las Pymes. – **Pocas barreras de entrada**. Más competencia (generalistas y especialistas). – **Fidelidad a los consultores habituales**. Dificultad para conseguir clientes nuevos. – **Territorialidad e implantación.** – **Relaciones político-institucionales** de cada consultoría. – **Atonía de la economía.**	– **Demanda insatisfecha de** los servicios de **asesoramiento a dirección.** – **El grupo es un mercado afín**, de gran potencial en consultoría. – Existencia de **ayudas y subvenciones** públicas a demandantes de servicios de consultoría. – **Importancia creciente del mercado institucional.** – **Postura receptiva de los organismos de la administración** que gestionan las actividades de apoyo a las empresas, dispuestos a **escuchar y a movilizar propuestas** de las empresas de consultoría. – Hueco de mercado, para una **consultoría de servicios avanzados para la empresa.**

Cuadro nº 109
DIAGNÓSTICO DE LA SITUACIÓN INTERNA

Debilidades	Fortalezas
– **Insuficientes consultores** cualificados en **asesoramiento a dirección.** – **Imagen** de oferta de servicios **poco definida**. – Imagen de **excesiva especialización** en cooperativas, empresas pequeñas e industriales. – Excesiva **paquetización** de servicios. – **Consultores** con **escasa orientación comercial**. – **Escaso aprovechamiento de sinergias y falta de explotación de éxitos**.	– Pertenencia al primer grupo empresarial del País Vasco: – Por **fidelidad.** – Por **imagen de implicación**. – Más de **600 referencias** y amplio **conocimiento del entorno empresarial.** – **Disponibilidad e implicación.** – Aval de más de **20 años de experiencia**. – **Líderes en contratación** en la CAPV. – **Buen nivel profesional** de los consultores. – Disponibilidad de una **amplia gama de servicios** de consultoría, algunos de ellos en fase creciente y de gran calidad.

10.2.3. Objetivos de marketing

LKS Consultores tiene como objetivo estratégico *"ofrecer los sistemas más avanzados de gestión a las empresas e instituciones de la Comunidad Autónoma Vasca y Navarra porque su voluntad es ser líder en volumen, calidad e imagen"* (Reflexión estratégica 1993).

Pues bien, para alcanzar dicho objetivo corporativo, este plan de marketing se fijó los objetivos y subobjetivos de marketing que se enuncian en el cuadro nº 110. Por su parte, el cuadro nº 111 recoge los objetivos de ingresos para 1994-97, desglosados por líneas de servicio.

En este contexto se adoptaron las decisiones estratégicas que desarrollamos en los puntos siguientes.

Cuadro nº 110
OBJETIVOS Y SUBOBJETIVOS DE MARKETING

OBJETIVOS DE MARKETING	
– Ser líderes en contratación (volumen), calidad e imagen en las Comunidades Autónomas Vasca y Navarra. – Aumentar la facturación de los trabajos de asesoramiento a dirección.	
SUBOBJETIVOS DE MARKETING	
1. AUMENTAR LA PARTICIPACIÓN EN EL MERCADO.	– Total. – Por áreas geográficas: Vizcaya, Alava y Navarra. – Por líneas de servicio: Asesoramiento a dirección.
2. AUMENTAR LOS INGRESOS.	– Total (Consultoría y asesoría jurídico fiscal). – Consultoría. – Asesoramiento a dirección. – Por consultor.
3. INCREMENTAR LA NOTORIEDAD.	– Total: Del 11% al 15% (Notoriedad espontánea). Del 35% al 60% (Notoriedad sugerida).
4. AUMENTAR LA PENETRACIÓN. (Contratación acumulada: % de empresas que han contratado a LKS alguna vez)	– Total: del 8% al 12%. – Consultoría de alta dirección: del 7% al 10%. – Marketing: del 4% al 6%. – Recursos humanos: del 7% al 10%. – Calidad: del 4% al 6%.
5. MEJORAR LA IMAGEN GLOBAL.	– Del 15% al 25% (valoración muy buena). – Del 33% al 45% (valoración buena).
6. AUMENTAR LA CUOTA DE MERCADO EN EL GRUPO.	– Del 15% al 20%.

Cuadro nº 111

OBJETIVOS DE INGRESOS PARA 1994-1997

Líneas de Servicio	1993			1994			1995			1996			1997		
	Ventas Mercado	Ventas LKS	% Mercado	Ventas Mercado	Ventas LKS	% Mercado	Ventas Mercado	Ventas LKS	% Mercado	Ventas Mercado	Ventas LKS	% Mercado	Ventas Mercado	Ventas LKS	% Mercado
Asesoramiento a dirección	50	5	10	50	10	20	60	20	33	70	30	43	80	40	50
Consultoría de dirección	1.900	103	5,4	1.900	106	5,6	2.085	126	6	2.290	161	7	2.515	226	9
Soluciones concretas	2.150	184	8,5	2.150	181	8,4	2.392	204	8,5	2.662	227	8,5	2.961	229	7,7
Formación	900	22	2,4	900	34	3,8	963	35	3,6	1.028	36	3,5	1.099	37	1,3
TOTAL	5.000	314	6,3	5.000	331	6,6	5.550	385	7	6.050	454	7,5	6.655	532	8
ÍNDICE	100	100	–	100	105	–	110	122	–	121	144	–	133	169	–

10.2.4. Estrategias de marketing

Las estrategias de marketing han contemplado los siguientes niveles y conceptos:

Estrategia de cartera. Queda sinópticamente desarrollada en el cuadro nº 112, que se transcribe a continuación, aunque debe completarse con la estrategia de expansión y de desarrollo de nuevos productos que exponemos en los puntos siguientes:

- Estrategia de expansión. En esta ocasión es el cuadro nº 113 el que recogerá esta estrategia. Su presentación coincide con la matriz de Ansoff, expuesta en el capítulo 7, concretamente en el cuadro nº 65.

- Estrategia de desarrollo de nuevos productos. Esta opción estratégica, contemplada en la matriz de Ansoff, tiene por su importancia para LKS Consultores un desarrollo propio (véase el cuadro nº 114).

Estrategias de segmentación y posicionamiento. El cuadro nº 115 presenta un primer avance de la estrategia de segmentación, pero es el cuadro nº 116 el que recoge los segmentos estratégicos a los que se deberá dirigir en el futuro LKS Consultores, así como la estrategia de posicionamiento. Ésta se concentra en el lema "expertos en consultoría de dirección".

Finalmente, se enuncia la **estrategia funcional,** que en un plan de marketing se limita al consabido marketing mix.

Cuadro nº 112
ESTRATEGIA DE CARTERA (PRODUCTO-MERCADO)

Líneas de servicio	Servicios		Criterios de actuación
ASESORAMIENTO A DIRECCIÓN	Alta dirección.	• Estrategia. • Filosofías y nuevos conceptos directivos. • Recomendaciones.	• Despaquetizar los trabajos de asesoramiento a dirección (se habían convertido en soluciones concretas). • Potenciar a las personas. • Incrementar la involucración en la gestión de los clientes. • Trabajos de dirección temporal: No se desea incrementar este tipo de trabajos.
	Direcciones funcionales	• Marketing y comunicación. • Gestión industrial. • Organización y desarrollo de los recursos humanos. • Calidad.	
SOLUCIONES CONCRETAS	Alta dirección.	• Planificación: planes estratégicos.	• Hacer hincapié en el diagnóstico, al inicio de cada trabajo. • Es necesario llegar al convencimiento de que lo que se ofrece es lo que el cliente necesita. • Ordenar soluciones por líneas de servicio.
	Direcciones funcionales.	• Planificación: planes de gestión, planes de marketing. • Sistemas y certificaciones de calidad. • Investigación: estudios de mercado, nuevos productos, alianzas. • Funciones y puestos: valoración, sistema retributivo, selección de personal. • Análisis de situación: industrial, auditorías de calidad, necesidades de formación, costes, procedimientos económico financieros. • Asesoramiento jurídico fiscal.	
FORMACIÓN	Alta dirección.	• Estrategia e innovación. • Nuevos conceptos directivos.	• No es un fin en sí mismo. Sólo un vehículo de acceso a potenciales clientes.
	Direcciones funcionales.	• Marketing. • Recursos humanos. • Calidad. • Producción.	

Cuadro nº 113
ESTRATEGIA DE EXPANSIÓN

Productos-Mercados	Productos actuales	Productos nuevos
Mercados actuales	**PENETRACIÓN:** Servicios del cuadro nº 97: – 2A. Soluciones concretas para la alta dirección. – 2B. Soluciones concretas para las direcciones funcionales.	**DESARROLLO DE NUEVOS PRODUCTOS:** Ver cuadro nº 114: Estrategia de desarrollo de nuevos productos.
Mercados nuevos	**DESARROLLO DE NUEVOS MERCADOS:** – Institucional. – Asesoramiento a dirección. – Vizcaya, Álava y Navarra.	**DIVERSIFICACIÓN:** Descartada.

Cuadro nº 114
ESTRATEGIA DE DESARROLLO DE NUEVOS PRODUCTOS

Producto	Engloba a...	Observaciones	Directriz para la acción	Responsable
Asesoramiento a dirección	–	Oportunidad clara.	A incorporar y potenciar lo antes posible.	A
Rediseño estratégico y mejora continua	Calidad total. Gestión de proyectos. Mejora continua. Benchmarking. TPM. Organización de la producción.	Buena oportunidad. Mercado incipiente. Actividades fragmentadas en LKS: necesidad de integrarlas.	Clarificar antes de decidir su lanzamiento. Lanzamiento urgente.	B
Gestión de procesos de cambio mental	Desarrollo de la organización. Liderazgo transformacional.	Alta necesidad.	Clarificar.	C
Sistemas de información sobre el mercado y sector	–	Buena oportunidad.	Clarificar.	D
Internacionalización **Cooperación y alianzas estratégicas**	–	Demanda creciente. Desconocimiento interno.	Pensar en medios y personas. Definir conceptos.	E
TPM	–	Divulgación realizada.	Captación prueba piloto.	F
Medio ambiente	–	–	Análisis preliminar.	G
Ingeniería concurrente	–	–	Análisis preliminar.	H

Cuadro nº 115
ESTRATEGIA DE SEGMENTACIÓN

Segmentos de mercado	Servicios para la alta dirección			Servicios para las direcciones funcionales		
	Asesoramiento a dirección	Soluciones concretas	Formación	Asesoramiento a dirección	Soluciones concretas	Formación
GRUPO						
SERVICIOS CENTRALES	X					
DIRECCIÓN AGRUPACIÓN	X	X		X		
EMPRESAS	X	X	X	X	X	X
INDUSTRIAS						
TRANSFORMADOS METÁLICOS	X	X		X	X	X
OTRAS	X	X		X	X	X
SERVICIOS						
ASOCIACIONES	X			X	X	X
DISTRIBUCIÓN	X	X		X	X	X
FINANCIEROS				X	X	X
INSTITUCIONAL						
AYUNTAMIENTOS +15.000 H	X			X	X	
COMARCAS	X			X	X	
DIPUTACIONES	X			X	X	
GOBIERNO VASCO						
SALUD, EDUCACIÓN	X	X		X	X	X
OTROS	X	X		X	X	X
ENTIDADES PÚBLICAS						
CÁMARAS	X	X		X	X	X
SPRI, APD, etc.	X	X		X	X	X

Cuadro nº 116
ESTRATEGIAS DE SEGMENTACIÓN Y POSICIONAMIENTO

SEGMENTOS ESTRATÉGICOS	Alta dirección y direcciones funcionales de: • Empresas del grupo. • Empresas industriales y de servicios de más de 100 trabajadores. • Ayuntamientos de más de 15.000 habitantes. • Diputaciones. • Gobierno Vasco. • Entidades públicas autonómicas o territoriales, relacionadas con la gestión empresarial.
POSICIONAMIENTO	Expertos en consultoría de dirección (servicios 1A, 2A y 1B, del cuadro nº 97): • Asesoramiento para la alta dirección. • Soluciones concretas para la alta dirección. • Asesoramiento para las direcciones funcionales.

ESTRATEGIA FUNCIONAL (MARKETING MIX)

A. Estrategia de productos

1.º Directrices para los directores de área:

- Potenciar asesoramiento a dirección.
- Mantener soluciones concretas, de forma selectiva.

Apoyando aquellos productos que:

- Más identifican a LKS con el posicionamiento elegido.
- Más diferencian a LKS de sus competidores principales.
- Tienen un mercado más creciente, mayor potencial de venta.

Por ejemplo:

- Planificación: estratégica, de marketing, de gestión, de RR.HH, etc.
- Nuevos productos y alianzas: Investigación.
- Sistemas y certificaciones de calidad.
- Valoración de puestos y sistemas retributivos.
- Análisis sectoriales, auditorías de calidad y diagnóstico de las necesidades de formación.

Abandonando progresivamente (manteniendo sin invertir en ellos) aquellos otros que:

- Menos lustre reportan a LKS para la imagen objetivo.
- Menos ventajas competitivas tienen.
- Hay más competencia.

Por ejemplo:

- Estudios de mercado.
- Selección de personal.
- Análisis de costes.
- Procedimientos económico-financieros.
- Análisis de viabilidad.

Ser mucho más selectivo en formación. Ésta debe:

- Contribuir a la imagen objetivo.
- Entenderse como un apoyo de ventas: ¿El público objetivo (P.O.) de la formación coincide con el segmento estratégico?
- Limitarse por consultor: sobre todo en momentos de saturación.
- Extenderse al mayor número de consultores.

2.º Directrices para I + D

Ver el cuadro nº 114 de desarrollo de nuevos productos.

3.º Nivel de aportación al cliente en cada producto que se ofrezca:

- Mayor interdisciplinariedad (puede ser la ventaja competitiva de LKS Consultores).
- Mayor disponibilidad e implicación (es una fortaleza de LKS).
- Mayor aportación de LKS.
- Con metodologías innovadoras y que potencien la reflexión del cliente.

4.º Calidad

Conocer el grado de satisfacción de la clientela y fomentar las reclamaciones de los clientes como forma de fidelizarlos.

B. **Estrategia de precios**

1.º Fijar los precios en función del mercado y no según los costes internos.

Ello supone:

- Conocer con quién se compite (su nivel de precios).
- Detectar el importe que está dispuesto a invertir el cliente, así como la:
  - Importancia del cliente (potencial de futuro).
  - Imagen/prestigio que da esa referencia.
  - Imagen que aporta ese producto o el análisis de si refuerza el posicionamiento deseado.

2.º Adoptar una estrategia de precios diferente según el caso:

Estrategia de **precios máximos** cuando:

- Se trata de productos que no interesa potenciar.
- Hay una fuerte carga de trabajo.
- LKS tiene fuertes ventajas competitivas.

Estrategia de **precios de penetración** cuando:

- Se tiene mucho interés en captar ese cliente (por prestigio, por potencial de mercado, ...).
- Se trata de productos por los que se está apostando a futuro.

- Se quiere desbancar a la competencia.
- Se está con poca carga de trabajo.
- Se tienen grandes desventajas competitivas.
- Hay que lavar la imagen de que se es muy caro.

3.º Fijar siempre las condiciones de pago.

4.º Tener siempre presente el margen de contribución de ese trabajo a las cargas de estructura de LKS y a beneficios.

C. **Estrategia de comunicación**

1.º Potenciar más la comunicación interna y externa, para elevar la reputación y prestigio de LKS Consultores.

2.º Utilizar la comunicación interna para:

- Ilusionar al colectivo con el proyecto de LKS, contemplado en el plan estratégico y en este plan de marketing.
- Mejorar la autovaloración de LKS.
- Cohesionar más al colectivo.
- Poder aprovechar más y mejor los esfuerzos de comunicación externa.

3.º Invertir en comunicación externa para:

- Mejorar la notoriedad.
- Corregir la imagen. Por ejemplo:
  - Excesiva especialización en cooperativas, empresas pequeñas e industriales.
  - Oferta de servicios poco definida.
  - Que sólo se trabaja para el grupo.
  - Que LKS es una consultoría pequeña.
- Potenciar y explotar los éxitos y fortalezas de LKS:
  - Contratos importantes (Referencias).
  - Liderazgo en contratación en la Comunidad Autónoma Vasca.
  - Amplia gama de servicios (Potencia).
  - Implantación alta en la Comunidad Autónoma Vasca.
  - Nivel profesional de los consultores.
  - Valoración (aval de más de 20 años de experiencia).
  - Potencia de empresa (más de 90 profesionales).

- Reforzar y potenciar el posicionamiento:

"Expertos en consultoría de dirección"

- Reforzar la acción comercial de LKS Consultores.

4.º Establecer varias fases en la estrategia de comunicación:

Primera: Programa INSTITUCIONAL de LKS. Campaña institucional con los siguientes objetivos:

- Notoriedad de marca (LKS vs. LKS Consultores)
- Posicionamiento de LKS (Servicios avanzados con soluciones eficaces).
- Potencia:
  - Más de 90 profesionales.
  - Implantación territorial.
  - Amplitud de gama.
- Preparar el "paraguas" de LKS Consultores.

Segunda: Programa de MARCA. Campaña para "LKS Consultores".

- Apoyándose en el paraguas de LKS.
- Comunicando el posicionamiento de LKS Consultores.
- Una vez conseguidos los objetivos de comunicación interna.

5.º Limitar al máximo la comunicación "departamental" porque:

- No hay presupuesto suficiente para todos los departamentos/áreas.
- Va en dirección distinta al posicionamiento deseado para LKS Consultores.
- No se presentaría una imagen única de LKS Consultores.

Sólo en casos excepcionales:

- Por prestigio.
- Por razones de oportunidad o similares.

6.º Orientaciones estratégicas adicionales:

- Acentuar los rasgos diferenciales de LKS de los principales competidores: LKS es la primera consultoría vasca especializada en consultoría de dirección.

Rasgos a potenciar:

- Consultoría vasca.
- Consultoría de dirección.

- Líder en contratación en la Comunidad Autónoma Vasca (C.A.P.V.).
- Liderazgo en experiencia, calidad y tamaño.
- Implantación territorial amplia.
- Potencial en su equipo humano.

- Mensaje básico:

LKS Consultores es la primera empresa vasca en consultoría de dirección, líder en la C.A.P.V. por volumen (contratación), potencial del equipo humano, referencias, implantación, calidad e imagen.

8.º Dar una imagen de LKS Consultores supone corregir la falta de homogeneidad de:

- Presentaciones.
- Programación de ofertas y presupuestos.
- Comunicación oral y escrita.

9.º Proyectar LKS más hacia el exterior:

- Potenciando las oficinas de Bilbao y San Sebastian.
- Aumentando la presencia de LKS en foros de debate y jornadas.
- Incrementando la actividad de LKS en seminarios (con el criterio de selectividad marcado anteriormente), prensa, revistas y otros foros de interés.
- Profundizando en las relaciones interempresariales y colaboraciones externas.

D. **Estrategia de distribución (Oficinas)**

1.º Consolidar las oficinas de Bilbao y San Sebastián.

2.º Utilizarlas para reforzar y dar credibilidad al mensaje básico y posicionamiento de imagen deseado.

3.º Utilizarlas como soporte de la acción comercial de LKS Consultores.

4.º Servirse de ellas para acercar LKS a las Administraciones Públicas e Instituciones Territoriales.

5.º Directrices para el uso de las oficinas como medio de apoyo de marketing:

- Organizar reuniones de trabajo con clientes en estas oficinas.
- Citar a posibles clientes en estas oficinas.
- Mantener una relación fluida con prescriptores de la zona.
- Priorizar estas oficinas en la comunicación personal de cada consultor.
- Reforzar la identidad corporativa de LKS a través de las oficinas.
- Acercarse a los "círculos de poder" locales.
- Que siempre estén presentes en la comunicación externa:
  - Tarjetas de visita.
  - Papelería.
  - Publicidad.
  - Folletos y material gráfico.

6.º Pensar en establecer LKS en Vitoria.

E. **Estrategia de ventas-comercial**

1.º Profundizar en el mercado de la CAPV.
Oportunismo en otras áreas de mercado.

2.º Mejorar la atención a los clientes actuales.

3.º Ampliar clientela, especialmente en el entorno de Bilbao y mercado institucional.

4.º Intensificar y ordenar la acción comercial.

5.º Formación de consultores en técnicas comerciales y servicios de LKS Consultores.

6.º Seguimiento y actualización de homologaciones.

7.º Información actualizada de ayudas y subvenciones.

8.º Identificar y gestionar correctamente el fondo de comercio de LKS Consultores.

10.2.5. Planes de acción

En esta tercera y última fase se recogen los planes de acción correspondientes a las estrategias contempladas en la fase anterior:

- Plan de comunicación:
  - Interna (Cuadro nº 117).
  - Externa (Cuadro nº 118).
- Plan de I+D (Cuadro nº 119).
- Plan comercial (Cuadro nº 120).
- Otros (Cuadro nº 121).

Por su parte, el gráfico 48 presenta las prioridades dadas por el equipo de planificación a cada uno de los planes citados.

Cuadro nº 117
PLAN DE COMUNICACIÓN INTERNA

Objetivos y metas	Acciones	Plazo	Responsable
1. Transmitir al colectivo el proyecto LKS.	– Presentar el plan estratégico y el plan de marketing.	Mayo '94	Director General y Director Marketing
	– RR. HH. elabora un proyecto de comunicación interna.	Junio '94	Dir. Gestión Interna
2. Mejorar la autovaloración de LKS.	– Difundir los resultados del estudio de imagen. – Informar de nuevos clientes/proyectos: • vía reuniones informativas mensuales. • vía "Cuadernos de LKS". • vía tablón de anuncios.	Febrero '94 Permanente	Director Marketing Director Comercial
3. Implicar en la gestión del equipo directivo.	– Reuniones informativas tras cada comité de dirección: • a nivel general • a nivel funcional.	Permanente	Director General Comité de Dirección
4. Puesta en práctica del plan de marketing.	– Difundir directrices a los responsables de área. – Entregar directrices al director de I+D. – Entregar directrices al director comercial. – Entregar y difundir directrices a los directores de oficina. – Entregar el plan de marketing al director de gestión interna. – Entregar el plan de marketing a la presidenta del consejo rector. – Informar a los responsables de área. – Definir funciones y tareas propias de la función de marketing y de comercial.	Mayo '94	Director General

Cuadro nº 118
PLAN DE COMUNICACIÓN EXTERNA

Objetivos y metas	Acciones	Plazo	Responsable
1. Aumentar notoriedad.	Campaña institucional LKS: – Prensa. – Periódicos económicos. – Directorios (Cámara Bilbao, Club de Marketing,...) – Revistas especializadas. – PLV en oficinas. – Cuadernos LKS.	Primer semestre 1994	Director Marketing
2. Mejorar la imagen de LKS y reforzar su posicionamiento.	Campaña de LKS Consultores: – Prensa. – Periódicos económicos. – Revistas especializadas. – Cuadernos LKS – Colaboraciones en prensa. – Marketing directo.	Segundo semestre 1994	Director Marketing
3. Reforzar la acción comercial.	– Marketing directo. – Material gráfico de presentaciones: • Folleto LKS Consultores. • Argumentario comercial. • Dossier de líneas de servicio. • Criterios de presentación de LKS Consultores. – Jornadas de Puertas Abiertas: • Presentación de experiencias. – Formación de consultores en cultura de marketing (servicio al cliente, ...).	1994	Director Marketing Director Comercial Responsables de Área Director Comercial
4. Potenciar la imagen actual.	– Publicar 3 números al año de Cuadernos LKS. – Manual de estilo LKS (documentos, informes, estudios, etc.). – Acciones de Relaciones Públicas: – Oficina de prensa. Publicidad blanca. – Institucionales. – Medios de comunicación. – Con la dirección del grupo. – Comparecencia en medios de comunicación. – Mayor presencia en AVIC. – Participar en jornadas y seminarios (selectivamente). – Publicar libros. – Preparar soporte para presentaciones LKS Consultores.	Constante	Dir. Marketing y Director General
5. Lanzamiento de nuevos productos.	Preparar el plan de lanzamiento: – Marketing directo. – Presentaciones al público objetivo.	Continuo	Dir. I + D Resp. de Proyecto Dir. Gestión Interna

Cuadro nº 119
PLAN DE ACCIONES DE I+D

Objetivos y metas	Acciones	Plazo	Responsable
1. Mantener constancia creadora.	– Implantar procedimientos de creatividad. – Seleccionar proyectos específicos. – Desarrollar procedimientos de creatividad (lectura de libros, foros de debate, etc.). – Medir la actitud innovadora de LKS Consultores.	Abril '94 Constante Mayo '94 Mayo '94	Dir. I + D

Cuadro nº 120
PLAN DE ACCIÓN COMERCIAL

Objetivos y metas	Acciones	Plazo	Responsable
Fomentar el mercado en la CAPV.	• Hacer listados de clientes. • Nombrar responsables de contacto. • Definir el fichero de clientes. • Planificar y controlar la frecuencia de visitas. • Clasificar clientes en ABC.	Marzo '94	Director Comercial
Mejorar la atención a los clientes actuales.	• Procedimiento de actividad comercial. • Procedimiento del argumentario. • Procedimiento del seguimiento de ofertas. • Planificación y control de las ofertas.	Abril '94	Director Comercial
Ampliar clientela especialmente en el entorno de Bilbao e institucional.	• Organizar y dinamizar la actividad comercial. • Planificarla y seguimiento.	Permanente	Director Comercial
Intensificar y ordenar la acción comercial.	• Mecanismos de gestión y coordinación comercial. • Cuadro de mando comercial. • Procedimiento de previsiones de ventas.	Septiembre '94	Director Comercial
Formación de consultores en técnicas comerciales y servicios de LKS Consult.	• Preparar temario de cursos. • Definir asistentes y calendarios. • Implantar cursos.	Diciembre '94	Director Comercial
Seguimiento de las homologaciones.	• Mantener actualizada la base de datos. • Renovar homologaciones.	Permanente	Secretaria del Director Comercial
Información actualizada de ayudas y subvenciones.	• Mantener actualizada la base de datos. • Mandar mailings a empresas.	Permanente	Secretaria del Director Comercial
Identificar y gestionar correctamente el fondo comercial de LKS Consultores.	• Crear el archivo de ofertas. • Controlar ratios del cuadro de mando. • Introducción en el fichero de clientes del informe de visitas. • Completar el fichero de clientes con nombres de contacto.	Julio '94	Director Comercial

Cuadro nº 121
PLAN DE ACCIONES VARIAS

Objetivos y metas	Acciones	Plazo	Responsable
1. Que LKS esté presente y sea un referente entre su P.O.	– Crear base de datos de personalidades y prescriptores. – Incluir la base en el mailing de "Cuadernos LKS". – Felicitación de Navidad. – Asistencia a actos (selectivamente). – Invitación a los actos organizados por LKS.	Mayo '94 Mayo '94 Constante Constante	Director Comercial y Director de Marketing
2. Medir la satisfacción de los clientes de LKS.	– Crear procedimiento de medición.	Mayo '94	Director de Marketing

Gráfico 48
PLAN DE PRIORIDADES

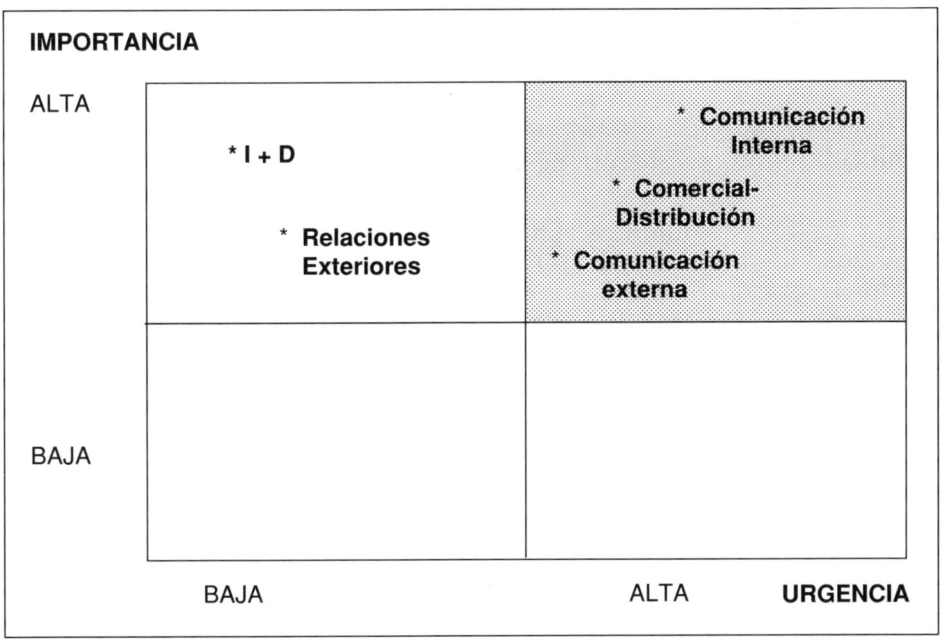

Nota: El cuadrante sombreado recoge aquellas prioridades que por su importancia y urgencia deben ser objeto de seguimiento por parte del comité de dirección de la empresa. Obsérvese que, en esta ocasión, al haber posicionado en la matriz de Eisenhower los planes de acción en vez de las acciones, no ha quedado ninguno en la zona de baja importancia. Para que esto no ocurra, conviene posicionar las acciones y no los planes, como se ha hecho en el resto de las ocasiones.

10.2.6. Evolución de LKS Consultores

Conviene dejar constancia en este punto de que, como consecuencia de este plan de marketing y de otras medidas tomadas por la empresa, LKS Consultores cerró el ejercicio 1994 con una facturación de 464 millones de pesetas, es decir:

- LKS Consultores superó ampliamente los objetivos propuestos.
- LKS Consultores obtuvo un crecimiento en su facturación muy superior al de ejercicios anteriores: había conseguido un 12% en 1992 sobre 1991 y un 3% en 1993 sobre 1992, cuando en 1994 consiguió un 47,8% sobre 1993.

Este espectacular crecimiento del 47,8% en 1994 contrasta, como se ha podido comprobar, con los moderados crecimientos de los años anteriores así como con el crecimiento experimentado por el sector en 1994.

En efecto, según el presidente de Tecniberia-Management, *"el sector obtuvo una tasa de crecimiento de un 2,5% en 1994, iniciando su recuperación después de un largo período de serias dificultades que ocasionaron pérdidas de empleo e incluso desaparición de empresas"* según Gil Gidrón, presidente de Tecniberia.

En los años siguientes, LKS mantuvo crecimientos importantes, situándose los ingresos de 1997 en los 805 millones de pesetas, esto es, un 51,3% por encima del objetivo marcado (cuadro nº 111). De esta forma, lo que en 1994 eran dos divisiones de una misma empresa, con una facturación próxima a los mil millones de pesetas, hoy en día constituyen el Grupo LKS con una facturación que supera los dos mil millones de pesetas.

De todas formas, para tener una visión más completa del grado de consecución de los objetivos y subobjetivos de marketing propuestos (cuadro nº 110), nada mejor que observar el cuadro nº 122, que refleja el estado de situación de los mismos, según el sondeo de imagen realizado a mediados de 1997.

Finalmente, el objetivo de liderazgo en el mercado fue satisfactoriamente cubierto desde 1995, ostentando LKS Consultores un 25,7% de penetración en la CAPV en 1997, obteniendo el inmediato seguidor (Arthur Andersen) un 11,1%.

Cuadro nº 122
GRADO DE CONSECUCIÓN EN 1997 DE LOS OBJETIVOS DE MARKETING FIJADOS EN 1994

Objetivos	Subobjetivos	Logros
1. Aumentar la participación en el mercado (medida a través de la penetración).	Total.	El índice de penetración total pasó del 13,5% en 1995 al 25,7% en 1997.
	Por áreas geográficas.	La penetración en Guipúzcoa pasó del 18,4% al 35,15%. En Vizcaya del 10,3% al 21,9%. En Álava del 12,5% al 18,3%.
2. Incrementar la notoriedad.	Notoriedad espontánea total: del 11% al 15%.	En 1997, con los criterios de 1995 se alcanzó una notoriedad del 23,1%.
	Notoriedad sugerida total: del 35% al 60%.	Se pasó del 38,8% en 1995 al 59,5%.
3. Aumentar la penetración (Contratación acumulada).	Total: del 8% al 12%.	Se alcanzó el 25,7%.
	Asesoramiento estratégico: del 7 al 10%.	Asesoramiento estratégico alcanzó una penetración del 19,6%.
	Marketing: del 4% al 6%.	Marketing alcanzó una cifra del 27,6%.
	RR.HH.: del 7% al 10%.	RR.HH. llegó al 9,2%.
	Calidad: del 4% al 6%.	Se obtuvo una penetración del 13,3%.
	Asesoramiento jurídico.	Se pasó del 0,9% en 1993 al 7,7%.
4. Mejorar la imagen global.	Del 15% al 25% (valoración muy buena).	Sin contar con datos precisos, hay evidencia de haber obtenido los objetivos marcados.
	Del 33% al 45% (valoración buena).	
5. Aumentar la cuota de mercado en el grupo.	Del 15% al 20%.	La penetración de LKS en el grupo MCC es del 80%, pero se desconoce la cuota exacta obtenida.
6. Posicionamiento de LKS Consultores.	Expertos en **consultoría de dirección.**	En este sentido, la notoriedad espontánea de LKS pasó del 17% en 1995 al 23,9% en 1997.

CAPÍTULO 11

APLICACIÓN DE LA METODOLOGÍA DE UN PLAN DE MARKETING A UN TERRITORIO

"El éxito es una cuestión de perseverar cuando los demás ya han renunciado".

W. Feater

11.1. INTRODUCCIÓN

El marketing es a veces admirado por el papel que presta a las empresas o que desempeña en la economía moderna. Otras veces, en cambio, se le acusa de ser un instrumento de manipulación de los consumidores y de ser el motor de la sociedad de consumo. Sin embargo, el marketing, como toda técnica, es "neutral" y sirve para fines muy diversos.

Se ha podido ver, desde los primeros capítulos del libro, que lo que caracteriza al marketing es:

- *Una mentalidad o enfoque característico: la convicción de que no se puede ejercer una acción eficaz sobre las gentes o a su favor si no se les conoce bien. De ahí la necesidad de estar orientado al cliente.*

- *Para conocer y entender al cliente hay que utilizar las técnicas adecuadas: investigaciones de mercados, estudios de satisfacción del cliente, estudios motivacionales, etc.*

- *Para influir en él o para satisfacer mejor sus necesidades hay que adaptarse a las mismas, a sus actitudes y comportamientos, y utilizar las técnicas modernas de fidelización, comunicación, distribución, venta, etc.*

- *Y que todo este conjunto de estrategias y acciones conviene orquestarlas sistemáticamente en un plan de marketing.*

"Marketing deportivo, un mercado de 60 millardos: el deporte español mueve al año 960.000 millones de pesetas, el 1,2% del PIB. El patrocinio representa el 6,2% de esta cantidad, 60.000 millones. Son los datos expuestos ayer en Intermedia 98, foro internacional de la comunicación" (*Cinco Días*, 26 de noviembre de 1998).

De ahí que esta forma de pensar y de actuar que implica el marketing haya trascendido en los últimos años el campo en el que tradicionalmente se ha desenvuelto (el de los productos y servicios) y se haya aplicado a causas no lucrativas tan diversas como: causas sociales, causas políticas, causas partidistas o electorales, instituciones públicas con fines no lucrativos, ..., y, últimamente, a lugares, ciudades, regiones, países-territorios y deportes.

Del título del capítulo se deduce que la aplicación que aquí presentamos es un caso concreto de lo citado en último punto: el plan de marketing del territorio histórico de Guipúzcoa/Gipuzkoa.

Este plan de marketing salió a concurso a principios de 1993, y fue realizado por LKS Consultores, bajo la dirección y responsabilidad de este autor, que lo presentó en la Diputación Foral de Gipuzkoa el 25 de noviembre del citado año.

Antes de presentarlo, comentaremos brevemente las peculiaridades del marketing de causas como las citadas.

11.2. PECULIARIDADES DEL MARKETING DE LAS CAUSAS SOCIALES

Por causa social se entiende *"cualquier proyecto sostenido por un individuo, un grupo de individuos o una organización, cuyo objeto es la defensa no de los intereses personales de aquellos que lo sostienen, sino de la colectividad o de determinados grupos sociales".*

Estas causas sociales pueden tener, en consecuencia, finalidades muy diversas: la defensa de los intereses del consumidor, la transformación de las instituciones o de las estructuras sociales (ej. campañas pro liberalización del aborto), la caridad o ayuda mutua (ej. campaña "SOS Balcanes"), o la mejora de las condiciones de vida (de la salud, de la seguridad o del bienestar de los miembros de la colectividad: lucha contra el cáncer, antitabaco, contra la polución, etc.).

En este último grupo genérico de causas se puede enmarcar la causa que nos ocupa aunque, desde que Kotler publicara a finales de 1993 su libro "Marketing Places", esté adquiriendo rango propio.

11.2.1. Planteamiento básico de marketing

Toda causa social tiene un (P.O.) público-objetivo (los poderes públicos, los consumidores, la opinión pública, los automovilistas, etc.), intenta conseguir algo de él (votación de una ley, cambio de hábitos de consumo, cambio de determinadas costumbres sociales, mayor seguridad, etc.), y para lograrlo debe comunicarse con él, informarle y convencerle. Y todo ello compitiendo con otras causas tan justas o más que la nuestra, y con otras empresas con intereses contrapuestos (ej. fabricantes de tabaco, empresas que para reducir los niveles de contaminación deben abordar inversiones importantes que las hacen no competitivas, etc.).

Es más, como todo producto, las causas sociales tienen su ciclo de vida:

- Nacimiento de la idea (o lanzamiento): unos cuantos precursores de la misma.
- Penetración de la idea (o crecimiento): una asociación o un partido que se crea para defenderla.
- Burocratización de la causa (o madurez): la administración se encarga de la misma.
- Declive de la causa a efectos de la competencia o de la oposición de otras causas.

Pues bien, la definición de marketing que mejor se ajusta a estos casos es aquella que concibe el marketing como un sistema de comunicación entre la organización y su entorno:

- Un sistema de información que permita a los responsables de la organización detectar las necesidades de su "clientela".
- Un sistema de comunicación externa, que ayude a la organización a establecer los cauces de información/comunicación con los diferentes P.O.

11.2.2. Estrategia de marketing de una causa social

Para conseguir el objetivo deseado, la organización o individuos que están detrás de la correspondiente causa social deben adoptar una estrategias de marketing que contemple los siguientes niveles: estrategias de segmentación y posicionamiento y estrategia funcional (marketing mix).

La **elección del P.O**. vendrá dada por la importancia relativa que presentan los diferentes segmentos de la población para el éxito de la causa, o por las diferencias de permeabilidad observadas.

Por su parte, los principales **medios de acción** a elegir serán:

- Las estrategias de fuerza o de obligación (manifestaciones callejeras, boicot a determinados productos, huelgas, raptos,...), utilizables durante el período de crecimiento.

- Las estrategias de persuasión, muy utilizadas en la fase de lanzamiento (discursos y mensajes específicos...).

- La estrategia de reeducación a través de la participación activa y cotidiana de determinadas células de base (comisiones, asociaciones, etc.).

Para asegurar el éxito de sus **"productos"** (esto es, la adopción de los comportamientos deseados por sus clientelas), la causa social deberá adaptarlos a las necesidades y actitudes de las citadas clientelas, apoyándose, si es posible, en las correspondientes investigaciones de marketing. Deberá asegurarse de que aportan satisfacciones reales a la correspondiente necesidad (seguridad, bienestar, altruismo, etc.), venciendo las posibles resistencias que haya detectado (es decir, reduciendo el "precio de sus productos").

Se trata de fijar el **precio** de forma que se reduzca al máximo la resistencia sicológica de aquellos a quienes va dirigida la llamada (aportación monetaria, esfuerzo solicitado, etc.).

Frecuentemente, uno de los principales obstáculos que encuentra una causa es el desconocimiento, por parte de aquellos a quienes se dirige, de los medios concretos que se les propone para apoyarla. Ahí entra en juego la estrategia de **comunicación** (bien utilizando la publicidad convencional o el marketing directo, u orquestando una campaña de relaciones públicas que provoque acontecimientos de interés suficiente como para que los medios de comunicación se hagan eco de la misma).

Para reducir el coste físico o sicológico del esfuerzo solicitado a su P.O., una causa social debe definir también cuidadosamente su estrategia de **distribución**: se trata de multiplicar "sus puntos de venta".

11.3. ESPECIFICIDADES DEL MARKETING DE LUGARES O TERRITORIOS

Este tipo de marketing va buscando la forma en que una ciudad o un territorio puede mejorar su posición competitiva en el mercado. Y es un marketing que está a caballo entre el marketing no lucrativo, el marketing social y el marketing de la imagen, y puede contemplarse como "marketing geográfico".

Kotler (1993) ha hecho un excelente trabajo de estructuración de las decisiones de marketing de una organización cuya preocupación sea el marketing de una ciudad. Las ideas expuestas en su libro son extensibles al marketing de un territorio y se basan en los siguientes conceptos:

- Es una realidad insoslayable que muchas ciudades, territorios, paises y Estados están hoy en declive, después de haber pasado por épocas "gloriosas", y que ya no pueden confiar más en conceptos como los fondos de cohesión, la política de industrialización del país, o las promesas de creación de puestos de trabajo, sino que deben ser capaces de "sacarse las castañas del fuego" aplicando un **marketing estratégico** adecuado.

- Este marketing estratégico debe ayudar a reconstruir las infraestructuras, a crear una fuerza laboral experimentada, a estimular a las PYMES locales a que se expandan y sean emprendedoras, a desarrollar alianzas estratégicas sólidas, a identificar y atraer empresas e industrias de otros lugares que sean compatibles con las potencialidades y recursos del país, a crear atracciones locales diferenciadoras, a construir una cultura de servicios volcada en mimar al cliente, y a promover una serie de ventajas competitivas duraderas.

- Este marketing estratégico requiere un profundo conocimiento sobre cómo los "compradores de lugares" (turistas, nuevos residentes, industrias, inversores, presidentes de corporaciones...) toman sus decisiones sobre el lugar. Con este conocimiento, los "vendedores de lugares" (agencias de desarrollo local, agencias de promoción turística, oficinas gubernamentales...) pueden tomar las decisiones necesarias para competir agresivamente por esos compradores.

- La competencia que existe entre las ciudades y países de todo el mundo para atraer inversiones, turistas y empresas es cada vez mayor, y los medios utilizados para conseguirlo son cada día más sofisticados. En ese contexto los medios de siempre (incentivos fiscales...) se convierten en condición necesaria pero no suficiente para el éxito.

Según este autor, el proceso de decisión estratégico que tiene que desarrollar cualquier territorio que quiera ejercer un cierto control sobre su futuro pasa por reflexionar sobre:

1.º ¿Cómo es ese territorio hoy en día? Un análisis detallado del mismo, que tome como referencia los criterios de calidad de vida, facilitará el desarrollo de una estrategia que debe englobar todos los elementos analizados (el medio físico, la demografía, el mercado de trabajo, las infraestructuras, la estructura económica, el potencial tecnológico...).

2.° El resultado de dicho análisis nos permitirá conocer las fortalezas y debilidades de dicho territorio, así como sus oportunidades y amenazas.

3.° La definición de una imagen concreta (posicionamiento) de lo que se pretende que sea el territorio en el futuro será el siguiente paso del proceso. Comparándola con la realidad percibida por los posibles "compradores de lugares" surgirán las posibles actuaciones a emprender para modificar esa imagen real y acercarla a la imagen deseada. El método que proponen estos autores para diseñar la imagen del lugar es el siguiente:

- Identificar los principales objetivos del mercado.
- Perfilar la imagen actual contenida en cada objetivo de mercado.
- Decidir un tema que sirva de apoyo para proyectar cada uno de los anteriores objetivos.
- Dar con las palabras e imágenes más eficaces para cada uno de los objetivos.

Para ello describen tres niveles de la imagen de un lugar: *la imagen como posición a tomar, la imagen como tema, y la imagen como eslogan.*

4.° Definir la estrategia a seguir para alcanzar los objetivos fijados para cada P.O.: cómo comunicar y promocionar el territorio hacia el exterior apoyándose en su imagen (métodos de venta, turismo, información a incluir en el material informativo-publicitario que se elabore, plan de incentivos y programas específicos para la atracción de visitantes, inversiones y empresas, etc.).

5.° Cómo asegurar una correcta implantación de la estrategia, para lo que se aconseja contemplarla dentro de un plan de marketing del territorio.

11.4. PLAN DE MARKETING DE GUIPÚZCOA

11.4.0. Presentación

El presente plan de marketing territorial es consecuencia del contrato para la *"realización de un anteproyecto de plan a cinco años de marketing territorial de Guipúzcoa, que sirva de difusión o de prestigio de las potencialidades y puntos fuertes de Guipúzcoa".* El plan, encargado por el departamento de economía de la Diputación Foral de Guipúzcoa, debía dar respuesta a las siguientes cuestiones –según las bases técnicas del concurso público–:

- Selección de países/áreas objetivo.
- Definición de potencialidades y puntos fuertes de Guipúzcoa a potenciar.
- Imagen de Guipúzcoa en el exterior, especialmente entre los directivos de empresas.
- Medios para la difusión del mensaje: personas, medios de comunicación, acciones de difusión y de relaciones públicas, material de difusión, etc.
- Recomendaciones de comunicación, de difusión y de marketing.

Se trataba, en definitiva, de presentar una Guipúzcoa cuya imagen y notoriedad atrajera tanto a los inversores nacionales como a los extranjeros; de destacarla como un emplazamiento estratégico de enorme interés para abrir nuevos negocios; de potenciar sus puntos fuertes y de ofrecer soluciones para "corregir" aquellos aspectos "rémora" que pudieran frenar el interés por la inversión. Éstas fueron, fase por fase, las principales etapas del plan al que se llegó.

11.4.1. ANÁLISIS DE LA SITUACIÓN

11.4.1.1. Análisis del entorno

Antes de entrar en materia, debemos señalar que el análisis completo de la situación socioeconómica y política de Guipúzcoa merecería un espacio muy superior al que podemos dedicar. Por tanto, lo que vamos a exponer a continuación no es sino una síntesis del informe completo.

A. Aspectos favorables para la atracción de la inversión foránea

- Ampliación de mercados derivados del Mercado Único Europeo.

- Algunas circunstancias han propiciado una mejora en las relaciones e imagen de Guipúzcoa en el extranjero. Las más significativas son las buenas relaciones con otros países por su proximidad (Francia) o por hermanamientos con otras ciudades (Italia, Alemania, Japón...), la repercusión en el exterior de la progresiva disminución de la violencia y la conflictividad laboral, así como la celebración de eventos culturales de magnitud internacional (festival internacional de cine, festival de jazz...).

- Oportunidades en el sector turístico derivadas del crecimiento de la demanda turística y de las amplias posibilidades de un turismo de negocio aún sin explotar. En general, el turista busca la pluralidad de las vacaciones y aumenta la necesidad de viajar.

- La situación fronteriza de Guipúzcoa (bisagra de la euroregión atlántica) puede conducir al aprovechamiento de factores como la familiaridad con la cultura francesa, la complementariedad de servicios ofrecidos a ambos lados de la frontera, la experiencia adquirida en actividades comerciales y de transporte internacional o la consolidación del continuo urbano Donostia–Baiona para el desarrollo de iniciativas empresariales, turísticas, culturales o comerciales conjuntas.

- Es previsible un crecimiento futuro del sector terciario y cuaternario, teniendo presentes las posibilidades, en este sentido, del área de Donostia.

B. Aspectos desfavorables para la atracción de la inversión foránea

- Mayor competencia para las empresas guipuzcoanas derivada de la entrada en el Mercado Único Europeo, así como existencia de condiciones más ventajosas en otros países para la captación de inversiones extranjeras o el establecimiento de empresas: bajo coste de la mano de obra, suelo industrial más barato, menores costes energéticos, mejores posibilidades de financiación...

- Desplazamiento de los ejes de desarrollo hacia el Mediterráneo y potenciación de otras regiones españolas como principales focos de atracción de las inversiones.

- Priorización de otras zonas del País Vasco en la distribución de fondos, en detrimento de Guipúzcoa (centralismo de Bilbao).

- Amenaza del sector turístico: no adecuación precio/calidad en la oferta, desviación del turismo a lugares más baratos o que realizan mayores esfuerzos publicitarios y promocionales, subsistencia del terrorismo e imagen que proyecta al exterior...

- Amenazas en el sector primario. La entrada en la CEE impone e impondrá unas condiciones muy duras en este sector, al establecer bajos precios, cuotas de producción, restricciones, etc.

Con estos datos e informaciones dispondríamos de buena parte de la materia prima necesaria (no toda, ya que aún no contamos con los elementos del análisis interno) para comprobar si el mercado al que nos dirigimos es favorable o desfavorable, y para fijar aquellos puntos que constituyen amenazas y oportunidades, así como nuestros puntos fuertes y débiles en relación con otros competidores. Sin embargo no es ésta la finalidad de la etapa de análisis en la que nos encontramos inmersos. Hemos dado casi toda la forma a la primera pieza del puzzle, pero todavía debemos pulir el análisis inicial y colocar la pieza en el lugar adecuado para que pueda unirse con la siguiente. Nuestro siguiente paso será por tanto describir los elementos principales del análisis interno que, desde el punto de vista del marketing, no pueden faltar en esta etapa.

11.4.1.2. Análisis interno

La información que aportamos a continuación se obtuvo a partir de entrevistas realizadas a representantes de la Diputación Foral de Guipúzcoa, así como a sus fuerzas vivas, de las directrices del propio departamento de economía, del plan estratégico Guipúzcoa 2000, y de un acopio general de información del que fue responsable la propia consultoría.

El análisis establece una diferenciación basada en una relación de puntos fuertes y débiles observados tras un estudio riguroso –que omitimos con el fin de no hacer demasiado prolijo este punto– de las realidades examinadas, a saber: medio físico en el que se localiza la provincia de Guipúzcoa, demografía y mercado de trabajo, infraestructuras, estructura económica (por sectores), potencial tecnológico, organización política y clima social principalmente. Veamos a continuación, punto por punto, aquellos aspectos seleccionados como más relevantes y que servirán como base para un posterior diagnóstico de las oportunidades y amenazas con las que nos vamos a enfrentar.

A. Medio físico

1. Puntos fuertes

- Localización geográfica privilegiada, por el eje de desarrollo atlántico, por su situación fronteriza con Francia y su accesibilidad terrestre, aérea y marítima.

- Situación medioambiental favorable, con medidas de apoyo e inversiones fuertes en protección del entorno físico.

2. Puntos débiles

- Localización estratégica amenazada (desplazamiento del eje de desarrollo, desmantelamientos de la aduana, infraestructura de comunicaciones por desarrollar).
- Dependencia del exterior en el suministro de recursos naturales, principalmente energéticos.
- Degradación ambiental acusada en ciertos focos industrializados.

B. Demografía y mercado de trabajo

1. Puntos fuertes

- Bajo índice de concentración de la población en torno a las principales ciudades.
- El País Vasco ofrece las mejores condiciones laborales de toda España en cuanto a estabilidad laboral, salarios y duración de la jornada.

2. Puntos débiles

- Envejecimiento progresivo de la población.
- Saldo positivo de migración (emigración - inmigración).
- Elevado nivel de desempleo y de contratos temporales.
- Altos costes de personal y rigideces en el mercado de trabajo.
- Conflictividad laboral (falta de consenso entre sindicatos-patronal-gobierno).

C. Infraestructuras, urbanismo y comunicaciones

1. Puntos fuertes

- Localización geográfica privilegiada.
- Consolidación del aeropuerto de Fuenterrabía.
- Importantes mejoras en las infraestructuras de los puertos.

- Inclusión de la "Y" ferroviaria dentro del plan director de infraestructuras.

- Puerto de Pasajes: red de comunicaciones bien estructurada, instalaciones completas para el sector pesquero y buen rendimiento de la mano de obra.

2. Puntos débiles

- Aglomeraciones urbanas y permanencia de construcciones de baja calidad en determinados núcleos industriales.

- Carestía de las viviendas y dificultad de acceso a las mismas.

- Escasez y carestía del suelo industrial (suelo industrial desocupado).

- La propia orografía encarece y dificulta el desarrollo de la infraestructura viaria (sinuosidad, estado del firme, etc.).

- Carencia de una red ferroviaria conectada a la europea.

- Carácter local del aeropuerto de Fuenterrabía.

- Telecomunicaciones: baja utilización de las infraestructuras de servicios telemáticos y escasez de bases de datos y aplicaciones propias.

- Puerto de Pasajes: dependencia del sector siderúrgico, falta de tráficos cautivos, nula labor promocional e inconvenientes en la infraestructura.

D. Estructura económica

Sector primario

1. Puntos fuertes

- Mejoras en las estructuras productivas y en la infraestructura vial, así como aumento del tamaño de las explotaciones. Promoción y protección de los productos autóctonos. Apoyo económico a rentas agrarias, prejubilaciones y agricultura de montaña.

- Aumento de las descargas de pescado en puertos guipuzcoanos.

2. Puntos débiles

- Elevado minifundismo, atomización de agricultores y explotaciones, edad elevada de los agricultores y dificultades orográficas para el cultivo.

- Carencias en el ámbito del marketing, comercialización, diferenciación y promoción de los productos.

- Descenso de la flota pesquera, con progresiva pérdida de empleo.

Sector secundario

1. Puntos fuertes

- Amplia experiencia empresarial, cultura industrial arraigada (cuna de hombres emprendedores).

- Buena imagen de empresa a nivel local e imagen de calidad de su producto.

- Potencial del grupo Mondragón Corporación Cooperativa (MCC).

- Presencia de importantes empresas y grupos empresariales extranjeros.

- Elevado apoyo de la administración.

2. Puntos débiles

- Deterioro profundo y generalizado del tejido industrial guipuzcoano.

- Modelos de gestión tradicionales, orientados al mercado interior y con mentalidad de producción.

- Especialización en sectores saturados o más afectados por la crisis. Escasa política de diversificación.

- Poca colaboración interempresarial (escasez de grupos o conglomerados empresariales).

- Bajos niveles de autofinanciación y de formación continua.

Sector terciario

1. Puntos fuertes

- Valor añadido sobre la producción superior a la media vasca y española.

- Presencia de importantes entidades financieras.

2. Puntos débiles

- Debilidades estructurales: nivel de servicios por debajo del potencial industrial existente, escasez de servicios avanzados a las empresas y de dedicación a la industria del ocio, cultura, naturaleza, etc.

- Debilidades coyunturales: Escaso compromiso de la banca con los sectores más afectados por la crisis y centralización de servicios terciarios en el área metropolitana de Bilbao.

- Persistencia de una "cultura de lo tangible".

Sector turismo

1. Puntos fuertes

- Elevado atractivo turístico: paisaje (costa y montaña), clima (templado y húmedo), tradición y cultura diferenciada, riqueza histórico–artística, gastronomía, etc.

2. Puntos débiles

- Baja notoriedad de Guipúzcoa en el exterior.

- Escasa promoción del turismo alternativo (no playero).

- Dependencia de la climatología y brevedad de la temporada.

- Carencia de instalaciones (auditoriums, salas de congresos, puertos deportivos, etc.).

- Escasa cultura turística (idiomas, planos, folletos).

- Imagen de lugar excesivamente caro (comparativamente).

Sector comercio

1. Puntos fuertes

- Elevado valor añadido bruto por empleo, sólo superado por Madrid y Barcelona.

2. Puntos débiles

- Falta de planificación y previsión ante las nuevas demandas del mercado.
- No se ha llegado al equilibrio óptimo entre el comercio tradicional y la distribución moderna.
- Bajo nivel profesional de los gestores y empleo de técnicas de gestión rudimentarias. Escasa capacidad financiera y tecnológica.
- Desviación de una parte de la demanda guipuzcoana a establecimientos situados en Francia.

E. Potencial tecnológico

1. Puntos fuertes

- Gran potencial tecnológico: importante oferta de centros de formación técnica y universitaria, completa oferta de centros tecnológicos y previsión de parque tecnológico.
- Existencia de organismos de apoyo/potenciación tecnológica: EITE, CVT, OTRI, IKASLAN, etc.

2. Puntos débiles

- Baja e inadecuada cualificación de la población activa.
- Falta de planificación en el ámbito de los recursos humanos.
- Falta de centros de formación orientados a las empresas de servicios.

F. Organización política

1. Puntos fuertes

- Beneficios derivados del Estatuto de Autonomía: gestión diferenciada de la hacienda pública y competencias en diversas materias (política económica, agricultura, industria, finanzas, etc.).

2. Puntos débiles

- Organización política vasca compleja: complejo entramado institucional y falta de coordinación entre Gobierno Vasco y Diputación. Administración Pública poco ágil y eficiente.

G. Clima Social

Violencia

1. Puntos fuertes

- Signos de esperanza en relación con la pacificación del País Vasco: Pacto de Ajuria Enea, rechazo y condena de la violencia por parte de la sociedad, pérdida de capacidad de maniobra del terrorismo organizado, colaboración hispano–francesa en la lucha antiterrorista.

2. Puntos débiles

- Clima social enrarecido, con colectivos de población enfrentados por sentirse afectados y perjudicados por el conflicto: independentistas, familiares de víctimas, presos políticos, etc.

- Pluralidad de partidos políticos con visiones opuestas a la realidad sociopolítica del País Vasco.

- Graves secuelas en el ámbito económico: extorsión y éxodo de empresarios, deterioro de un clima inversor propicio, huelgas con trasfondo político, etc.

- Imagen transmitida al exterior por todos estos conceptos.

Bienestar social

1. Puntos fuertes

- El nivel de vida es elevado, aunque mejorable.

2. Puntos débiles

- Elevado nivel de desempleo, con importantes consecuencias sociales.

- Incidencia social de la escasez de viviendas de protección oficial y carestía de viviendas.

- Deficiencias de diferente índole en el sistema educativo (desigualdad, integración, desprestigio de la F.P., etc.), asistencia sanitaria (escasa política de protección de la salud), sistemas de seguridad y protección social (discriminaciones por sexo, origen, situación personal, etc.) y en el campo de la asistencia y servicios sociales (escasa coordinación entre instituciones competentes).

H. Otros

2. Puntos débiles

- La difusión del cooperativismo dificulta la toma de participaciones extranjeras.

- Conflicto lingüístico.

- Pérdida progresiva de renta disponible.

11.4.2. Diagnóstico de la situación

A partir de la información registrada en el análisis de la situación económica, social, política, cultural y turística de Guipúzcoa, configuraremos un cuadro en el que puedan observarse –atendiendo a su importancia y posibilidad– las principales oportunidades y amenazas analizadas, así como aquellos puntos fuertes y débiles detectados que más presentes tendremos a la hora de plantearnos nuestros objetivos de marketing. El gráfico 49 será el que, selectivamente, resuma todas estas realidades a las que hemos hecho mención hasta el momento.

11.4.3. Objetivos de marketing para Guipúzcoa

Los objetivos propuestos en este plan de marketing territorial estarán en todo momento supeditados a los objetivos estratégicos de la Diputación de Guipúzcoa. Nos encontramos con que, de los objetivos

Gráfico 49
ANÁLISIS DAFO DE GUIPÚZCOA

OPORTUNIDADES	AMENAZAS
– Ampliación de mercados derivada del Mercado Único Europeo. – Buenas relaciones con otros países por su proximidad (Francia), por hermanamientos con otras ciudades (Italia, Alemania, Japón), etc. – Repercusión en el exterior de la progresiva disminución de la violencia y la conflictividad social. – Repercusión positiva en el exterior de eventos como: Festival Internacional de Cine, Jazz, etc. – El turista busca la pluralidad de las vacaciones y aumenta la necesidad de viajar. – Crecimiento de la demanda turística. – Amplias posibilidades de un turismo de negocios aún sin explotar.	– Caída del ciclo coyuntural internacional. – Desaceleración de la economía española (1990). – Desplazamiento de los ejes de desarrollo hacia el Mediterráneo y potenciación de otras regiones de España como principales focos de atracción de inversiones extranjeras. – Mayor competencia para las empresas guipuzcoanas tras la entrada en el Mercado Único Europeo. – Condiciones más ventajosas de otros países para captar inversiones extranjeras o el establecimiento de empresas. – Priorización de otras zonas del País Vasco en la distribución de fondos, en detrimento de Guipúzcoa. – Amenazas en el sector turístico: no adecuación calidad-precio, desviación a lugares más baratos, subsistencia del terrorismo, etc.
– Localización geográfica privilegiada: eje de desarrollo atlántico, eje Baiona/San Sebastián... – Infraestructura de comunicaciones mejorada. – Sector primario en proceso de modernización. – Cultura empresarial arraigada. – Presencia de importantes grupos empresariales. – Cualificación de la mano de obra. – Gran potencial tecnológico. – Existencia de organismos de potenciación tecnológica. – Autonomía fiscal y económica, y apoyo institucional a la inversión. – Elevado nivel de calidad de vida. – Elevado atractivo turístico.	– Localización geográfica amenazada: desplazamiento del eje de desarrollo. – Elevado minifundismo de las explotaciones agroganaderas. – Deterioro del tejido industrial. – Organización política compleja: múltiples niveles con falta de coordinación estratégica. – Imagen deteriorada por el clima político reinante.
PUNTOS FUERTES	**PUNTOS DÉBILES**

estratégicos institucionales, el único relevante para este plan de marketing es **atraer inversión foránea** (tanto española como extranjera) **para incrementar nuestra cuota de inversión extranjera**. Para satisfacer este objetivo institucional deberemos plantearnos los siguientes objetivos de marketing:

A. Conseguir suficiente notoriedad e imagen para Guipúzcoa

En aquellas zonas donde Guipúzcoa es suficientemente conocida (por ejemplo en el resto de España), el objetivo será mejorar nuestra imagen, deteriorada en los últimos años por la situación sociopolítica existente.

En el exterior, nuestro objetivo será conseguir suficiente notoriedad como para construir sobre ella la imagen deseada (que se expondrá en el apartado estrategias de marketing): hay que promocionar Guipúzcoa en el exterior ya que, en general, carece de notoriedad e imagen.

B. Convencer a nuestro público objetivo de que Guipúzcoa es una buena opción para invertir

Para ello utilizaremos los argumentos que el análisis interno nos ha proporcionado: aquellos puntos fuertes que sean relevantes para cada público objetivo que forme parte de nuestra estrategia de marketing, al tiempo que eliminaremos aquellos puntos débiles más notorios. Este segundo objetivo supone abordar los siguientes subobjetivos:

1. Despertar el interés de los inversores españoles y extranjeros por Guipúzcoa, facilitando el conocimiento de la economía guipuzcoana y tratando de dar a conocer nuestros principales puntos fuertes.

2. Difundir en el exterior la imagen de Guipúzcoa y sus atractivos como lugar adecuado para la inversión, las actividades industriales y los servicios.

3. Aprovechar la situación de Guipúzcoa como lugar de paso para crear una nueva oferta de servicios que explote las oportunidades que este segmento nos ofrece.

4. Aprovechar el eje Bayona/San Sebastián para crear una oferta turística y comercial idónea para el segmento alto del turismo.

11.4.4. Estrategias de marketing para Guipúzcoa

11.4.4.1. Estrategia de cartera

El primer aspecto que queremos destacar, previamente a la formulación de la estrategia de marketing, es definir si la realidad a potenciar es Guipúzcoa o el País Vasco. Pues bien, en coherencia con la razón de ser de este plan de marketing y con los principios estratégicos que lo inspiran, la estrategia elegida es *"Utilizar los recursos y esfuerzos que la administración vasca dirige a la potenciación del País Vasco como lugar de inversión, no planteando para Guipúzcoa una acción aislada, individualista e independiente de la acción del Gobierno Vasco. Lo que buscaremos será, de la mano del Gobierno Vasco en la potenciación del País Vasco como lugar idóneo para la inversión, diferenciarnos de los otros dos territorios para atraer la inversión a Guipúzcoa, en competencia con Álava y Vizcaya".*

Como el objetivo estratégico es atraer inversión foránea, seleccionaremos países con suficiente potencial inversor y, dentro de ellos, aquellos que cuentan ya con alguna infraestructura adecuada para nuestros propósitos. Por todo ello, circunscribimos nuestro ámbito de acción a tres áreas geográficas: Europa, Norteamérica y Asia, y más concretamente:

- **Comunidad Europea**: España, Alemania, Francia, Reino Unido, Italia y Holanda.
- **Norteamérica**: Estados Unidos, Canadá y México.
- **Asia:** Japón y Taiwan.

11.4.4.2. Estrategia de segmentación

Aunque inicialmente cualquier tipo de inversor puede resultar de interés, es lógico que nuestras fortalezas y debilidades decanten el tipo de inversores. Por otro lado, nuestra estrategia es concentrar esfuerzos en aquellos sectores que se derivan del plan estratégico Guipúzcoa 2000, por lo que los segmentos estratégicos prioritarios serán:

a. Sector terciario

Para el año 2000 absorberá el 60 % del empleo guipuzcoano. El énfasis se hará en empresas de servicios avanzados y servicios a empresas, como por ejemplo: *Servicios de Información* (servicios telemáticos, servicios integrados de telecomunicación, servicios de información electrónica), *Servicios de Diseño* (diseño de productos, diseño industrial), *Servicios Tecnológicos* (robótica, medio ambiente, software aplicado, ingeniería tecnológica y de sistemas) y otros más convencionales como: *Servicios Tradicionales* (distribución comercial, hostelería y restauración, servicios financieros avanzados) o *Servicios para la Exportación* (transporte por carretera, comercio exterior, ocio y turismo).

b. Sector secundario

Por una parte se buscará fortalecer determinados sectores importantes en Guipúzcoa como: auxiliar de automoción, máquina-herramienta, electrodomésticos, plástico-caucho, etc. Por otra, la estrategia será diversificar la industria guipuzcoana a subsectores como: recuperación y depuración medioambiental, confección de artículos deportivos, alimentación especializada (congelados, fast food, ecológicos...).

11.4.4.3. Estrategia de posicionamiento

a. Posicionamiento ante inversores extranjeros

La imagen que debemos proyectar de Guipúzcoa en el exterior, entre directivos de empresas con potencial inversor de los sectores ya citados, deberá basarse en la siguiente estrategia de posicionamiento: ***"Presentar a Guipúzcoa como tierra de oportunidades de negocio e inversión ("Land of opportunities"), que tiene una localización geográfica privilegiada en el eje de desarrollo atlántico de la Comunidad Europea, un lugar atractivo para invertir o hacer negocios"***. El mensaje básico con vistas a la inversión extranjera estará basado en los mensajes:

"GUIPÚZCOA, cuna de emprendedores...:
– Cuenta con una estructura industrial desarrollada y una localización geográfica privilegiada. – Dispone de un potencial tecnológico competitivo. – Ofrece grandes beneficios a la inversión debido al compromiso y autonomía de la administración local. – Acoge a grupos y a empresas de nivel europeo. – Posee una red de infraestructuras y comunicaciones competitiva. – Alberga a una fuerza laboral cualificada para cualquier tipo de trabajo.

"GUIPÚZCOA, ***cuna de emprendedores...:*** **(continuación)**

- Está apoyada en un potente sector financiero que cuenta con importantes entidades financieras locales.
- Disfruta de un elevado atractivo turístico y una calidad de vida superior a la media europea.
- Es pionera en España en asociacionismo empresarial debido a su gran tradición empresarial y al arraigo de su cultura empresarial...

...por lo que constituye una tierra que ofrece las mejores oportunidades de negocio e inversión para empresas que cuentan con planes de expansión en la Comunidad Europea".

b. Posicionamiento ante inversores españoles

El inversor español conoce la mayor parte de las fortalezas de Guipúzcoa, pero la descarta como lugar de inversión por el problema de la violencia terrorista y por el clima social poco atractivo que transmiten los medios de comunicación españoles. Por ello, la estrategia de posicionamiento se sustentará sobre los siguientes criterios:

"Reconociendo el hecho terrorista que afecta al País Vasco (igual que al resto de España), transmitiremos los signos de esperanza inequívocos de que la paz está cerca: Pacto de Ajuria Enea, rechazo y condena de la violencia por parte de la sociedad, progresivo aislamiento y pérdida de respaldo social de ETA, actitud valerosa de los empresarios del Goierri, etc".

El mensaje básico para los inversores españoles se completa con los siguientes puntos:

"GUIPÚZCOA, que posee una estructura industrial desarrollada ofrece...:

- Una localización geográfica privilegiada.
- Mano de obra cualificada para cualquier tipo de trabajo.
- El mayor potencial tecnológico del Estado.
- Inmejorables beneficios a la inversión.
- Gran calidad de vida.
- Gran tradición empresarial y una cultura empresarial arraigada.
- Autonomía fiscal y económica...

... por lo que constituye una provincia que ofrece las mejores oportunidades de negocio e inversión para empresas con planes de expansión en Europa".

c. Posicionamiento ante el sector turístico

Ante los decisores y prescriptores del sector turístico se enfatizará la idea de que Guipúzcoa posee un elevado atractivo turístico, como lo demuestra el hecho de ser el primer destino turístico español del siglo XX. A tal efecto se resaltarán sus puntos fuertes, tales como el paisaje, clima, tradiciones y cultura propia, riqueza histórico-artística, belleza de San Sebastián, gastronomía, oferta turística, etc.

Los objetivos trazados para este colectivo son: que incluyan a Guipúzcoa de una forma destacada en su oferta turística; que la contemplen como una provincia española que ofrece las mejores oportunidades de negocio e inversión en este sector; y que sean conscientes del importante flujo migratorio y turístico que atraviesa Guipúzcoa todos los años.

11.4.4.4. Estrategia de medios

En coherencia con el principio de "economía de medios", se aprovechará toda la infraestructura que nos proporcionan determinados organismos territoriales vascos, españoles y comunitarios. En cuanto a los medios a utilizar para captar inversión foránea podemos distinguir:

- *Medios personales*, como por ejemplo: visitas oficiales, encuentros, misiones comerciales o empresariales, presencia en ferias, becas de formación, etc.

- *Medios materiales*, como: publicaciones específicas, material audiovisual específico, marketing directo, campañas de publicidad, explotación de acontecimientos singulares, etc.

Todas estas acciones deberán llevarse a cabo con la coordinación del esfuerzo de los organismos correspondientes: empresas guipuzcoanas, Diputación Foral, cámaras de comercio, SPRI, Gobierno Vasco, universidades, Interbask, embajadas y consulados, Ministerio de Industria y de Turismo, etc., teniendo presentes los principios estratégicos de ***eficacia, oportunidad y perseverancia*** que inspiran este plan de marketing territorial.

11.4.5. Planes de acción

Vamos a ilustrar esta última etapa del plan de marketing territorial de Guipúzcoa a partir de los cuadros resumen de los planes de acción para captar, de un primer vistazo, qué aspectos deberán incluirse, en cualquier caso, para completar esta fase del plan.

Se observará que los cuadros están incompletos, al no haber incluido los responsables y plazos. La razón de esta ausencia es que este plan de marketing fue preparado con la intención de ponerlo en marcha cuando se dieran las circunstancias oportunas desde el punto de vista sociopolítico, por lo que en el momento de redactarse era imposible prever cuándo y quién se responsabilizaría de las acciones en él contempladas.

En este sentido, y teniendo en cuenta los objetivos y estrategias señalados anteriormente para fomentar la inversión foránea en Guipúzcoa, podemos sintetizar los planes de acción en los cuadros 123, 124 y 125.

Cuadro nº 123
PLAN DE DIFUSIÓN

Objetivo	Estrategia	Acciones	Plazo	Responsable
1) Coordinar el esfuerzo de los organismos guipuzcoanos para proyectar Guipúzcoa en el exterior.	1) Creación de una ASOCIACIÓN PARA LA PROMOCIÓN DE GUIPÚZCOA EN EL EXTERIOR (Ver anexo 12).	– Definir la misión de la Asociación. – Seleccionar los organismos. – Venderles la idea. – Reuniones constituyentes y definición de tareas y responsables. – Aprobar un presupuesto ordinario. – Seleccionar la Secretaría Técnica. – Constitución de la Asociación.		

	2) Presentación en sociedad y captación de nuevos organismos colaboradores.	– Campaña de presentación.
		– Poner en marcha los comités de trabajo:
		  – Relaciones externas.
		  – Imagen y comunicación.
		  – Plan de promoción exterior.
		– Búsqueda de nuevos organismos colaboradores.		

	3) Establecer las relaciones externas necesarias para poner en marcha el Plan de Promoción Exterior.	– Reuniones del Comité de Relaciones Externas. – Contactar con los organismos vascos, españoles y comunitarios pertinentes. – Establecer el programa de colaboración en función de sus planes de trabajo.		
	4) Definir las necesidades de imagen y comunicación.	– Reuniones del Comité de Imagen y Comunicación. – Integrar las necesidades de imagen y comunicación en el plan de comunicación.		
	5) Definir las necesidades de promoción exterior.	– Reuniones del Comité de Promoción Exterior. – Establecer y revisar el plan de promoción de Guipúzcoa en el exterior.		

Cuadro nº 124
PLAN DE COMUNICACIÓN

Objetivo	Estrategia	Acciones	Plazo	Responsable
1) Conseguir suficiente notoriedad e imagen de Guipúzcoa.	1) Utilizar la Asociación para la promoción de Guipúzcoa en el exterior.	– Elaborar un plan de identidad corporativa de Guipúzcoa. – Estudio de diseño corporativo. – Comunicación de la identidad corporativa (I.C.).		
	2) Servirnos de las acciones de los organismos para destacar y proyectar la I.C. de Guipúzcoa.	– Comunicación Institucional Externa: – Dossier de presentación. – Folletos institucionales de distinto nivel. – Vídeo institucional. – Paneles para show rooms y ferias.		
	3) Preparación y sensibilización de los agentes económicos guipuzcoanos.	– Comunicación institucional interna: Campaña de concienciación interna: – Jornadas. – Prensa. – Publicidad blanca.		
	4) Presentación a VIPs de Guipúzcoa y su realidad económica.	– Crear una base de datos y conectarnos con bases de datos relevantes. – Campaña de marketing directo: primer envío de presentación.		
	5) Explotación de acontecimientos singulares.	– Acciones puntuales de publicidad institucional en prensa, revistas, suplementos, etc.		
2) Hacer creíble que Guipúzcoa es una buena opción para invertir	1) Dar a conocer los principales puntos fuertes de Guipúzcoa.	Campaña de marketing directo: – Malings sobre temas de relevancia. – Campañas sectoriales.		
	2) Aprovechar los encuentros planificados por los distintos organismos para convencerles de que Guipúzcoa es una buena opción para invertir.	– Comunicación socio-relacional: – Relaciones públicas: ruedas de prensa, lobbies, etc. – Relaciones institucionales: visitas oficiales, misiones comerciales y/o empresariales, encuentros, ferias, jornadas. – Organización de sesiones informativas en embajadas, consulados, etc.		

Cuadro nº 125
PLAN DE PROMOCIÓN EXTERIOR

Objetivo	Estrategia	Acciones	Plazo	Responsable
1) Definir sobre qué se va a actuar.	Concentrar el esfuerzo en diez TEMAS CRÍTICOS.	– Definir la misión de la Asociación. – Seleccionar los organismos. – Seleccionar temas críticos a partir de las directrices expuestas. – Constitución de comités promotores. – Elaboración de los programas de actuación.		
2) Obtención de resultados concretos para no enfriar los ánimos.	Elección de programas de actuación asequibles.	– Definir los responsables. – Seguimiento y control.		
Extender la experiencia a programas de actuación				

Finalmente, el gráfico 50 presenta el plan de prioridades para las principales acciones y planes citados en los cuadros 123, 124 y 125.

Gráfico 50
PLAN DE PRIORIDADES

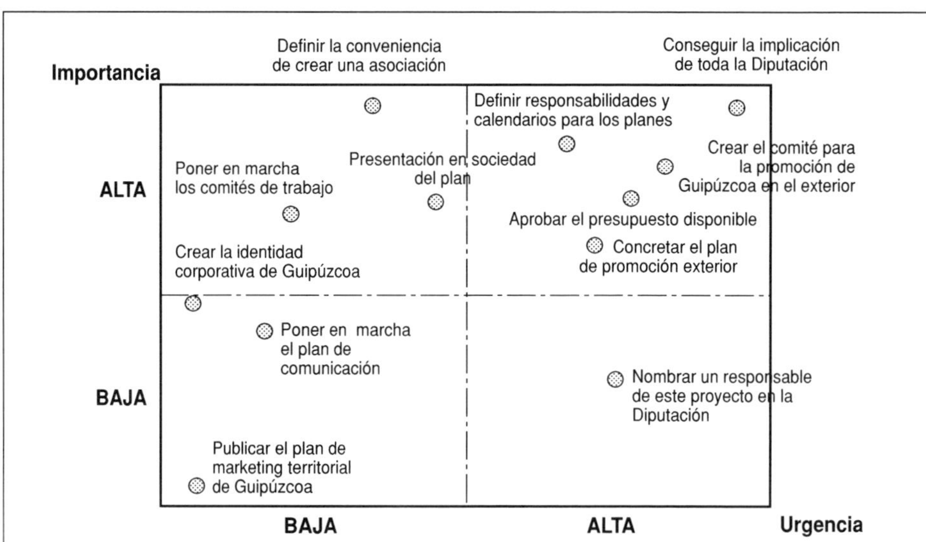

ANEXO 12:
IMPORTANCIA DE LA ASOCIACIÓN PARA LA PROMOCIÓN DE GUIPÚZCOA EN EL EXTERIOR

La consecución del objetivo estratégico institucional es una tarea que incumbe a toda la sociedad. De ahí que sea necesario coordinar el esfuerzo de los organismos y entidades guipuzcoanas que tengan algo que aportar en esta tarea común, mediante un instrumento que articule, de forma sistemática y eficaz, la atracción de proyectos de inversión.

Este instrumento debe ser la **asociación para la promoción de Guipúzcoa en el exterior,** cuya estructura y misión quedan expuestas en el cuadro nº 126.

Cuadro nº 126
ASOCIACIÓN PARA LA PROMOCIÓN DE GUIPÚZCOA EN EL EXTERIOR

Razón	Aunar voluntades y coordinar los esfuerzos de los miembros de la asociación con vistas a la realización de acciones de promoción y estudio, encaminados a la promoción de Guipúzcoa en el exterior.
Misión	Liderar la captación de la inversión deseada para Guipúzcoa, identificada en su plan estratégico y en el plan de marketing territorial, promoviendo la competitividad económica internacional del territorio, mediante la unión de esfuerzos públicos y privados.
Funciones	– Realización de estudios, investigaciones y acciones de formación sobre temas críticos. – Comercialización y marketing de la imagen deseada para Guipúzcoa. – Divulgación y sensibilización en relación con las estrategias del plan de marketing territorial. – Financiación y esponsorización de actividades relacionadas con las estrategias del plan. – Coordinación e intermediación entre los distintos agentes sociales.
Órganos de Gobierno	– La asamblea general, integrada por la totalidad de los socios, sería el órgano superior deliberante y decisorio de la asociación. – La Junta del Patronato sería el órgano de gobierno de la asociación. Fijaría sus fines y objetivos concretos con base en el plan de marketing territorial que se apruebe. – La Junta Directiva actuaría como órgano de administración de la asociación, por delegación de la Junta de Patronato.

La creación de esta asociación reportará importantísimas ventajas con vistas a la consecución del objetivo principal al que estamos refiriéndonos de forma tan insistente: atraer la inversión nacional y extranjera hacia Guipúzcoa. Estas ventajas se traducen en:

- Su razón de existir está condicionada a la obtención de resultados, por tanto se asegura que se trabajará eficazmente en la misión y objetivos marcados.

- Al contar esta asociación con una estructura interna propia, estarán claramente delimitadas las responsabilidades de su director, así como la de –en su caso– los responsables de relaciones externas, de imagen y de promoción exterior.

- La estructura interna de esta asociación será en todo caso reducida.

- Resulta más fácil conseguir la amplia base social que este proyecto requiere desde una asociación independiente, en la que las instituciones desempeñan un papel igual que el de los demás participantes.

- Iniciativas similares han desembocado en la creación de asociaciones como la propuesta, capaces de impulsar la puesta en práctica de diferentes planes de revitalización. Un ejemplo de ello lo constituye la "Asociación Bilbao-Metrópoli 30". Como muestra de su eficacia, durante 1992 la asociación presentó y coordinó la oferta para el proyecto de ubicación del Instituto Europeo de Software en el parque tecnológico de Zamudio. En ese mismo año, Bilbao fue elegida finalmente como sede de dicho instituto. Años después, se inauguraron –con indiscutible éxito– el museo Guggenheim y el palacio Euskalduna en la ría de Bilbao.

CAPÍTULO 12

REQUISITOS PARA QUE UN PLAN DE MARKETING TRIUNFE

"Después de un fracaso, los planes mejor elaborados parecen absurdos".

Feodor Dostoievski

12.1. ¿Cómo saber si el plan de marketing ha sido útil?

12.2. Existencia de cierta microcultura: la mentalidad de marketing.

12.3. Existencia de un determinado estilo de dirección.

12.4. Seguimiento y control.

12.5. Estructura interna adecuada.

12.6. El director de productos.

12.7. Último consejo para el lector del libro.

12.1. ¿CÓMO SABER SI EL PLAN DE MARKETING HA SIDO ÚTIL?

Resulta innecesario señalar que todo lo que se ha dicho hasta ahora sobre cómo debe elaborarse un plan de marketing se ha hecho con la intención de que el lector sea capaz de escribir un plan de marketing que le sirva para algo. Olvidándonos de los intereses particulares del que haya preparado el plan y pensando sólo en los intereses corporativos, es obvio que el plan se ha podido realizar con las siguientes intenciones:

1. Para cumplir un trámite

Aunque resulte extraño, en muchas ocasiones el plan de marketing, al igual que otros planes que muchos directivos tienen que realizar, se hace por obligación. Quizá por imposición de alguna instancia superior: porque había que hacerlo. Tal vez para justificar la función del director de marketing. Pudiera ser que para obtener tal o cual financiación o subvención, o para enviarlo a la matriz o grupo al que uno pertenece y que rutinariamente lo exige cada varios años.

La probabilidad de que el plan de marketing realizado en estas circunstancias sea útil a la empresa es bastante baja, a no ser que al inicio del proceso de reflexión el líder del mismo cambie de actitud y se convenza de que, ya que tiene que hacerlo, por lo menos que sirva para algo más que para cumplir dicho trámite y, en consecuencia, decida ponerlo en práctica. En este caso nos encontraremos ante alguno de los supuestos siguientes.

2. Para alcanzar unos objetivos de marketing

Estos objetivos pueden estar previamente fijados antes de la fase de análisis y diagnóstico de la situación, en cuyo caso nos podemos encontrar con situaciones similares a las descritas en el punto anterior. O lo que es deseable, estos objetivos surgen espontáneamente del proceso de reflexión o de elaboración del plan de marketing.

Pues bien, si el plan no ayuda a la consecución de los objetivos de marketing que se ha fijado el equipo de planificación, por muy bien estructurado, confeccionado y redactado que esté, no habrá sido todo lo útil que se esperaba, ya que para que un plan de marketing sea exitoso debe contribuir a la consecución de los mismos. Es entonces cuando nos encontramos no sólo ante un buen plan de marketing, sino también ante un plan de marketing exitoso.

Si además, como señala Makens (1990), el plan es realista, completo, detallado, fácil de seguir, periódico, deseado por la alta dirección, tiene la adhesión del personal de marketing, está hecho a medida, está redactado para el usuario, es utilizado por la dirección y se revisa anualmente, es que nos encontramos ante un plan de marketing que está hecho para triunfar. Es obvio que este plan perfectamente podrá ser calificado de "triunfador".

3. **Para alcanzar determinados objetivos de la dirección de la empresa**

Es importante tener presente que muchas veces el plan de marketing se lleva a cabo con otras intenciones, que pueden ser tan plausibles como las anteriores. En efecto, hay casos en los que a la dirección no le preocupa tanto que el plan se cumpla en su integridad, incluso que no se lleguen a alcanzar los objetivos de marketing, cuanto que le sirva para la consecución de:

- Un equipo directivo que esté de acuerdo en cuanto a la dirección y desarrollo futuro del negocio que entre todos dirigen.

- Una empresa en la que el personal tenga claro cuál es el norte y los "planes de futuro" que tiene la dirección actual de la empresa.

- Un departamento de marketing o comercial al que se le arranquen claros compromisos en cuanto a qué debe hacerse en el futuro, en esta área.

- Una excelente brújula para todos pensando en el horizonte contemplado en el plan.

Todo ello es sumamente importante, por lo que, aunque no se hubieran alcanzado todos los objetivos de marketing, no se puede decir que no haya servido para nada. Ha servido para mucho. Ha servido para alcanzar estos objetivos de la dirección, y eso es muy importante. Es más, muchas veces resulta decisivo para la supervivencia de la empresa.

12.2. EXISTENCIA DE CIERTA MICROCULTURA: LA MENTALIDAD DE MARKETING

Por muy extraño que parezca, muchos equipos directivos se embarcan en la elaboración de un plan de marketing sin auténtica mentalidad de marketing.

Si dentro del equipo de planificación o de dirección imperan esquemas mentales que se traducen en frases como: "lo que aquí necesitamos hacer es reducir los costes y aumentar la calidad", o "el mejor producto es el que triunfará", o "¿dónde puedo vender lo que fabricamos?", y no una mentalidad para la que la primera y primordial preocupación es "¿qué comprará el mercado que podamos fabricar rentablemente?", podemos concluir que falta uno de los requisitos imprescindibles para el buen desarrollo de la planificación de marketing.

En otras palabras, si la empresa tiene una mentalidad de producción, o una orientación tecnológica, o una mentalidad de ventas, en vez de ser una empresa con clara orientación al mercado, será difícil que ese plan de marketing "triunfe" por mucho que cumpla todos los requisitos expuestos en el punto anterior. Por tanto, es de suponer que la empresa que se va a comprometer a hacer un plan de marketing tiene esa microcultura que se denomina en los libros de marketing "mentalidad de marketing", "enfoque de marketing" o similar. Si no, es mejor que no lo realice, porque está abocado al fracaso.

12.3. EXISTENCIA DE UN DETERMINADO ESTILO DE DIRECCIÓN

Muchas veces se olvida que estas prácticas adquiridas de las empresas norteamericanas, por ejemplo la realización de planes de marketing, "vienen como anillo al dedo" a la empresa americana que se rige por un sistema de dirección por objetivos (D.P.O.). En efecto, la planificación supone trabajar para la consecución de unos objetivos. Por ello, una vez concluida la fase de análisis y diagnóstico –que entre otras cosas debe servir para que estos objetivos sean realistas y coherentes con la situación del mercado en el que nos movemos–, nos marcaremos unos objetivos a partir de los cuales tomaremos decisiones en cuanto a:

- *Cómo vamos a conseguirlos.*
- *Qué vamos a hacer para alcanzarlos.*
- *Qué medios vamos a desplegar para su consecución.*
- *Qué recursos humanos y materiales vamos a utilizar para su obtención.*
- *Qué pasos tenemos que dar en el tiempo para que se cumplan.*

En otras palabras, ajustamos los medios a los objetivos, no al revés. Esto es lo que se denomina "dirección mediante el acuerdo sobre los objetivos previstos" o "dirección orientada hacia los objetivos" o, más brevemente, **"dirección por objetivos".**

Este estilo de dirección es conceptualmente muy próximo a los denominados "dirección por planificación" o "dirección por resultados", que a su vez son compatibles con la puesta en práctica de otras técnicas de dirección: la dirección por delegación, motivación, excepción, coordinación, comunicación e información, decisión y control, participación, etc.

La D.P.O. supone:

- La identificación **clara** de los objetivos, tanto globales como parciales. Se formulan en primer lugar los objetivos globales del objeto de la planificación (toda la empresa, una división, o una unidad de negocio), y se pasa luego a formular los objetivos parciales (esto es, los objetivos departamentales, de un área o sección, así como de sus colaboradores). Se procede, por tanto, a desplegar los objetivos.

- Trabajar "todo el mundo" para alcanzar **sus** objetivos.

- El **control** del rendimiento y de la productividad, en comparación con los objetivos. Lo que, a su vez, implica medir los resultados obtenidos, compararlos con los objetivos fijados, analizar las desviaciones, y adoptar las correspondientes medidas correctoras.

No es éste el lugar más apropiado para hablar de las múltiples ventajas de la D.P.O., pero recogeremos algunas de ellas por la importancia que tienen para la obtención de un plan de marketing que triunfe. Estas ventajas son:

- Orienta sobre lo que hay que conseguir, y sobre lo que hay que hacer. Ello transmite seguridad, que a su vez favorece la motivación y la productividad.

- La existencia de objetivos claros facilita el autocontrol de cada departamento, área, sección, e individuo, y favorece la participación activa de los colaboradores en las actividades empresariales, así como la dirección participativa (posibilitando el desempeño de la función directiva y aumentando su eficacia bajo una dirección participativa).

- Consiguientemente, permite el control eficaz y exacto del rendimiento y de la contribución de cada sección y persona a la consecución de los objetivos globales o del sistema superior.

12.4. SEGUIMIENTO Y CONTROL

Del plan de marketing, como de todo plan, debe hacerse un seguimiento y control.

Debe hacerse un **seguimiento** del mismo porque lo normal, en los tiempos que vivimos tan turbulentos y cambiantes, es que pasado cierto tiempo se estén dando otras circunstancias distintas a las contempladas como escenario más probable en el análisis de la situación. Por tanto, dado que los supuestos contemplados en esa fase han cambiado, hay que ver a qué parte del plan afecta: ¿sigue siendo válido el diagnóstico realizado?, ¿hay que modificar los objetivos?, ¿debemos cambiar de estrategia?, ¿son sólo los planes de acción los que se han quedado obsoletos?

Perfectamente pudiera suceder que los cambios acontecidos en el mercado no sólo invaliden determinados planteamientos hechos en el plan, sino que los desaconsejen. El seguimiento ciego del plan cuando las circunstancias han cambiado puede ser tan negativo como que, manteniéndose las circunstancias contempladas en el plan, éste no se ponga en práctica. No haga ciegamente algo sólo porque lo dice el plan. Asegúrese previamente de que las razones que inducían en su momento a aconsejar tal estrategia o cual acción siguen siendo las mismas. Si esto no es así, introduzca las correcciones necesarias.

Y debe establecerse un **control** de su cumplimiento, entre otras cosas, porque así lo exige la D.P.O. El control al que nos estamos refiriendo no es sinónimo de inspección, verificación o investigación de lo ocurrido. Muy al contrario, estamos hablando de comparar periódicamente lo realizado con los objetivos fijados, analizar las desviaciones, y corregirlas mediante la adopción de nuevas acciones. Es decir, se trata de aplicar los criterios de control de gestión al uso, para lo que necesitamos establecer el correspondiente **cuadro de mando**.

La elaboración del cuadro de mando comercial y de marketing se hará una vez seleccionadas e identificadas las áreas de resultado clave, esto es, aquellos aspectos que mayor contribución proporcionan al rendimiento de la gestión comercial y de marketing.

Este cuadro de mando contendrá **gráficos** que muestren la evolución de las ventas, de la tendencia anual móvil (TAM) o ambas cosas (por ej. gráfico Z), **tablas** de evolución de las ventas por productos, mercados, canales de distribución, segmentos, etc., y **ratios** de diversa índole (véase, por ejemplo, el gráfico 51), que sirvan de indicador de:

- *La consecución de los objetivos de marketing (por ejemplo, de consecución de las cuotas de participación de mercado o de ventas).*
- *La penetración de mercado de nuestras marcas.*
- *La cobertura de distribución.*
- *La cartera de pedidos.*
- *El rendimiento de la distribución física.*
- *La rotación de las ventas.*
- *El coste de la venta.*
- *El coste de la comunicación externa.*
- *La eficacia de una delegación.*
- *La composición de las ventas.*
- *El valor de los presupuestos presentados y aceptados.*
- *La desviación de los objetivos de facturación.*
- *El control de los gastos comerciales, etc.*

Para ello, el departamento comercial o de marketing necesitará información actualizada sobre los resultados de ventas (totales, por zonas, grupos de productos, por vendedor, etc.), así como sobre la rentabilidad de las ventas y los márgenes de los pedidos recibidos.

En definitiva, debemos partir del supuesto, por otra parte casi siempre real, de que una vez que se inicia la puesta en práctica del plan las cosas nunca salen exactamente como estaban planificadas. Las razones pueden ser múltiples: cambio de tendencia en el mercado, determinadas acciones de la competencia no previstas en el plan, o simplemente que el plan no era perfecto –como toda obra humana–. Ello no debe inducirnos a dejar de poner en práctica el plan, sino a introducir las oportunas correcciones para seguir avanzando en la consecución de los objetivos propuestos.

Por si acaso, asegúrese de que no se dan en su empresa los problemas normales que, según McDonald (1994), afectan negativamente a la implantación del plan de marketing. Utilice la siguiente lista de problemas como "checklist" para el seguimiento de la puesta en práctica del plan trazado:

Gráfico 51
PIRÁMIDE DE RATIOS DE MARKETING

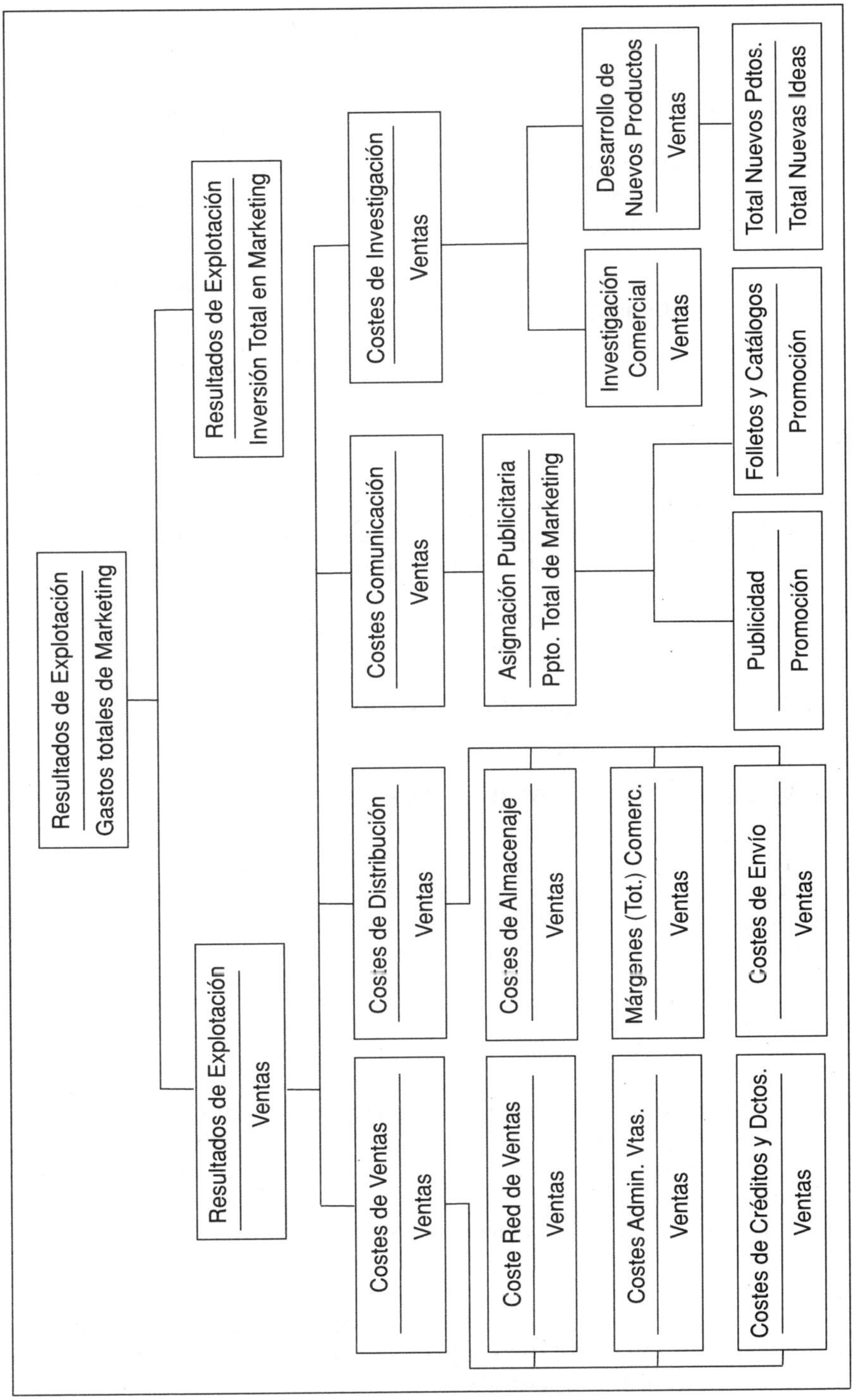

1. Falta de apoyo por parte de los directores ejecutivos y de la alta dirección.

2. Inexistencia de "planes" para la planificación.

3. Inexistencia de apoyo por parte de la dirección operativa debido a: hostilidad, falta de conocimientos, falta de recursos, falta de información, o inadecuada estructura organizativa.

4. Confusión respecto a los términos utilizados en el proceso de planificación.

5. Se utilizan cifras en vez de objetivos y estrategias.

6. Demasiados detalles, demasiadas cosas por hacer.

7. La planificación se convierte en un ritual anual.

8. Falta de coherencia entre los planes de marketing estratégicos y los planes anuales de marketing.

9. El plan de marketing no se integra eficazmente dentro del sistema global de planificación de la empresa.

10. Se delega la planificación a los planificadores.

12.5. ESTRUCTURA INTERNA ADECUADA

Toda generalización al respecto está sujeta a crítica, dada la necesidad de adecuar la estructura a las peculiaridades de cada empresa. No obstante, nos vamos a atrever a establecer unos criterios generales para los casos más universales.

En primer lugar, debemos recordar que los tipos de estructura interna más frecuentes en nuestro entorno son:

- La estructura **funcional clásica**, en la que dependiendo de la dirección general nos encontramos los diversos responsables departamentales (marketing, comercial, financiero, producción, recursos humanos, etc.) de los que, a su vez, dependen determinados jefes de sección, y así sucesivamente (gráficos 52 y 53, por ejemplo).

Según una encuesta publicada por la revista HBDR (julio-agosto, 1997), casi la mitad de las empresas mantienen separados los departamentos de Marketing y Ventas:

Gráfico 52
EJEMPLO DE ESTRUCTURA FUNCIONAL CLÁSICA

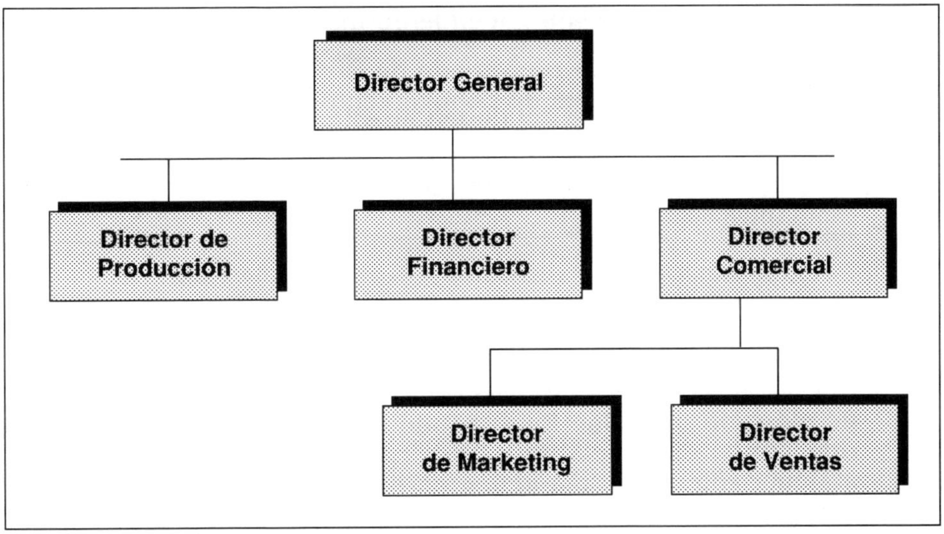

Gráfico 53
SEGUNDO EJEMPLO DE ESTRUCTURA FUNCIONAL CLÁSICA

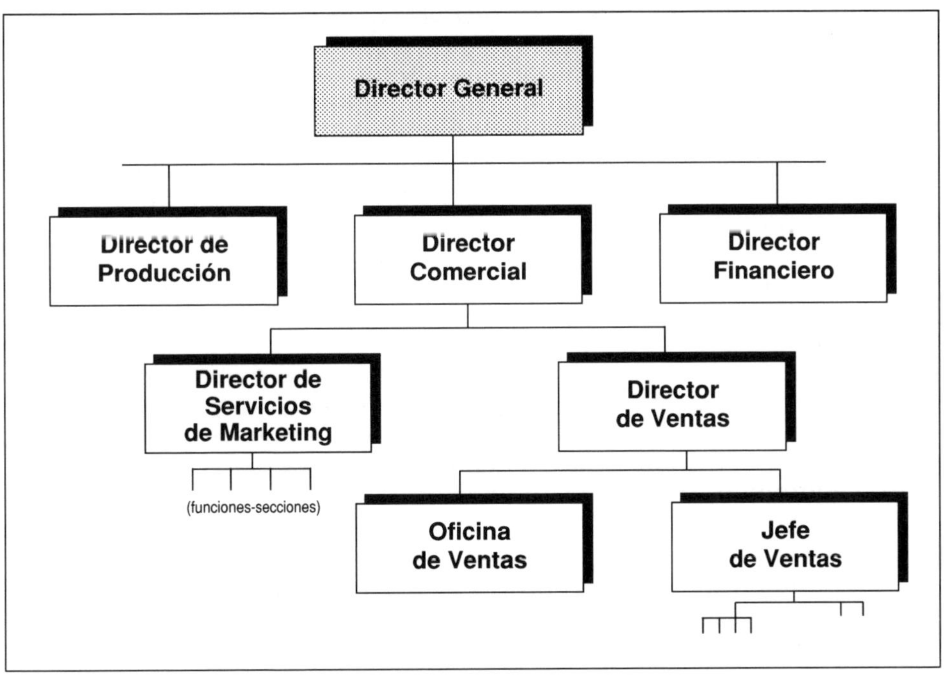

- En el 46% de las empresas, Marketing y Ventas están totalmente separados.

- En un 4% de las mismas, Ventas forma parte del departamento de Marketing.

- Marketing forma parte del departamento de Ventas en el 17% de los casos.

- Marketing y Ventas forman un solo departamento en el 33% de las organizaciones.

- Una variante de este tipo de estructura centralizada nos la ofrece la estructura **funcional descentralizada de marketing,** en la que aparecen los directores de producto (gráficos 54, 56 y 57) o los directores de mercados (gráfico 55) o de segmentos de mercado o similar. En ella todo es igual que en el caso anterior, con la diferencia de que se da cierta descentralización en el departamento de marketing para adaptarse mejor a la heterogeneidad de los diferentes mercados en los que trabaja la empresa.

- La estructura **divisional típica**, cuando de la dirección general dependen determinados directores de división o de unidades de negocio, de los que a su vez dependen los correspondientes directores departamentales, igual que en el primer supuesto. En este caso la descentralización es total, esto es, de todas las funciones, porque no sólo se trata de mercados distintos, sino de negocios totalmente diferentes que requieren una gestión de sus producciones, de sus administraciones, de sus recursos humanos, de sus finanzas, etc. totalmente separadas. El gráfico 58 es una muestra representativa de este tipo de estructura.

Deliberadamente nos hemos olvidado de otras estructuras, como por ejemplo la matricial, porque entendemos que son menos frecuentes todavía.

Pues bien, cuando señalamos como requisito para el buen desarrollo de la planificación de marketing - y por ende para elaborar un plan de marketing que triunfe- la existencia de una estructura interna adecuada, queremos concretamente decir lo siguiente:

1. Si la empresa tiene homogeneidad de productos, sea cual sea su dimensión, lo lógico es que tenga una estructura funcional. Si la empresa es grande lo conveniente es que tenga un director de marketing del que dependan una serie de jefes de servi-

Gráfico 54
ESTRUCTURA FUNCIONAL CON DIRECTORES DE PRODUCTO

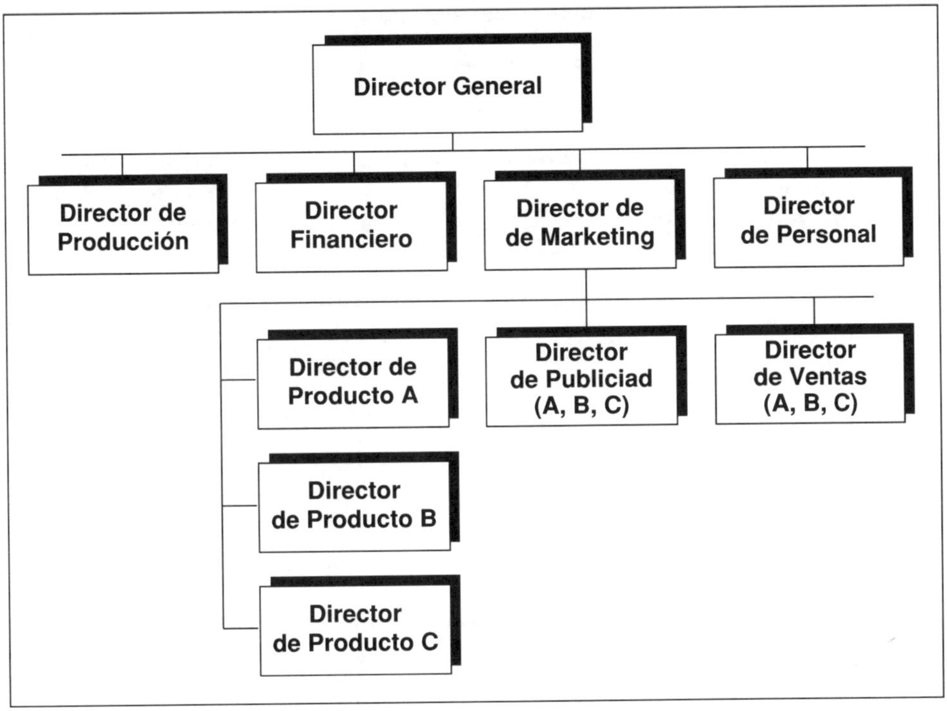

Gráfico 55
ESTRUCTURA FUNCIONAL CON DIRECTORES DE MERCADO

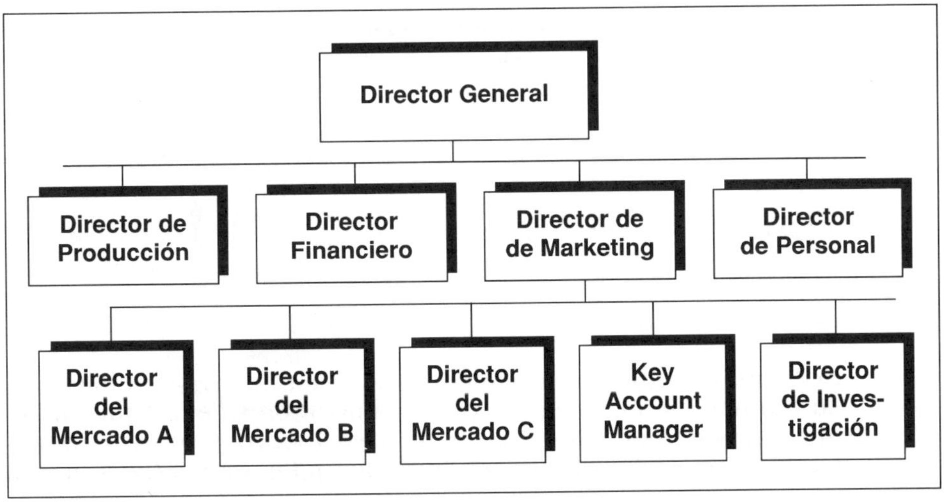

Gráfico 56
ALTERNATIVA DE ESTRUCTURA FUNCIONAL CON DIRECTORES DE PRODUCTO

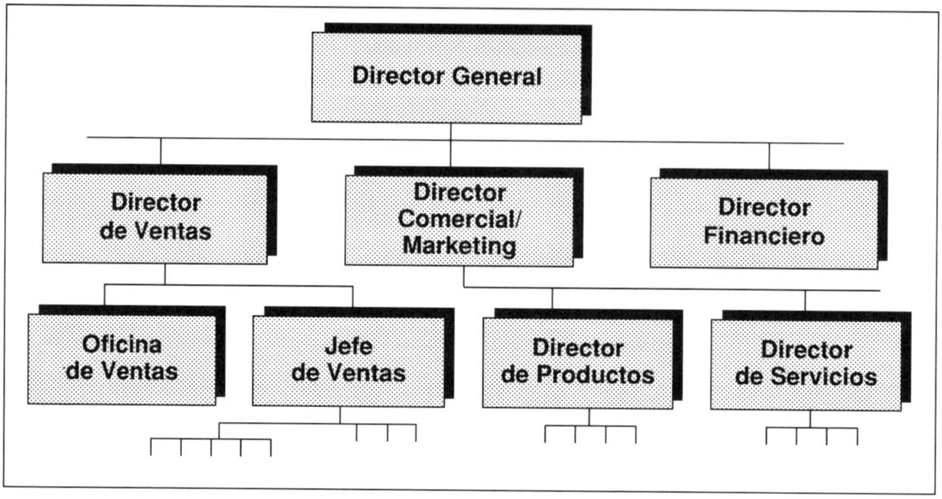

Gráfico 57
OTRO EJEMPLO DE ESTRUCTURA FUNCIONAL CON DIRECTORES DE PRODUCTO

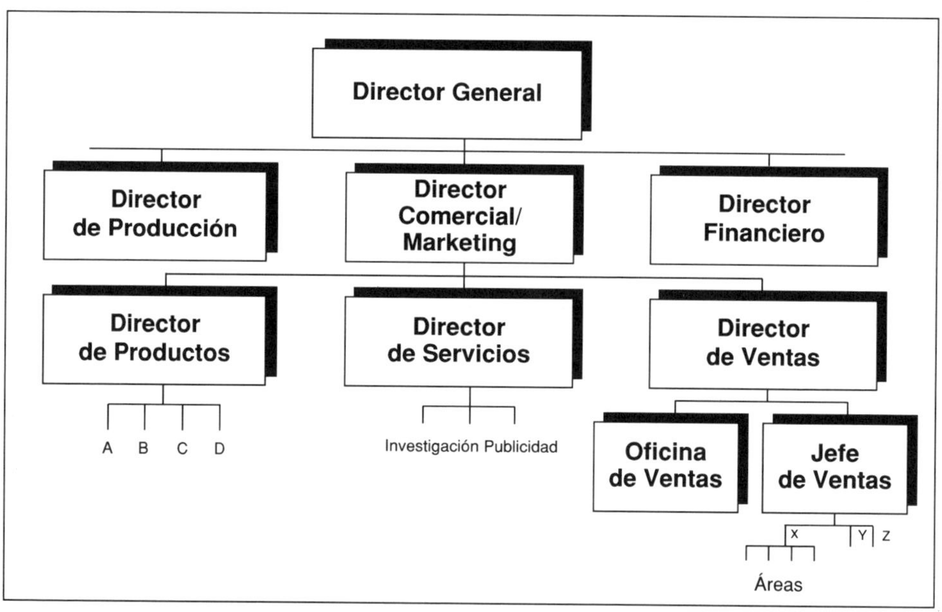

cios (por ejemplo, de investigación de mercados, de publicidad, de promoción, etc.). Mientras que si la empresa es pequeña, las funciones comerciales y de marketing recaerán sobre el director comercial, del que dependerán los jefes de ventas y el res-

Gráfico 58
ESTRUCTURA DIVISIONAL TÍPICA

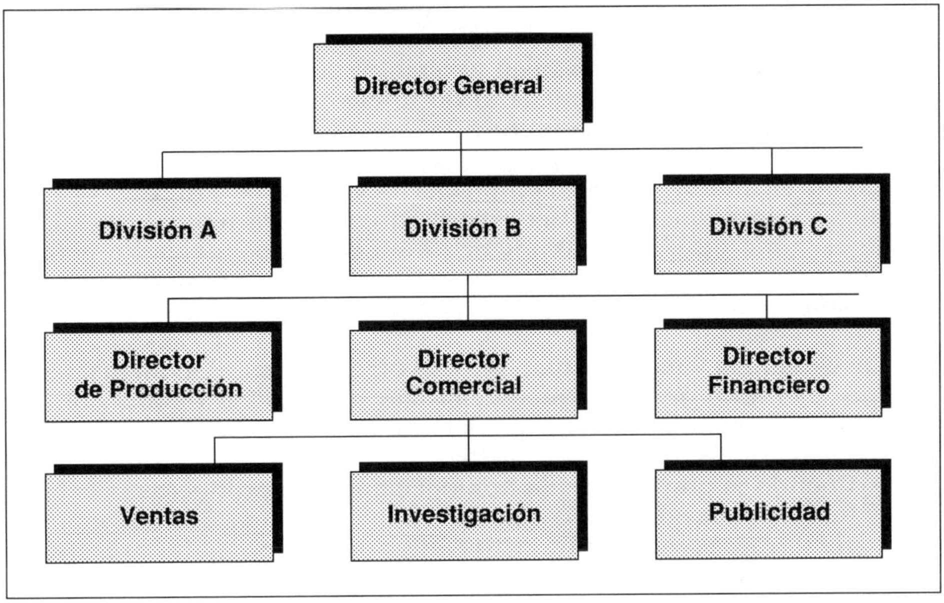

ponsable de la administración de ventas. En ambos casos deberá quedar perfectamente claro que una de las funciones más importantes del director comercial o de marketing es la elaboración del plan de marketing.

2. Si la empresa tiene heterogeneidad de productos (esto es, productos que van a mercados totalmente distintos, y que consiguientemente requieren estrategias de marketing distintas) deberá de adoptar una u otra de las estructuras citadas, según lo justifique su dimensión. Así, si la empresa es pequeña (por ejemplo, ARDOA) la estructura interna adecuada es la funcional porque su dimensión no justifica recargar la estructura con varios directores de producto. Si la empresa es de tamaño medio para el contexto europeo, por ejemplo BODEGAS Y BEBIDAS –líder del mercado español de vinos–, como el mercado de vinos de denominación de origen y el mercado de vinos comunes son tan distintos, necesita adoptar un estructura funcional con directores de producto. Si la dimensión es muy grande y la heterogeneidad también, quizás requiera descentralizar algo más que el marketing, adoptando en consecuencia la estructura divisional o por unidades de negocio.

Cuando nos aparece la figura del director de productos –puesto que creó PROCTER & GAMBLE en Estados Unidos en los años treinta– es éste el responsable de elaborar y asegurar que se cumpla el plan de marketing de su línea de productos, que normalmente es un plan anual de marketing, quedando en el director de marketing la responsabilidad de elaborar el plan general de marketing, es decir, el plan de marketing estratégico de la empresa.

Como se habrá podido comprobar, son dos los criterios que se han tenido en cuenta para determinar la estructura interna adecuada desde el punto de vista de marketing: uno la homogeneidad o heterogeneidad de productos que tiene en su cartera la empresa, y otro la dimensión de la misma.

La evidencia empírica disponible corrobora estas conclusiones. Así, por ejemplo, de un estudio realizado en Estados Unidos con las 500 empresas americanas más grandes se pudo deducir que:

- Cuando la empresa tenía homogeneidad de productos la estructura interna que predominaba era la funcional. Concretamente, si la empresa tenía producto "único" (esto es, que una línea de productos suponía más del 95% de su facturación) la estructura interna que en el cien por cien de los casos se daba era la estructura funcional clásica. Mientras que cuando la empresa estaba en una situación en la que "dominaba" un producto (es decir, que una línea de productos suponía más del 70% de sus ventas) la mayoría (74%) tenía una estructura funcional clásica y el resto la estructura funcional con directores de producto.

- Por contra, cuando la empresa tenía heterogeneidad de productos predominaban las estructuras descentralizadas. En efecto, en los casos en los que la empresa contaba con productos "relacionados", en el 78% de los casos se contaba con estructuras descentralizadas por productos y en el 22% restante con organizaciones funcionales clásicas. Mientras que cuando los productos no estaban en absoluto relacionados, es decir, se trataba de productos totalmente heterogéneos, en el cien por cien de los casos se disponía de una estructura organizada por productos. El cuadro nº 127 expone de forma sinóptica los resultados que acabamos de comentar.

12.6. EL DIRECTOR DE PRODUCTOS

Recapitulando, el que una empresa tenga o no una estructura interna descentralizada en cuanto a marketing, por ejemplo funcional con directores de producto, dependerá del tamaño de la empresa, de la amplitud y heterogeneidad de la gama de productos, de la importancia relativa de algunas líneas de productos o clientes (*Key Accounts*), y de la necesidad de adoptar unas estrategias de marketing diferenciadas para esas líneas de productos.

La figura del director de producto (D.P.) encaja perfectamente en la empresa americana que se rige, como hemos dicho anteriormente, por un sistema de D.P.O., e intenta conquistar los mercados con una gran variedad de productos.

Cuadro nº 127

HETEROGENEIDAD DE PRODUCTOS Y TIPO DE ESTRUCTURA INTERNA•

Producto-Mercado	Nº de sociedades sobre el total (%)	% que utilizan:	
		Organización funcional	Organización por productos
PRODUCTO ÚNICO*	3	100	0
PRODUCTO DOMINANTE**	37	74	26
PRODUCTOS RELACIONADOS	47	22	78
PRODUCTOS NO RELACIONADOS (HETEROGÉNEOS)	13	0	100
TOTALES	100	–	

Notas:

- • Estudio realizado con las 500 empresas más grandes americanas.
- * Una línea de productos supone más del 95% de las ventas.
- ** Una línea de productos supone más del 70% de las ventas.

Así, el panorama en el que surge el puesto del D.P. como solución operativa se ve además complementado por las siguientes razones:

1. *Los esfuerzos realizados en marketing son, con el D.P., más concretos y resultan más fructíferos.*

2. *La constante presión de la competencia obliga a dedicar la máxima atención a cada producto en particular.*

3. *La tendencia de las empresas a diversificar y ampliar su cartera de productos obliga a descentralizar las funciones directivas.*

4. *La competencia lo está adoptando con éxito.*

5. *La enorme cantidad de trabajo que genera cada línea de productos obliga a adoptar esta figura.*

6. *El D.P. podrá tomar en cada momento las medidas oportunas para acomodarse a los gustos de los consumidores o usuarios, programando, coordinando y controlando el oportuno lanzamiento de nuevos productos, decidiendo el momento más adecuado para la retirada de los productos obsoletos, y sobre todo, siguiendo muy de cerca la rentabilidad de los productos a él recomendada.*

Esta figura, importada de Estados Unidos, ha ido implantándose progresivamente en Europa en los años setenta y ochenta, con un perfil del puesto no siempre idéntico. Así, por ejemplo, de una investigación realizada por Veciana y Llonch en España en los años ochenta se deducía que en Alemania y Estados Unidos este puesto funcionaba más que en España como *centro de beneficios* (56,5% y 61% vs. 19%, respectivamente).

El D.P., en España, era en la mayoría de los casos –según esta investigación– un *staff* que, no obstante, realiza a menudo tareas en calidad de órgano funcional. Su principal problema es, a juicio de los propios afectados, la falta de poder de decisión, a pesar de gestionar en muchos casos líneas de productos que suponen a la empresa varias decenas de miles de millones de pesetas. En efecto, el D.P. tiene total responsabilidad sobre su línea de productos, pero no cuenta con la autoridad necesaria para llevarla a cabo. De él no dependen ni los responsables de ventas, ni los de calidad, ni por supuesto los de producción y, sin embargo, necesita de la colaboración de los responsables de compras, ventas, producción, diseño, costes, administración, calidad, logística, publicidad, etc. para cumplir sus objetivos.

De ahí que el D.P. deba tener un perfil muy marcado. Será una persona con capacidad de liderazgo, gran comunicador, y un buen gestor y coordinador. Deberá demostrar capacidad para lograr la coordinación entre servicios como los citados, sin tener autoridad jerárquica sobre los mismos. Para ello deberá tener bien definidas por escrito sus funciones y responsabilidades.

Entre las funciones y responsabilidades más habituales del D.P. cabe citar:

- Estar perfectamente informado de la situación y evolución previsible de su mercado: dimensión, estructura, segmentos, competidores, perfil del consumidor o usuario típico, motivaciones, hábitos de compra y consumo, sensibilidad a precios, mercado potencial, etc.

- Ser un gran conocedor de sus productos: rentabilidad, costos, sistemas de producción, rendimiento y capacidad de producción, calidad aceptable para cada nivel de precios, calidad de los productos, envases y embalajes, etc.

- Estar al corriente de los sistemas de distribución existentes en el mercado para estos productos: canales de distribución, logística, *merchandising*, cuotas de ventas por canal, evolución de los mismos, márgenes, comisiones, garantías, servicio postventa, publicidad y promoción necesarias, etc.

- Elaborar el plan de marketing de su línea de productos.

- Tomar decisiones sobre nuevos productos o marcas, revitalización de los mismos, propuesta de retirada de marcas de los productos no rentables, nuevos envases y diseños, etc.

En definitiva, debe suplir su carencia de autoridad jerárquica con el conocimiento del mercado y de sus productos mejor que nadie, obteniendo de esta forma la autoridad moral necesaria, que además vendrá respaldada por el plan de marketing que habrá elaborado y sometido a la aprobación de la dirección. Será este plan el mejor instrumento disponible para ejercer su autoridad, ya que una vez aprobado se habrá comprometido la dirección en su cumplimiento –por lo que el D.P. debe convertirse en el mejor garante del mismo–, haciendo que los demás lo cumplan, si fuera necesario.

No obstante, en la investigación citada se puede observar mejor la intervención del D.P. en las diversas tareas de marketing en España:

- El D.P. decide autónomamente en tareas propias de un órgano staff: análisis internos (37%) y control de las actividades de marketing (42%).

- El D.P. decide con el visto bueno de su jefe en temas como los objetivos de marketing (32%), el presupuesto de marketing (40,4%), el lanzamiento de nuevos productos (35%), la determinación de la política de servicio (34%), el plan de marketing de su línea de productos (34%), y el *timing* de las acciones de marketing (35,5%). En otras palabras, en todos estos temas el D.P.

propone las decisiones y su jefe toma la decisión que considere oportuna.

- El D.P. decide de común acuerdo con otra persona en temas de comunicación. En efecto, asume un papel activo en publicidad y promoción ya que determina los objetivos de publicidad (14%), los mensajes publicitarios (19%) y los medios publicitarios (17%), y decide las acciones promocionales (14%), elabora el argumentario de ventas (22%) y fija el *timing* de las promociones (19%).

- El D.P. asesora y propone las investigaciones de mercado (60%), la conveniencia de abordar nuevos segmentos y mercados (64%), una nueva política de marcas (76%) o el cambio de política de distribución (72%).

El jefe del D.P. es, en una parte importante de los casos (48,2%), el director de marketing o el director comercial –sobre todo en empresas de bienes de consumo en las que llega a representar esta cifra el 52,5%–. En un 32,1% de los casos depende de un director de grupo de D.P. Sólo en un 16,1% de los casos reporta al director de división –esta cifra sube al 28,6% en las empresas de bienes industriales–, dependiendo en el 3,6% restante de otro cargo distinto a los citados. El D.P. tiene contactos muy frecuentes e intensos con la agencia de publicidad (74%) o con los servicios internos de publicidad (71,4%), con el equipo de ventas (59%), con I+D (55,4%), con los gabinetes de investigación de mercados (52%) y con producción (52%). En los casos de empresas de bienes de consumo, las relaciones con los gabinetes de investigación de mercados y las agencias de publicidad son todavía más intensas que la media, mientras que con los equipos de ventas, I+D, producción y con los clientes son menos intensas que la media. Sorprende la poca relación que parecían tener con los canales de distribución (23%) o con los clientes (16%).

Pues bien, merece la pena implantar esta figura del D.P. en la empresa cuando se dan las circunstancias antes expuestas, aunque nos vayamos a encontrar con las dificultades y paradojas que acabamos de comentar.

12.7. ÚLTIMO CONSEJO PARA EL LECTOR DEL LIBRO

Si quiere tener un plan de marketing que triunfe, debe elaborar un plan que sea realista, completo, detallado, fácil de seguir, hecho a medida, redactado por el usuario, deseado por la alta dirección, que tenga la adhesión del personal del departamento de marketing y del departamento comercial, que se ponga en práctica, y que sea utilizado por la dirección.

Como además deseará que produzca los resultados deseados (alcanzar los objetivos de marketing o contribuir a la consecución de los objetivos de dirección), es importante que se ejecute conforme se ha explicado, responsabilizándose del mismo el director de marketing, el director comercial o el director de producto.

También es necesario que su empresa trabaje con mentalidad de marketing, tenga como estilo de dirección la D.P.O., cuente con la estructura interna adecuada, y haga el correspondiente seguimiento y control del plan.

En resumen, *si después de leer este libro se ve en la necesidad de escribir el plan de marketing de su empresa y pretende utilizar los consejos dados en él, empiece leyendo estas breves líneas finales y asegúrese de que las tiene en cuenta. La experiencia de este autor y de otros en los que se haya podido inspirar es aval suficiente. Después, elabore un excelente plan de marketing. Le deseo los mayores éxitos profesionales.*

BIBLIOGRAFÍA

El propósito, naturaleza y públicos-objetivo del libro hacen pensar a este autor que conviene dividir la bibiografía en dos partes:

A. Bibliografía para el profesional que desee profundizar en algún tema de los tratados en los diferentes capítulos del libro:

Capítulo	Libro recomendado	Útil para:
1	McDonald (1994)	– Saber cuándo necesita hacer un plan de marketing. – Y como alternativa en castellano a McDonald (1989).
2	Sainz de Vicuña (1980)	Relevancia del plan de marketing para la PYME.
3	McDonald (1989)	Casi todo el libro. En especial, para conocer las etapas de elaboración del plan.
4	Makens (1990)	Análisis de la situación y fuentes de información.
5	Abascal (1994)	Diagnóstico de la situación: DAFO y posición competitiva.
6	Buzzel y Gale (1987), y Abascal (1994)	Aportación del PIMS.
7	Doyle (1994)	Cómo abordar las estrategias corporativas y de marketing.
8	Hiebing y Cooper (1991)	Alcance y contenido de los planes de acción de marketing.
9	Hart (1984) y Vázquez et al. (1998)	Marketing para mercados industriales.
10	Chías (1994) y Bateson (1992)	Marketing de empresas de servicios.
11	Kotler (1988) y Kotler et alt. (1993)	Marketing no lucrativo y de lugares.
12	Makens (1990) y McDonald (1989)	Qué hacer para que un plan de marketing triunfe.

B. Bibliografía para el investigador y el universitario, en la que se recogen las referencias bibliográficas citadas a lo largo del libro, así como otros libros de interés sobre la materia:

ABASCAL, F. (1994): *Cómo se hace un Plan Estratégico. La Teoría del Marketing Estratégico,* ESIC Editorial, Madrid.

ABELL, D. F. y HAMMOND, J. S. (1979): *Strategic Market Planning,* Edit. Prentice Hall, Englewood Cliffs (New Jersey).

ABELL, D. F. (1980): *Defining de Business: The Starting Point of Strategic Planning,* Edit. Prentice Hall, Englewood Cliffs (New Jersey).

ALET, J. (1997): "Fidelización y calidad de servicio", revista *Investigación y Marketing de AEDEMO,* nº 57, diciembre, págs.18-21.

ANSOFF, I. H. (1987): *Corporate Strategy,* Edit. Penguin Books, Hamondsworth (U. K.).

BAKER, M. J. (1991): *The Marketing Book,* Edit. Butterworth-Heinemann, Oxford.

BARWISE, P. (1995): "Las seis tendencias del marketing", revista *Harvard-Deusto Marketing y Ventas,* nº 11, noviembre-diciembre, págs. 8-11.

BASSAT, L. (1993): *El Libro Rojo de la Publicidad (Ideas que Mueven Montañas),* Ediciones Folio, Barcelona.

BATESON, J. E. G. (1992): *Managing Services Marketing,* Edit. Dryden Press, Orlando (Florida).

BELLO, L., VÁZQUEZ, R. y TRESPALACIOS, J. A. (1996): *Investigación de Mercados y Estrategia de Marketing.* Editorial Civitas. Madrid.

BIOLLEY, G. y COHEN, M. (1981): *Tratado de Promoción de Ventas. Política y Técnica.* Edit. Hispano Europea, Barcelona.

BOOZ, ALLEN & HAMILTON (1982): *New Product Management for the 1980's,* Booz, Allen & Hamilton Inc., New York.

BRADLEY, F. (1995): *Marketing Management. Providing, Communicating and Delevering Value.* Edit. Prentice Hall International. Hertfordshire.

BUENO CAMPOS, E. (1987): *Dirección Estratégica de la Empresa. Metodología, Técnicas y Casos,* Edic. Pirámide, Madrid.

BUZZELL, R. D. y GALE, B. T. (1987): *The PIMS Principles: Linking Strategy to Performance,* Edit. The Free Press, Nueva York.

CAJA LABORAL POPULAR (1988): *Plan de Gestión Anual de la Empresa,* Edit. División Empresarial de Caja Laboral Popular, Mondragón.

CANTERA SOJO, J. M. (1989): *La Planificación Estratégica: Un Método,* Editorial Gobierno Vasco, Vitoria.

CHIAS, J. (1994): *El Mercado son Personas. El Marketing en las Empresas de Servicios,* Edit. Mc Graw Hill, Madrid.

CISS (1998): *Consultor CISS para la Dirección Comercial y de Marketing.* Editorial CISS. Valencia.

COHEN, W. A. (1989): *El Plan de Marketing: Procedimiento, Formularios, Estrategia y Técnica,* Ediciones Deusto, Bilbao.

CRUZ ROCHE, I. y MARTÍNEZ TERCERO, M. (1983): *Plan de Marketing en las PYMES,* Ibérico Europea de Ediciones, Madrid.

CRUZ ROCHE, I. (1990): *Fundamentos de Marketing,* Editorial Ariel, Barcelona.

DAVIDSON, H. (1987): *Offensive Marketing,* Edit. Penguin Books, Harmondsworth (U.K.).

DÍAZ DE SANTOS, edit. (1989): *El Plan de Marketing,* Biblioteca de Manuales Prácticos de Marketing, Madrid.

DOYLE, P. (1994): *Marketing Management and Strategy,* Edit. Prentice Hall, Hertfordshire (UK).

DRUCKER, P. F. (1973): *Management: Tasks, Responsabilities, Practices,* Edit. Heinemann, Londres.

FERRÉ TRENZANO, J. M.ª (1983): *Manual de Marketing,* Edit. GPI, Barcelona.

GENERALITAT VALENCIANA (1995): *Factores de Competitividad en el Comercio Minorista,* nº 11 de la Colección Estudios Comerciales, Edit. Consellería D'Industria I Comerc. Valencia.

GRANDE, I. (1999): *Marketing de los Servicios,* ESIC Editorial, Madrid.

GRIMA, J. D. y TENA, J. (1984): *Análisis y Formulación de la Estrategia Empresarial.* Edit. Hispano Europea, S.A., Barcelona.

GRÖNROOS, C. (1994): *Marketing y Gestión de Servicios. La Gestión de los Momentos de la Verdad y la Competencia en los Servicios.* Editorial Díaz de Santos. Madrid.

HART, N. A. (1984): *The Marketing of Industrial Products,* Edit. Mc Graw Hill, New York.

HERNÁNDEZ, C. et alia (1994): *El Plan de Marketing Estratégico,* Ediciones Gestión 2000, Barcelona.

HIEBING, R. G. y COOPER, S. W. (1991): *How to Write a Successful Marketing Plan,* Edit. NTC Business Books, Chicago.

JAIN, S. C. (1981): *Marketing Planning and Strategy.* Edit. South-Western Publishing Co., Cincinati.

JARILLO, J. C. (1990): *Dirección Estratégica,* Edit. Mc Graw Hill, Madrid.

JONES, G. (1993): *Las Decisiones de Marketing,* Ediciones Deusto, Bilbao.

LAMBIN, J. J. (1991): *Marketing Estratégico,* Edit. Mc Graw Hill, Madrid.

LINDON, D. (1976): *Marketing Politique et Social,* Edit. Dalloz, París.

LKS (1992): *Manual para la Elaboración del Plan de Gestión de las PYMES*, Edit. LKS, S. Coop., Mondragón.

LUCK, D. J. et alia (1989): *Marketing Strategy and Plans*, Edit. Prentice Hall, Englewood Cliffs (New Jersey).

KOTLER, Ph. (1987): *Dirección de Mercadotecnia: Análisis, Planeación y Control*. Edic. Diana, México.

KOTLER, Ph. (1988): *Marketing for Non-Profit Organisations*, Edit. Prentice Hall, Englewood Cliffs (New Jersey).

KOTLER, Ph. y ROBERTO, E. L. (1989): *Social Marketing Strategies for Changing Public Behaviour*, Editorial Free Press, New York.

KOTLER, Ph. (1992): *Dirección de Marketing*, Edit. Prentice Hall, Englewood Cliffs (New Jersey).

KOTLER, Ph. et alia (1993): *Marketing Places. Attracting Investment, Industry & Tourism to Cities, States & Regions*, Editorial Free Press, New York.

KOTLER, Ph. (1994): *Diferenciación y Posicionamiento*, Ediciones Deusto, Bilbao.

MAKENS, J. C. (1990): *El Plan de Marketing: Cómo Realizarlo en la Empresa*, Editorial Hispano Europea, Barcelona.

MARTEN, I. (1987): *Planificación Estratégica en Empresas Diversificadas: Análisis de Cartera*, Edic. U.A.M., Madrid.

MARTEN, I. (1994): "Nueva Matriz del Boston Consulting Group: Cómo Gestionar el Valor de la Empresa", en *Nueva Empresa*, nº 301, Octubre. Págs.27-29.

MARTÍN ARMARIO, E. (1989): "El Marketing de los Servicios Públicos", en *Cuadernos de Gestión del Instituto de Economía Aplicada a la Empresa*, Universidad de Bilbao, Mayo, Págs. 141-176.

MARTÍN ARMARIO, E. (1993): *Marketing*, Editorial Ariel, Barcelona.

MENGUZZATO, M. y RENAU, J. (1991): *La Dirección Estratégica de la Empresa. Un Enfoque Innovador del Management*, Edit. Ariel, Barcelona.

MCDONALD, M. H. B. (1989): *Marketing Plans. How to Prepare Them, How to Use Them*, Edit. Heinemann Professional Publishing, Oxford (U.K.).

MCDONALD, M. H. B. y LEPPARD, J. W. (1994): *La Auditoría de Marketing. Cómo Pasar de la Teoría a la Práctica del Marketing*, Ediciones Díaz de Santos, Madrid.

MONTANA, P. J. (1978): *Marketing in Nonprofit Organizations*, Edit. Amazon, Nueva York.

MUNUERA, J. L. y RODRÍGUEZ, A. I. (1998): *Marketing Estratégico. Teoría y Casos*. Editorial Pirámide. Madrid.

NUENO, J. L. (1994): "Ya es 1994. ¿Sabe usted hacia dónde va el marketing en su empresa?", en IESE. Universidad de Navarra, págs.4-11.

O'NEAL, Ch. y BERTRAND, K. (1993): *Marketing Estratégico para el Mercado Industrial,* Edit. Parramón, Barcelona.

ORTEGA MARTÍNEZ, E. (1987): *La Dirección de Marketing,* Edit. ESIC, Madrid.

PETERS, Th. J. y WATERMAN, R. H. (1991): *En Busca de la Excelencia,* Ediciones Folio, Barcelona.

PORTER, M. E. (1982): *Estrategia Competitiva: Técnicas para el Análisis de los Sectores Industriales y de la Competencia,* Edit. CECSA, México.

PORTER, M. E. (1987): *Ventaja Competitiva,* Edit. CECSA, México.

PORTER, M. E. (1988): "De las Ventajas Competitivas a la Estrategia Empresarial", en *Harvard-Deusto Business Review,* 1er. trimestre, págs. 99-121.

PRALAHAD, C. K. y HAMMEL, G. (1991): "La Organización por Unidades de Negocio ya no Sirve", en *Harvard-Deusto Business Review,* 1er. trimestre, págs.47-64.

PRALLE, A. y COSTA, C. (1994): "Maximizar la cuota del cliente: una oportunidad por descubrir", revista *Harvard-Deusto Marketing y Ventas,* nº 4, págs. 32-37.

PÜMPIN, C. (1982): *Dirección Estratégica de la Empresa,* ESIC Ed., Madrid.

REGOUBY, C. (1989): *La Comunicación Global. Cómo Construir la Imagen de una Empresa,* Ediciones Gestión 2000, S. A., Barcelona.

RENSHAW, P. (1994): *Marketing Plan Development Guide,* Edit. Prentice Hall, Englewood Cliffs (New Jersey).

REYES, F. (1993): *Marketing y Ventas de Productos Industriales,* ESIC Editorial, Madrid.

RIES, A. y TROUT, J. (1989): *Posicionamiento,* Editorial McGraw Hill, Madrid.

RIES, A. y TROUT, J. (1991): *Marketing de Guerra,* Editorial McGraw Hill, Madrid.

RIES, A. y TROUT, J. (1993): *Las 22 Leyes Inmutables del Marketing,* Editorial McGraw Hill, Madrid.

ROLAND BERGER (1994): *La Cadena de Valor Alimentaria Más Allá de 1993,* Editado por Roland Berger & Partner, Madrid.

SÁNCHEZ GUZMÁN, J. R. (1997): *Marketing Financiero. Principios y Estrategias.* Editorial Civitas. Madrid.

SAINZ DE VICUÑA, J. M.ª (1980): "El Plan de Marketing. Primera Parte: Relevancia del Plan de Marketing para la Pequeña y Mediana Empresa", en *Estudios Empresariales,* nº 44, Otoño, págs. 47-61.

SAINZ DE VICUÑA, J. M.ª (1981): "El Plan de Marketing. Segunda Parte", en *Estudios Empresariales,* nº 47, Otoño, págs. 1-15.

SAINZ DE VICUÑA, J. M.ª (1982): "El Plan de Ventas", en *Estudios Empresariales,* nº 50, Otoño, págs. 1-19.

SAINZ DE VICUÑA, J. M.ª (1996): *Distribución Comercial: Opciones Estratégicas.* ESIC Editorial. Madrid.

SAINZ DE VICUÑA, J. M.ª (1998): "Estrategias de fidelización para el pequeño comercio", revista *Distribución y Consumo,* nº 39, abril-mayo, págs. 5-31.

SAINZ DE VICUÑA, J. M.ª (1999a): "Estrategias de posicionamiento para el pequeño comercio", revista *Distribución y Consumo,* nº 44, febrero-marzo, págs. 49-72.

SAINZ DE VICUÑA, J. M.ª (1999b): *Marketing estratégico para el pequeño y mediano comercio.* Ediciones PMP. Bilbao.

SANTESMASES, M. (1992): *Marketing, Conceptos y Estrategias,* Ediciones Pirámide, Madrid.

SANTESMASES, M. (1994): "El Marketing Financiero como Factor de Competitividad", en *Papeles de Economía Española,* nº 58, págs. 224-236.

SANZ DE LA TAJADA, L. A. (1974): *Marketing.* Editado por la Escuela Superior de las Cajas de Ahorros Confederadas (CECA). Madrid.

SORIANO, C. L. (1989): *Gestión Estratégica del Marketing,* Ediciones Díaz de Santos, Madrid.

STAPLETON, J. (1992): *Cómo Preparar un Plan de Marketing,* Edic. Deusto, Bilbao.

VÁZQUEZ, A. (1988): *Manual para la Realización del Plan de Marketing,* Edit. División Empresarial de la Caja Laboral Popular, Mondragón.

VÁZQUEZ, A. (1990): *Gestión Estratégica en las PYMES,* Edit. División Empresarial de la Caja Laboral Popular, Mondragón.

VÁZQUEZ, R., SANTOS, M.ª L. y SANZO, M.ª J. (1998): *Estrategias de Marketing para Mercados Industriales: Producto y Distribución.* Editorial Civitas. Madrid.

WALKER, O. C., BOYD, H. W. y LARRECHÉ, J. C. (1996): *Marketing Strategy: Planning and Implementation.* Edit. Richard D. Irwin. Chicago.

WILSON, A. (1992): *Nuevas Tendencias en Marketing,* Ediciones Deusto, Bilbao.